큰글씨

한마음요전2

표지글씨 : 대행 스님

주인공 하나를 쥐고
일념으로
들어가다 보면
비로소 활연히
참나가 드러난다.

대행 스님 법어

큰글씨

한마음요전 2

– 대행 스님 행장 · 법어집 –

"문자에 얽매인다면
이 책을 달달 외워도
국 맛을 모를 것이다."

행 장

• 수혜편 • 법연편 • 심인편

법 어

• 원리편 • 수행편 • 생활편
• 활용편 • 게송 · 선시편 • 예화편

대한불교조계종
한마음선원

발 간 사

일찍이 석가모니 부처님께서는 한마디도 설한 바 없노라 하시며 선문을 밝히셨지만 문자나 말로 가르치는 방편이 또한 부득이한 일이고 보면 가르치는 이나 배우는 이나 모두 교문을 넘나들지 않을 수 없다. 그러나 배우는 이에겐 두 가지 어려움이 따른다. 하나는 장경의 숲을 헤쳐 나가기가 쉽지 않은 것이고, 다른 하나는 각고의 노력과는 달리 자칫하면 알음알이의 곳집을 짓기 십상이라는 점이다. 본래 중생의 면목이 뚜렷하고 밝아서 새삼스레 가르치고 배울 것이 없다 하겠으나 중생에게 지혜의 눈이 없으매 흔히들 그런 어려움을 호소해 온다.

가르치는 입장에서 어찌 이를 안타까워하지 않을 수 있으랴. 이에 한마음선원에서는 오래 전부터 부처님 가르침의 정수를 뽑아 여러 형태의 문서를 발

간해 온 바 있다. 하지만 한편으로 늘 미진하게 여겨오던 터라 다시금 원을 세워 요전이라 이름할 수 있는 책자를 발간하기에 이르렀다. 감히 권하건대 이 책이야말로 불법 공부에 매우 종요롭다 할 것이다. 그 까닭을 말한다면 첫째, 이 요전은 大行 스님께서 몸소 증험하신 불법의 진미만을 담고 있음이요 둘째, 난해한 장경의 숲을 곧바로 가로질러 가는 생활 속의 불법을 설하고 있음이다.

진리란 본래 난해하거나 복잡한 것이 아니다. 학식 없고 학위 없어도 누구나 맛을 볼 수 있으니 다만 믿음이 약한 것을 스스로 탓할 일이다. 그러기에 이 요전을 길잡이 삼아 목숨 떼어 놓고 한번 뚫어 보기를 권한다. 한 가지 수학이 풀어져 만 가지 수학이 절로 풀리고 마침내 문 없는 문을 넘게 되리라 확신한다.

불기 2537(서기 1993)년 1월

서 혜 원 합장

차 례

2권

I권

일러두기

1. 편찬의 기본 원칙

가) 요전: 대행 스님께서 20년간 설해 놓으신 방대한 법어와 평생의 행장을 단 한 권의 책으로 집대성하는 일은 기술적으로 불가능하다. 그 일은 장차 전집 형태로 정리되어야 할 것이다. 따라서 이 책은 법어와 행장의 핵심을 간추린 요전이 된다.

나) 신행 중심: 불자들이 대행 스님의 설법을 육성으로 듣게 될 때는 언외의 선미를 함께 느낄 수 있지만 문자로 접하게 될 때는 자칫 표현에 얽매이기 쉽다. 따라서 원리편을 포함한 각 편 모두 가능한 한 구어체의 맛을 살리고 생활 속의 수행에 역점을 둔 법어를 중심으로 엮었다.

2. 읽기 전에 유의할 점

가) 체제: 전 권이 하나의 체제를 갖추고 있으나 동시에 각 편, 각 장별로 독립해서 읽어도 가르침의 요체를 맛볼 수 있게 하였다. 따라서 처음부터 순서를 따라 읽지 않아도 무방하다. 굳이 체제를 말한다면 전체를 하나의 그물에 비유할 수 있다.

나) 중복: 편 · 장별로 거듭되는 부분이 나타난다. 그러나 중복을 완벽하게 피하기란 사실상 불가능한 일이고 구태여 그래야 할 필요를 느끼지 않았다. 진정코 법반의 맛을 알고자 한다면 거듭 씹기를 어찌 번거롭다 하겠는가. 뜻이 통할 때까지 천 번이라도 곱씹어야 할 것이므로 하루 두세 줄이라도 되풀이해서 음미하면 오히려 맛을 느끼게 되리라 믿는다.

3. 부록

각 항의 내용을 보여 주는 세부 목차와 용어별 관련 문항을 표기하여 이해를 돕고자 하였다.

큰글씨

한마음요전 2

대행 스님 행장·법어집

2.

大行 스님

수행(修行)편

제1장 불법 공부

1. 한 철 인생

1. 인생이란 "응아!" 하고 고고성을 울리며 나왔을 때에 이미 예고 없는 사형 선고를 받는 가운데 일생을 꿈속의 일처럼 살다가 돌아가는 것이다. 또는 잠깐 이승에 소풍 나왔다가 가는 것과 같다. 우리의 육신·재산·권력·명예라는 게 본래 실체가 없어서 허망한데, 찰나 동안 살면서 가지고 갈 수도 없는 것을 놓고 서로 빼앗고 싸우고 울고불고하니 참으로 어처구니없는 일이다.

2. 사람은 태어나면서 이미 죽을 숙명을 안고 태어난다. 마치 사형이 확정된 죄수와 같다. 그러나

자기의 인생을 제 것이라 생각하지 않고 다만 나는 내 인생을 몇십 년 동안 관리할 뿐이라고 확철하게 안다면 마음은 생사의 걸림에서 벗어나 편안해질 것이다.

3. 우리는 한 철 살다 가는 나그네이다. 그러한 나그네 생활을 할 때에 어떻게 하느냐. 평등한 마음으로 웃으면서, 매사를 내 탓으로 돌리며 넓은 아량과 지혜를 가진 인간으로 사느냐, 아니면 무슨 짓을 해서라도 살아야 하겠다는 모진 마음으로 나가느냐. 각자 판단해 볼 일이다. 다만 한 철 나기 위해 이 세상에 와서 이 도리를 알지 못하고 간다면 언제 다시 와서 실현할 수 있을지 도저히 기약할 길이 아득하다는 것을 잊지 말라.

4. 인간이란 지구 안에서도 그렇지만 대천세계를 합친 자리에서 보면 티끌처럼 보잘것없다. 그럼에도 티끌 같은 존재가 티끌 같은 일을 가지고 옳으니

그르니 왈가왈부하며 화목하지 못한다. 그러니 공부한다 하기 이전에 말 한마디라도 오순도순 곱게 해야 하고 일을 해도 융화를 도모해야 하고 서로 마음을 거스르지 말아야 하겠지만 몸 떨어지면 그뿐이니 어느 때 삶의 의미를 알게 되겠는가.

5. 사람은 꿈이 꿈인 줄 모르는 까닭에 혹은 기뻐하고 혹은 괴로워한다. 꿈에서 깨어나야 한다. 그 쾌락의 꿈과 고통의 꿈에서 깨어나 크게 한번 껄껄 웃고 명철한 눈으로 이 세계의 참모습을 보며 살아야 한다.

6. '이 즐거운 세상, 수단 방법 가릴 것 없이 편케 살면 그 뿐 아니냐.'라고 생각하는 사람들이 있다. 그러나 나 하나 편한 것으로 영원한 평안을 얻을 수는 없다. 일시적인 향락이 근본 문제를 해결해 주지는 못한다. 우리의 삶은 이 생에서 끝나지 않음을 알아야 한다. 또한 나 혼자만 몰래 하는 일까지

도 업이 되어 내게 되돌아온다는 법칙도 알지 않으면 안 된다.

7. 몸은 조만간 스러져 흩어질 것인데 자기를 어떻게 영원하다 하는가 하겠지만 나름대로 모습을 바꿔 옮길 뿐이지 죽는 것은 아니다. 그것은 비유하건대 애벌레들이 고치를 틀고 들어앉았다가 나방의 모습으로 화하여 공중을 나는 것과 같다. 그러하기에 우리의 삶은 생동력 있게 힘찬 발걸음을 내디딜 수도 있는 것이다.

2. 인생의 목표

1. 인생의 최대 문제는 지금 우리 인간이 사는 이 세계에서 위 차원으로 올라서느냐, 아니면 다시 지금의 차원을 되풀이하느냐, 아니면 아래 차원으로 떨어지느냐 하는 문제이다. 그 해답은 각자 마음먹

기에 달려 있다. 〈참 나를 깨달으면 영원히 밝은 세계를 보게 된다.〉

2. 우리가 꼭 마음공부를 해야 하는 까닭은 무엇이냐? 유위의 세계를 넘어 움직이지 않으면서 움직이고 손 한 번 대지 않으면서 손을 댈 수 있는 이치가 있으니 그 무위의 세계를 알아야 찰나에 마음으로써 유무를 상통 자재할 수 있기 때문이다. 그러나 대부분의 사람들은 유위 세계만이 전부인 줄 알기 때문에 유무 간에 단단한 벽이 가로놓이게 되었다. 〈은산 철벽이라는 게 그것이다. 이 공부는 이 은산 철벽을 뚫는 공부이다.〉

3. 인생을 꿈 같다고 하고 환(幻)일 뿐이라고 한다. 또 하늘에 떠다니는 저 뜬구름 같다고도 한다. 그래서 우리가 사는 이 세계를 환상천이라고 부르기도 한다. 마음공부란 다름 아닌 이 환상천을 뛰어넘는 공부이다.

4. 비유하자면 지구를 가루로 만들어 곱게 비벼서 그 한 티끌 떨어지는 게 우리의 한 생이라 할 수 있는데 그 한 생 던져서 삼천대천세계를 녹일 수 있다면 이 공부를 안 할 수 없지 않겠는가. 이 한 생의 인내가 소요된다 할지라도 생을 쾌척해 가며 기필코 이 공부를 해야 할 것이다.

5. 도대체 사람으로 태어나서 억만의 부를 쌓고, 까마득하게 높은 자리를 차지하고, 수십, 수백만의 사람들로부터 어마어마한 존경을 받은들 그것이 무엇이겠는가. 기껏해야 백 년도 못 사는 인생, 그렇게 집착하며 구하던 것들도 일단 병들어 죽게 될 때는 아무런 도움이 되지 못한다. 청산유수 같던 언변도 일단 몸을 여의면 아무 소용이 없고 다른 유위법적인 보람도 무의미해진다. 그런 것을 바라고 마음 닦는 것은 정녕코 아니다. 고작 수십 년, 수백 년 동안 '위대했던 아무개'라는 소리가 전해진다 한들 뿌리 없는 일이니 그것이 무엇이겠는가. 자기의 참 주

인과의 해후야말로 그 어떤 것보다 나은 일이다.

6. 어떤 사람들은 사는 데 급급해서 공부할 겨를이 없다고 말한다. 그 시간에 물건 하나라도 더 파는 게 중하다는 식이다. 또 어떤 사람들은 이 공부를 한다면서 마치 부업 하듯이 하는 경우도 있다. 하지만 그토록 바삐 살면서도 여전히 인생살이가 힘겹다고 한다.

7. 몸으로 뛰는 데는 한계가 있다. 그러나 무심으로 뛰는 데는 한계가 없다. 무심으로 뛰면 어디에 데려다 놓아도 천백억 화신이 여러분을 접견한다.

8. 지금 현실의 환난과 고통 때문에 죽을 지경인데 공부할 사이가 어디 있겠느냐고 하는 사람들이 있다. 그러나 그런 환난과 고통이 모두 나로부터 나온 것이니 나온 곳에다 되맡겨야 녹아내리지 그러지 않고 엉뚱한 곳에서 답을 찾는다면 어떻게 그것

이 변해서 돌아갈 수 있겠는가. 그러하기에 환난도 고통도 다 공부의 재료인 것이요, 생활이 그대로 이 공부라 하는 것이다.

9. 과학 문명이 발달된 덕분에 현대인들은 예전 사람들에 비해 더 많은 시간의 자유를 누리게 되었다. 그러나 생각해 보라. 현대인들은 그 여분의 시간을 어디에, 무엇하는 데 쓰고 있는가?

10. 이렇게 살기 좋은 노른자위 안에서 이 노른자위 공부를 못한다면 어떻게 하느냐.

11. 불법은 만 가지 맛이 나는 과일이요 만 가지 향기가 나는 꽃이다. 그리고 수행자들은 그런 과일을 키우는 농부요, 그런 꽃을 재배하는 정원사라 할 수 있다. 모든 생산 중에서 가장 맛이 나고 해 볼 만한 생산, 모든 농사 중에서도 가장 보람 있는 농사가 바로 불법 수행이다. 그리고 그 농사는 다른 모

든 일상생활을 버리고서 하는 것이 아니다. 생업을 그대로 가지면서도 누구나 불법을 닦는 농사를 지을 수 있다. 오히려 생업이야말로 불법을 제대로 닦을 수 있는 연마재인 것이다.

12. 내 마음이 사단장이라면 위로 상신하고 아래로 명령하여 빈틈없게 지킬 줄 알아야 한다. 그것은 내가 나를 고난으로부터 보호하여 잘살자 하는 목적에서가 아니라 내가 뿌린 씨를 다 거두고 돌아서기 위해서이다. 그것은 자신이 어디서 와서 어디로 가는지를 모르고 걸어가야 하느냐, 아니면 어디서 와 어디로 가는지, 그 실상의 길을 알면서 걸어가느냐 하는 문제이기도 하다. 인생이 '고'라 하여 체념하며 살지 말고 '고'를 통해 도리를 체험하며 살아야 한다.

13. 인생이란 모르면 생존 경쟁이지만 알고 보면 공부이다.

14. 육신 받아 세상에 나왔으면 칼을 뺀 것과 같다. 그냥 가려는가? 내가 어디서 와서 어디로 가는지를 모르고 그냥 가려는가? 그럴 수는 없다.

15. 우리는 지금 사형 선고를 받고 막 사형대로 오르려는 찰나에 있다. 이러한 상황에서 이러니저러니 한가롭게 따질 새가 어디 있겠는가.

16. 내 육신, 내 자식, 내 사랑, 내 재산…… 하면서 애지중지하지만 육신 떨어질 때에 이르면 이 몸뚱이 끌고 갈 수도 없고 엽전 한 푼 들고 갈 수도 없다. 그러하기에 서로 가고 옴이 없이 에너지를 나누며 공생하고 공용할 수 있는 마음 도리부터 알아야 한다. 그래야 위 아래가 다 한자리가 되는 것이다.

17. 또 갈 때에 동전 한 푼 들고 갈 수도 없고 자식이 귀중하다, 부부지간이 애틋하다 해도 같이 갈 수 없다. 자신을 알아야만 자식도 가족도 조상도 오

고 감이 없이 에너지를 서로 나누며 공생, 공용할 수 있는 것이다.

18. 육신 떨어지고 나서는 더하고 덜함도 없으니 부처가 될 수 없다. 오늘, 이 영원한 오늘 중에 부처가 되어라. 인간의 육신을 허무하다 하여 그 모습을 망가뜨리면서까지 불법을 알고자 하는 것은 잘못된 생각이다. 과거의 모든 업보, 유전성, 영계성을 짊어지고 앞날에 다시 안 올 것을 생각하면서 무겁게 걸어가는 사람이라면 오로지 내 마음에 달렸다는 것을 알아 오늘 그 짐 진 것을 몰락 내려놓을 것이다.

19. 서산에 해가 저무니 소꿉장난하던 아이들은 다 어디로 갔는가.

3. 가장 큰 이익

1. 부처·중생이 둘 아니게 항상 함께하고 있는데 그걸 모르기 때문에 우리는 중생으로만 산다. 인간으로 태어나서 이 공부를 하지 않고 그냥 간다면 끝 간 데 없이 윤회에 끄달리며 고통에서 벗어나지도 못하게 된다.

2. 보화가 그득한 창고의 열쇠를 제 손에 쥐어 주는 자기 아버지를 보고도 "내 아버지가 아니다."라고 하는 사람이 많으니 부모 없는 고아라, 깡통 들고 얻어먹으러 다니는 길밖에 없다.

3. 얼핏 생각하기에 참 보배라면 산 넘고 물 건너 온갖 고난을 겪은 뒤 어디 머나먼 낯선 곳에서 찾는 줄 알겠지만 그렇지 않다. 바로 내 안에 그 보배가 있기에 무식한 사람이든, 거지이든 누구라도 참 보

배를 찾아낼 수 있는 것이다. 참 보배가 머나먼 은밀한 곳에 숨겨져 있다면 어찌 불법을 평등하고 광대무변하다 하겠는가. 그러므로 참 보배를 찾기 위해 문을 활짝 열어라. 문을 열려면 열쇠를 얻어야 한다.

4. 중생이 좇는 이익은 점점 좁아져 들어가는 깔때기 속과 같다. 그리하여 마침내 몸을 망치고 마음을 번뇌로 몰아넣는다. 그런가 하면 남에게도 피해를 준다. 그러나 불법이 주는 이익은 그 반대이다. 갈수록 넓어지는 길이며 내 몸과 내 마음을 평정과 환희의 대광명으로 이끄는 길이요, 이웃을 밝고 따뜻한 곳으로 이끄는 길인 것이다.

5. 이왕 이익을 추구할 바에는 모든 이익을 다 말아 버릴 단 하나의 이익, 모든 욕구를 다 태워 버릴 단 하나의 욕구, 그러한 참된 이익, 참된 욕구를 추구하라. 깨달음을 향한 열렬한 추구 앞에서는 수없

는 모습으로 어른거리던 작은 이익들, 욕구들이 점차로 빛을 잃어 사라져 가고 말 것이다.

6. 이 공부를 하게 되면 위로는 육신을 주신 은혜를 갚게 되고 아래로는 인과를 만난 악업·선업들을 다 제도하여 보살로 화하게 하고, 자식들에게도 뿌리를 돋우어 줄기와 잎이 싱싱하게 대대손손 번창케 할 수 있다.

7. 한마음 주인공에 모든 것을 놓아 나가는 이 공부는 알고 보면 어마어마한 공부이다. 하나에 물리가 터진다면 모든 게 다 터지는데 거기엔 천체 물리학도 있고 원자 물리학도 있고 의학·공학·지리학·심리학 따위가 다 들어 있다. 이 공부는 모든 것에 통하는 길이다.

8. 우주 전체라는 자가 발전소와 나 사이엔 선줄이 이어져 있다. 본래 이어져 있는데 그것을 모르고

있으니까 마비가 된 것이다. 그것을 알게 되면 마비되었던 선줄이 터지게 된다. 이 공부를 하는 것은 그 선줄을 소통시키기 위함이다.

9. 먼저 '참 나'라는 보리를 구하라. 먼저 '거짓 나'라는 중생을 교화하라.

4. 마음속의 보화

1. 자기 마음속에 엄청난 보배가 있다. 흙 속에 진주가 묻혀 있듯이 그렇게 엄연히 있다. 그러니 예금 통장에 수십억의 돈을 넣어 둔 것과 같다. 뭐가 가난한가. 왜 없다 하는가. 내 마음에 엄청난 보배가 있음을 믿고 그것을 발견하려는 것이 이 한마음 공부이다. 이 공부만이 세상에서 가장 큰 공부다. 허공처럼 탁 트인 마음으로 싱그럽게 살면서 항상 자비심이 콸콸 넘치니 이보다 더한 공부는 없다.

2. 누구나 열쇠를 가지고 있고 온 우주의 칠보가 가득 쌓여 있는 곳간을 갖고 있다. 왜 못 여느냐? 활짝 열어라! 마음의 문을 열어라! 적멸보궁의 문을 열어라!

3. 뿌리가 싱싱하면 잎이나 가지가 모두 다 싱싱하여 새삼 가지가 썩었네, 잎이 썩었네 하고 개탄할 일이 없다. 그와 마찬가지로 자기 마음으로부터 모든 것이 지어졌음을 알아 오로지 자기의 근본을 찾는다면 모든 것이 다 풀릴 것이다. 남에게 팔자 운명을 물어서 이러니저러니 할 것도 없고 누구더러 고쳐 달라고 할 것도 없다.

4. 평생을 가난과 고통 속에서 어렵게 살았다 할지라도 더러는 즐거움도 있었을 것이다. 중요한 것은 그렇게 살았다는 그 생각을 탁 털어 버리고 지금이라도 넓은 마음으로 외롭고 고달팠던 평생을 바로잡는 데 있다. 그것은 얼마든지 되는 일이다. 마음

만 크게 돌린다면 즉시로 되는 일이니 현실에 얽매인 좁은 생각에서 벗어나 영원한 세계를 살아 보라.

5. 천만금의 재화를 택하겠는가, 목숨을 택하겠는가. 천하를 덮는 명예를 택하겠는가, 진리의 기쁨을 택하겠는가. 천만금의 재화가 생명보다 귀할 수 없으니 갖기보다는 베푸는 일에 더 풍요로운 사람이 되어라. 자질구레한 금붙이나 귀금속 따위를 만지작거리며 희희낙락하는 소인이 되지 말라. 등 뒤에서 무량 광대한 참 보배가 지금 우리를 기다리고 있다. 진리의 기쁨이란 크고 커서 세상의 어떤 값진 것과도 비교할 수 없다. 제아무리 천하를 뒤덮는 영예라 할지라도 진리의 기쁨 앞에서는 티끌에 불과하다.

6. 도를 이루어 도인이 되려 함도 아니다. 내 마음 안에 있는 이 영원한 보배, 그 보배의 참맛을 아는 이라면 도인이라 불리든, 큰스님이라 불리든, 부

처나 보살이라 불리든 무슨 상관이 있겠는가. 세간의 칭찬과 경배가 행복하게 하는 게 아니니 오직 마음의 샘, 진리의 맛만이 나의 목마름을 적셔 줄 뿐이다. 전 우주와도 바꿀 수 없는 것이 딱 한 가지 있다면 그것은 마음이라는 크나큰 안식처뿐이다.

7. 당장 물고기 한 마리가 아쉽더라도 먼저 잡는 법부터 배워야 평생의 양식이 구족하다.

8. 내 근본을 그대로 손 안에 쥐고 자재할 수 있게끔 하는 게 바로 이 불법 공부다.

9. 유위의 세계에서 큰일을 하는 사람들은 대개 한 분야를 10년이고 20년이고 외곬으로 파고든 사람들이다. 그러니 그 오랜 세월의 각고가 얼마나 벅찬 일이었겠는가. 그렇지만 무위법의 공부는 따로 시간을 쪼개지 않더라도 생활하는 가운데 해 나갈 수 있으니 한편 생각하기에 얼마나 쉬운 일인가. 그

러면서도 그 공덕은 유위 세계의 10년, 20년의 노력보다 훨씬 깊고 크고 복된 것이다.

10. 참으로 다행스럽게도 불법 공부에는 일정하게 정해진 문도 없고 자격이 요구되지도 않는다. 빈부 귀천, 남녀 노소를 가리지 않고 학식의 많고 적음도 관계가 없다. 이 공부 하는 데는 승려가 따로 없고 속인이 따로 없다. 여자가 따로 없고 남자가 따로 없고 부처가 따로 없고 중생이 따로 없다.

5. 성불할 수 있다

1. 나무를 쪼갠다고 해도 그 속에서 꽃을 찾을 수는 없다. 그러나 꽃을 피울 수 있는 잠재된 힘이 그 속에 있다. 그러하듯이 깨달음을 얻어 성불할 수 있는 능력이 누구에게나 있다.

2. 일체 만법이 진리이자 빛이요 영원한 나의 성품에서 나오고 그곳으로 드니 그 성품이 곧 부처님의 성품이라, 내 마음이 부처의 마음이다. 고로 꽃씨가 꽃으로 피어나지 않을 수 없듯이 내 성품도 그러하다.

3. 갓 태어난 어린아이라 해서 아무것도 모르는 게 아니다. 속에 있는 주인공은 늙으나 젊으나 마찬가지로 알고 있다. 주인공은 억만 년 전이나 지금이나 똑같다.

4. 우리는 수십억 년간 진화하여 여기까지 온 것이므로 모두가 다 부처 될 수 있는 승인을 받고 있는 것과 마찬가지이다.

5. 어느 벌레 하나라도 나올 자격이 있으니까 나온 것이다. 자격 없이 나온 것은 없다. 심지어는 미물까지도, 초목금수나 무정물까지도 마침내는 부처

를 이룰 것이라고 부처님은 말씀하셨다. 하물며 인간이야 어떠하겠는가. 우리는 누구나 다 부처님의 자식이다. 그러니 근본적인 면에서 본다면 성불하지 않을 도리가 없다.

6. 물이 흐르고 흘러 결국 바다에 도달하듯 누구라도 결국은 성불하고 말 것이다. 물이 흐르다가 갖가지 용도로 쓰여져 흐르지 못하고 다시 거슬러 가는 경우도 있지만 끝내는 바다에 이르듯이 인간의 마음도 탐심, 진심, 치심, 망심 따위로 가던 길을 멈추고 온갖 우여곡절을 겪겠지만 마음인 이상 결국은 성불의 바다에 이르고 말 것이다. 〈그러기에 모든 마음 씀씀이가 헛된 것이 아니라 구도의 과정인 셈이니 놀랍게도 삼독심까지 수행이라고 말하는 가르침은 불교밖에 없다.〉

7. 바다에 합류하는 물은 더럽든 깨끗하든 다만 물이라는 그 점 하나로 합류하는 데 아무런 걸림이

없듯이, 우리가 불법이라는 큰 바다에 들기 위해서는 다만 한 가지, 마음이 있으면 그것으로 족하다. 그런데 세상에 마음 없는 사람이 없으므로 이 세상 모든 사람들은 이미 불법의 바다에 들 자격이 있는 것이니 크나큰 행복은 따 놓은 당상이나 다름없다.

8. 성불은 수행을 통해 달성되는 것이다. 그리고 그런 수행은 인간의 몸을 받았을 때 비로소 가능하다. 물론 육취의 중생들도 모두 수행을 할 수 있겠지만 인간계야말로 그중에서도 승진과 좌천이 가장 무쌍한 곳이다. 고로 중생이 인간의 몸을 받는다는 게 너무나도 고마운 일이 아닐 수 없다. 인간의 몸을 받음으로써 우리는 비로소 수행다운 수행을 할 수 있고, 성불이라는 존재 최후의 목표로 나아갈 수 있기 때문이다.

9. 미륵이란 후일에 주인 될 사람을 말한다. 전체를 놓고 볼 때는 돌아가는 법리 자체가 부처이고

보살이라, 내 안에 부처, 보살이 다 있는 줄을 어느 때인가는 알게 되겠지만 당장은 모르므로 후일에 부처 될 사람을 미륵보살이라 이름한 것이다. 부처님께서 "인연 없는 중생은 제도할 수 없다." 하신 것은 인연이 없어서 없다 한 게 아니라 미래에 인연이 도래할 것임을 말씀하신 것이다. 지금은 해당되지 않는 어린애라는 의미이다.

제2장 믿음이 근본

1. 불성 있음을 믿고

1. 먼저 우리는 우리 속에 부처를 이룰 수 있는 힘, 불성이 있음을 믿어야 한다. 그런 다음에 정원사가 꽃나무를 가꾸듯이 불성을 살려 내야 한다.

그러나 사람들은 그 불성을 잊고 있다. 우리는 여러해살이 꽃나무가 계절 따라 피었다 져도 이듬해 다시 꽃을 피울 힘을 그 나무 안에 지니고 있는 줄 알지만 자신들에게 그와 같은 불성이 있다는 것은 잊고 있다. 불행하게도 인간은 일단 몸을 바꾸게 되면 전생의 기억을 까마득히 잊고 말기 때문이다.

만약에 우리가 다겁생을 거쳐 지금 진화의 위대한 순간에 와 있음을 살펴볼 수 있다면, 꽃나무에 꽃 피우는 힘이 있음을 믿듯이 우리 속에 부처 될 힘이 있음을 믿게 될 것이다. 우리는 진화의 원동력, 그 불성을 믿어야 한다.

2. 부처님께서 일체 중생에게 빠짐없이 다 불성이 깃들어 있다고 누누이 가르치셨음에도 그 말씀을 믿지 못하겠는가. 부처님께서 말씀하시기를 백년을 호의호식하기보다는 깨닫고 하루를 사는 게 낫다고 하셨는데 그 말씀을 따르지 못하겠는가. 믿음이 부족해서는 진리를 보지 못한다. 부처님을 믿고 부처님의 말씀을 믿는다는 것은 우리가 본래 부처였음을 믿는 것이다.

3. 부처와 우리가 함께 꿰어져 있는데 이 부처님 자리를 믿지 못한다면 어떻게 부처님과 한자리 하기를 바랄 것인가. 먼저 자신을 믿어라. 부처님과 내가 하나의 염주처럼 꿰어져 있다는 것을 믿어라. 그리고 한 발 내디뎌라. 겁내지 말고 의심하지 말

고, 잘되든 못되든, 죽든지 살든지 몽땅 내버린 채로 한 발 성큼 내디뎌라.

4. 누가 무엇이라 하든 나는 나로서 성불할 수밖에 없다는 믿음, 내가 혹은 거꾸러지고 혹은 일어서고 혹은 달리고 혹은 넘어지겠지만 마침내 도달할 곳은 부처님의 환희 광명 세계라는 믿음, 그러한 믿음이 대리석처럼 단단하다면 무엇을 두려워하겠는가. 그런 믿음이라면 무엇이 나를 흔들어 놓을 수 있겠는가. 믿음이란 시비하는 마음이 추호만큼도 없는 것, 이유를 달지 않고 무조건 죽는 것이다.

5. 갓난아기가 부모를 무조건 믿듯이 그렇게 믿어라. 갓난아기가 부모에게 모든 것을 다 맡기고 살듯이 그렇게 맡기고 살아가라. 믿는다, 맡긴다 하는 생각조차 붙지 않는 그러한 믿음, 그러한 맡김이 되어야 한다.

6. 내가 본래 부처이기에 사실 수행이라는 것은 없다. 강한 믿음이면 그뿐이다. 내가 본래 부처라고 아는 믿음이 확고하면 그것이 전부이다. 그러나 중생의 근기는 매우 다양하므로 여러 가지 방편이 있게 된다. 수없는 가르침이 있게 된 것도 그래서이다. 하지만 그 많은 방편문도 실은 한생각 크게 돌려놓는 것을 근본으로 한다. 그래서 첫째로 믿음을 강조하고 다음으로 방하착을 말하게 되는 것이다.

7. 겁내지 말라. 두려워하지 말라. 의심치 말라. 의심하는 것은 자기가 자기를 의심하는 것이고 두려워함은 자기가 자기를 두려워함이니 그렇게 되면 결코 부처님의 뜻과 나의 뜻이 하나로 돌아가지 않는다. 나의 참된 근본은 곧 부처라, 나는 그 뜻을 따르는 수행자로서 하인처럼, 어린아이처럼 그대로 믿고 나아가라. 내가 하는 것이 그대로 법이 될 것이다.

2. 초발심

1. 알고 찾는 이는 어느 때인가 그 원을 이룰 날이 있다. 부처님께서는 중생의 숭배를 받고자 오신 것이 아니라 중생에게 부처 되는 길을 가르치시려고 오신 것이니 믿음이 있으면 청정한 성품을 보게 된다. 그러므로 첫 발걸음이 중요하다. 첫 단추를 잘못 끼우면 줄줄이 잘못되듯이 '내가 어찌 감히 부처를 이루랴.' 하는 중생심으로 불법을 대했다가는 십 년, 이십 년이 되도록 참맛을 모르는 경우가 허다하다.

2. 부처님께서 '인연 없는 중생은 어찌할 수 없다' 하셨다. 불법을 받아들이는 믿음이 있고 스스로 공부하겠다는 발심이 있어야 한다. 우는 아이부터 안아 주게 되지 울지 않는 아이를 먼저 안지는 않는다.

3. 내 집부터 전화를 놓아야 남의 집 전화도 오고, 남의 집에 전화도 할 수 있는 것이지 내 집에 전화를 놓지도 않고 전화 오기를 바란다면 천년만년이 지나도 소용이 없다.

4. 내 안테나를 세우지 않는다면 한마음의 그 뜻을 상봉할 수 없다.

5. 마음에는 체가 없어 광대한 우주를 싸고도 남으나 내가 마음을 내지 않는다면 문은 열리지 않는다. 그러므로 온갖 보화들은 내가 마음대로 꺼내 쓸 수도 없고 내가 마음먹는 대로 줄 수도 없다.

6. 공부하는 이들은 모름지기 근본 이치를 잘 알아서 먼저 마음을 가다듬어야 한다. 나는 이미 부처님의 자식이라는 것, 나는 이미 깨달아 있다는 것, 물이 어떤 우여곡절을 겪더라도 결국은 바다에 도달하듯이 나도 결국은 불법의 바다에 도달케 된다

는 것, 그리고 그렇게 바다에 도달하고 보면 지금 내게 안겨진 수많은 고통과 어려움이 눈 녹듯 사라진다는 것, 그리하여 영원한 세계가 펼쳐진다는 것을 먼저 깊이 믿어야 한다.

7. 마른 땅에서 싹을 틔우려면 아픔이 크다. 촉촉한 땅에서는 아픔을 느끼지 않고도 싹이 틀 수 있으니 촉촉하게 물 주는 방법이란 믿고 놓는 데 있다.

8. 고양이가 쥐를 노리고 배고픈 갓난아기 젖을 찾듯이 믿음의 한생각을 생명줄처럼 쥐고 나갈 때 초발심이 곧 변정각이다.

9. 깨달음은 불보살로서도 대신해 주지 못한다. 불보살, 선지식은 비유컨대 꽃씨가 꽃으로 피어날 수 있게 비를 내리고 햇빛을 비춰 주는 역할을 할 수 있을 뿐이다. 꽃씨 속에 꽃으로 피어날 능력이 있듯이 누구에게나 불성이 있지만 스스로 자라오르

려 하지 않는 데야 불보살도 어쩔 수 없다.

10. 계속해서 역경계가 닥쳐올 때에 그것을 어렵고 지겹고 고통스러운 것으로 느끼지 않고 공부의 기회로 생각하기란 쉬운 일이 아니다. 그렇지만 수행이 처음부터 꼭 대단한 결심으로 시작되는 것만은 아니다. 마음이란 한순간에 천 리 안팎이라도 드나들고, 한순간에 이 생각 저 생각을 오가는 것이니 한순간에 마음을 돌린다는 것은 그렇게 어려운 일이 아니다. 이 생각 저 생각을 어깨 위의 백 근, 천 근의 짐처럼 여기면 어렵겠지만 한순간에 돌릴 수 있는 것이므로 우선 그 쉬운 '마음먹기'부터 시작하면 된다.

11. 수행이라는 것은 마치 번뇌라는 이름의 장작더미를 태우기 위한 불쏘시개와 같다. 장작이 아무리 산더미처럼 쌓여 있어도 불붙은 쏘시개 하나로 다 태울 수 있다. 물론 수행하겠다는 발심도 하나의

생각이요 번뇌도 생각이다. 그러나 발심은 불붙은 장작이라서 큰 장작더미를 다 태울 수 있다. 그리고 스스로도 타 버리는 장작이다. 보리심도 그와 같아 하나의 생각임에는 틀림없지만 마침내 모든 생각들을 다 없애고 마지막에는 깨닫겠다는 생각까지 비워 버리는 것이다.

3. 자성을 굳게 믿음

1. 부처님께서 이르시기를 '나를 보지 말고 네 자신 속의 너를 등불로 삼으라' 하셨다. 그 말씀을 듣는 이는 많다. 그러나 그 말씀을 그대로 믿는 이는 많지 않다. 그 말씀을 그대로 행하는 이는 더더욱 귀하다. 부처님께서 목숨 얻기가 어렵고 불법 만나기가 더욱 어려운 중에 신심을 갖기란 더더욱 어렵다 하신 까닭도 거기에 있다. 믿고 물러서지 않는 마음이어야 부처님께서 함께하신다.

2. 오직 자기 자신이 본래로 성불되어져 있음을 기쁜 마음으로 믿어라. 자기 자신은 본래 아무런 부족함이 없는 존재이다. 〈따라서 근본으로 보자면 닦을 바도 없고 얻을 바도 없다. 그러므로 진리를 찾아 어디 다른 곳으로 헤매지 말라.〉

3. 자신의 본래 모습인 주인공을 철저히 믿어라. 절실한 마음으로 주인공을 믿고 거기에 모든 경계를 되돌려 놓아라. '주인공은 어디 있는가? 인격체인가? 텅 빈 것인가?' 하는 따위의 생각은 필요 없다. 오로지 간절한 믿음만을 앞세워라. 〈억천만겁 이전부터 자신을 끌고 다니며 공놀이를 해 온 근본을 어째서 믿지 못하는가.〉

4. 자기가 자기를 믿지 못하면 마음의 열쇠를 받을 수 없다. 믿지 못하는데 어떻게 보궁의 열쇠를 맡기겠는가. 내 속에 칠보가 가득 차 있으니 잘났다는 생각, 못났다는 생각 다 버리고 자기를 믿어라.

참 자기야말로 안 되는 것도 되게 할 수 있다. '되게 할 수 있다'고 믿는다면 돌 위에 세워 놓아도 산다. '주인공만이 모든 걸 하고 모든 걸 해결할 수 있다'고 믿으면 관세음보살이 찰나에 드셔서 법을 설하기도 하고 약사보살이 찰나에 드셔서 또 법을 펼쳐 보이기도 한다. 〈그러므로 '부처님, 도와주십시오.', '관세음보살님, 살려 주십시오.' 할 것도 없다. 믿음 속에 제불보살과 역대 조사와 삼라만상의 온갖 조화가 다 깃들어 있다.〉

5. 스스로 '나는 중생이니까 고를 면할 길이 없겠구나.' 하는 경우가 많다. 그러나 절대로 그렇지 않다. 내게는 무한한 능력, 모든 것을 가능케 할 수 있는 재료가 다 갖추어져 있으므로 자신의 능력을 무시하거나 포기해서는 안 된다. 모든 게 나로부터 벌어졌고 나로 귀결되는데 자성을 못 믿어서야 되겠는가. 〈자성을 믿지 못하고 스스로 중생이라 자처하는 것은 겸손이 아니라 어리석음이다.〉

6. 충직한 하인은 주인을 믿고 따른다. 모든 일에 주인의 의향을 물어 그 뜻대로 처리를 한다. 잘된 일은 주인의 공덕이라고 기뻐하고 잘 안된 일은 그것까지도 주인이 알아서 하실 것이라 믿고 따른다. 주인공을 믿음에 있어서 충직한 하인이 되어라.

7. 자기가 자기를 믿지 못하면 이 도리를 체험할 수 없다. 자기가 어떻게 말을 하고 어떻게 한 발 떼어 놓을 수 있는지를 모른다면 실험조차 해 보지 못할 것이니 도리를 알 수 없게 된다.

8. 자기에게 자기가 미쳐야 한다. 사무치도록 애절하게 미쳐야 한다. 공부하면서 미쳤다는 소리를 한마디쯤 듣지 않고는 이 공부를 하기 어렵다.

9. 내가 성냥개비를 쥐고 그어야 불이 붙는다. 성냥이 있는 줄조차 몰라서 그을 생각조차 않는다면 어디 가서 불을 얻으려는가. 절실한 믿음에서 불

이 붙는다. 절실하지 않으면 불이 붙지 않는다.

10. 참 나에 대한 믿음, 전체를 포괄하는 대공의 진리에 융합된 하나의 주처에 대한 믿음, 그것이 있어야 내가 태어나기 이전의 나와 현재의 나가 통하게 된다.

11. '나'라는 개별적이고도 사량적인 '나'만을 알고 포괄적인 대공의 나, 나를 있게 한 그 부(父)를 믿지 않고서 어찌 부자(父子)가 상봉하기를 바라겠는가. 대공의 부를 믿어야 그 아버지에게 이를 수 있다.

12. 허공을 믿고 이름을 믿을 것인가. 남의 그림을 믿을 것인가. 자성을 믿고 제 아비를 믿고 자기의 본래면목을 믿어라. 그 어떠한 구세주도 내 안에 있는 마음의 구세주만 못하고 그 어떤 성스러운 스승도 내 마음 안에 있는 스승만 못하다.

13. 자성 삼보에 귀의하는 것이 진정한 귀의이다. 자기의 청정법신불에 귀의하고 자기의 천백억 화신불에 귀의하고 자기의 원만보신불에 귀의하는 것이지 어디 삼보가 따로 있어 귀의한다고 하는 게 아니다. 따라서 법당에 가면 부처님 형상하고 내 형상이 둘이 아니요, 그 마음이 둘이 아니요, 그 생명이 둘이 아닌 것을 알아 스스로의 자성에 귀의하는 것이지 따로 부처가 있어 귀의한다고 하는 게 아니다.

4. 주인공 진짜 해결사

1. 자기를 형성시킨 그 주인공만 믿고 살면 그대로 아무 일이 없었을 것을 주인이 있는 줄조차 모르고 자기가 잘났다고 이일 저일 저지르곤 하니까 주인공은 뒷방 신세가 된 것이다. 주인공은 '어디 너 하는 대로 두고 보리라.' 하며 팔짱을 끼고 있는 격이다.

2. 무엇이 참으로 좋고 무엇이 좋지 않은지 중생은 모른다. 그러므로 주인공이 모든 것을 한다고 굳게 믿는 것 외에 중생이 할 일이란 없다. 그러나 많은 사람들은 '만약에 그렇게 믿고 맡겨 놓았다가 원하는 일들이 안 되면 어떻게 하나?' 하는 생각을 한다. 그것은 믿음이 아니다. 믿고 맡김은 찰나인데 그런 걱정 할 사이가 어디 있겠는가. 주인공은 결코 믿음을 외면하지 않는다. 철석같은 믿음 속에 일체가 다 들어 있으니 믿음이면 그뿐이다.

3. 자신의 진짜 해결사를 믿어라. 오로지 자신의 해결사를 믿고 모든 것을 거기에 맡겨라. 안 된다는 생각, 안 되는 사정을 붙들고 늘어질 게 아니라 해결사에게 놓아 버려라. 그 해결사는 이미 나의 생각, 나의 근심 걱정을 다 알아 해결할 준비를 해 놓고 있으니 해결사의 능력을 믿어라. 진실되게 믿어라. 믿음은 공덕의 어머니이니 믿음이 강하면 보고가 열린다.

4. 주인공은 그대가 진심으로 믿고 맡겨 오기를 기다리고 있다. 그러나 세상 사람들은 흔히 '자기를 믿으라'고 하면 중생심, 이기심, 자만심에 빠진 자기를 믿으라는 줄로 잘못 아는 경우가 많다. 그러한 나, 즉 거짓의 나가 아니라 참된 나, 즉 주인공을 믿어라. 거짓 나를 비켜나게 하고 주인공이 드러나게 하라. 주인공만이 자유자재권을 갖고 있으니 거짓의 나를 앞세워 부자유와 고통을 자초하지 말고 주인공을 앞세워라. 주인공은 그대의 진실한 믿음을 고대하고 있다.

5. 자기의 참 주인을 건성으로 믿으면서 일이 잘 되기만 눈이 빠지게 기다리는 사람들이 많다. 주인공을 진실히 믿는데도 일이 잘 안된다고 하는 사람들도 많다. 그것은 진실한 믿음이 아니다. 무조건적인 믿음이 아니다. 처음부터 이름이나 외는 조건 있는 믿음이다. 〈그런 믿음의 소유자는 조금만 비바람이 불어도 부처님을 의심하고, 가르침을 의심하

니 어느 때 자기 등불이 밝혀지겠는가.〉

6. 주인공은 석가세존으로부터 일체의 부처님, 천백억 화신, 시방 삼세의 제불보살이 드는 집이다. 그럼에도 그것을 믿지 못하니까 바람 잘 날이 없고 이리 쏠리고 저리 쏠리면서 정신을 차리지 못하고 앞길을 내다보지도 못하고 이 자그마한 집 한 채를 그냥 불태워 버리게 된다.

7. 태양 앞에서는 한 점의 어둠도 용납되지 않는다. 본래의 나인 주인공은 태양이며, 그러하기에 주인공의 눈은 실상을 실상 그대로 볼 수 있다. 주인공의 힘, 주인공의 빛, 주인공의 덕, 주인공의 눈을 믿어라. 믿으면서 안으로 깊게 주인공을 향하라. 대상을 보되 대상에 말려들지 말고 놓으면서 주인공의 밝은 눈으로 자기 자신을 관하라. 〈그렇게 하여 모든 탐심과 집착과 갈애 따위가 본래 근거가 없는 것임을 체득하라. 그러면 '죄란 본래 자성

이 없어 마음 따라 일어났을 뿐'이라는 말을 알게 될 것이다.〉

제3장 물러서지 않는 마음

1. 진심

1. 어떠한 고난이 닥쳐오더라도 강한 마음으로 무겁게 놓아라. 그리고 지켜보라. 믿음이 약해 안절부절하면 더 어지러운 일이 벌어진다.

2. 한시도 떠나지 않는 믿음, 그것은 몸짓·손짓·발짓을 넘어서는 진중한 마음을 말한다. 이 세상을 다 들어올렸다 놓는 것처럼 무겁게 한마음 주인공에 놓는 것을 뜻한다. 그런 믿음이라면 이 세상이 뒤집힌다 해도 흔들리지 않을 것이다.

3. 마음의 주춧돌이 튼튼치 못하다면 공부하기

어렵다. 집을 지을 때 주춧돌이 없이 기둥을 세울 수 없고 기둥을 세우지 못하면 대들보를 얹을 수 없듯이 마음의 주춧돌이 튼튼하게 바로 놓이지 못하면 공부하기 어렵다.

4. 강한 믿음, 물러서지 않는 강한 패기가 있어야 내 육신이 죽고 사는 것을 공의 소용돌이에다 그냥 내던질 수 있다. 그런 멋있는 대장부가 되어라.

5. '죽이든지 살리든지 만들어 놓은 당신께서 알아서 해결하시오!' 하고 일체를 턱 맡기는 게 믿음이다. 나고 죽는 것까지도 다 나를 있게 한 근본의 뜻이라는 믿음이 있다면 생활 중의 사소한 일 따위야 맡기지 못할 게 없다.

6. 진심으로 믿는 사람은 드물다. 내일 죽으면 어떻고 오늘 죽으면 어떤가 하는 사람은 아주 드물다. 여기 이 자리에서 내 자식이 죽는다 한들 그것이 뭐

그리 대단한 일인가 하는 사람은 더욱 드물다.

7. 믿음이란 원력, 능력, 지혜, 영원한 밝음의 시작이자 회귀처이다. 물러서지 않는 믿음이야말로 모든 것을 다 갖춘 참 자기가 드러나게 하는 길이다. 그러나 우주의 구석구석을 다 보고 듣는다 해도 그것을 다시 놓지 않으면 안 되는 것이니 믿고 물러서지 않는 마음이어야 마침내 대장부다운 대장부가 될 수 있다.

8. 백척간두에서 한 발 내딛고 나서지 못하면 참 자기를 발견할 수 없다. 자기라는 관념이 없어야 한 발 뗄 수 있을 것이나 자기라는 게 있으면 옴짝달싹도 할 수 없다. 죽고 사는 것을 몽땅 맡기고 믿는다면 내딛지 못할 까닭이 없다. 이 공부를 함에 있어서는 생활의 모든 것, 생과 사까지도 믿고 맡기는 게 필요하다. 설령 하늘이 무너진다 해도 오직 근본자리에다 모든 것을 내맡겨야 한다.

9. 육신의 편안함을 추구하는 마음이어서는 벽을 뚫기가 어렵다. 배부르고 안락하면 게을러져서 참 생명수의 맛을 보기가 어렵게 된다. 공부하는 사람은 처지가 좀 외롭고 기댈 곳이 없고 배가 고파야 예컨대 수박이 좀 더 빨리 여물게 된다. 사실 따지고 보면 이 공부 하기가 어렵고 눈물겨운 일인데 '저 사람 돌았다'는 말을 들을 정도라야 수박이 쩍 갈라져서 씨만 홀랑 나오는 때를 만나게 된다.

10. 시공이 없이 프로펠러 돌듯 돌아가는 자리로 드는데 문을 찾아서 들어가려 한다면 이 공부를 할 수 없다. 문 찾을 생각 없이 무조건 하고 털퍽 뛰어드는 사람이라야만이 제 문으로 들 수 있다. 사실 문이 너무 많으니, 아니 문 아닌 데가 없어서 문이 없다 하는 것이니 문 찾을 생각 말고 그냥 뛰어들면 그대로 정통 문이 된다. 〈문만 많은 게 아니라 실은 화두도 닥치는 대로 화두요 불성도, 불법도 닥치는 대로이다.〉

11. 무조건 믿어라. 물러서지 말라. 하늘이 무너지더라도 믿음에서 물러서지 말라. 일체 만법이 바로 내 마음에서 나고 든다. 주인공을 진실로 믿는다면 걱정할 것이 없다. 주인공은 일체 만법을 해결할 수 있는 에너지이며 원소이며 핵이다.

2. 주장자를 쥐고

1. 컴퍼스로 원을 그릴 때 중심이 흔들리면 둥근 모양이 나올 수 없듯이 마음이 중심을 잡지 않으면 모든 일에 원만함이 없다. 탑돌이 하듯 지성으로 마음돌이를 하라.

2. 자기를 형성시킨 근본에다가 무슨 이름을 붙여도 좋다. 아빠라 해도 좋고, 엄마라 해도 좋고, 사랑하는 님이라 해도 좋고 하나뿐인 내 님이라 해도 좋고, 자성본래불이라고 해도 좋다. 그렇게 아무

이름으로 불러도 좋지만 입으로만 부르는 게 아니라 참으로 간절하게, 사무치도록 그리워하는 마음에서 불러야 한다. 항상 사모하는 마음, 진실한 마음으로 참 자기를 믿고 거기에 일임해야 한다. 그래야 샘물이 터지듯 솟을 수 있다.

3. 처음 공부할 때 아무 방편이 없으면 허망해서 어떻게 할 줄 모르기에 주인공이라고 한 것이다. 마음이 주인으로서 모든 것을 형성시켰어도 모든 것이 또한 실답지 않기에 주인이자 빌 공(空) 자 '공'이니 주인공(主人空)이다. 문이 열려질 때까지는 주인공을 잡고 가라. 주인공은 대문 빗장이다.

4. 성품을 보지 못해서 도저히 생각나기 이전에 부합되기 어려우니 나의 본성을 주인공이라고 세워 놓고 믿자. 아직은 모르니까 주인공이라고 하나를 세워 놓고 나가자. 그러고는 첫째로, 믿어야 한다. 둘째로는, 모든 것을 거기다 일임하여 놓아 버려야

한다. 셋째로는, 우리가 지금 하고 있는 모든 것이 바로 거기서 하고 있는 것인 줄을 철저하게 믿는 것이다. 그렇게 해야 된다. 〈일상의 생활 중에 늘 염하기를 이렇게 하라. “주인공! 당신이 나의 근본임을 잊지 않겠습니다. 주인공! 당신이 나의 모든 것을 다 한다는 것을 잊지 않겠습니다. 주인공! 일체 현상이 다 당신의 나툼임을 잊지 않겠습니다.”〉

5. 현대 과학 문명이 발달한 이 시점에서 십 년이고 이십 년이고 걸려서는 공부하기가 어렵기에 즉시 들어갈 수 있는 길을 모색해서 주인공을 세웠다. 주인공 하나를 세워 놓고 모든 것이, 들이는 것도 내는 것도 모두 거기로 들고 나니 의심치 말고 주인공을 믿으라고 한 것이다. 〈그렇게 하면 의정이 절로 나와 어느 선지식으로부터 화두를 받을 것도 없이 내 속에서 의정을 내고 내가 토론을 하게 된다. 그래야 급속한 시대 변화 속에서 빠르게 공부할 수가 있다. 지금 이 자리에 부처님이 계셔서 화두를

주었다 할지라도 들이고 내는 주인공을 지켜보는 '나'에 부처님 마음이 계합되어 있으니 다른 화두 믿지 말고 주인공을 의심 없이 확고히 믿어야 즉시 들어간다.〉

6. '주인공이 무엇인가.' 하지 말고 주인공을 믿고 들어가라. '무엇인고?' 하는 생각만으로는 맛도 못 보고, 작년 씨가 올 현재로 온 것을 모르고 작년 씨만 찾다가 세월 다 보내게 된다.

7. 머리로써 주인공을 알려고 하지 말라. 학술적으로 출발하면 관념이 박혀서 그것을 지우기가 매우 어렵게 된다. 무조건 믿어야 한다. 무조건 그냥 믿고 나가야 한다. 자기가 갈기갈기 찢겨져 가루가 된다 해도 믿어야 한다.

8. 입으로만 '주인공! 이렇게 저렇게 해 주시오.' 하는 게 아니다. 이미 주인공이 모든 것을 다 하고

있는데 무엇을 해 달라고 할 것인가. 입으로 주인공을 외지 말고 굳게 믿으라 하는 것이다. 사량이 아니라 믿음으로써 마음을 깨닫게 된다.

9. 내가 독존(獨尊)이라 믿고 나가라! 처음부터 전체가 하나라고 보면 오히려 '전부 공했다'는 견해에 사로잡히기 쉽다. 내가 독존임을 확연히 안 다음이라야 남도 독존이요 일체가 다 독존임을 알게 될 것이다. 〈그러기에 주인공을 일컫는 것이다. 주인공은 주인이자 그대로 공한, 소소영영한 본래면목을 이름이다.〉

10. 주장자가 바로 서지 못한 사람은 비유하자면 빈집과 같다. 빈집에는 온갖 사람, 짐승, 벌레들이 제멋대로 들락거리듯이 그 허술함으로 해서 갖은 풍파가 일어나게 된다. 그러므로 이 도리를 몰라서 집을 비워 놓는 꼴이 된다면 누가 들고 나도 도무지 가늠치도 못할 뿐 아니라 엉뚱한 놈이 주인 노

릇 하면서 심신을 망가뜨려도 속절없이 당하기만 할 것이다. 즉 주인이 없다면 세균성, 영계성, 유전성, 업보성이 제멋대로 들어가 뒤집어 놓으므로 고에서 벗어나지 못하게 된다. 자기를 바로 알아 주장자를 쥐고 가야 한다. 〈머리는 깎아서 상투조차 없지만 동곳은 항상 꽂아야 한다.〉

11. 한 나라의 임금이 마음이 바르지 못하여 중심 없이 흔들리기만 한다면 그 밑의 신하들뿐 아니라 온 나라 백성들까지도 혼란 속에 빠져 뒤죽박죽될 것이다. 그러면서도 계속 정신을 차리지 못하고 흔들린다면 마침내 그 나라는 망하게 될 것이다. 이와 같이 우리 몸도 자기의 한생각이 잘못되면 이 몸을 구성하고 있는 세포들의 살림이 뒤죽박죽이 되어 나중엔 몸이 고장이 나 병이 생기게 된다. 또한 안이 혼란하면 밖에서 외적이 침범하듯 자기 마음의 중심을 세우지 못하면 밖의 세균이나 악한 영혼들이 주인 없는 빈집인 줄 알고 침범하여 마침내 몸

까지도 못 쓰게 되고 만다.

12. 마음법을 진실로 따르는 사람들은 그 모든 것이 나의 근본과 둘이 아님을 알기에 언제나 중심을 자기 자신에 두고 생활하게 된다.

그러므로 설사 병원에 가더라도 자기 근본에 응하면서 가게 된다. 그럴 경우 신묘한 치유 능력이 나타나게 된다. 의사가 잘 고쳤기 때문이 아니라 내 안에서 우러나온 신묘, 불가사의한 힘이 나를 치유한 것이다.

13. 주장자란 손으로 들고 다녀서 주장자가 아니라 마음에 중심을 세워서 주장자이다. 주장자는 누가 쥐여 주는 것이 아니라 스스로 얻는 것이다. 마음의 중심이므로 뿌리도 형체도 고정됨이 없이 도는 것이다.

14. 손아귀에 딱 들어맞는 방망이를 쥐듯 그렇게

주인공을 딱 쥐어라.

15. 달구지를 치지 않고 소를 가게 할 수 있고 쉬게 할 수 있는 그 방법을 알아라. 고삐를 딱 붙들어라. 그게 반야줄이다.

3. 믿고 맡김

1. 주인공을 우직스럽게 믿고 늘 그에게 되돌리고, 늘 그에게 감사하면 그것으로 그뿐인 것이다. 급하게 서두르거나 안간힘을 쓰지 말라. 자유스러운 가운데 유장한 마음 자세로 닥치는 일들을 주인공에 믿고 맡기면서 살아가라. 믿음이 없으면 몽땅 맡겨지지 않고, 믿음이 없으면 돌려서 놓아지지도 않는다.

2. 어린아이가 처음 걸음마를 배울 때 잘 걸을 줄

알고 발걸음을 떼어 놓던가, 아니면 넘어질 줄 알고서도 떼어 놓나. 넘어지든 안 넘어지든 그런 생각 없이 그냥 걸음을 떼기 시작한다. 그렇게 걷다 보면 차차 잘 걷게 되고 뛰게도 된다.

근본 불성에 다 맡겨 놓고 가라. 어린아이가 걸음 배우듯 그렇게 하라. 자기가 자기를 못 믿으면 누굴 믿겠는가.

3. 마음이 왔다 갔다 하면 살림도 왔다 갔다 한다. 내 집안이 산란해지고 우환 생기는 것을 누구에게 항의하겠는가. 주인공에 일임하고 차분하게 중심을 잡고 있으면 바람이 불어도 끄떡 안 하고 무겁게 걸어갈 수 있다.

4. 맡기면 된다. 몸이 아프든 가환이 닥치든 '아, 이것도 당신! 당신이 하는 것이니 당신이 알아서 하라.' 하고 턱 맡기고 무겁게 믿고 지켜보라. 맡기면 된다. 설사 해결이 안되었다 해도 절대로 물러서지

말라. 물러서면 안 된다.

5. 이 도리를 알아볼 양으로 어렵게 안간힘을 쓰지 말라. '일상생활이 그대로 여여하게 근본 자리에서 하는구나.' 하고 믿고 놓으면 된다. 그렇게 믿고 맡겨 놓으면서 살아가라. '맡기는 게 무언가?' 하고 이치로 헤아리려 하지 말고 그냥 '잘되는 것도 거기, 안되는 것도 거기, 거기서 모든 걸 하고 있고 거기서밖에는 해결할 수 없다.' 하고 믿어라. 그것이 맡기는 것이요 놓는 것이다.

생활 가운데 늘 그렇게 하다 보면 큰 뜻을 이루게 된다. 정말이지 우주의 샘물 맛을 보게 된다. 그러나 그에 앞서 몸 건강하니 좋고, 생활 윤택해지니 좋고, 가정 화목해지니 좋고, 우환이 없어지니 좋고, 모든 게 다 좋아진다.

6. 믿고 맡기는 데는 잘된다, 잘될 것이다 하는 전제조차도 없어야 한다. 버렸다, 버린다도 붙질 않

는다. '주인공이 다 하는 것이지.' 하면 그뿐이다.

7. 믿음이 투철하지 못하면 답답증이 생길 때 더 앞으로 나아가기가 어렵게 된다. 자기를 관하여 일어나는 의심덩어리를 깨뜨리기가 힘이 들며 사방이 꽉 막혀 어디로 뚫고 나가야 할지를 모르게 된다. 그러할 때면 흔히들 환경을 탓하고 스승을 원망하여 이곳 저곳을 기웃거리게 된다. 모름지기 수행자라면 이러할 때에 스스로 믿음을 점검해 볼 일이니 밖에서 답을 구하면 안 된다. 죽어야 나를 보리라.

8. 믿고 맡긴다는 것은 참고 기다리는 게 아니다. 믿음은 참는 마음이 아니다. 참는 마음으로 맡기고 놓는다고 한다면 그것은 이미 맡김이 아니요, 놓음이 아니다. 놓을 때는 아무런 찌꺼기가 남지 않아야 한다. 여한이 없어야 한다. 그렇지 못하고 참아 낸 것이라면 그 참음이 쌓였다가 뒷날 어느 때에 용수철처럼 튀어 나오고 말 것이다.

9. 찰나찰나 다가드는 경계를 사량으로 헤아린다면 땅에 떨어지고 만다. 순응해서 같이 돌아간다는 믿음, 일임하는 믿음, 물러서지 않는 믿음이 있어야 한다. 〈그런 믿음으로 맡겨 놓고 돌아간다면 그것이 바로 중용인 것이다.〉

10. '잘못하는 것이로구나. 잘못되어 가고 있구나.' 하는 것도 자기가 안다. '이러면 안 되는데.' 하는 것도 자기가 알고 있다. 회개도 자기가 한다. 그 모든 게 한군데서 나온 것이지 다른 데서 나온 것이 아니다. 잘된 것, 잘못된 것이 다 한군데로부터 나온 것이니 거기에 일임하라는 것이다. 〈그것이 바로 초발심이기도 하다.〉

11. 악의 과보도 자기가 지어서 받는 것이요, 선의 과보도 자기가 지어서 받는 것이니 무너뜨리는 것도 자기가 하는 것이다. 죄를 지은 놈이 죄를 풀 수 있는 것과 같다. 고로 주인공에게 일임하라. 〈그

것이 회개이다. 그것이 고해성사요 참회이다.〉

12. 마음 깊은 그곳에 모든 원리가 숨어 있다. 모든 공포와 절망과 무거운 마음의 짐들을 다 쉬고, 다 맡기고, 다 털어 버려라. 일체의 분별심, 사량심, 삼독심을 다 맡겨라. 그렇게 함으로써 하늘과 땅과 사람과 미물에 한 점 부끄럼 없는 떳떳함으로 살아가라.

13. 모든 것을 맡겨 놓을 수만 있다면 두뇌를 통해서 사대로 통신이 되는데 한생각이 수십만의 입자가 되어 작용을 한다. 그렇게 무심과 유심이 작용을 해야만 불이 들어올 수 있다.

14. 내가 한다 안 한다, 이렇게 두 가지로 분별이 들 때에 이것이다 저것이다가 아니라 두 가지를 다 일임한 상태에서 내 앞에 닥치는 일을 그대로 하고 나가는 것이 유와 무를 한데 겸해 나란히 해 나가는

것이다.

15. 생활의 모든 것을 자기 뿌리에다 일임하라. 놓아라. 먹는 것 굶는 것, 잘사는 것 못사는 것, 할 수 있는 것 할 수 없는 것, 되는 것 안되는 것 등 그 모두를 뿌리가 하는 것이니 뿌리에다 맡겨라. 그렇게 하지를 못한다면 잠재해 있는 실상의 본래면목을 믿지 못하는 것이니 믿지 못하면 도와는 거리가 멀다. 믿음이야말로 도의 근원이다.

16. 이 공부의 핵심은 오직 한마음을 굳게 믿고 그 자리에 일체 경계를 놓아 나가는 것이다. 따라서 우리가 가야 할 길이란 그렇게 어렵거나 크거나 높은 것이 아니요, 오히려 단순하고 쉽고 빠른 것이다.

17. 주인공이 나의 근본임을 진실하게 믿고 관할 때에 모든 걸 주인공 자리에 놓을 수 있게 된다. 놓

는다는 소리를 모르겠거든 맡겨라! 맡기는 걸 모르겠거든 아예 부숴 버려라. 그러면 화산이 폭발할 때를 만난다.

18. 벽에 틈이 벌어지면 바람이 나고 든다. 내 마음에 바람구멍이 나지 않으면 바람이 들어올 리가 없다.

4. 정진

1. 우리는 수행하기 위해 태어났고, 수행하기 위해 살고 있다. 하루 24시간의 모든 활동 – 아침에 잠에서 깨어나 세수하고, 식사를 하고, 일을 하고, 사람을 만나고, 말하고 움직이고, 잠을 자는 그러한 모든 행위가 다 수행을 위한 것이어야 한다. 바로 진정한 나 자신에게 귀의하고, 나 자신을 회복하는 것이어야 한다.

2. 참다운 수행자라면 진리에 순응하는 마음에 틈이 있어서는 안 된다. 한시도 게을리하지 말고 일체를 맡겨 놓고 관해야 한다.

3. 초등학교 학생이 대학 과정으로 바로 가려 해도 안 되니까 열심히 해야 하듯이 모든 경계에서 한마음 주인공을 믿고 거기에 맡기기를 열심히 하면 알게 된다.

4. 나무를 비벼서 불을 얻고자 할 때 제대로 열이 나기도 전에 문지르기를 그만둔다면 어떻게 불을 얻을 수 있겠는가. 절실한 데서 불이 나오는 것이니 불이 붙을 때까지 정진해야 한다.

5. 고양이가 생선 가게를 노리듯, 어린아이가 엄마를 찾듯이 그렇게 자나 깨나, 앉으나 서나 자기 본래면목을 그리워하고 또 그리워해야 한다.

6. 말에 걸리고 상에 걸리고, 여기에 걸리고 저기에 걸리고 하면 공부하기 어렵다. 지옥에 떨어질까 겁나고 꽁지벌레 될까 겁나면 공부하지 못한다. 경계에 아랑곳없이, 천방지축이라는 소리를 듣더라도 밀고 나가라.

7. 모든 것을 다 걸고 해 보는 배짱과 당당한 포부가 있어야 한다. 좀 안다는 사람은 알아서 더는 못 나가고 모르는 사람은 알려고 하지 않아 못 나가니 모든 걸 다 내던지고 나갈 줄 알아야 한다. 한 철 살다가 가고 또 오고 또 가고 연방 돌아가는데 찰나생에 알면 얼마나 더 알고 모르면 얼마나 모르겠는가. 모든 것을 다 걸고 눈 하나 깜짝 않는 태도로 믿고 맡겨라. 부처님께서 삼천대천세계를 다 집어삼켰듯이 이왕이면 전체를 도둑질하라.

8. 이 공부가 여간 대단한 공부가 아니다. 참으로 광대무변한 진리이며 끝없는 공부이다. 말로 표

현할 수 없을 만큼 엄청난 법인데도 불구하고 수행한다 하면서 절에 다니는 걸로 '이만하면 그냥저냥 공부하는 것이지.' 하는 사람들이 많다. 진정 마음공부 할 수 있는 조건이 스스로 갖춰져 있다는 것을 절실히 생각지 않는 경우이다. 일체를 하나로 묶어 주인공에 열심히 믿고 맡기는 사람이 되어야 인과를 녹이고 습을 떼고 참 나를 발견하는 법이다.

9. 모르니까 공부해야 하고 알면 아니까 또 공부해야 한다. 항상 붙들 것 없는 것을 붙들고, 앉으나 서나 일을 하면서도 늘 주인공을 염해야 한다.

10. 아무리 사소한 생각이라도 허투루 하고 한데로 떨어뜨리면 안 된다. 한 번에 몰아서 하거나 크게 하겠다고 생각하지 말고 가능한 한 꾸준히 침착하게 해 나가야 한다. 아무것도 바라는 바 없이 그렇게 해 나가노라면 어느 사이엔가 마음에 여유가 생기고 세상이 밝고 아름답게 보이게 될 것이다.

11. 탑이 올라가는 것을 보라. 돌을 하나씩 쪼아 올릴 때 먼저 주춧돌을 놓듯이 주인공에 일체 경계를 놓고 믿음의 안테나를 세워야 한다. 〈그럼으로써 오신통이 풀려나오고 법계와 통신을 하게 된다.〉

12. 물이 흐르는 것을 보라. 가다가 구덩이를 만나면 채우고 다시 흐른다. 바위나 언덕을 만나면 끼고 돌아 흐른다. 참 나를 찾는 공부도 그와 같아야 한다.

13. 마음공부는 어떤 학문을 전공하듯 그렇게 하는 게 아니다. 이 공부는 한시도 끊어질 수 없고 끊어져서도 안 되는 공부이다. 그러나 끊어지지도 않는 공부이므로 생활이 곧 불법이자 불법 공부임을 잘 살펴야 한다. 물고기가 물에서 온갖 살림을 다 짓듯이 우리는 주인공을 믿는 마음 속에서 온갖 일을 다 하는 것이기 때문이다.

14. 마음공부의 길에서는 도망칠 곳이나 피할 곳이 없다. 또 속이는 길도 없고 꾀를 내서 될 일도 아니다. 생각 생각으로 알음알이를 짓는다고 되지도 않는다. 우둔하다 할 만큼 오로지 진실되게 나아가는 것뿐이다.

15. 수행자는 모름지기 자기 자신에 대해 정직해지지 않으면 안 된다. 왜냐하면 자신의 근본은 곧 부처님 자리요, 부처님 자리는 일체의 관념이 다 사라진 공성이어서 어떤 속임수나 변명, 합리화 따위가 통할 수 없기 때문이다.

16. 자기가 자기를 속이지 말라. 항상 자신을 돌아보아 어긋난 점이 있는지를 점검해야 한다. 속이고 속임을 받고 하는 게 모두 자기이지만 자기가 자기를 속이는 경우가 많다.

17. 모른다 하지도 말고 안다 하지도 말고, 닥치

면 닥치는 대로 한군데 놓을 줄 알아야 정진이고 참선이다. 물불 가릴 것도 없고 범에게 잡혀가 먹히든 안 먹히든 가릴 것이 없다.

18. 살다 보면 앞뒤가 꽉 막혀 어떻게 해 볼 수조차 없는 진퇴양난의 처지에 빠지는 때가 있다. 이러할 때 믿음이 흔들리고 공부가 뒷걸음질치는 사람이 있는가 하면 반대로 더욱 정진하는 사람도 있다. 우리가 진퇴양난의 처지에서 생각해야 할 점은 언제 어디서나 자신을 이끄는 근본은 주인공뿐이라는 믿음이다. 그러한 믿음하에서는 직면한 난관조차도 주인공이 나를 위해 제공하는 공부의 기회가 된다.

19. 나같이 평범한 중생에게 어찌 본래로 무량한 공덕이 갖춰져 있을까 하고 행여라도 의심치 말라. 바로 그러한 퇴굴심이야말로 중생을 끝내 중생에 머물게 하는 것이다.

20. '모두가 부처라는데…….', '언젠가는 성불한다는데 …….' 하며 게을리한다면 맛을 알 수 없을 것이니 죽어서도 맛을 몰라 한 걸음도 떼어 놓지 못하게 된다. 지금 장님이라면 죽어서도 장님이다. 지금 눈을 떴다면 죽어서도 눈을 뜬 것이다. 〈열반을 하려거든 살아서 열반을 하라.〉

21. '죽으면 그뿐'이라거나 '에이, 그냥 죽어 버렸으면 좋겠다.' 하지 말라. 죽는다 한들 몸뚱이만 없어졌다 뿐이지 도로 그 지경으로 또 살아야 하는 문제가 남는다. 그야말로 앞길이 까마득한 처지이니 이왕 칼을 뺐으면 죽든지 살든지 구애받지 말고 해 보라. 물러서면 죽는다.

22. 공부하기를 몇 년이 되었다, 몇십 년이 되었다 하는 세월 계산은 아무 의미가 없다. 50년간 공부했다 해도 5일 공부만 못한 경우도 있고 5일간 공부했다 해도 50년보다 나을 수 있다. 근본 자리

에는 시공이 없는 것이니 인간이 만들어 놓은 시간의 많고 적음이 마음공부에는 해당될 일이 아니다.

23. 이 공부에는 길다 짧다의 기약이 없다. 삼천년이 한 찰나가 되는 공부이므로 빨리 해야 하겠다는 것은 부질없는 생각이다. 묵묵히 참구하라. 마음법에는 손자든 오자든 병법이란 것이 있을 수 없다.

24. 한 방울의 물이 흐르고 흘러 마침내는 바다에 이르기까지의 과정을 잘 알고 있다면, 한때의 침체 상태를 크게 두려워하지 않고 닥쳐온 어려움에 묵묵하고 의연하게, 여유 있게 대응하게 될 것이다. 그러나 대부분의 사람들은 당장 세상이 끝나는 것같이 생각한다. 지혜가 부족하고 마음이 들뜬 탓이다.

어려움 뒤에는 화평이, 이익 뒤에는 불행이 기다리고 있다. 행과 불행은 늘 그렇게 오고 그렇게 가버린다. 그것을 따로 보지 말고 전체로 보라. 그래야 비로소 지혜의 눈이 밝아져 행과 불행, 어려움과 순탄함에 일일이 말려들지 않을 수 있다. 지혜로운 사람은 때로는 멀리서 관조하기도 하고 때로는 가까이 다가가서 세밀히 살피기도 한다.

25. 일시적으로 마음의 편안함을 느낄 수 있다고 해서 '아, 이것이 바로 무심이구나.' 하고 거기에 안주하려 든다면 이를 일컬어 공에 떨어졌다고 하는 것이다. 모름지기 수행자라면 편안함을 추구해서는 아니 되는 것이다. 믿고 맡기며 물러서지 않는 가운데 절로 무심이 되는 것이다.

5. 믿음의 공덕

1. 믿음은 불가사의한 힘을 갖고 있다. 어떠한 어려움에 봉착하더라도 완전한 믿음은 그 어려움의 얽힌 실타래를 깨끗이 풀어 버린다.

2. 믿음은 믿은 만큼 보답한다. 일체를 믿는 이에겐 일체를 주고 절반만 믿는 사람에겐 절반만 준다. 주인공에 대한 철저한 믿음이 강조되는 것은 바로 그러하기 때문이다. 그러므로 어려움이 닥쳤다 해서 좌절할 것은 아니다. 믿음이 있는 한 어려움을 준 거기에서 풀기도 할 것이기 때문이다.

3. 우리들 자신이 본래 부처라는 것, 그러므로 물들지 않는다는 것을 굳게굳게 믿는 것이 중요하다. 그 믿음의 크기만큼 본래 부처로서의 광명이 우리의 내부에서 뿜어져 나오게 된다. 그 광명 앞에는 어떤 어둠도 당해 내지 못한다. 온갖 더러움과 욕심, 어리석음이 일시에 사라질 것이다.

4. "당장 급한데 어떻게 주인공을 믿고 전부 맡기라 하는가?" 하는 말을 하지 말라. 뿌리가 싱싱하면 가지와 잎이 절로 푸르니 썩을 일도 없게 된다. 믿음은 결코 무너지지 않는 공덕의 탑을 쌓고 믿음은 결

코 시들지 않는 지혜의 나무를 자라게 한다.

5. 주인공에게 믿고 맡길 때 주인공의 응답이 온다. 뒷전에 물러앉아 있던 주인공이 전면으로 나서게 된다. 주인공은 결코 믿음을 저버리는 일이 없다.

6. 진실하게 믿고 물러서지 않을 때 비로소 해결하면서, 체험하면서, 감흥을 맛볼 수 있게 된다. '아! 내게도 이러한 능력이 있구나.' 하는 것을 알게 되고 그럼으로써 단호하게 쥐고 들어가 맛을 보고 감흥이 되고 마침내 참 나가 드러나게 된다. 참 나가 드러나 부자 상봉이 이뤄지면 부와 자가 더불어 자재권을 행사할 수 있게 된다.

7. 주인공이 다 알아서 할 것이라고 안으로 다 일임해 버리면 마음 편하고 일은 착착 되어 간다. 얼마나 편안한가. 바둥거리고 애쓸 필요가 없다.

8. 주인공을 진실하게 믿고 그 자리에 일임하게 되면 왜 모든 일이 잘 풀리는가? 그것은 근본 자리에서부터 보이지 않는 힘이 우러나와서 유위의 법을 어루만져 주기 때문이다. 주인공은 때에 따라서 다보여래가 되기도 하고, 지장보살이 되기도 하며, 관세음보살·문수보살·보현보살이 되기도 한다. 또 신장이 되기도 한다. 주인공은 무엇이든 아니 되는 게 없으니 주인공 자리는 본래 공한 것이지만 그러한 묘법이 있다. 그러므로 일체를 주인공에 맡기고 놓는다면 주변이 화락해질 것이다.

9. 주인공에 모든 것을 맡겨 놓고 거기서밖에는 해결할 수 없는 그런 이치라고 굳게 믿었을 때, 에너지는 속사포같이 한 찰나에 전달이 된다. 또 그런 믿음으로 주인공을 부르면 우주 전체가 한꺼번에 듣는다.

10. 주인공밖에 할 수 없다고 믿어 진실로써 맡겨 놓는다면 믿고 맡기는 순간 마치 전등 스위치를

올리는 것과 같이 모든 게 밝아진다. 나만 밝아지는 게 아니라 내 가정, 내 사회, 내 국가, 이 세상이 다 밝아지게 되어 있다. 〈고로 믿고 맡기느냐, 않느냐의 한생각에서 천지가 벌어진다. 한생각 잘하면 무량의 밝은 빛을 낼 수 있을 것이고 한생각 잘못하면 무량수의 죄업을 뒤집어쓰게 된다. 이를 뒤집어 말하면 본래로 죄가 없기에 죄 붙을 자리 또한 없으나 한생각 잘못 일으켜 어둠에 빠져든다는 뜻이다.〉

11. 한마음 자리에 대한 굳은 믿음은 우리에게 희망과 기쁨을 준다. 우리가 짊어지고 있는 수억겁 년 이래의 업보도 그 행복한 마음 앞에서는 솜처럼 가볍다. 왜냐하면 한마음의 그 무한 광대한 복락에 비추어 볼 때, 중생이 짊어지고 있는 짐은 아무것도 아니기 때문이다.

12. 믿음이란 온갖 근심과 번뇌와 경계를 한 짐 부려 놓는 것과 같다. 믿으면 편안해진다. 나는 본

래로 부처라, 죄업에 물들지 않고 인과에 얽매이지 않는 대자유, 대광명의 존재임을 알아서 자신의 근본 마음에 귀의한다면 마치 물고기가 물에서 놀듯 편안해진다. 나는 진리의 바다를 자재로이 헤엄쳐 다니는 물고기이다.

13. 믿으면 편해지고 믿지 못하면 편안하지 못하다. 마음 깊이 자신을 믿고 그대로 하면 되는 것인데 의심을 품거나 확고하지 못한 생각으로 하게 되면 전체로 와 닿지 않는다. 〈목마를 때 물 마시듯 즉응하는 게 중요하다.〉

14. 주인공을 믿고 거기에 맡겨 놓고 살면 공한 나도 발견할 겸, 집안도 편안할 겸, 내 육신도 건강할 겸, 주변도 다 화목해질 겸 여러모로 좋다. 그러므로 믿고 맡기면 팔자 운명 타령 할 일도 없게 된다. 그러나 이 도리를 모르면 시간 없는 중에 시간을 빼앗기니 여러모로 허덕이게 된다.

15. 지금 이 자리에서 죽게 된다 해도 여한이 없는 마음으로 부처님께 귀의했다면 생활 속에 어찌 잡다한 불안이나 걱정이 있겠는가.

16. 믿음이 자라면 즐거움이 나오고, 그 즐거움 속에는 죽음이 목전에 닥쳐도 태연자약할 만큼의 진실이 자리잡는다. 생활 속에서 마음의 힘을 체험해 보라. 믿음은 더욱 커질 것이다.

17. 주인공만이 해결할 수 있다는 물러서지 않는 믿음을 가질 때 자기를 발견할 수 있다. 주인공만이 해결할 수 있다는 굳은 믿음을 지닐 때 떳떳해질 수 있고 여여해질 수 있다. 한마음 주인공에 대한 믿음이 없다면 아무리 잘해 나가고 아무리 잘한다 할지라도 50%를 넘지 못한다.

뿌리가 튼튼해야 대가 굵고 대가 굵어야 씨가 여물다.

제4장 놓고 가는 삶

1. 삶 가운데 놓음

1. 우리들의 살림살이는 흐르는 물과 같다. 도도하게 흘러가니 담아 둘 것이 없다. 그대로 여여할 뿐이다. 먹으면 배설해야 하고, 일이 닥쳐서 겪었으면 그로써 흘러가 버려 아무것도 없게 된다. 발자국 떼어 놓고 걸으면서 내가 얼마를 걸어왔노라고 하지 않듯이 그렇게 흐르는 것이다. 그런데 그처럼 놓고 온 발걸음을 못내 아쉬워하고 집착한다면 그대로 마음의 짐이 되고 업이 되는 것이다. 그러므로 수억겁의 집착이 낳은 업을 몽땅 놓으라고 하는 것이다. 몰락 놓는다면 무이다. 공이다.

2. 한 발짝 내디디면 뒷발자국이 없어지고 또 걷고, 한마디 하면 뒷말이 없어지고 또 생각나고 연방 그렇게 돌아간다. 보는 것, 듣는 것, 가진 것이 모두 그러하다. 본래로 놓고 가는 것이다. 끝간 데 없이 놓고 가는 중이다. 본래로 든 것이 없이 항상 놓고 흐를 뿐이다. 그럼에도 불구하고 시비곡직을 따지고 이름을 따지니 따지는 대로 들러붙고, 붙으면 붙는 대로 떨어지질 않는다. 그러기에 다시 놓으라고 하는 것이다.

3. 차 한잔 마신 뒤에 마신 걸 생각하고, 찻잔을 생각하겠는가. 주면 마시고 마셨으면 비켜 놓는 게 그대로 생활이다.

4. 무슨 일을 할 때 무엇을 한다고 말부터 하고 이름부터 부르면서 하는 게 아니라 한생각 났다 하면 그대로 움직인다. 물 먹고 싶으면 그냥 물 마시듯이 즉석으로 할 뿐이다. 이름 부르고 말을 붙일

때는 단지 남을 가르치려는 부득이한 일이니 예를 들어 집을 지을 때 남의 손을 빌리고자 "벽돌 가져오너라. 서까래 가져오너라." 하겠지만 직접 할 때는 아무 말 없이 그냥 가져다 쓸 뿐이다.

5. 목이 말라 물을 마실 때 "마셔야 옳으냐, 안 마셔야 옳으냐?" 하고 묻지 않는다. 목마르니까 그냥 마실 뿐이다. 전등 불을 켜려는데 "불을 켜야 옳으냐, 안 켜야 옳으냐?" 하고 묻지 않는다. 그것이 바로 불법이다. 〈나라는 것을 내세우지 않는 데서 바로 구경지를 이뤄 자유인이 되는 것, 그것이다.〉

6. 추우면 따뜻한 곳 찾고 더우면 시원한 옷으로 갈아입고 배고프면 밥 찾아 먹고 그렇게 자동적으로 살아가고 있다. 그렇게 하면서 '해도 되느냐, 안 되느냐' 따지지 않고 '살기 위해 먹나, 먹기 위해 사나.' 그런 생각을 하지 않는다. 생활 속에서 여여하게 이어지는 게 바로 진리요 불법이다.

7. 지금까지 해 나온 대로 어떤 일에 대해 서슴지 않고, 무심으로 그냥 응대해 줄 수 있는 그 성품 속에 자신의 본래면목이 있다.

8. 이미 밥을 다 지어서 그릇에 담아 놓았으니 그냥 떠먹고 배 두드리면 그뿐인 것을 쌀 씻고 밥 짓는 과정을 일일이 따진다면 얼마나 번잡하겠는가. 본래 앞뒤가 끊긴 자리요, 본래 자동적으로 먹고 가고 놓고 가는 것이니 이게 자동이냐 아니냐, 좋으냐 나쁘냐, 도냐 아니냐 하고 쟁론할 것이 없다. 그럼에도 밥 짓는 과정을 꼬치꼬치 따지려 하니 공한 마음을 알지 못하는 것이다.

9. 우리가 평상시에 밥을 먹는다, 말을 한다, 움직인다 하는 게 한 사이 없이, '내가' 무엇을 한다고 함이 없이 한 것이니 전부 빈 그릇의 꼭두각시 놀음이라, 공이 돌아가고 있는 것이다. 〈고로 평상심에서 볼 때에 불법이다 아니다 할 것도 없이 그대로

불법이며 그대로 생활이며 그대로 여여한 것이다.〉

10. 앞도 없고 뒤도 없이 놓고 나갈 때 비로소 앞생각도 끊어지고 뒷생각도 끊어져 놓는다는 생각도 없이 무심으로 놓고 가게 된다. 이렇게 되어야 비로소 오는 인연 막지 않고 가는 인연 잡지 않는, 어디에도 걸림 없는 도리를 알게 되고 함이 없이 하는 도리를 알게 되는 것이다.

11. 이미 무심이 되었다면 새삼스레 '주인공이다', '믿는다', '일임한다', '놓는다' 하는 말조차 붙을 수가 없다. 그대로 '즉(卽)'일 뿐이다. 옳으니 그르니 할 것 없이 그대로 그냥 '즉'인 것이다. 무심은 무심해지고자 해서 되는 것이 아니다. 만약 무심해지고자 해서 무심이 되었다면 그것은 이미 무심이 아니다.

12. 비유하여 우리가 책을 볼 때 아는 내용이면

그냥 덮고, 모르는 내용이면 읽어 보고, 잊지 않으려면 외우고 넘기며, 옮겨 쓸 것이라면 베껴 놓고, 그렇게 하는데 거기에 일일이 어떻게 '한다' 하는 꼬리가 붙는가.

2. 믿음으로 놓음

1. 놓는다는 것은 믿음이다. 믿지 않으면 놓아 버릴 수 없다. 되는 것 안 되는 것 모두 주인공이 한다고 몰락 놓아야 하는데 믿음이 없다면 몰락 놓아지겠는가.

2. 닥치는 대로 놓아 버려라. 이 방법 저 방법 따질 것 없다. 닥치는 대로 주인공이 하는 것이라 믿고 놓는 게 제일 편리하다.

3. 광석을 불로써 제련하듯이 지혜로써 마음을

단련하여 허물을 없애야 하는 것이니 먼저 주인공을 철저히 믿고 놓아야 한다. 놓는다는 것은 다만 마음을 쉬는 것이 아니라 믿음의 불로써 허물을 태우는 것과 같으니 놓는다 함은 마음의 용광로에 일체를 넣는 작업인 것이다.

4. '에이, 될 대로 돼라.', '어떻게 되겠지.' 하고 놓는 게 아니다. 믿음으로써 놓는 것이다. 모든 것은 주인공의 뜻이고, 모든 것은 주인공만이 할 수 있다는 믿음으로써 놓는 것이다. '잘되게 해 주시오.'도 아니다. 그렇게 하면 벌써 둘이 된다. 오로지 거기서밖에는 해결할 수 없다는 일심으로 놓는 것이다.

5. '될 대로 돼라!' 하는 식으로 팽개치듯 놓아버리는 것은 모르고 놓는 것이다. 주인공이 들이고 낸다는 것을 모르는 것이니 그렇게 놓는 것은 놓는 게 아니다.

6. 놓는다 함은 무엇인가. 첫째, 진실히 자기 자성 주인공을 믿어야 하고 둘째, 물러서지 않아야 하고 셋째, 그대로 믿고 활용하며 밀고 넘어가야 한다. 가만히 있으라는 게 아니다.

7. 어떤 사람은 살려고 바둥바둥하면서 '나는 왜 다 맡겨 놓는데도 안되나? 부처님! 주인공! 제발 살려 주십시오! 되게 해 주십시오!' 한다. 또 어떤 사람은 '아니, 한 번 죽지 두 번 죽나? 하늘이 무너져 내려 죽는다 해도 죽으면 죽는 대로 살지.' 한다. 큰 믿음을 가졌다면 앞뒤 없이 그냥 놓는 것이지 거기에 지저분한 꼬리가 붙을 수 없다.

8. 주인공에 놓고 쉰다는 것은 주인공에 놓고 쉰다는 그것마저 놓고 쉰다는 뜻이다.

9. 부처란 참되고 한결같은 진여 불성의 마음을 가리킴이요, 중생이란 변하고 거짓스러운 생사윤회

의 마음을 가리킨다. 그러므로 일체 경계를 놓으라는 것은 중생심을 돌려 진여심에 들라는 의미이기도 하다. 귀의와 귀명도 곧 놓는 것을 뜻한다.

3. 공에다 놓아라

1. "맡겨라, 놓아라" 하니까 고정관념에 익숙해져 있는 사람들은 어디 한 곳에 고정되게 딱 점 찍어 놓을 곳이 있어서 거기에 놓고 맡기는 줄로 안다. 그러나 세상 살아가면서 누구나 그 역할과 이름이 때와 장소에 따라 달라서 며느리 되었다가 아내 되었다가 어머니 되었다가 딸이 되는 등 고정됨이 없고, 시장 가면 고객이 되고 버스 타면 승객이 되고 그렇게 돌아가면서 살게 되어 있다. 그런데도 생각만큼은 자꾸 고정시키려 하니 참으로 억지스러운 일이 아닐 수 없다.

2. 어디다 놓느냐? 공에다 놓는다. 공은 어떤 것이냐? 모든 생명이 같이 돌아가는 곳이 공이다. 그러면 나는 빠졌느냐? 나까지 거기 있다. 그렇다면 전체가 공이요 나조차도 공인데 공에다 넣을 것은 어디 있고 뺄 것은 어디 있느냐? 전체가 공이라 본래로 놓아진 것이지만 도리를 모르니까 공에다 놓으라고 하는 것이다. 〈어차피 공한 도리이고 어차피 공한 내 몸이요 어차피 일체가 공해서 내가 하는 것조차 붙을 자리가 없이 공해 버렸는데 공에다 놓지 않으면 어떻게 하겠는가.〉

3. '내가 하는 게 아니라 주인공이 하는 것이니 공이 하는 것이다.' 하고 공에 놓는다면 착에서 벗어날 수 있다. 공에 다 놓으므로 걸리지도 않고, 인을 짓지도, 과를 받지도 않는다. 〈그래야 생사윤회를 뛰어넘을 수 있다.〉

4. 어디다 놓느냐? 내가 있음으로 해서 상대가

있고 일체가 있으며, 천지가 직결되어 보이지 않는 전력이 자동적으로 오가게 되어 있으니 마음속에 자가 발전소가 있는 격이다. 그 자가 발전소에 놓아라. 거기다 맡겨 놓으면 내가 써야 할 때에 저절로 온다.

5. "놓아 버려라" 하면 그대로 여여함이니 어디 부수고 들어갈 게 있어 부수고 들어가는가. 놓는다고 하면 놓지 않는 게 나오기에 공에다 몰락 놓아 버리라 하는 것이다. 그럼에도 '놓으라'는 소리에 끄달려 "다 놓고 뭘로 사느냐?" 하는 말꼬리를 붙이는데 놓는 것은 믿음이니 "놓아 버려라" 하면 놓는 대로 여여함이다.

6. 사대 오온이 나와 더불어 공했으니 모든 것이 공했다고 진실하게 믿는다면 그 믿음 속에 모든 수행이 다 들게 된다. 따로 놓는다, 안 놓는다 할 것도 없이 진실히 믿어 어떤 일이 생겨도 물러서지 않는

다면 일체 만법을 운용하는 공의 자리, 주인공에 돌려놓는 것이 된다.

7. 밑 빠진 구멍에다 놓아라.

마음을 방생하라. 탐심·진심·치심을 방생하라.

텅 빈 곳에 던져 버리고 가벼운 걸음걸이로 걸어 나가라.

4. 무조건 놓아라

1. 놓는 데는 이유가 없다. 무조건 닥치는 대로 맡겨 놓고 가야 한다. 아는 것도 모르는 것도, 행도 불행도, 가난도 병고도 다 맡겨 놓으라. 무슨 일이 잘되지 않았다 싶을 때에도 그것마저 놓아라. '주인공밖에는 길을 인도할 수 없지.' 하고 놓아라. 이와 같이 하는 것이 바로 자기 마음을 비우는 길이며, 억겁 전부터 짊어지고 온 무거운 짐을 내려놓는 작

업이며, 억겁에 걸쳐 덕지덕지 붙은 마음의 때를 깨끗이 씻는 작업이며, 내가 죽는 작업인 것이다.

2. 싫은 경계는 놓아야 하겠다고 생각하면서도 좋은 경계에는 눌어붙는 경향이 있다. 좋아하고 싫어하는 그 마음을 쉬지 않으면 부처님 세계에 들 수 없다.

3. 일체 경계를 다 놓는다고 했을 때의 일체 경계엔 어떤 고귀한 것이라 하더라도 예외일 수가 없다. 돈이나 권력, 명예 따위의 세간적 가치는 물론이지만 신통 능력까지도 놓아야 할 일체 경계 중의 하나이다.

4. 닥치는 대로 놓아라. 알면 아는 대로 놓고 모르면 모르는 대로 놓고 감사하면 감사하게 놓아라. 또 오신통은 오신통대로 놓아야 한다. 〈주인공은 삼라만상이 다 포함된 합계라 필요에 따라 무엇이

든 꺼내 쓸 수가 있다.〉

5. 고도 놔 버리고 집도 놔 버리고 멸도 놔 버리고 도도 놔 버리는데 뭐가 있어 붙겠는가. 도라는 이름도 놓아야지 그것을 쥐고 있다면 이미 도가 아니다.

6. 모든 것을 부수고 들어가라. 팔만대장경도 부수고 들어가야 하는 법이니 이 도리엔 따로이 용납하는 게 없다. 그렇다고 한마디 할 것조차 없다고 하지 말라. 한마디 할 게 없다 하면 그것이 또 붙게 된다.

7. 도리천, 도솔천 등의 천상 인간이라도 또 놓아야 한다. 그것에서도 벗어나야 한다. 놓고 맡기는 공부는 선이라 해서 짓고 악이라 해서 놓으라는 게 아니다. 비록 선업을 쌓았다 해도 그 과보엔 한계가 있으며 가다가 또 악을 짓는 수도 있고 그럼으로써

미해지기도 할 것이다. 산 사람과 영령이 다를 게 없으니 천상 인간이라 해도 놓아야 한다.

8. 그대의 것이니 그대에게 다시 돌려보낸다 하고 뒤도 돌아보지 말라. 모든 것은 주인공의 짓이요 주인공의 나툼이니 일체를 그에게 밀어 던져라. 그는 영원하며 그는 무한하다. 망상도 던져 버리고 분별심도 밀어 버려라. 온갖 더럽고 악한 것도 다 던져 버려라.

9. 경으로, 학으로, 말로, 이론으로 따져서 이것이 옳으니 저것이 옳으니 하지 말라. 그 대신 오직 주인공밖에는 해결할 수 없다고 믿고 놓아라. 한 번 놓고 두 번 놓고 자꾸 놓아 놓는 습이 붙게 하라. 마루로 올라설 때 무심중에 신발 벗고 올라서듯 그렇게 놓아지도록 하라. 〈그래야 인과도 녹고 유전도 녹고 업보도 녹는다.〉

10. 일단 알고 나면 믿는다, 맡긴다 할 것도 없지만 처음에는 무조건 자기 주인공을 믿고 놓아야 한다. 그것이 삼독심을 여의는 길이다.

11. 예를 들어 냄새나는 것은 나는 것이고 안 나는 것은 안 나는 것이다. 냄새나게 된 것은 거기서 다 그렇게 형성시켰기에 나는 것이고 냄새가 안 난다 하는 것도 다 거기서 하는 것이다. 그러므로 나면 나려니, 안 나면 안 나려니 하고 넘겨라. 걸리지 말라. 툭 튀어나오거든 나온 자리에 되놓아라.

5. 나온 자리에 되놓음

1. 일체의 모든 것, 즉 이 우주 천지의 모든 것이 나온 근본은 바로 모든 사람의 마음에 직결되고 있음을 알아야 한다. 그럼으로써 그 모든 것에 직결되어 있는 마음의 주인공을 믿고 거기에 모든 것을 되

맡겨 놓아야 한다. 이렇게 진실히 맡겨 놓을 때 모든 것이 인과응보로 나온 것이니 나온 거기서 알아서 하게 되는 이치가 있다. 〈예를 들어 병도 인과응보이니 엎어졌으면 일어날 능력도 자기에게 있는 것이다. 자기가 지어 놓은 것이니까 자기가 풀어야 하고, 또 풀 수도 있는 것이다. 그래서 되놓으라 하는 것이니 병을 예로 들면 '주인공에서 나온 것이니 주인공이 고쳐라. 주인공 당신만이 할 수 있다.' 하고 진정으로 믿는 것을 말한다.〉

2. 우리가 살아가는 모습을 비유하여 녹음테이프가 재생되는 것과 닮았다고 할 수 있다. 이미 전생에 녹음된 것들이 연이어 경계로 다가오는데 그것은 어쩔 수 없는 필연이다. 그것에 일일이 오욕 칠정으로 응하다 보면 또 내생에 다가올 업을 재녹음하게 된다. 그렇지만 다가온 경계 그 자리에서 놓고 쉬게 되면 어떻게 될까? 무심하게 경계를 맞고 보내면 녹음테이프를 지우는 것과 같아 공테이프가

되게 될 것이다. 이미 녹음된 것은 다가온 경계로서 끝나고 더 이상의 녹음은 없게 된다.

3. 길을 가다가 엎어졌으면 엎어진 자리에서 스스로 일어나야지 누가 일으켜 주는 게 아니다. 전생에 선업·악업을 지었다면 그 지은 자리에다 되놓아야 무너진다. 그것이 새롭게 컴퓨터에 입력하는 것이다. 과거에 입력된 것이 지워지는 것이다.

4. 주인공을 찾다가도 어떤 경계에 부딪치면 안으로 놓기 이전에 밖으로 끄달리는 사람들이 많다. 뿌리에 물을 주어야 줄기와 잎이 잘 자라듯이, 부딪치는 경계도 안으로 일어나는 것이니 안으로 놓아야 하는데 말로는 주인공에 놓는다 하면서 행은 그렇지 못한 경우가 많다. 행과 믿음과 구함이 진실해야만 일체 만물이 다 내 스승 아닌 게 없게 된다.

5. 언짢은 일, 괴로운 일이 닥쳤다, 혹은 닥쳐올

것이다 했을 때 옷깃을 여미고 마음의 근본을 찾아 안으로 굴려 놓는 게 중요하다. 어떠한 괴로움이 있더라도 기복으로 나가거나 외부의 탓으로 돌리지 말고 안으로 놓고 나아가노라면 생수가 터져 바다를 이루게 될 것이다.

6. 마구니든 꼭두각시든 배척하지 말고 다 안으로 돌려라. 마구니를 볼 수 있어야 부처를 보게 된다.

7. "안으로 굴려라, 안에다 놓아라" 하지만 사실 주인공은 안도 밖도 아니다. 주인공은 삼라만상이 다 합쳐진 자리, 그것들이 있기 이전의 자리이다. 그러나 그 자리는 손잡이가 없으면서도 손잡이가 있다.

8. 생시에 기차를 보지 못한 사람은 꿈에서도 기차를 모른다. 생시에 불이 뜨거운 줄 알았기에 꿈에서도 불을 보면 뜨거운 줄 안다. 현실에서 집착하면

꿈에서도 집착한다. 현실과 꿈이 다르지 않다. 그러므로 꿈에 도깨비가 보이고 부처가 보이고 조상이 보이고 별의별 것이 다 보였다 해도 다 제 마음이 형상화한 것인 줄 알아야 한다. 따라서 생시에 보고 듣고 제 마음으로 그리고 했던 것이 다 마음의 나툼이라고 믿고 놓아 버린 사람은 꿈에 부처가 보이더라도 마음이 그려 보인 것인 줄 알기에 결코 속지 않을 것이다. 〈이와 같이 모든 것이 마음의 나툼이라고 관하면서 살다 보면 자연히 나쁘다 좋다, 높다 낮다, 예쁘다 보기 싫다 하는 분별심이 없어지게 되고 그러면 언젠가는 자기와 더불어 평등함을 맛보게 될 것이다.〉

9. 과거에 지은 것을 오늘에 녹이고 미래에 갈 것도 오늘에 녹여라. 과거에 지은 습을 오늘에 놓는다면 미래에는 습이 붙을 일이 없다. 현재에 붙을 것이 없다면 어찌 미래에 붙을 것이 있겠는가. 오늘 자기 멋대로 생각하고 판단하면 마치 벽을 향해 던

진 공이 내게 되돌아오듯 자기한테로 되돌아온다. 공연히 속상해하고 꼬부장한 마음을 갖는다면 속상한 일과 꼬부장한 일만이 되돌아올 것이다.

6. 일체를 놓음

1. 지금 처한 당장의 경계부터 푹 쉬어 보라. 붙들고 씨름하는 것은 집착이다. 선과 악, 좋은 것과 싫은 것을 벗어나 푹 쉬어 보라. 지난날의 모든 업도 지금 이 순간의 내 속에 실려 있으니 지금 한생각 크게 놓는다면 그 모든 것을 다 비우는 셈이 된다. 그러다가 놓는다, 맡긴다 하는 것을 잊어버리는 때가 있다. 그때 그것까지도 포함해서 놓아 버려라. 당신의 잠재 컴퓨터는 점점 짐이 가벼워져 결국은 텅 빈 듯 홀가분하게 될 것이다.

2. 수행은 방하착이 근본이다. 방하착은 수행자

자신에게나, 주변 사람들에게나, 이 세상의 수많은 존재들에게나, 진리의 당체 그 자체에게나 가장 빛나는 공덕을 쌓아 나가는 첫 단계인 것이다.

3. 날이 궂었다 해서 항상 궂어 있는 줄 알고 볕이 든다 해서 항상 개어 있기만 한 줄로 아는 것은 어리석음이다. 궂었다가도 곧 볕이 든다. 놓고 가면 그뿐이다. 안 되는 것도 믿고 놓고 되는 것은 감사하게 놓아라. 그렇게만 한다면 싱싱한 몸을 가지고 내가 나를 끌고 다니면서 조금도 허탕하는 일이 없다. 안 되는 일도 되는 일도 다 놓아 버린다면 안 되는 일은 없다.

4. 생사를 알려거든 생사를 다 놓아라. 산다는 것의 진짜 뜻은 산다는 생각 죽는다는 생각에 사로잡히지 않을 때 비로소 드러난다. 생사에 얽매인 중생의 삶이란 부처님 자리에서 보면 물거품이요 꿈이니, 꿈을 깨기 위해서는 놓고 나가는 이 관문을

통과해야 한다.

5. 죽는 것은 두려워하고 살려고만 한다면 그것은 진리가 아니다. 죽는 것이든 사는 것이든 양면을 다 놓아야 한다. 살려고만 애쓰면 저울이 기울어진다. 양면을 다 놓아야 빛이 번쩍인다. 믿음을 가지려면 양면을 다 놓는 작업을 해 보라.

6. 목마르면 물 마시듯이, 자고 싶으면 자듯이, 먹고 싶으면 먹듯이 그렇게 일체를 주인공이 길잡이 하고 있다고 믿어 일체를 주인공에 맡겨라. 죽든 살든 어차피 낙엽 떨어질 것인데 조막손처럼 웅크려 쥐고 어떻게 될까 보아 이러지도 저러지도 못하니 괴로움이 생기는 것이다. 죽고 사는 생사마저도 주인공에 놓고 맡겨라.

7. 사람들은 '놓으라'고 하니까 '놓고서 어떻게 살 수 있느냐?'고 되묻는다. 그러나 놓았기 때문에

참으로 살 수가 있는 법이다. 중생의 마음 씀씀이는 일일이 생각을 지어서 일을 해야만 이치에 맞는 줄로 여기지만 도인의 마음씀은 일일이 생각을 내지 않고 푹 쉬어 있으면서도 조금의 빈틈도 없이 법에 맞게 된다. 놓았기 때문에 생각을 지어서 하는 어떤 행보다도 더 원만하고 자연스럽고 깊고 아름답고 진실하고 이익 된 행을 하게 된다. 〈그러기에 참된 수행자의 일상생활은 그대로가 도 아닌 게 없다고 하는 것이다. 행주좌와가 그대로 법에 맞기 때문이다.〉

8. 누구나 다 본래 그대로 놓고 가고 있다. 그래서 사실은 들고 있다, 놓고 간다 이러는 것도 없다. 그런데 무엇이 남아 있는 양, 실재하는 양 그런 생각을 함으로써 그만 그 생각에 걸려서 마음대로 움직이지도 못하고 숱한 고생을 하는 것이기에 "놓아라, 놓아라" 하는 것이다. 〈마음이 편안해지도록 놓고 쉬고, 그리고 편안하다는 것까지도 다시 놓

고, 나중에 놓는다는 것까지도 놓게 되면 그것이 바로 좌선이며 참선이며 생활선인 것이다.〉

9. 가질 것이 없으니 버릴 것이 없다. 버릴 것이 없으니 가질 것이 없다. 일부러 마음으로 짊어지고 다니지 말고 놓고 다녀라. 어느 것 하나라도 빼놓지 않고 놓아 하나도 얻을 바가 없고 얻을 것조차도 없다는 사실을 알아야만이 일체가 모두 한마음으로 구성되고 한마음으로 조화를 이루는 것을 깨닫게 된다.

10. 몰락 던져라. 던지면 건진다. 겁을 낸다면 일임해도 되질 않는다. 맡겨 놓는다 하는 것은 결과까지도 놓고 맡기는 것이다.

11. 먹는 일, 배설하는 일, 잠자는 일이 매우 중요하듯이 받아들이는 일, 경계를 놓는 일, 쉬는 일은 매우 중요하다. 여여하게 먹고, 배설하고, 잠자

듯이 여여하게 받아들이고, 여여하게 놓고, 여여하게 살아가라.

7. 무기공

1. 주인공에 일임했다고 가만히 있으라는 게 아니다. 나의 육신이 하는 생리적인 작용, 계획을 세우고 일을 해 나가는 것들을 모두 '나'가 아닌 주인공이 하는 것이니까 나는 주인을 따라다니는 종처럼 현재 의식으로 지켜보면서 나가라는 것이다. 결국은 자기가 하면서 자기가 지켜보는 것이니 '나'가 빠지면 일을 하되 함이 없이 하는 것이다.

2. 모든 것을 놓는다 해서 손 턱 놓고 있는 게 놓는 게 아니다. 생각하면서 생각하지 않는 참선 중에 부지런하게 겸손하게 뛰어라. 가만히 앉아서 아무 생각이 없다면 공견에 빠진 것이다. 사람이 살아가

면서 부지런히 한 발 놓고 한 발 딛고 그렇게 생동력 있게 살아가니 본래로 붙을 자리가 없거늘 어찌 아무 생각 없이 가만히 앉아 있는다 하겠는가.

3. 다 놓으란다고 해서 강도가 칼을 들고 덤비는데도 가만히 있는 것이 놓는 것은 아니다.

4. 부처님은 자비하기 때문에 이럴 것도 없고 저럴 것도 없다고 한다면 어떻게 내 몸, 내 가정, 내 나라, 이 세상이 돌아가는 것을 똑바로 보고 똑바로 발전시킬 수 있겠는가. 그것은 마치 전기가 있으니 스위치를 올릴 것도 내릴 것도 없다고 하는 것과 같다.

5. 아무 생각이 없다면 나침반을 놓을 수가 없다. 중심을 딱 세우고 생각을 잘하라는 것이지 아무 생각도 말라는 것은 아니다. 아무 생각이 없이 어떻게 부처가 나겠는가. 좋다 나쁘다는 생각 없이 어떻게 부처가 나겠는가. 〈몰락 놓으라는 것은 아무 생

각 하지 말라는 게 아니라 근본 자리를 관하라는 것이다. 관해서 돌리라는 것이다.〉

6. '나'부터 알기 위해서 모든 것을 주인공에 놓으라 하는 것이다. 마음은 일체와 직결되어 있으므로 나 하나만 알면 전체를 알게 된다.

7. 공견에 빠져 있으면 부처가 아니다. 때에 따라서는 한 계단 내려설 수도 있고 세 계단을 내려설 수도 있고, 진흙 땅에 설 수도 있다.

8. 놓음과 방편

1. 사람에 따라서는 놓는다는 것이 처음엔 아주 막연하고 어려운 것처럼 느껴지기도 할 것이다. 아무런 방편도 주지 않고 그냥 거두절미한 채로 맡기라고 하니까 도무지 가늠하기가 어렵다는 사람도

있다. 우선 틀고 앉는 방편이라도 있어야 공부가 될 것같이 보이기도 할 것이다. 그러나 몸이 앉는다고 마음이 앉는 것은 아니다. 몸이 참선을 해서 참선이 아니라 마음이 참선을 해야 참선이다. 문제를 마음에서부터 풀어서 시작해야지 몸을 움직여 마음을 잡으려 한다면 그것은 거꾸로 된 것이다. 시작부터 마음에서 하라. 그 마음도 거짓 나 아닌 참 나에서 하라. 밖으로 나가면 그것은 그림자를 붙잡는 것과 같아 헤매기만 할 뿐 이미 틀린 것이다. 〈그래서 따로 화두 방편을 쓰지 않는 것이다.〉

2. 특정한 방편을 세우게 되면 우선은 눈에 보이고 손에 잡히는 듯하겠지만 가면 갈수록 아물아물해져서 결국은 벽에 부딪치게 된다. 그러나 놓고 맡기는 공부를 경험해 보면 처음엔 좁아 보이기만 하던 길이 점차로 넓어져서 마침내는 큰 문이 되어 줄 것이다.

3. 내면에서 저절로 우러나오는 이것이야말로 참된 것이다. 그것은 이미 한다 안 한다, 지킨다 안 지킨다는 말을 뛰어넘은 것이다. 〈그대로 선이요 계행인 것이다.〉

4. 마음으로 무엇을 구하고자 한다면 그것은 벌써 즉시 응하는 게 아니라 무엇을 한다는 군더더기가 된다. 일차가 아니라 이차인 것이다. 자식이 물에 빠졌을 때 "아이쿠" 하면서 그대로 물에 뛰어드는 마음, 구한다 어쩐다 하는 마음이 붙을 새도 없는 마음이어야 한다. 그러나 마치 구해야 할 법이 따로 있는 줄 알아 구하고자 하는 경우가 많으니 이는 믿음이 약한 때문이다.

"목마를 때 물 한 모금 떠 마시는 게 도다." 도는 백 마디 천 마디 말로 설명되지 않는다. 말로 하자면 이 한마디가 가장 적합할 것이다.

5. 수행을 함에 있어서, 참선을 함에 있어서 '나

는 꼭 이렇게 해야 하겠다.', '빨리 알아내고 말겠다.' 하는 생각에 집착해서는 안 된다. 일을 하면서도 하는 줄 모르고 보면서도 본 줄 모르고, 발을 딛고 다니면서도 디딘 줄 몰라야 한다. 만 가지 법을 손으로 주무르고 일을 했다 하더라도 내가 한 줄 몰라야 하니 그것이 홀연히 깨닫는 지름길이다.

6. 꽃은 조건만 맞으면 절로 피어난다. 그럼에도 사람들은 꽃이 피어나는 조건을 알아서 그렇게 하려 하기보다는 어디 눈이 번쩍 뜨일 특별한 방법이 있는가 싶어 찾아 헤맨다.

먼저 마음에 중심을 세우고 그처럼 밖으로 도는 생각을 안으로 돌리도록 하라. 다른 사람의 깨달음에 황홀하여 달려가지 말고 내게서 깨달음의 꽃이 피어나도록 하라. 이미 갖추어져 있는 것이니 찾지 말고 절로 피어나도록 도와주기만 하라.

7. 불법을 공부하면서 문을 찾아 들어오려고 애

를 쓴다든가 또는 문 찾아 나가려고 애쓰는 사람은 불자 될 자격도 보살 될 자격도 없다는 것을 인식해야 한다. 문을 찾아서 들고 나겠다 하는 사람이 어찌 일체 만 중생의 속을 알겠으며 부처님 뱃장 속을 알 수 있겠는가.

9. 놓는 자와 받는 자

1. 모든 것을 놓으라 하는 까닭은 내 내공이 일체와 한마음이요, 한뜻이요, 한 움직임이니까, 그리고 그것이 바로 나만 가진 것도 아니고 누구나 각각 다 소유하고 있어 그대로 여여하기에 그런 것이다. 〈그러므로 이리 기울고 저리 치우치고 할 게 아니라 부처님의 심오한 뜻 그대로 행하라는 것이다.〉

2. 영원하고 오묘한 한마음이 내 밖에서 나를 둘러싸고 있을 뿐만 아니라, 내 안에서 나를 포함하고

있다. 그러므로 한마음 주인공이 모든 것을 한다고 믿어 안으로 주인공을 관하면서 믿고 맡기라고 하는 것이다.

3. 주인공에게 일체를 맡긴다, 놓는다 해서 '맡기는 나'와 그것을 '받아들이는 나'가 따로 있다고 보아서는 안 된다. 주인공과 맡기는 나를 둘로 보아서는 안 된다. 그러므로 주인공'에게' 맡긴다 하는 말보다는 주인공과 '함께'라고 해야 할 것이니 그대로 무심인 것이다. 모름지기 '되어 가는 대로 일체를 맡긴다'는 식으로 나아가라. 마음을 붙잡는다, 마음을 지킨다, 부처님을 생각한다 하는 것도 없이 그대로 주인공인 거기서 하는 대로 맡겨라. 믿고 놓아라.

4. 내가 생각으로 이걸 하겠다 하면 벌써 주인공 자리에서 한 것이다. 둘로 보아서는 안 된다. 시키는 자 따로 있고 하는 자 따로 있는 줄 알아서는 안

된다. 둘로 두면 빗나간다. 시키는 것도 아니요 시키지 않는 것도 아닌 내가 놓고, 믿고, 맡기고 하는 것이다. 놓는 자와 받는 자가 따로 있다고 보게 되면 주인과 노예의 관계가 되어 버린다.

자기가 "주인공!" 하고 자기가 "네!" 할 때 누가 부르고 누가 대답하는가. 자기가 대답하면서 몰락 놓고, 믿고 탐구해 들어가는 것이니 '주인공!' 한 것은 처음엔 몰락 놓기 위함이요, 나중엔 진심으로 믿는 것이요, 알고 나서는 자재롭게 나아가는 것이다.

5. 깨치고 못 깨치고를 떠나 진실로 믿는다면 믿고 맡기는 자와 맡는 자가 둘이 아니라서 이렇게 저렇게 '해 달라'고 말할 것이 없고 다만 '주인공! 당신이 다 하는 것이니 이런 것도 당신이 할 것이다.' 라고 할 뿐이다.

6. 마음자리는 본래 청정하고 텅 비어 허공처럼 맑으니 새삼스레 '맡긴다' '일임한다' '놓는다'고 할

것이 없다고 말할 수도 있다. 그러나 본래 내가 절대의 공인 까닭에 놓을 수 있고 맡길 수도 있고 대화할 수도 있는 것이다. 만약 그렇지 못하다면 맡기는 자와 맡는 자를 둘로 보는 게 된다. 공한 자리에 놓고 공한 자리에 맡기고 공한 자리와 대화하니 본래의 면목 그대로이다. 놓고 맡겨 본 사람이라야 놓고 맡길 것조차 없다는 이치를 알 수 있다.

10. 놓음의 공덕

1. 다 놓고 돌릴 때 그 공덕은 무한량이다. 첫째로, 일체의 오무간 지옥이 무너진다. 둘째로, 인연따라 억겁 전생부터 내려온 모든 습이 녹고 만다. 셋째로, 번뇌 망상으로 꽉 찼던 그릇이 비게 되면서 마침내 빈 것도 없고 담긴 것도 없는 그러한 위치가 되어 바로 '참 나'가 발견된다. 나가 발견된다는 것은 그때부터 기초가 튼튼해졌다는 뜻이니 바야흐로

집을 짓는 기둥을 세울 수 있는 것이다.

2. 돌아가는 근본 축에다 되놓는다면 어머니의 인과 업보도 없어지고 아버지의 인과 업보도 없어지고 자기의 인과 업보도 없어진다. 몰락 다 없어지는 까닭에 밝게 행할 수 있고 자율적인 제도를 할 수가 있다.

3. 얽히고설킨 업의 실타래는 보이지 않는 데서 풀어야지 보이는 데서는 절대로 풀 수가 없다. 그냥 놓아 버리면 한순간에 풀릴 수도 있다.

4. 닥치는 대로 불바퀴에 맡겨 놓으면 부서지고 타서 시신조차도 건질 게 없어진다. 업보성·유전성·영계성·인과성 그런 것들이 다 타 버리고 녹아 없어진다.

5. 수천억 겁 동안 쌓인 업이라 해도 그 또한 공

한 것이니 공한 것을 공한 데에 다시 놓는다면 수천 억 겁이 바로 눈썹 아래이다.

6. 놓는 대로 지옥고가 찰나찰나 무너져 내린다.

7. 모든 걸 놓고 들어가면 업보로 뭉쳐진 중생들이 다 그대로 보살로 화해서 놓는 자에게 쫓아온다. 거기서 호법신도 생기고 수호신도 생기고 화신도 법신도 생기고, 수도 없이 생기니 무심으로써 다양하고 여여하게 쓸 수 있게 된다. 그러면 마음 편해 좋고 주위가 화목해지고, 하는 일마다 귀인이 생기고 마음이 떳떳하게 된다. 〈그것이 바로 도심이요 자유인의 경지요 부처인 것이다.〉

8. 유위심이 짓는 윤회는 끝이 없다. 하나에서 열까지 다 걸릴 뿐이다. 예컨대 제게 좋자고 생각을 지어 거짓말을 하고 그 거짓말을 덮으려고 또 거짓말을 하고, 그것을 숨기려고 억지 행동을 하게 되는

그런 악순환에 빠져든다. 거짓말뿐이 아니라 소유욕, 애착 따위도 그러하다. 그러나 놓고 가는 무위심은 갈수록 이익이 따른다. 정작 이익을 취하고자 한 노릇은 이익이 되질 않고 이익 되자는 생각 자체를 쉬어서 일체 경계를 다 놓고 가니 도리어 크나큰 이익이 있다. 사람들은 유위심과 무위심의 차이를 잘 모른다.

제5장 관념의 타파

1. 짐을 내려놓고

1. 놓는다는 것은 번뇌뿐 아니라 '생각으로 짓는 모든 관념을 타파하라'는 뜻이다. 너니 나니, 높으니 낮으니 하는 관념이 얼마나 많은가. 모두 자기가 지어 놓은 것들인데 그런 관념을 들고 있어서는 도무지 주인공과 계합할 수가 없다.

2. 모르면 안으로 굴려 다시 놓아야 하는데도 불구하고 사량적으로 이렇게 확답을 짓고 저렇게 결정을 내려 버리는 경향이 짙다. 그러한 버릇이 없어져야 한다. 모름지기 이 공부를 하려면 안으로 놓고 또 놓아야 한다.

3. 우리는 지금 산 정상을 향해 올라가고 있는 중이다. 이때 어떻게 해야 하겠는가. 무거운 짐을, 갈수록 더 짊어져 가면서 오른다면 정상까지 오를 수 있겠는가. 그와 같아서 '올라 갈 때는 다 놓고 올라가라!' 하는 것이다. 그럼에도 '나는 오직 몰라서, 나는 아직 그만한 능력이 없어서, 내게는 어려워서' 라고 생각하는 사람이 많다. '나'라는 애착을 떨쳐버려야 놓고 가는 것이다.

4. 기독교에서 '무거운 짐 진 자들아 다 내게로 오라. 내게로 와서 짐을 벗어 놓고 편히 쉬라.' 하듯이 주인공에게 몽땅 놓아 버리면 마음으로 짓고 마음으로 받는 그 창살 없는 감옥에서 절로 풀려난다.

5. 나뭇잎이 나오는 대로 그것을 따 버리고, 나뭇가지를 자꾸 잘라 낸다면 결국 나무는 시들어 죽게 되겠지만, 더러는 뿌리가 살아서 새싹이 나오기도 할 것이다. 그러나 뿌리까지 뽑아 버린다면 그

나무는 필연적으로 죽을 수밖에 없다.

하근기의 수행자는 나뭇잎을 따내고 상근기의 수행자는 뿌리를 뽑아 낸다.

6. '나'라는 자체, '나'라는 것을 아는 것이 다 공했으니 놓는 자리가 그 자리다. 머리로 공한 줄 알고 놓는다 하지만 앞설 것이 뒤서고 뒤설 것이 앞서니까 공한 줄 알면서도 제대로 들어가지 못한다. 무지하여 무조건 들어가는 경우가 낫다.

7. 생각나기 이전을 알아야 한다. 그러나 생각나기 이전은 생각될 수 없다. 그러므로 사량심을 버리고 일체 경계를 다 본래 자리로 맡겨 놓으라는 것이다.

8. 낳기 전에 이름 붙이는 것을 보았는가. 낳기 전으로 돌아가라. 낳기 전으로 돌아가 모든 것을 놓아 버리는데 거기에 이름 붙을 사이가 있겠는가.

9. "6식이 이렇다더라, 7식이 이렇다더라" 하고 따지려 하면 그런 데 끄달려서 끝내 볼일을 못 볼 것이다. 그러기에 그런 말 저런 말, 이런 이름 저런 이름 쑥 빼고 일체를 주인공이 내고 들인다 하며 바로 놓고 들라는 것이다. 주인공이 내고 들이고 하는 게 바로 인연법이니 그냥 일직선으로 쏜살같이 인연법으로 들어가는 것이다.

10. 나는 왜 신심이 부족할까? 나는 왜 이다지도 망상이 많을까? 나는 왜 공부가 늦나? 나는 왜 참선하는 열의가 부족할까? 나는 왜 주인공 참구를 곧잘 놓치는 것일까? 나는 왜 놓는 것이 잘 안되는가? 그런 모든 걱정, 겸손한 마음까지도 다 쉬어라. 그냥 믿고 놓으면 잘 가게 되는 것을, 공연히 생각을 지어서 걱정하고 조바심하고 용기를 잃고 하니까 오히려 갈 수 없게 된다. 공부가 안된다고 사생결단을 내겠다는 생각도 놓고 편안히 자연스럽게 가라.

11. 다리 많은 지네가 잘 가다가 문득 제 꼴을 보고는 '아니, 다리가 이렇게 많은데도 어떻게 해서 서로 엉키지도 않고 잘 갈 수 있을까?' 하고 생각하는 순간부터 다리가 서로 엉켜서 갈 수 없다고 한다.

12. "환으로 보아라." 하는 것도 실은 걸리는 것이다. 본래로 환인 것이니 환으로 보고 말고 할 것도 없다.

13. 돌부처한테 시집, 장가가려면 어떻게 해야 하는가. 모든 것을 주인공에 놓아라.

2. 관념의 벽

1. 관념이란 허공과 같은 것인데도 사람들은 그러한 관념에 걸리기도 하고 사로잡히기도 한다. 허공에 걸려 넘어졌다거나 허공에 사로잡혀 있다고

하면 모두들 웃을 일이나 실제로 그러한 일이 수도 없이 되풀이되고 있다. 자기 마음으로 막을 지어 놓고 그 막을 깨뜨리지 못하고 있는 것이다. 본래는 막도 없고 걸려 넘어질 문지방도 없는 것인데 스스로 막을 짓고 문지방을 지어 놓고 있다.

2. 누가 고정시키려야 고정시킬 수 있는 게 본래로 없는데도 사람들은 마음으로써 대상을 고정된 것으로 인식해 놓고는 공연히 거기에 붙잡혀 있다.

3. 통에서 벗어나야 통을 굴릴 수가 있다. 고정관념에 사로잡혀 있는 것은 통 안에 갇혀 있는 것과 같아 통을 굴릴 수 없게 된다. 그러므로 자기 생각에서 훌쩍 벗어나 보면 그동안 애지중지해 오던 나의 생각, 나의 법이 얼마나 우스운 것인지도 알게 된다. 〈마음이란 체가 없기에 우주로 벗어날 수도 있는 것이니 넓고 지혜롭게 생각한다면 통에서도 벗어나고 굴레에서도 벗어나고 창살 없는 감옥에서

도 벗어날 수 있는 것이다. 벗어나지 못하고 어떻게 굴릴 수 있겠는가.〉

4. 고정되게 붙들고 있는 관념을 부숴 버려라. '내가 죄를 지었다, 나는 죄를 짓지 않았다' 하는 따위의 관념을 다 버려라. 그것을 붙들고 있다면 그것이 바로 벽인 것이다.

5. 세상에 그 어떤 감옥보다도 더 무서운 감옥이 있다면 그것은 바로 생각의 감옥이다. 세상에서 가장 넘기 어려운 벽이 있다면 그것은 곧 관념의 벽이다. 수행이란 어떤 측면에서 보면 바로 그러한 생각의 벽, 관념의 차이를 벗어나는 것이다. 따라서 '나야 중생이니까.' 하고 생각한다면 생각한 그대로 중생 노릇밖에 할 수 없는 것이니 한생각의 차이가 실로 엄청나다는 것을 깊이 느껴야 한다.

6. 누구나 부처 자리에 한자리 한 것이요, 그대

로 부처님 법을 활용하는 것이요, 그대로 한마음으로 돌아가는 것이라, 그대로가 견성성불이지 어찌 따로 있는 것이겠는가. 그러나 마음으로 가로 긋고 세로 그어 놓고 끄달리고 있으니, 가로 그으면 가로 그은 대로 자기가 걸리고 세로 그으면 또 그대로 자기가 걸려서 빠져나오지도 못하고 여여하게 나아가지도 못하고 있는 것이다. 불법이란 본래로 여여하고 당당한 것이니 곧 마음으로 지은 감옥을 마음으로 허물어 가는 것이 불법 공부이다.

7. 본래로 벽은 없다. 사방이 탁 터져 있어 뚫어야 할 은산 철벽은 없다. 그러면 본래 막힌 것도 아닌데 왜 단단한 벽이 있다 하는가. 스스로 벽을 쌓아 올린 탓이다. 마음으로 그렇게 한 때문이다. 그러기에 본래로 벽이 없음을 알려면 먼저 마음을 알아야 한다. 〈그러나 마음은 내놓을 수도 없는 반면 유위·무위로 갈라진 것도 아니라 막혔다, 막히지 않았다 할 것도 없으니 마음을 알면 벽은 애초부터

있지도 않았음을 알게 된다.〉

8. 마음속 부와 자가 있는 양면의 백지장 하나를 넘어야 한다. 백지장을 사이에 두고 부자가 상봉을 못한다면 그것은 참 공부가 아니다. 백지 한 장 뚫으면 태산 준령이나 은산 철벽이 무색해지지만 백지 한 장 뚫지 못하면 은산 철벽에 가려 마음을 알지 못한다. 이것을 뚫을 때 전체 우주를 꿰어 들 수 있는 도리가 나온다.

9. 교차로에서 꽉 막혀 있다. 사람들은 한결같이 이 교차로에서 막혀 있으니 거기서 타파해야 한다. 긍정과 부정을 다 거머쥐고 돌려야 한다.

10. 벽을 뚫어서 아비 자리를 찾아내야 하는데 그러질 못하니 사람들은 항상 바가지 들고 얻어먹으러 다니게 되는 것이다. 그나마 길 모르는 장님과 같으니 이 구덩이 저 구덩이에 연방 빠지게 된다.

누가 "이리로 가면 좋다더라." 하면 따라가다가 넘어지고 빠지고 하니 늘 울고불고 장탄식하면서 살게 되는 것이다.

11. 동서남북이 탁 터져 있는데 누가 서쪽으로 가서는 안 된다, 동쪽은 막혀 있다고 하면 그대로 속고 만다. 마음으로 막혀 있다면 막힌 것이고 가서는 안 된다 하면 못 가는 것이다. 그러나 마음에 얽매임이 없다면 내가 가고 싶은 대로 가는 게 그대로 법이다. 누구나 부처 될 가능성을 100% 가졌다고 하는 것은 그렇게 자율적으로, 자유롭게 무심 중용할 수 있기에 부처 될 자격이 있다고 하는 것이다.

12. 오온이란 이름에 걸리고 육바라밀이란 이름에 걸리고 팔정도라는 이름에 걸리지 말라. 모두가 한생각에서 나오는 것인데 여러 가지로 이름을 붙여 놓은 까닭에 이런 때는 이렇게 행하고 저런 때는 저렇게 행해야 하니 도대체 걸리는 데가 한두 건이

아니다. 이름이 붙으니까 내가 잘해야겠다, 이래서는 안 되겠다 하는 게 붙는다. 그냥 무심으로 넘어갈 일도 '잘해야지' 하는 바람에 걸려서 넘지를 못한다.

13. 고정관념에 빠져 있기 때문에 죽어서도 그 의식 그대로 환상천을 뛰어넘지 못한다. '저 불구덩이 소용돌이를 어떻게 빠져나가나, 타 죽을 텐데. 저 창강을 어떻게 건너나, 빠져 죽을 텐데.' 하는 관념에 묶여 헤매게 된다. 체가 없으니 한생각 하면 갈 것을 생전의 의식 때문에 넘어가지 못하고 건너가지 못한다.

14. 무명도 마음에서 나오는 것이고 무명이 붙지 않는 것도 내 마음에서 나오는 것이니 무명이 달리 무명이 아니라 도리를 모르니까 무명이다. 둥그런 그릇에 네모난 뚜껑을 덮으려는가.

3. 아상을 버려라

1. 내세울 게 없어야 벗어나지 내세울 게 있다면 벗어날 수가 없다. 그러므로 첫째도 몰락 놓아야 하고 둘째도 몰락 놓아야 한다. 다 놓는다는 것은 내세울 '나'가 없다는 뜻이다. 다 놓아야 윤회의 원통을 벗어난다. 〈하나조차도 세울 게 없을 때 도는 있다. 나라고 세울 게 없을 때 도가 있다. 그렇게 내세울 게 없기에 오히려 둥두렷하다고 말하는 것이다.〉

2. '나', '나의 것'이라는 이기심을 버리는 것이 제일 중요한 문제다. 그러자면 일체 경계를 둘로 보지 말고 자기의 깊은 내면에 던져 버리는 수행이 반드시 필요하다. 주인공은 비유컨대 뜨거운 용광로와 같아서 거기에 던져 넣은 모든 무쇠, 잡쇠, 고철이라도 녹여 버린다. 녹여서 순금을 만들어 낸다. 변치 않는 영원한 순금을 만들어 낸다.

3. 주인공은 죽은 세상 산 세상을 넘나들면서 돌아간다. 그러니까 '나다', '내가 아니다'를 몽땅 그 자리에 맡겨 놓으면 죽은 세상 산 세상을 같이 회전하면서 살아갈 수 있다. 그것이 자연의 이치인데도 사람들은 주인공과 함께 회전할 줄 모르고 '나'라는 좁은 소견에서 고정된 마음으로 살려 하니까 문제가 되는 것이다. 나를 고정되게 세우지 않고 자유로이 넘나드는 게 중도요 지혜이다.

4. 내가 공부를 한다, 내가 일을 한다, 내가 잘했다, 내가 주었다, 내 것이다, 나이다 하는 아집·아만·아상·욕심을 쏙 빼어 놓아라. '나'가 들어가면 이미 걸린 것이니 당장 죽음이 눈앞에 닥쳤다 해도 "탁!" 넘어설 줄 알아야 제대로 놓는 게 된다. 그쯤 되어야 거기에서 생수 맛을 볼 수 있고 부와 자가 상봉을 할 수 있다.

5. 유위법에 한 치라도 착을 두었다 하면 부처를

이룰 수 없다. 부처를 이룬다는 생각마저도 놓아야 한다. 어떤 경우라도 '내가 무엇을 한다', '내가 이렇게 한다'는 생각을 한다면 그것은 착이다.

6. 살아나가는 게 그냥 그대로인데 '줬다' 하면 벌써 걸리는 것이다. 실은 준 사이도 없으니 '받았다' 하는 것도 걸리는 것이다. 24시간 살아가면서 '내가 했다'고 한다면 일일이 걸리는 게 얼마나 많겠는가. 매듭 짓기는 쉬워도 매듭 풀기는 어려우니 짓지 말고 주인공에다 놓아라.

7. 참된 수행자는 자기를 사랑하는 법이 없다. 중생으로서의 자기에 얽매이거나 집착하지 않는다. 왜냐하면 그는 중생인 나로서 세상을 보지 않고 나의 근본인 참 나로서 세상을 보며 그 입장에서 너와 나의 구별이 없음을 알기 때문이다.

8. 살아나가는 데는 생활 속에서 여러 가지 이름

이 필요하다. 그러나 그 이름을 '나'라고 하고, '너'라고 한다면 그르치게 마련이다.

9. 고정됨이 없이 돌아가는 이 우주에 자기를 세우려는 것은 마치 천체의 운행을 멈추게 하려고 허공에 말뚝을 박는 것과 같다.

사람들은 '내가 살고 있다', '나는 다른 존재와는 별개로서 존재한다'고 믿는다. 그렇지만 그러한 '나'는 결단코 없다. 허공에 무엇을 세울 수 없듯이 본성은 본래로 텅비어 '나'를 세울 데가 없다. 〈그러므로 섣부르게 '나'를 세우려 하지 말고 마음의 대해에 '나'를 던져 버려라. 그것이 끊임없이 돌고 도는 윤회도를 벗어나는 길이다.〉

10. 나의 소유, 나의 생각, 나의 명예, 나의 가치 이런 것들이 다 나를 통 속에 가두고 있다. 중생들은 그런 것들을 경계에 부딪쳤을 때 싸워 나갈 수 있는 방벽으로 생각한다. 그러므로 갈수록 점점 높

고 두텁게 쌓으려 한다. 그러나 그럴수록 내 마음은 위축되고 추워지는 법이니 결국 그러한 방벽이란 나를 보호하는 방벽이 아니라 나를 해치는 방벽, 나의 감옥이 되는 것이다.

11. 내가 공해서 없다는데도 불구하고 온종일 '나'를 붙들고 헤매다 어느새 해는 저물어 저녁이 되니 그만 옷을 벗고 잠자리에 들게 된다.

12. '나'가 있다는 생각이 나가 없는 것에 대한 불안과 공포를 낳는다. 죽음이 그래서 두렵고 무섭게 느껴지는 것이다.

'나의 것'이 있다는 생각이 나의 것이 없는 데 대한 불안과 공포를 낳는다. 소유에 집착하는 마음이 그것이다. 참 나는 생도 멸도 없다. 생멸이 있는 것처럼 보이는 것은 쉼 없이 찰나찰나 나투며 돌아가기 때문이다. 〈생멸이 없으니 '나' '나의 것'이 있음도, '나' '나의 것'이 없음도 없다. 오직 나툼일 뿐

이다.〉

13. 생각 한 번에 엄청난 문제가 따른다. 지금까지 살아오면서 스스로 지어서 창살 없는 관념의 감옥을 만들어 놓고 자기가 그 안에서 발버둥치고, 스스로 구덩이를 파 놓고 그 속에 들어가 허우적대고 방황하고 고통받기가 이루 다 말할 수 없었을 것이다. 생각 한 번 잘못함으로써 스스로 감방에 갇힌 꼴이 되니 육신과 마음의 고생이 이만저만이 아니었던 것이다.

14. 일체가 공하여 자기도 본래 한 배를 타고 있건만, 자신은 배 밖에 있는 줄 알아 말을 해도 둘로 보고, 정진을 한다 해도 둘로 보고 있으니 어느 때 한 배에 탄 줄 알겠는가.

15. 무아가 되면 모든 사람이 내가 되어 준다. 그러나 나를 세우면 세울수록 사람들이 곁에서 떨어

져 나가게 된다.

16. 지혜란 무아를 아는 것이다. 육신과 물질이 한낱 꿈속의 그림이요 파도 칠 때의 물보라와 같은 것인 줄 아는 것이 지혜이다. 어리석음이란 다른 것이 아니라 개별적인 나가 있다고 고집하는 것이다. 육신과 물질은 필경 멸하고 마는 것임을 잊고 내가 있다고 고집하는 것은 어리석음이다. '나' 하나를 버리면 일천만 가지가 다 잠을 자게 된다.

17. '나' 하나 죽는다면 아무것도 붙을 자리가 없어 욕심을 낼 것도 착을 둘 것도, 남을 원망하고 싸우고 할 것도 없다. '나'가 살았기에 나로 인해 밖에서 들러붙고 안에서 일어나고, 착이 붙고 욕심이 붙는다. '나'를 불바퀴에 그대로 내동댕이친다면 무엇이 두렵겠는가. 하늘이 무너져 내리든지 내가 뭉개지든지 상관 않고 무조건 내맡겨야만 업식을 항복받을 수 있다. 그렇게 '나'가 없기에 나의 불기둥은

우주와 직결된다.

18. 저절로 너·나가 없고, 사견을 여의고, '나'라는 생각이 들지 않는 것이지 '아상이 없어져야 할 텐데…….' 이렇게 해 가지고는 없어지지 않는다. 만 가지 법을 손으로 주무르고 일을 했다 하더라도 한 줄을 몰라야 하니 그것이 홀연히 깨칠 수 있는 지름길이다.

19. 발 없는 발이 있어야 길 없는 길을 디딜 수 있다.

4. 마음공부의 장애

1. 마음이 부처라 해서 나도 부처 될 자격을 가졌다고 아만심을 내면 '나'라는 욕심이 들어가서 더는 공부를 못한다. "자기 마음을 닦아라." 하는데 "닦

을 게 뭐 있어서 닦느냐." 한다면 말이 청산유수라도 공부는 어렵다. 점차로 다스려서 실오라기 하나 걸칠 게 없이 마음을 비워야 실오라기 하나 버리지 않는 뜻을 구할 수 있다.

2. 자신의 마음 안에 미묘하게 숨어 있는 아만을 발견할 줄 알아야 한다. 그렇게 하는 것이 정직한 마음이며 슬기로운 마음인 것이니 마음을 닦으면 닦을수록 자기라는 껍질이 하나하나 벗겨져 모든 사람, 모든 생명과의 벽이 사라지게 된다. 〈일체를 평등하게 보는 마음은 결코 아만에 빠져들지 않는다. 그런 마음은 점점 넓어져 가는 길 위에 있는 것이다.〉

3. 마음이 무엇인지 알기도 전에 알음알이를 지어 '내가 알았다', '이만하면 되었다'고 한다면 그것은 한낱 아만이요 아집에 불과한 것이다. 이론으로 '마음이란 이런 것이다' 해도 그것은 마음을 증득한

것이 아니니 그쯤으로 어떻게 물 깊은 줄 알며 땅 깊은 줄 알겠는가. 어떻게 물바퀴, 불바퀴를 넘나들겠는가. 〈학술적으로 마음이 무엇인지를 알려고 하기 이전에 책을 보고 달달 외우려 드는 그 일을 바로 누가 하는가부터 알아야 한다.〉

4. 내가 나라는 아집을 벗어 버려라. '나'라는 게 있다면 강물도 건너가지 못한다. 요단강 건너지 못하고, 아제 아제 바라아제의 그 강도 건너지 못한다. 불바퀴도 넘어서지 못한다. 깨쳤다 하더라도 그 깨쳤다는 생각조차 없어야 한다. 〈수행하는 데 세 단계가 있다고 얘기했다고 해서 그 단계를 염두에 두지도 말고 모든 경계를 안으로 맡겨 놓고 '한마음 주인공!' 하라.〉

5. 자기 습은 떼지 않은 채 걸리지 않는 여여한 법 도리만 따지고 있으면 될 일인가. 먼저 자기를 알지도 못한 채, 배우지도 않은 채 그게 뭘까 하거

나 공이겠거니 하고만 있다면 천년만년을 그렇게 해도 아무 소득이 없다. 자기가 자기를 모르는데 어떻게 남의 뱃장 속을 알 것인가.

6. 너와 내가 서로 다르다는 것에 집착하여 '큰 하나'를 생각하지 못하는 게 바로 부처님 세계에 동참할 길을 막는 근본 장애이다. '나'에 집착한다면 우선은 자기의 좁다란 이익을 지켜 주는 것 같지만 그것이야말로 위대한 부처님 세계의 크나큰 이익에 참여할 기회를 가로막는 악의 근본이다. 둘 아닌 도리를 알게 되기 전까지 우리에게 영원한 안식이란 없다. 〈그러므로 수행자는 모름지기 어떤 경계든 둘로 보지 말고 무겁고 진실하게 자기 근본 자리에 되돌려 놓고 가지 않으면 안 된다.〉

7. 공부를 하다가 조금 콧김이 더워지니까 내가 나라고 막 고갯짓을 하는 경우가 있다. 이때가 아이들의 사춘기처럼 어려운 법이니 누가 길잡이 노릇

하기도 이때는 힘이 든다. 알면 자기가 알았지 남이 안 게 아니니, 쓰되 썼다 하지도 말고 보고 듣되 보았다 들었다 하지도 말며 오로지 굴린 자리에 되놓아야 한다. 참 나가 나를 가르치기 위해 뜻으로써 조금 보게 했다고 자꾸 장난을 한다면 그것은 알았어도 아는 게 아니다.

8. 이 세상에 혼자 태어났다가 혼자 간다고 하는 사람들이 많다. 그런 사람들은 참 자기도 믿지 못하고 진리의 가르침도 믿지 못한다. 마음이란 체가 없어서 우주 전체를 탐험할 수도 있고 일체와 둘 아니게 돌아갈 수 있다 해도 믿지를 않는다. 그런 사람들은 자기 마음으로 창살 없는 감옥을 만들어 놓고 그 속에 빠져 지옥고를 면치 못하면서도 그것이 마음으로 옹쳐맨 결과라는 사실을 거부한다.

9. 일체가 공심으로 돌아가고 있는데도 공심이 아니라 각자 자기가 한다는 관념에 빠져 있다. 그

러므로 예컨대 만 명이 같이하면 쉬울 일을 항상 제 혼자서 하겠다는 격이니 그 살림살이란 얼마나 힘겹겠는가.

10. 귀머거리가 언제 천둥이 쳤느냐고 부득부득 우긴다.

11. 중생의 자기 사랑이 바로 번뇌의 씨앗이자 마음공부의 장애이다. 고로 중생들의 자기 사랑이란 참다운 자기 사랑이 아니라 한낱 뒤집힌 꿈일 뿐이다. 진정으로 자기를 사랑하려거든 먼저 아만·아집·아상을 여의라. 빈 그릇이 되어라.

12. 빈 그릇에 새 것이 담긴다. 무언가 채워져 있는 그릇에는 새 것을 담을 수 없다. '나'라는 생각, 내가 제일이라는 자만심, 집착, 애욕 따위가 채곡채곡 담겨져 있는 그릇에는 아무것도 넣을 수가 없다. 그릇이 비워져야 새 것이 담기는 소득이 있다. 우리

의 배 속도 비워져야 음식을 맛있게 먹을 수 있다. 배 속이 꽉 차 있으면 산해진미라도 맛있는 줄 모른다. 텅 비워져야 가득 채울 수 있는 법이다.

5. 상대성과 공생

1. 개별적으로 '나'라고 고집할 수 있는 절대적인 나는 없다. 모든 것이 상대적이라 일체 만물만생이 도반인 것이다. 한방 식구인 것이다. 천 리를 간들 만 리를 간들 가깝고 멀고가 없이 한방 식구이다. 나의 한생각이 일체 중생의 생각이고 일체 제불의 생각임을 잊어서는 안 된다. '나'라고 하는 아집에서 벗어나 한마음 원리를 바로 알아야 한다.

2. 우주 법계가 돌아갈 때는 항상 너와 내가 없이 돌아가게 되어 있다. 일체가 하나의 법망 속에 있어서 상대성 원리 아닌 것이 하나도 없다. 그러하기

에 내가 무엇을 했다 해서 자기 혼자 한 것이 아니라 우주 법계와 함께한 것이다. 가령 내가 돈 한 푼을 벌었다고 할 때 혼자 번 것이 아니라 우주 법계와 함께 번 것이다. 만약 남이 없다면 어찌 한 푼인들 벌었겠는가. 모든 것이 함께 작용하였기 때문에 비로소 자기가 무엇을 할 수 있었던 것이다. 그러므로 내가 살기 위해서는 반드시 남을 살리게 되어 있다. 혼자 살고 혼자 먹는 게 아니라 여럿이 더불어 살고 더불어 먹으며 우주와 함께 살고 우주와 함께 먹는 것이다.

3. 이 세상 일 중에 내가 했다, 네가 했다 할 수 있는 것은 없다. 가령 모르는 사람이 있으니 아는 사람이 있고 제자가 있으니 스승이 있고, 스승이 있으니 배울 수 있는 것처럼 서로가 서로를 살리니 모두가 함께한 것이다. 자기가 살기 위해 일을 하고 월급을 받지만 그것이 또 월급 주는 상대를 위한 것이고, 그 상대가 없다면 내가 나를 위해 일하고자

해도 할 수 없는 것처럼 같이 일해서 같이 먹고 사는 것이다. 〈그러니 내가 이것을 하겠다, 내가 이것을 지키겠다 하는 말은 내 속에 상대가 포함되어 있고 상대 속에 내가 포함되어 있는 줄을 모르는 소치이다.〉

4. 미생물이나 식물이 우리에게 마실 공기를 공급해 주고 우리는 그들에게 이산화탄소를 제공한다. 숨 한 번 들이쉬고 내쉬는 데에 벌써 모든 생명체들이 서로 주고받으며 먹고 사는 이치가 있으니 어찌 공생·공심·공용·공체·공식 하고 있음을 모른다 할 것인가. 나는 남을 위해, 남은 나를 위해 상대와 상대가 이렇게 연결되어 돌아가는 세상의 이치만 보아도 따로따로 산다고 말할 수 없을 것이다. 입는 것, 먹는 것, 돈 버는 일 어느 것 하나 혼자의 힘만으로 할 수 있는 게 없다. 〈사생이 다 거들어야 이뤄지는 것이니 모두가 한마음이라 감사하지 않을 수 없다. 누구나 주인공에 감사할 일이다.〉

5. 만약 지·수·화·풍 이런 것을 다 제각기 구해서 살라고 한다면 한시인들 어떻게 살겠는가. 본래로 부처님 마음, 내 마음, 네 마음, 사생의 마음이 다 한데 합쳤기에 태양도, 지구도, 우리 몸도 형성된 것이다. 갖가지로 정원 꾸미듯 형성된 것이다.

6. 밥 한 그릇 지어 놓고 고맙다 할 때 어디에 감사하는 것인가? 농사짓는 사람들이 씨 뿌리고 들에 나가 일하고 또 거둬다가 여러 사람에게 돌아가도록 하는, 많은 일손을 거쳐 내게 이른 것이니 전체가 같이하고 같이 먹는 것이라 전체에 감사하는 것이다. 그러니 어찌 한마음이 아니겠는가. 〈밥 한 그릇 놓고 먹을 때 내가 예를 갖추면 전체가 다 감사를 받는 것이다.〉

7. 모두는 나를 위해 나는 모두를 위해 서로가 서로를 위하고, 서로가 서로를 살리고, 서로가 서로를 먹이고 있다. 세상 돌아가는 모습을 보면 그것이 혼

자 갈고 혼자 먹고 혼자 입고 혼자 했다고 할 수 없다. 공전·공생이 있을 뿐이다.

8. 하나가 있으면 하나가 없고, 그 없는 것을 갖기 위해 또 있는 것을 주어야 하니 그러기에 이 공부는 서로 아끼며 서로 사랑하며 내 몸같이 생각하고 내 아픔같이 생각하면서 생활하는 가운데 이루어지는 것이다.

9. 아무렇든 나 하나만 배우면 된다고 하겠지만 내가 배우기 위해선 다른 사람들도 그렇게 여건을 만들어 주어야 내가 배울 수 있는 것이지 그렇지 않고 어떻게 나만 배울 수 있겠는가. 함께 돌아가고 있으니 독불장군은 없다.

제6장 의정

1. 하나로 몰아감

1. “주인공에다 놓아 버려라.” 하는 것은 하나로 뭉쳐질 때까지 완벽하게 몰고 들어감으로써 절로 대의정이 나도록 하는 작업이다. 그럼으로써 한데로 모아서 버리는 결과가 된다. 그러기에 놓는 것마저도 없다 하는 게 나올 때까지 다 놓으라고 하는 것이다.

2. 공부하는 사람으로서 자기의 주장심이 잡힐 때까지는 주인공에 놓고 맡겨야 한다. 중심이 있어야 수레바퀴가 돌아갈 수 있듯이 만약 심봉도 세우지 않고 이것도 아니다, 저것도 아니다 한다면 그것

은 다만 이론일 뿐이요 공에 떨어진 것이다. 그렇게 되면 자칫 자기를 허망하게 느끼게 되고 좌절하기 쉽다. 그것은 자기를 못 믿기 때문이다. 그러나 내가 없이 어떻게 부처를 이룰 것이며, 내 가정을 파괴하고 어떻게 부처를 이룬다고 할 것인가.

3. 본래면목을 알고 들어가면 무엇을 맡기고 말고 할 것도 없지만 사람들이 그것을 모르니까 "믿어라", "맡겨라", "놓아라" 하는 것이다. 믿고 놓고 맡기라 할 때 중심을 딱 세우고 생각을 잘해야지 아무 생각도 하지 말라는 것은 아니다. 생각을 빼 버린다면 나침반이 없는 격이니 어떻게 부처가 나겠는가. 모든 것이 본래면목 자리에서 나고 드는 것이니 잘 생각해서 그 자리에 놓고 돌리라 함이다.

4. 내 속에서 독 안에 들어도 못 면할 인과로서의 업이 자꾸 나오는데 다 주인공 자리에서 나오는 것이니까 거기다 놓으라는 것이다. 그냥 놓으라 하

면 허무로 돌아갈까 봐 공의 자리를 중심 기둥으로 삼아 그 하나에 다 놓으라고 한 것이다. 바람개비가 돌아갈 때에 중심 막대기에 의지해서 돌아가듯이 그렇게 심봉을 꿰어 들어야 생동력 있고 여여하게 돌아갈 수가 있다.

5. 빠져나갈 틈이 없이 모는 게 몰락 놓는 것이다. 그렇다고 '모든 게 공했다더라.' 하면서 놓으면 그냥 공으로 빠져 몰아지질 않는다. 그러기에 공도 아니고 색도 아닌 데서 주인공 하나를 세워 놓고 전부를 주인공으로 몰고 들어가라고 한 것이다. 그렇게 몰다 보면 답답해져서 빠져나오지 않을 수 없게 된다. 마치 젖을 쥐어짜서 유선이 터지게 하거나 혹은 구멍 하나 남겨 놓고 사방에서 토끼를 몰아 들어가는 것과 같으니 주인공 이름 하나 딱 붙여 놓고 몰아 가면 그 이름으로 인해 빠지게 된다.

6. '주인공! 네가 전부 하는 것이지. 네가 들이고

내는 것이지. 나쁜 일이든 좋은 일이든, 울든 웃든 네가 하는 것이지.' 그렇게 한군데로 자꾸 몰아라. 주인공이 모든 것을 한다고 믿어 그 한군데로 몰아라. 색이 공이고 공이 색이라 했으니 몰아붙이는 놈도 공이요 놓는 그 자리도 공이라 '나'는 쏙 빠지고 모는 그것만 남게 몰아붙여라. 그렇게 몰다 보면 나온다.

7. '주인공!' 하면 우선 나를 이끌고 다니는 주인공이 우선이다. 그렇다고 하여 '내 속에 그 스승이 들어 있다. 그 스승만 믿는다.' 하는 데에 그치는 것도 아니고 반면에 '스승도 다 필요없다. 다 나라는데…….' 하는 것도 아니다. 오로지 역대 부처님뿐 아니라 풀 한 포기라도 내가 중심을 잡아서, 나와 더불어 돌아가는 것임을 굳게 믿어야 한다. 그러기에 내면으로부터 그 스승의 소리가 나왔다고 해도 내가 있고서 스승이기에 '주인공! 당신이 알아서 하라.' 하고 맡겨야 한다. 또 내가 중심을 잡더라도 더

불어 돌아가는 것이니 '다 나인데…….' 하는 생각도 주인공에 맡겨야 한다. 〈공부한다면서 삿된 생각을 내서 긁어 부스럼 만들지 말고 모든 생각을 주인공에 놓아라. 그러면 바로 일체 신이 되고 일체 법이 되고 일체 행이 되고 청수가 되고 일체 감사함이 되는 것이다.〉

8. 이렇게 하는 게 옳은가, 저렇게 하는 게 옳은가 하고 자꾸 생각을 하는 것은 허공에 돈을 뿌리는 것과 같다. 에너지를 헛되이 소모하지 말고 한군데로 몰고 들어가라. 그러면 어느 때 '그래, 나한테 다 일임하고 너는 쏙 빠지는데 그래, 나왔다. 어쩌겠느냐.' 하고선 참 나가 나온다.

9. 깨닫는다 못 깨닫는다 하는 관념도 없이 모든 것을 주인공으로 한데 귀결 지어 가다 보면 언젠가는 자기 스승은 자기한테 있다는 것을 알게 된다. 삼독심도, 환희심 따위도 다 맡겨 놓고 안 되는 것

은 '주인공이 나를 시험하려 하는구나.' 하고 감사하게 놓고 여일하게 가기만 하면 된다.

10. 내가 하느니 당신이 하느니 그런 생각조차 없어질 때까지 몰고 들어가라. 오갈 데가 없을 때 탁 터진다.

2. 샘솟는 의정

1. 주인공에 일임하고 가다 보면 어느 때 의정이 떠오른다. 주인공이라는 이름에서 의정이 나오는 게 아니라 불현듯 내면으로부터 의정이 나오게 된다. 도대체 어떻게 해서 이렇게 할 수 있는가? 어떻게 해서 이렇게 돌아가는가? 이렇게 와 닿는 게 있는데 왜 둘이 아니라 하는가? 왜 모든 게 비었다고 하는가? 왜 내가 하는 게 아니라 참 나가 한다고 하는가? 별의별 의정이 다 나온다.

주인공 하나만 쥐고 가다 보면 의정이 저절로 나온다. 이것이 진짜 의정이요 대의정이다. 새롭게 샘솟는 의정이다. 일부러 지은 의정은 빈 맷돌을 돌리는 격으로 아무런 맛도 없이 스스로 곤고할 뿐이다. 일부러 지은 의정과 절로 일어나는 것은 천지차이로 다르다.

2. 주인공에 다 놓고 가다 보면 비로소 참 의정이 나오는데 '발이 없이 걸어야 한다', '손이 없이 집어야 한다', '눈이 없이 봐야 한다' 하다가 홀연히 내가 드러난다.

3. 사량으로 의정을 지어 보았자 그것은 풀리지도 않는다. 다 놓아 버렸을 때 의정이 솟고, 그것마저 다시 놓았을 때 속으로 풀려 나간다.

4. 예전에 조사님들이 하신 것을 흉내 내는 사람들도 많다. 그러나 그런 사람들이 하는 소리는 원숭

이가 나무에서 떨어져 궁둥이가 아프다고 하는 소리밖에 안 된다. 마음법을 믿고 가다 보면 스스로 알게 되는 때가 있으니 "이 도리는 무슨 도리인고?" 할 때에 선연하게 답이 나와 무릎을 치게 된다.

5. 싹을 틔우려면 흙에다 묻고 물을 자주 주어야 한다. 씨를 한 줌 탁자 위에 올려놓고 들여다보면서 '이 뭣고?' 한다고 싹이 트지는 않는다.

6. '이 뭣고'로 가자면 놓기가 어렵다. 반면에 '주인공!' 하면 놓기가 쉽다. 주인공이라는 이름 자체가 공한 것이기에 공한 자기에다 믿고 일임하는 것이니 다 놓는 게 된다. 다 놓고 가다 보면 진짜 화두가 거기서 나온다. 역대 선지식의 화두가 잘됐다, 잘못됐다 논할 것 없이 잘났든 못났든 제 주인공을 믿어야 빠르다.

7. 본래로 뚫린 구멍을 막아 놓고서는 '이 뭣고?'

하려는가. 번연히 박카스 병인 줄 알면서 '이 뭣고?' 하면 거기서 무엇이 나오겠는가. 아는 것은 아는 대로 놓아 버려라. 화두란 방편에 불과한 것인데 아는 것을 다시 들고서 '이 뭣고?' 한다면 머리만 복잡해질 뿐이다. 놓고 가다 보면 정말로 모르는 것, 무위법의 의정이 나온다. 〈씨가 이미 싹을 틔워 나무로 자라고 있는데 어디 가서 예전 씨를 찾으려는가? 어디 가서 예전 씨의 능력을 달라고 하는가?〉

8. 자연적으로 의정이 나오는데 그 해답을 모르면 모르는 대로 놓고 가라. 언젠가는 해답이 나온다. 그런데 그렇게 놓음으로써 안으로 편안하게 돌아가는 것이지 '내가 놓았으니까, 망상을 끊었으니까 편안하다.' 하는 것은 아니다. 모든 게 공한 나를 기준으로 해서 돌아가니까 거기에다 놓으면 절로 돌아가고 돌아가다 보면 풀리기도 한다. 〈그러기에 나라는 존재가 그대로 화두요 뿌리 없는 나무라고 하는 것이다.〉

9. 내 나무에서 내 열매가 무르익어야 만 가지 맛을 내지 그렇지 않으면 한 가지 맛도 제대로 낼 수 없다. 남이 준 화두는 강제로 의정을 내는 것이라 실답지도 못하고 제 의정도 아니다. 의정이란 절실한 속에서 스스로 생겨야 대의정인 것이다. 우리가 하루 24시간 수없이 나투며 돌아가는 중에 안팎 경계에 부딪쳐 절로 의정이 솟게 되는데, 그럼으로써 거기에 곧바로 들어갈 수 있는 길이 열린다.

10. 생명을 탁 끊어도 눈 하나 깜짝 안 하는 의정이 진짜 의정이다. 그것은 자기한테서 나온다.

11. 대의심이 큰 깨달음을 낳는다. 대의심은 모든 경계를 다 조복받아 참 나가 드러나고 난 다음에라야 내면에서 절로 우러나온다. 억지로 지어 낸 것이 아니라 저절로 우러나오는 것이다. 대의심은 참 나가 나를 가르치기 위해 던지는 최선의 질문이다. 그런데 그것 또한 놓고 가다 보면 그 즉시, 또는 시

간이 경과한 어느 때에 홀연히 깨쳐지게 된다.

12. 한마음에서 천칠백 공안이 다 나가고 마음을 알면 천칠백 공안이 다 풀린다. 문이 없어 문 찾기 어렵고 문이 많아 문 찾기 어려우니 혜가는 어디 있고 달마는 어디 있느냐?

제7장 관하는 도리

1. 지켜보라

1. 이 세상을 천차만별로 만들어 놓고, 천차만별로 움직이게 해 놓고, 마치 꼭두각시 놀음을 구경하듯 구경하는 자는 누구인가? 그것을 알아야 한다.

2. 수많은 일을 하는 것을 누가 하고 있는가. 지켜보라. 잘하든 못하든, 하든 안 하든 누가 그것을 하고 있는가를 지켜볼 때, 그 생각하기 이전에, 행동하기 이전에 한군데로 나고 드는 주처가 있는 듯이 느껴질 것이다. 한 치도 놓치지 말고 단단히 지켜보라. 생각하기 이전의 그 주처가 대공의 주처이다.

3. 지켜보라. 자기 발걸음을 지켜보라. 말하는 건 누가 하고, 듣는 건 누가 듣고, 보는 건 누가 보는지 지켜보라. 자기 하나 있어 이날까지 모든 것을 해 오고 있는 것을 지켜보라. 생활을 떠나서 진리를 찾으면 끝내 찾지 못한다. 울고 웃고 괴로워하고 기뻐하는 자기 모습 그 자체를 자세히 살펴보라. 거기에 울고 웃을 것이 진정으로 있는가. 울고 웃는 자신이 실체로서 있는가. 자세하고 자세히 관해 보라.

4. 누가 했느냐? 온 것은 누구고 간 것은 누구냐? 누가 구덩이에 빠졌고 누가 나오려고 하느냐? 누가 울고 누가 웃느냐? 그렇게 하는 근본은 누구이고 그것을 지켜보는 근본은 누구냐? 이렇게 생활 속에서 오직 '누가 하느냐'를 탐구하고 들어갈 때 공한 자리를 생각하게 되고, 그랬을 때에 주인공을 붙들고 늘어질 수가 있다. 〈주인공 하나를 쥐고 일념으로 들어가다 보면 비로소 활연히 참 나가 드러난다. 물러서지 않는 마음이면 나를 발견하기란 어

렵지 않다.〉

5. '자기'라는 욕심을 세우지 않고 거울에 사물이 비치듯이 지켜보라. 나는 무엇을 따라 움직이는가, 나는 지금 왜 미혹한가, 나는 어째서 싫어하고 좋아하는 마음을 내는 것인가……. 자기 마음의 움직임을 정직하게 살피면서 중생으로서의 자기를 영원한 자기, 무아인 주인공에 던져 버려야 한다.

6. 자기를 형성시켰고 수억겁의 진화를 이끌었고 지금의 자기를 움직이게 하는 본래면목이 있는 줄은 아는데 '도대체 정체가 무엇인가. 있다면 대답하라.' 하는 것이 곧 관이다. 〈모든 것을 주인공에 놓으면 마음이 편해짐을 알 수 있다. 이때 진짜로 관해야 한다.〉

7. 마음을 악하게 쓰면 악업이 돌아오고 선하게 쓰면 선업이 쌓인다. 그러나 선하다, 악하다를 따

지기 전에 그 모든 것을 누가 하는가 그것을 지켜보라. 지켜보고 나가다 보면 좋게 하는 것도 자기가 지켜봤고 나쁘게 하는 것도 자기가 지켜봤기에 좋은 것 나쁜 것을 알게 되고, 그것을 누가 하는지도 알게 된다. 누가 하는지를 알 때에 자유인으로서의 극락을 맛볼 수 있는 것이다.

8. 살아가면서 누가 돈을 갖지 말라 하는 것도 아니요, 사랑하지 말라는 것도 아니고, 화가 날 때 내지 말라는 것도 아니다. 그대로 하라. 다만 그것을 누가 했는가, 그것을 아는 게 중요하다. 나, 나의 것이라는 집착에서 그렇게 한 것인가를 보라. 〈모두가 나 아닌 게 없다고 알아 그렇게 둥글게 산다면 이 세상의 모든 것을 도구로 삼아서 한 마디, 한 행위 그대로가 법인 채 생동력 있는 삶을 살게 되는 것이다.〉

9. '나'라는 조건을 한번 돌아다보는 계기가 있어야 하고, 한번 돌아다봤으면 믿어야 하고, 믿었

으면 맡겨야 한다. 맡겼으면 바로 거기서 일체 만법이, '내가 나왔기에 상대가 있고 세상이 벌어졌구나. 그러니까 나는 내가 끌고 다니고, 나는 내가 있기에 모든 것을 감지할 수 있고 알 수 있고 내놓을 수 있는 것이구나.' 하는 것을 진정으로 알아야 한다. 아뇩다라 삼먁삼보리에 이르기까지, 무의 세계·유의 세계를 합쳐 중용하는 것까지, 구경각지에 이르는 것까지, 열반 세계에 이르는 도리까지 다 배워서 안다 하더라도 그 전부를 누가 하는 것인가 확연히 꿰뚫어야 한다.

10. 무슨 차원이 어떻다든가, 오계니 십선이니 육바라밀이니 12인연법이니, 그런 것을 공부의 기초 자료라 해서 읽어 가지고는 고집을 부려서는 안 된다. 잘못하면 문자에 치우치기 쉽다. 이 공부의 기초는 다른 데 있는 게 아니라 바로 공한 마음의 자리에 있다. 즉, 우리가 억천만겁을 돌아온 것이나 앞으로 갈 것이나 현재나 전부 삼합이 되어 공했다

는 것을 알고, 아는 그 마음도 공했다는 것을 알아 모든 것이 거기로 들고 남을 믿는 데 있다. 말하자면 누가 있어 여직껏 살아왔고, 누가 있기에 생각하고 말하고 움직이는가를 아는 게 우선이다.

11. 자기 소견에 있는 내공을 타파 못하면 과거심·현재심·미래심의 삼세심 내공을 타파 못한다. 삼세심의 내공을 타파 못하면 사공법을 모르고, 사공법을 모른다면 원심력을 기르지 못해 원통 자활하지 못한다. 이것이 바로 자기한테 부 있고, 자기한테 스승 있고, 자기한테 부처 있고, 자기한테 법신 있고 한 것을 모르는 까닭이니 수박씨를 밖에서 찾으면 백 년을 가도 천 년을 가도 안 된다.

12. 활을 쏘려거든 자기한테로 똑바로 쏘아라. 지켜보는 자와 행하는 자가 합일이 되면 견성이다.

2. 관

1. 닥치는 대로 놓고 지켜보는 게 관이다. 설사 하늘이 무너지는 일이 있다 해도 놓고 지켜보라. 일체를 놓고 관하라 하는 것은 일체가 같이 돌아가기에 그러는 것이다. 사실 일체 경계를 관한다 하지만 그 경계 또한 한마음 안의 일이니 경계가 따로 있지를 않지만 그러면서도 지켜볼 경계가 있으니 놓고 관하라는 것이다. 그러다 보면 놓고 보는 게 문제가 아니라 안팎 경계를 지켜보는 자기를 보고자 하게 된다.

2. 관한다 함은 '없는 중심'을 그냥 지켜보는 것이지 무엇을 해 달라고 기도하는 것이 아니다. 내 주인공에게 '해 달라'고 하는 것은 비는 것이지 관하는 게 아니다. 주인공을 믿고 맡겨 놓기만 하라. 그리고 오직 지켜보기만 하라. 마음의 컴퓨터에 모

든 것을 입력해 놓고 밖으로 나오는 것을 지켜보라. 자부처의 자리에 코드를 꽂아 놓고 자동적으로 여여하게 돌아가는 것을 지켜보라. 〈상대를 두고 구하는 데는 공덕이 하나도 없다.〉

3. 지켜볼 때에 자꾸 망상이 든다 해도 망상조차 '주인공 자리다!' 하고 놓아라. 믿음이 약한 탓에 망상 끼어 드는 것이지만 놓고 관하라. 그것을 따로 구분해서 보면 안 된다. 행하는 그대로를 '누가 하는가' 지켜보라. 놓는다는 것은 용광로에 무쇠·잡쇠 등을 닥치는 대로 집어넣는 것이요, 관하는 것은 넣는 대로 용광로에서 재생되어 나옴을 지켜보는 것이다.

4. 설사 자기 능력으로는 도저히 감당할 수 없다고 여겨지는 급박한 상황에 직면했다 해도 주인공 자리에 놓고 지켜보라. 관한다 함은 믿음으로 지켜보는 것이요, 결코 둘로 보지 않고 지켜봄이다. '주

인공만이 주인공을 증명할 수 있다.' 그것을 굳게 믿고 들어가는 것이 참선이자 관이다. 주인공에다 믿고 맡겨 놓고 무엇이 나오는지를 지켜볼 뿐 해결해 달라고 하지 말라. 〈수억겁을 거치며 입력된 것이 솔솔 풀려 나오지만 닥치는 대로 놓으면 입력된 것이 지워지니 그것을 지켜보라는 것이다.〉

5. 관한다 함은 평등한 마음으로 비춰 보는 것이고 텅 빈 마음으로 내면을 향해 주시하는 것이다. 그것이 참선이고 화두이다.

6. 알고 있는 것을 관하면 빈 맷돌 돌아가듯 해서 힘이 쓰이질 않는다. 예를 들어 이 육신은 죽으면 썩는다는 것을 알면서 그것을 관하는 것과 같다.

7. 안으로 관한다 해서 관해지는 주인공과 관하는 내가 나뉘어지는 것은 아니다. 본래 하나이다. 맡긴다고 해도 맡는 것도 나이기에 맡기고 맡는 구

별이 없으며 지켜본다 해도 보고 보이는 구별이 없다. 만일 보는 자와 보여지는 자가 있다면 그것은 참된 관이 아니다. 둘로 보면 기도를 하게 되지만 둘로 보지 않는다면 관할 뿐이다.

8. 관에도 놓는 관, 둘 아닌 관, 내 일심으로의 관, 일심도 없는 무심관이 있다. 관한다 함에도 고정됨이 없다. 그러나 처음부터 무심관이 되기는 어렵다. 먼저 일체 만법을 주인공 자리와 둘 아니게 보는 일심관이 성숙된 이후에 무심관이 되는 것이다.

9. 아직 주인공 자리를 알지 못하고 믿음도 약한 사람들에게 한마디 이르노니, 아주 급한 경우에 '그대가 한 일이니 그대가 해결해야 할 것이 아닌가!' 하고 관하라. 지금 내가 있다는 것을, 영혼과 불성이 있다는 것을 증명하는 것은 한마음 주인공밖에 없다고 믿어 '그대만이 해결할 수 있다. 거기서만이 이끌어 줄 수 있다. 되게 하는 것도 거기, 안 되게

하는 것도 거기.'라고 믿고 관하라.

10. 모든 것을 주인공에 놓고 관하다 보면 그때 인과도 무너지며, 습도 녹아지며, 나를 발견하게도 되고, 일체를 항복받을 수도 있다. 주인공은 우체통이다. 넣고 지켜보면 배달되고 답장이 온다.

제8장 안에서 찾자

1. 내면으로의 귀로

1. 모든 것을 자기 자신에게 물어 보면 가장 잘 안다. 내가 가슴을 치며 아파 울면서 그것을 잘 모른다고 할 텐가? 우리 살림살이가 모두 불법이니 살림살이에서 불법을 알아야지 '이 뭣고?'를 노래하듯 왼다고 해서 알아지는 게 아니다. '나'라는 존재는 참 나와 이 운전하는 마음과 육신이 삼각으로 계합된 것이므로 나의 정체를 알려 하면 안으로 밝혀야 한다. 자기 자신을 배신하고 무모하게 남의 것이나 찾아다니고 남의 나무에 과일 익은 것이나 좇아다니면서 공부가 된다 하면 그것은 어불성설이다.

2. 밖으로 세우거나 짓거나 보태어서 진실이 성립되지는 않는다. 오히려 거짓된 것을 되돌려 내면으로 돌아가 보면 거기에 진실이 넘실거리고 있음을 알게 될 것이다.

3. 밖으로 찾아서도 절대 안 되고 밖으로 돌아서도 절대 안 된다. 오로지 성품을 스승으로 삼고, 또 성품으로서 만법이 돌아가는 이치를 꿰어 든 마음의 기둥을 스승으로 삼아야 한다.

4. 밖으로 찾는 것은 마치 허공 중에 방귀 뀌는 것과 같다. 밖으로 흩어져서 그뿐이니 진실되게 내면으로 향해야 한다. 한마음 주인공을 찾는 것도 이름이 아니라 뜻으로 새겨야 하는데 사무치는 마음으로 '당신만이, 당신밖에는 할 수 없다!' 할 때 주인공은 임도 되고 부도 된다.

5. 불성을 밖에서 찾으려고 아무리 애를 써 보아

도 찾아지지 않는다. 그것은 열매 속의 씨와 같아서 마음내기 이전의 과거 씨이자 현재의 씨요 미래의 씨이니 지식으로나 학식으로 알아지지 않으며 절대로 밖에서 찾아지지도 않는다. 밖으로 찾는다면 아무런 공덕도 이익도 없다.

6. 공부를 해 보겠다는 생각에서 안간힘을 써 가며 부처님 모습을 언제나 보나, 부처님 말씀을 언제나 듣나 하며 지낸다. 그러나 설사 보고 들어도 그것은 관념 속의 상상일 뿐이다. 부처님을 찾는다고 아무리 애를 써도 밖으로 찾는다면 그것은 소용이 없다. 나부터 깨끗이 하고, 나 자신부터 밝히고, 나 자신부터 경배하고, 나 자신부터 잘 섬겨라.

7. 수박씨는 바로 수박 속에 들어 있다. 현재의 수박 속에 들어 있는 수박씨는 과거의 씨이자 미래에 또 먹을 씨이다. 부처님께서 밥 한 그릇으로 유의 생명들과 무의 생명들을 다 먹이고도 되남느니

라 하셨듯이 봄이 오면 수박씨를 심어 내내 먹고, 내년에 또 심어서 먹고 그렇게 하기를 거듭하니 현재의 씨가 과거의 씨이자 미래의 씨인 것이다. 그러므로 과거·현재·미래를 말할 것 없이 현재의 수박 안에 들어 있는 수박씨를 찾아야 한다.

8. 수박은 씨에서 생겨났고 수박 속에는 씨가 있듯이 나는 과거로부터 왔으나 내 속에 미래가 있다. 그러므로 과거·미래를 문제 삼을 게 없다. 지금, 여기, 내 속에 모든 것이 살아 있고 모든 것이 갖춰져 있다. 우리가 그것을 모르면 세균에 끄달리고 영계에 끄달리고, 육체에 끄달리고, 유령에 끄달리고, 유전성에 끄달리고, 인과 업에 끄달리고, 윤회에 끄달리고, 생사에 끄달리고, 그야말로 만방에 끄달리게 된다. 그러므로 자성을 찾으라 하는 것이다.

9. 예전에 어떤 시인이 봄을 찾아 산과 들로 헤매다가 끝내 찾지를 못하고 집으로 돌아와 보니 앞뜰

에 복숭아꽃이 만발해 있었다고 한다. 저 산 너머에 행복이 있다고 미루어 짐작하는 사람들이 많다.

10. 오직 마음이다. 믿음도 마음, 삶도 마음, 죽음도 마음, 시간도 공간도 마음일 뿐이다. 그러므로 자기 마음 안에서 찾을 일이다. 마음 안에다 예경하고 마음 안에다가 놓을 일이다.

11. 심안이 열리지 않아 사물을 육안으로밖에는 볼 수 없다 하더라도 한번 내면으로 굴려서 보게 되면 아무 뜻 없이 그냥 보는 것과 비교할 수 없는 묘리가 있다.

12. 형상으로 보이는 부처님과 내가 둘이 아니라는 것을 알 때까지, 형상의 부처가 진짜 부처님으로 보이는 그때까지 일체가 자기로부터 비롯되었기에 내 탓으로 돌리는 공부를 해 나가야 한다. 그렇지 않고 밖으로 찾는다면 부처님의 골수는커녕 살 한

점도 알아내지 못한다.

안으로 돌이키면 돌아가 열반을 증득하는 것이며 밖으로 뻗으면 번뇌를 키우는 것이다.

2. 밖으로 돌지 말라

1. 부처님께서 '나를 섬기지 말고 자성불에 귀의하라'고 가르쳤음에도 중생들은 '거룩하신 부처님' 앞에 엎드려 빌기를 계속한다. 스스로를 비천하게 여겨서 자성본래불을 믿지 못한 채 '신묘 불가사의한 부처님의 경지에 도달하자면 억겁 년을 수행해도 될 듯 말 듯하다'는 생각에 그냥 '복이나 내려 주십시오.' 하고 만다. 〈그러한 신앙은 대장부의 신앙이 아니다. 부처님을 경배하지 말라는 게 아니라 '나 또한 근본은 부처'임을 믿어 당당한 주체성을 가지라는 것이다.〉

2. 각자의 마음 능력이라는 것은 누가 그것을 알 수도 없고 쫓아갈 수도 없고 세상을 다 주고도 바꿀 수 없는 그런 보배인 것이다. 그럼에도 불구하고 사람들은 자꾸 밖으로 돌아 '내가 이렇게 해야만 살 수 있지 않겠는가.' 하는 생각에 그만 거기에 매여 눈이 어둡고 귀가 밝지 못하게 되고, 또는 '내가 이렇게 살아서 뭣하나.' 하는 생각에 회의에 빠지기도 한다. 눈 밝게 알지 못한 탓이다.

3. 오관을 출중하게 갖춰 사람으로 태어났으면서도 떡 해 놓고 빌고, 밥 해 놓고 빌고, 부적 만들어 벽에 붙이질 않나, 베개 밑에 넣질 않나, 몸에 지니고 다니질 않나, 온갖 미신 짓을 다 한다. 이사를 가는데도 어디 가서 물어보니 삼살방이 어떻다, 손이 있으니 못 간다 하며 끄달린다. 갈대처럼 남의 말에 이리 끌려다니고 저리 끌려다닌다. 어째서 그토록 노예로만 살려는가. 안으로도 노예, 밖으로도 노예가 되어 벗어나지 못하면 살아서도 노예요 죽어서

도 노예이기를 면치 못한다.

4. 허공을 쳐다보며 '나를 구원해 주소서.' 한들 백 년, 천 년이 가도 소용이 없다. 이름을 부르며 구원의 손길을 기다려 보아도 그것은 헛일에 불과하다. 신은 제 안에 있으니 밖으로 청해 보았자 대답이 있을 리 없다. 안으로 불을 켜지 않고 밖으로 찾는다면 깜깜해서 천방지축이 될 뿐이다. 밖으로 '하느님 아버지시여, 부처님이시여, 관세음보살이시여' 하고 아무리 찾아도 대답이 없다.

5. 밖으로 찾으려 하니까 좋은 이름 찾아야지, 높다는 자리 찾아야지, 훌륭하다는 사람 찾아야지, 일일이 눈 따로 입 따로, 오른발 왼발 따로 찾는 격이다. 내 요구대로 되지 않으면 속상하고 비참해지고, 그러다가 병이 들게 되기도 한다.

6. 앞을 다투어 가면서 내가 향촉을 밝혀야 하

고, 내가 공양을 올려야 하는 줄 알고, 또 그것도 모자라 밖으로 '산신이 돕지. 용왕신이 돕지.' 하면서 찾아다니니 그 마음이 얼마나 어지럽고 무겁겠는가. 가뜩이나 사는 게 복잡한 세상에 머리에다 잔뜩 짐을 이고 다닌다면 그것을 어찌 불교라 하겠는가. 〈불교란 결단코 그런 것이 아니다. 아주 성스럽고 광대무변하고, 더하지도 덜하지도 않으면서 좋고 또 좋기만한 법이다. 더럽히지 말라.〉

7. 신을 설정해 놓고 그 신에게 모든 것을 맡기도록 가르치는 경우도 있다. 그러나 그렇게 되면 나와 신이라는 대립, 상대되는 두 인격체가 나온다. 둘로 나뉘어져서는 안 된다. 또 밖으로 그렇게 추구하거나 형상에 들이대다가는 정작 자신의 집은 비워 두는 격이 되니 빈 집은 침입을 받게 마련이다. 〈형상이 형상한테 절을 하니 꼭 허수아비 놀음이구나.〉

8. 과학이 고도로 발달하고 유전공학을 하는 시

점에서 부적 따위나 해다 놓고 자기의 고귀한 생명을 거기에 의지하려 한다면 그처럼 어리석은 일이 또 있겠는가. 남들이 돈 벌 욕심으로 만들어 놓은 종이쪽에다 어떻게 제 생명, 제 가족의 삶을 맡긴다 하는가. 그것은 외도요 미신이다.

9. 밖으로 지팡이를 삼는 게 있으면 절대로 근본이 드러나지 않는다. 왜냐하면 문이 아닌 것을 문이라고 생각해서 열려고 하기 때문이다. 고로 남이 준 화두는 화두가 아니다. 내가 하는 일이 모두 고정되지 않기 때문에 '내가 곧 주장자이며, 뿌리가 없는 것이로구나.' 하는 걸 느껴야 한다. 밖으로 지팡이를 삼는 게 있으면 환상이 많이 보이고 누가 어떻다, 내일이 어떻다 하는 소리가 들리는데 그러다 보면 잘못되기 십상이다.

10. 부처님 뵈려고, 부처님 말씀 들어 보려고 이제나저제나 찾다가 상상으로 보고 상상으로 듣게

되는 경우엔 더욱더 위로 위로 모시며 찾으려 한다. 그것은 관념이 지어 낸 것이니 안으로 굴려서 몽땅 놓아야 한다. 그리하여 마음을 비웠을 때 부처도 관세음도 다라니도 다 내 마음과 함께 돌아가는 줄 알게 된다.

11. 자기가 지은 대로 받는 게 법이다. 자기가 지은 대로 자기의 잠재 컴퓨터에 어김없이 기록되어 자기가 그대로 다시 받는 것이다. 그러니 어디에다 대고 복을 주십사 하고 빌겠는가. 복을 주는 것도 자기요, 화를 주는 것도 자기이니 복을 받고자 한다면 자기에게 우선 복을 지어라. 〈감나무 밑에 입 벌리고 누워 익은 감 떨어지기를 기다려도 소용없다. 익은 감 먹으려거든 제 손으로 따서 먹어야 한다.〉

12. 잠재의식 쪽으로는 한 번도 생각을 해 보지 못해 주인공을 믿지 못하고 현재 의식 쪽에서만 판단을 내린다면 우환이 오거나 병고가 오거나, 어떠

한 걸림이 있어도 해결을 못한다. 한다는 게 고작 돈으로 해결하거나 남에게 기대어 보려고 한다.

13. 마음을 증득하지 못하면 자기 안에서 스스로 밝혀져 나오는 빛이 없기 때문에 항상 남의 지식, 남의 생각들만을 자기 머리에 넣어 놓고 있게 된다. 이러한 사람은 진정한 대장부, 대자유인으로서 자유스러운 자기 삶을 사는 게 아니라 부자유한 남의 삶을 사는 것이요, 그래서 속고 사는 인생이요 예속된 삶일 뿐이다. 이래서야 세상에 인간으로 태어난 보람이 하나도 없을 뿐 아니라 부처님의 제자라고 감히 말할 수도 없는 것이다. 이것이야말로 혀를 깨물고 죽어도 시원치 않을 일임을 알아야 한다.

14. 내 아비 찾지 못하고 남의 아비만 자꾸 찾으니 사랑을 알 수 없다.

3. 자기 속의 스승

1. 일체의 대상으로 흩어지는 마음을 모아들여서 내면으로 던져라. 수행이란 스스로 공부를 가르치고 스스로 공부하고 스스로 항복하고 스스로 항복받는 것이다.

2. 이 공부는 자기가 가르치고 자기가 배우는 것이다. 자기가 놓고 자기가 받는다. 자기가 항복하고 자기가 항복을 받는다. 이와 같이 마음을 닦는 일은 결국 자기와 자기의 일인 것이다. 밖을 이야기하고 밖으로 끄달리지 말라.

3. 회개하는 것도 자기요, 잘못을 저지르는 것도 자기요, 후회하는 것도, 행을 고치는 것도 자기다. 누가 있어서 고쳐 주고 회개를 받아 주고 하는 게 아니다. 이리 가라, 저리 가라 일러 주는 사람이

있다 해도 길 안내자일 뿐이다. 정말로 나를 깨닫는 길을 가려면 부처님도 없다 하고 들어가야 하는데 그게 무엇이냐 하면 내 마음 근본 주인공에 그대로 상응하는 것이다.

4. 나를 깨닫고 나서 안으로 굴리는 수행자가 있고 안으로 굴려서 나를 깨닫는 수행자가 있다. 이 둘의 공통점은 모두 다 안으로 굴린다는 점에서 찾을 수 있다. 모든 경계를 마음 안으로 관하라.

5. 자기 내면에 일체 제불의 심인이 있다.

4. 내가 곧 화두

1. 내가 있기에 남한테 따귀도 맞고, 내가 있기에 불교를 찾고, 내가 있기에 우주가 있다. 내가 나오지 않았다면 '고'도 없고 '멸'도 없고 '도'도 없고 세상

도 없다. 내가 있기에 모든 게 있다. 일체 만법이 나로부터 벌어지고 나로 인해 생겼다. 내가 이 세상에 나온 그때가 태초이고 내 몸 난 것이 화두이다. 〈그러므로 나를 근본으로 잡아서 놓고 또 놓으면서 나투고 돌아가는 공의 이치를 공부해야 한다.〉

2. 몸 자체가 화두다. 태어난 자체가 화두다. 일 자체가 화두다. 이 공적한 우주의 모습이 화두다. 여기에 다시 화두를 덧붙인다면 어느 때 저 무한으로 깊은 세계를 다 보겠는가.

3. 참 나와 생각, 육신의 삼합이 이뤄져야 어긋남이 없이 온전히 돌아갈 수 있다. 이 삼합이 아니고는 사람 하나 태어날 수 없다. 영원한 생명의 근본이라 할 참 나가 아니었더라면 태어날 수 없고, 업식이 아니었더라면 태어날 수 없고, 부모의 정혈이 아니었더라면 태어날 수 없었을 것이다. 그래서 자신이 나온 소식을 알려면 '나온 자리로 다시 한번

들어갔다가 나오라'고 하는 것이다. 따로 화두를 들 것이 없다고 하는 것이다.

4. 운전수가 없어도 안 되고 차가 없어도 안 되고 기름이 없어도 안 된다. 생명이 없어도 안 되고 분별이 없어도 안 되고 마음내는 게 없어도 안 된다. 그러니 어느 게 높다, 어느 게 더 중요하다 하겠는가. 통틀어 그냥 들고 나는 대로 일심이요 화두인 것이다.

5. 영원한 생명의 근본이 있음으로써 생각을 낼 수 있고, 생각을 낼 수 있음으로써 움직인다. 이보다 더 분명한 증명이 어디 있겠는가. 자신이 곧 화두임에도 화두에 화두를 거듭 든다면 껍데기에 껍데기를 덧씌우는 것과 다름없고 긁어 부스럼 만드는 꼴이 된다.

6. 사람에게 불성이 있다는 것을 안다면 아는 것

을 두고 '이 뭣고?' 하지 말고 뛰어넘어라. 생활이 그대로 진리이고 도이고 여여함이고 심성의 과학이다.

7. 흔히들 나를 찾는다고 한다. 그러나 본래 나로서 살고 있는데 그것을 확인하게 되면 자기가 자기를 깨닫는 것이지 따로 무엇이 있어 찾는다고 하는 게 아니다. 그러므로 찾는다느니 망상을 끊는다느니, 또는 이놈이 무엇인고 하며 거기에 매인다면 몇천 년 전으로 되돌아가는 격이 되기 쉽다. 〈지금 그대로가 삼매이고, 그대로가 참선이고, 그대로 화두인 줄을 알아야 한다.〉

8. 살아가는 생활이 화두이자 참선이기에 누구에게서 화두를 받을 것도 줄 것도 없다. 자신의 존재가 바로 화두인데 따로 화두를 받아 가지고 들었다 놓았다 하다 보면 참 나를 생각해 볼 여지가 없게 된다. 남이 준 화두는 빈 맷돌 돌리는 것이요 헛바

퀴 도는 것이다. 시대가 변천해 가는 대로 아는 것도 많아지고 있으므로 따로 화두를 들고서는 급변하는 지금 세상에 대처해 나갈 수 없다. 과학적으로 아는 게 너무 많아진 현대인에게 과거와 같은 화두참선은 오히려 마음공부 하는 데 큰 걸림돌이 된다.

9. 천칠백 공안 중에 한두 가지 알았다고 대답을 해 보았자 별 게 아니다. 다른 것 볼 것 없이 이 육신 뭉쳐진 것을 보아라. 공부하려면 그것부터 알고 들어가야 한다.

10. 석가세존 당시에 화두 주는 것 보았는가? 그대로 사방이 툭 터져 내가 들어가는 데로 들어가고 나오는 데로 나오는 것이지 왜 남이 주는 화두를 들고서 들지도 나지도 못하는가.

통 밖으로 벗어나야 통을 굴릴 수 있고, 몸 밖으로 벗어나야 몸을 굴릴 수 있고, 지구 밖으로 벗어나야 지구를 굴릴 수 있다. '이 뭣고?' 하면서 언제

자기를 생각해 보겠는가.

11. 화두란 본래 모든 걸 거기에 넣어 다 돌리라는 뜻이다. 화해서 나투고 돌아가는 게 실상의 이치이거늘, 그렇기에 돌리라 했는데 돌리기는커녕 화두라는 것을 들고 놓지조차 못하니 맛을 볼 수가 없다. '이 뭣고?'를 주었으되 사량으로 고정관념을 짓지 말고 돌리라고 한 것인데 돌리지는 않고 들고 있으니 안 되는 것이다.

12. 돌과 돌이 부딪쳐야 불이 번쩍 난다. 그런데 돌을 양손에 들고 '이 뭣고?' 하면서 이리 굴리고 저리 굴려서 무엇에 쓰려는가. "번쩍!" 하고 내려놓고 또 "번쩍!" 하고 내려놓으면 되는 것을 '어느 큰스님이 주셨다'는 생각에 내려놓지도 못하고, 놓치지 않으려고 애를 쓰니 벌써 나와 화두가 둘이 되었고 집착이 붙어서 잘못 들어가는 것이 된다.

13. 남이 준 씨와 내 씨를 함께 마음속에 묻어라. 하나로 넣고 돌리면 인과 연이 계합되어 싹이 튼다.

14. 한마음 공부는 마치 공을 쥐어서 벽을 향해 힘차게 던지는 격이라, 화두 작법과 어떤 것이 더 즉발 효과를 낳겠는가. 경전을 토대로 어렵게 설법하는 말을 듣고서, 또는 화두를 들고 앉아서 언제 깨달으려는지 안타깝다. 무위법, 유위법의 설명이 붙지 않는 그 이전을 붙들고 자기가 행하는 것, 생각하는 것, 움직이는 것을 지켜보면서 굴려서 되넣기를 반복할 때 바로 길에 들어설 수 있으니 쉽다고 하는 것이다.

제9장 무애의 발걸음

1. 수행은 쉼이다

1. 수행은 쉼이다. 어서 성불해야지, 빨리 중생고에서 벗어나야지 하는 마음이 뭉게뭉게 일어나면 여유로워야 할 마음이 도리어 반대로 흐르게 된다. 잡으려고 하면 갈수록 멀어지고 푹 쉬면 제 발로 찾아오는 게 수행의 묘법이다.

2. 인간답게, 그냥 뚜벅뚜벅 걸어가는 사람다움의 삶, '모든 것을 오직 주처에서 하는구나!' 하고 믿고 가는 삶, 그것이 자유인의 삶이다. 〈가볍고 힘찬 걸음걸이로 나아가라. 세상은 화택이요 고해라 하지만 부처님이 가르치신 세계는 환희와 충만의

세계이다. 오늘을 밝고 아름답게 살아가라.〉

3. 아무 자취도 남기지 않는 발걸음으로 걸어가라. 닥치는 모든 일에 대해 어느 것 하나 마다하지 않고 긍정하는 대장부가 돼라. 무엇을 구한다, 버린다, 안 버린다 하는 마음이 아니라 오는 인연 막지 않고 가는 인연 붙잡지 않는 대수용의 대장부가 돼라. 일체의 것에 물들거나 집착하지 않는 대장부가 돼라. 가장 평범하면서도 가장 비범한 대장부가 돼라.

대장부 걸음걸이는 한 걸음에 천 리를 뛰는데 졸장부 걸음걸이는 백 리를 뛰어도 한 걸음 뛴 것만 못하느니라.

4. 놓아 버린 자는 살고 붙든 자는 죽는다. 놓으면 자유요 집착하면 노예이다. 왜 노예로 사는가. 태산같이 든든한 믿음으로 푹 쉬게 되면 그 과정 중에 닥쳐오는 모든 어려움이 해결될 것은 해결되고

물러날 것은 물러나게 마련이다. 더러는 쉽게 해결되지 않을 때도 있고 설상가상인 경우도 있을 것이다. 그렇다고 해서 흔들린다면 아직도 부처님의 원리를 모르는 것이다. 그것도 중간 과정일 뿐이라고 확고부동하게 믿고 나아갈 때 그 설상가상으로부터도 훨훨 자유롭게 되는 것이다.

5. 이 세상에 빈손 들고 나와서 나그네 생활로 살다가 다시 빈 몸으로 간다. 그런데 무엇이 중요하냐? 빈 몸으로 왔으니 빈 마음으로 살아라. 집착, 욕심, 증오, 아집, 아상 따위를 다 여의고 빈 그릇이 되어라. 그러면 비었기 때문에 무엇이든, 삼천대천세계의 천하도, 무량수 같은 사생의 공덕도 다 담아 손색이 없을 것이다. 일체 만물만생을 다 담는다 해도 좁지 않을 것이다. 놓고 가면 그릇은 항상 비어 있기에 무엇이든 담을 수 있다.

6. 산은 말없이 산같이 살라 하고, 물은 말없이

물같이 살라 하고, 꽃도 말없이 꽃같이 살라 하고, 모진 땅의 풀뿌리도 우리를 보고 지혜롭게 살라 한다. 일체 만물이 다 자기같이 살라 한다. 〈고로 스승 아닌 게 없다.〉

7. 주인공 자리에 놓는 것을 수행법으로 삼아 자유인이 돼라. 중생이 보고 살아가는 이 유위법의 세계와, 중생에게는 보이지 않는 더 높은 차원의 세계를 한꺼번에 보며 사는 그런 사람이 돼라. 두 세계를 단절시켜 놓고 살기에 자기도 모르는 고를 당하는 것이 중생이라면 자유인이란 그런 고로부터 벗어난 사람이니 높은 차원을 '볼' 수 있을 뿐만 아니라 '할' 수 있는 능력도 그에게는 있다. 그 할 수 있는 능력이란 물론 중생들이 무엇을 한다 할 때의 그것과 달라서 찰나로 부딪쳐 오는 모든 것들과 하나 되어 여여하게 돌아가면서 제도함을 말하는 것이다.

8. 우주의 주인으로 살라. 비굴하고 왜소한 마음

을 놓고 떳떳하고 당당하게 살라. 한마음은 온 우주를 덮고도 남음이 있으며, 자신은 온 우주를 덮고도 남는 그 한마음의 자녀인 것이다. 〈일체를 다 내려놓는다 함은 곧 삼천대천세계를 다 들어올린다는 뜻이다.〉

9. 마음으로 아상을 여의어서 항상 슬기롭고 항상 자비롭고 겸손하면 참으로 복이 충만하고 덕도 충만해진다. 공덕이 수미산처럼 쌓여 간다 함은 그릇이 빈다는 말이다.

10. 자연스럽게 이뤄지는 일이 가장 좋다. 사량으로 계획을 세워 무엇이 되게 하기에 앞서 오직 믿고 맡김으로써 진리의 근본 원천으로부터 샘이 솟아나게 해야 한다. 그것은 누구에게나 가능하다. 누구나 체험할 수 있다. 체험을 하게 되면 당신은 당신 자신의 무한한 능력에 눈을 뜨게 되고 자신에게 저절로 깊은 감사를 느끼게 될 것이다.

11. 텅 빈 마음이기에 삼라만상이 다 내 것이기도 하고 또한 내 것이 아니기도 하다. 그렇기에 아무 일도 인위적으로 하지 아니하나 어느 때는 한생각 일으키면 어떤 일이든 할 수 있는 법이다. 텅 빈 마음이야말로 최대의 자유요 최대의 평화이다.

12. 바다에 그물을 치면 물고기가 걸려든다. 그러나 물은 걸리지 않는다. 물고기 같은 사람이 되지 말고 물과 같은 사람이 되어라.

13. 두 팔을 쫙 벌리면 우주 천하가 다 내 품에 들어와야 한다. 바다를 보면 그 한바다가 내 물 한 모금 마시는 것과 같아야 한다.

14. 마음을 쉬어라. 쉬는 까닭에 모든 일체의 것이 내게로 상응하게 하는 것이지 쫓아다닐 것은 아니다. 일일이 쫓아다니려면 고달프기도 하려니와 다 쫓아다닐 수도 없는 일이다. 말을 탈 때 내가 말

을 타야지 말에 업혀 다니거나 꼬리에 붙어 다닌다면 얼마나 고달프겠는가.

15. 일체를 다 놓고 가다 보면 자동적으로 무심이 된다. 그렇게 되면 모든 것에 무심이니까 오히려 다 뚫리게 된다. 사방이 다 뚫리면 모든 것이 다 들어온다. 비로소 한 덩어리로 쓰려면 한 덩어리로 쓰고 만으로 쓰려면 만으로 쓸 수 있게 된다. 반면에 경계를 붙들고 놓지 않는다면 우선 내가 움직일 수가 없으니 전체를 움직이지도 못한다.

16. 일체를 주인공에 믿고 놓으면 스스로 무전통신이 된다. 전화통을 내려놓아야 벨이 울려서 오는 전화를 받을 수 있듯이 일체를 놓아야 전체와 통신이 된다.

17. 보통 사람들은 내가 한다, 내가 준다, 내가 좋은 일 선한 일을 해야지, 악한 일을 해서는 안 되

지, 내가 잘 보여야지, 남들이 잘못 보면 어쩌나 하는 생각에 사로잡혀 있다. 그러나 도를 배우는 사람이라면 그냥 무심으로 할 뿐이다. '내가.'라는 생각이 없는 것이다. 그러할 때에 무수한 능력이 샘솟기도 한다.

18. 내가 무량 공덕을 지었다고 하더라도 주인공의 것이니 내가 자만할 일이 아니다. 내가 아무리 무거운 죄업을 지었다 하더라도 그것을 참회심과 더불어 주인공에 놓는다면 무로 돌아간다. 그러므로 어떠한 일에도 두려움이나 자만심이 없고 거리낌 없는 자유로움으로 임할 수 있다. 나를 있게 한 그, 나를 움직이게 하는 그, 생각을 하게 하는 그는 나의 모든 것이다. 그에게로 다 되돌려 버리면 두려움도, 자만심도 사라진다.

19. 우리들의 자성은 업과 죄에 물들지 않고 본래 뚜렷이 밝아 있다. 우리는 비록 남루하고 지치

고 부족하다 할지라도 그러한 진리로서의 우리들이다. 불법은 그러한 가르침이기에 감로법이다. 불법의 궁극에서 볼 때에 이 세상은 이미 구원되어 있으며 중생은 벌써 해탈되어 있는 것이다. 그러한 진리 속에서 청정하고 자유스러운 마음으로 살아가는 게 생활 속의 참 수행이다.

20. 불심을 무심통으로 삼을 때 전체 우주가 들린다. 무심 법행을 할 때에 일체 만물만생이 같이 돌아가면서 용도에 따라 닥치는 대로 법이 되어 실천궁행하는 도리가 있다.

2. 방하착

1. 내가 소유하는 것은 아무것도 없다. 일체의 소유에서 벗어나라. 모든 것은 '거짓 나'의 것이 아니라 '참 나'의 것이니 나는 단지 관리인일 뿐이다.

그러므로 소유하되 소유에서 벗어나야 한다. 소유한다는 집착에서 벗어나야 한다.

2. 부처님께서 이르시기를 "너희가 서 말 서 되의 밥을 먹고 있으면서도 어찌 배가 고프다 하느냐? 너희 자신이 다 가지고 있으니 배고프면 밥 먹고 목마르면 물 마시고 자고 싶으면 잠을 자는 게 진리이니라." 하셨다. 그와 같이 무슨 일을 하되 신발 벗어 놓고 올라서듯 착을 두지 말고 해야 도에 맞는다. 〈자기라는 게 공했는데 무엇을 내세울 게 있어서 자기가 했다고 하겠는가.〉

3. 권위 때문에, 값비싼 옷 때문에, 혹은 그 무엇 때문에 부자유스러운 경우를 보자. 누가 주인인가. 나인가, 권위인가, 명예인가, 돈인가. 그 무엇이 나를 위해 존재하지 않고 내가 그 무엇을 위해 있어야 하겠는가. 〈중생은 애착과 탐욕과 노비 문서에 얽매인 노예와 같다.〉

4. 인과를 짓지 않아야 과보를 받지 않는다. 과보를 받지 않아야 윤회에 말리지 않는다. 윤회에 말리지 않아야 생사에서 벗어날 수 있다. 그러므로 집착을 두지 말라. 내가 하느니 안 하느니, 아느니 모르느니, 줬느니 안 줬느니 하고 사연들이 너무도 많은데 머무르지 않는 마음, 마음 두는 데 없이 내는 마음이어야 불도에 들 수 있다.

5. 육신에도 착을 두지 말라. 착을 둔다면 평생을 살다가 내 집을 떠날 때 어떻게 이걸 두고 훌쩍 떠나지겠는가? 그러니 몇 년이고 아픔을 겪게 된다. 마치 콩깍지를 까는데 잘 안 떨어져 애쓰는 것과 같다. 콩이 다 익으면 절로 홀랑 벗겨지듯 착을 두지 않아야 가고 싶을 때 훌쩍 갈 수 있게 된다.

6. 가지면 가질수록 불안해진다. 버리면 버릴수록 더욱 편안해진다. 내 것이다 네 것이다 하고 나누기 때문에 오히려 내 것이 줄어든다. 이 우주에 꽉

찬 모든 것이 내 것 아닌 게 없는데 다만 왜소한 마음에서 내 것 네 것을 가르려 하니 내 것이 줄어들 수밖에 없는 것이다. 그러나 도리를 아는 사람은 소유하려는 좁은 소견에서 벗어나 자유롭게 다 소유하며 산다. 좁은 소견의 사람은 좁은 유리병 안에 갇혀서 밖을 바라보며 내 것 네 것에 애태우게 된다.

7. 버릴 수 있는 데까지 버리고, 쉴 수 있는 데까지 쉬고, 비울 수 있는 한까지 비워라. 가지려는 생각, 쌓아 두려는 욕심에는 한계가 있으니 크게 버려라. 텅 빈 마음엔 한계가 없다. 참 성품은 그처럼 텅 빈 곳에서 스스로 발현되는 것이다.

8. 먹으면 배설해야 하고 또 먹으면 또 배설해야 산다. 먹기만 하고 배설하지 않는다면 살 수가 없다. 이치가 그러하다. 갖는 도리를 좇지 말고 주는 도리를 좇아야 한다. 철저하게 100%를 준다면 100%가 다시 있다. 다시 오는 것도 생각하지 말고

그냥 다 버려라. 버리면 있다. 다 버리면 다 있다. 다 항복받을 수 있다. 다 항복받아 내 도량 아닌 게 없게 될 때 한생각에 모든 것을 제도할 수 있으니 내가 제도되고 중생이 제도되고 국토가 제도된다.

9. 부처님께서는 "모든 것을 다 버려라." 하셨다. 그러나 내 앞에 닥친 의무까지도 버려야 하는 것일까? 버리라는 말씀은 '버리지 않으면서 버려야 하고 버리되 버리지 않아야 한다'는 것이니 '나', '나의 것'이라는 애착은 버리되 인연은 저버리지 않아야 한다. 애착을 버리면 곧 모든 것을 버린 것이다. 그러면서 인연을 거둘 때 그것이 버리되 버리지 않는 보살행인 것이다.

10. 선 도리에서는 하나도 가질 게 없는 반면 하나도 버릴 게 없다. 가질 게 없다는 것을 알면 버릴 게 없다는 것을 알게 된다. 만약 가질 게 있다고 생각했을 때는 하나도 얻을 것이 없다. 누구든 버린 것

만큼 얻게 마련이고 가진 것만큼 빼앗기게 마련이다. 선 도리에서 이것은 철두철명한 법칙이다. 〈머리를 깎았어도 더부룩하게 기르고 다니는 사람이 있는가 하면 머리를 안 깎았어도 말끔히 깎고 다니는 사람이 있다.〉

11. 세상천지가 내 것이기에 내 것 아닌 게 없고, 내 것 아닌 게 없기에 바로 내 것이 없다. 모든 것을 놓고 간다면 내가 가난하고 외롭고 고독하고 속상하고 할 것이 없다. 그대로 잔잔한 물이 돌고 도는 것 같고 화창한 봄날에 만방에 꽃이 핀 것과 같을 것이다.

12. 등짐을 지고 간 사람은 굶는 일이 있을지언정, 먹을 것 입을 것 아무것도 없이 떠난 사람이 자연으로부터 버림받는 일은 결단코 없다. 끌어다가 쌓아 두고 쓰려 하지 않고 그 자리에 그대로 놓아 두고서도 쓰려면 언제든지 쓸 수 있다. 하다못해 날

아다니는 새들도 둥우리를 틀고 다 먹고 살게 되어 있거늘 어찌 사람으로서 먹고 살 걱정을 하겠는가. 이 마음, 자기를 깨달으면 어디를 가든 다 있다.

13. 이쪽 방에 있던 내 물건을 저쪽 방으로 옮겼다고 해도 그 물건은 내 것이다. 그처럼 내 집 안에서는 이 방과 저 방의 구별이 없다. 그와 같이 내 것과 네 것이라는 구별이 없는 사람에게는 소유도 없고 소유를 잃어 버림도 없다. 그런 사람에게 소유한다는 의미란 고작해야 이쪽 방에 있던 물건이 저쪽 방으로 옮겨진 것에 불과하기 때문이다. 모두 내 방이라면 이쪽 방에 있든 저쪽 방에 있든 무슨 상관이 있으랴. 자유인의 마음 씀은 그와 같기 때문에 필요할 때면 언제나 그 필요성에 상응하는 소유가 주어지게 된다. 또한 그렇기 때문에 우주와 더불어 노니는 자유인인 것이다.

3. 분별하지 말라

1. 옛 선사께서 이르시기를 "진리의 길은 어렵지 않으니 버릴 것은 오직 간택하는 마음뿐이다. 좋아하고 싫어하는 마음이 없으면 도는 절로 탁 트여 대낮처럼 환하니라." 하셨다. 이 공부를 하려거든 분별하여 취사선택하는 마음을 떠나야 한다. 일체가 둘이 아닌데 무엇을 분별할 것인가.

2. 옛 말씀에 이르기를 "분별하면 통달하지 못한다." 하였다. 상을 상으로 밝게 보되 물들고 집착하지 않아야 하거늘 상을 상으로 분별하여 집착하면 통할 수 없다는 것이다. 예를 들어 벌레 속에 들어가거나 돼지 속에 들어가도 낮다거나 어리석다는 생각에 걸림이 없어야 하고 부처님과 한자리에 앉았다 하더라도 흔쾌하다는 생각에 걸림이 없어야 한다.

3. 이것은 내가 잘했고 저것은 내가 못했고, 이것은 좋고 저것은 나쁘고 하는 식으로 갈라 놓는다면 하천 세계로 떨어지는 것을 절대로 면치 못한다. 경전이나 몇 권 보고서 무엇을 안다고 분별하는 말이나 일삼는다면 하천 세계로 떨어진다. 〈떨어질 자체가 없다는 것을 알아 한생각 돌리지 못한다면 수많은 부처님, 역대 선지식들이 생을 불사르며 직설하신 그 노고를 한 치도 생각하지 못하는 사람이 되고 말 것이다.〉

4. 차원을 따지지 말라. 낮은 차원이 있기에 높은 차원이 있는 것이니 낮다 높다를 따지면 이 공부를 할 수 없다. 내가 안다 해서 안다는 마음을 내지도 말고 내가 높다 해서 높다고 생각 말고, 누가 낮다 모른다 해서 또 그런 것에 끄달리지 말아야 한다.

5. 세상에 작은 나무가 없다면 큰 나무가 없고, 삐뚤어진 나무가 없다면 곧은 나무가 없으니 이를

일컬어 조화라고 한다. 사람도 그와 같으니 그 모든 것을 보되 텅 빈 마음 안에 던져 놓고 쉬어라. 무엇 때문에 그 시비곡직을 마음에 담아 두고 무거워하는가. 텅 빈 곳에 던져 버리고 가벼운 걸음걸이로 걸어 나가라. 이것이 부처님의 가르침이다.

6. 둘로 보지 않는 마음은 업보를 짓지 않는 마음이다. 차별심이야말로 중생심의 큰 특징이다.

7. 학식이 많고 머리가 좋으면 바깥의 환상만 보고 자꾸 주워 담는 경향이 있다. 이것인가 저것인가 하고 알음알이를 짓기 쉽고 이 길인가 저 길인가 하며 따라다니느라 공부하기가 어렵게 된다. 학식이 높다 해도 먼저 백지를 알아야 한다. 백지를 알지 못하고서는 그 학식을 올바로 쓰지 못할 것이니 백지를 알고 난 뒤에 써도 얼마든지 쓸 수 있다.

8. 지금 이 시점에서 본다면 잘못되고 잘되고가

분명한 것 같지만 과거·현재·미래를 다 종합해 볼 때는 잘못되고 잘되고가 없다.

9. 아는 게 없는 것이 진리요 길이다. 아는 게 있다 하면 벌써 안다는 고정관념이 붙기 때문에 그 역시 끄달림이요 상을 짓는 것이 된다. 앞뒤를 두지 말라. 항상 밝으리라.

낙숫물이 떨어지는데 '퐁당 퐁당'이 맞느냐, '봉당 봉당'이 맞느냐, '찰박 찰박'이 맞느냐?

10. 분별을 끊어야 한다, 망상을 버려야 한다 하면서 끊지 못하고 버리지 못해 애를 쓰는 이들이 많다. 그러나 끊자고 해서 끊어지고 버리자고 해서 버려지는 것이 아니다. 억지로 끊겠다, 버리겠다 하면 더 일어나고 더 달라붙는다. 분별이다 망상이다 하지만 그것은 본래로 공해서 따로 실체가 있는 게 아니다. 그것이 자기가 마음으로 지은 환인 줄 안다면 녹아 버리고 말 것이나 실체가 있는 것처럼 착각하

여 애를 쓰니 그것이 오히려 다시 분별심이 되고 망상이 되는 것이다.

11. 문은 문 안쪽과 문 밖을 나누는 표지이다. 안팎을 여의고 자타의 분별을 쉰 사람에게는 그런 문이 있을 수 없다. 무문이 문이다. 수행법이라는 문은 결국 무문을 알게 하는 데 뜻이 있다.

4. 번뇌를 녹임

1. 이 생각 저 생각이 난다 하여 망상이라고 끊으려 애쓰지 말라. 끊으려고 하는 마음이 망상이지 생각나는 게 망상은 아니다. 만약에 이 생각 저 생각 나지 않는다면 바로 목석이나 송장이지 그게 산 사람이겠는가. 그러므로 망상이라는 관념에서 벗어나야 한다. 벗어나는 길은 '이 생각이 뭣고?' 하기 이전에 그냥 주인공 자리에 놓는 데 있다.

2. 공부하면서 분별이나 망상을 겁내지도 걱정하지도 말라. 분별은 바로 우리가 성장하는 데 필요한 밑거름이라 마음을 진화시키는 촉진제로서 구실 하니 그것이 있음으로써 지혜가 밝아지고 마음이 넓어져 부처를 이룰 수도 있는 줄 알아야 한다.

3. 잡념이 꼬리를 문다 해서 걸리지 말라. 잡념은 바로 성숙의 과정이다. 밖에서 오는 것도 안에서 나는 것도 오관을 통해 들고 낪기에 생기는 것이니 그것도 주인공 자리에서 하는 것이라 그냥 맡겨 놓아라. 이열치열 하듯이 잡념이 있기에 부처가 될 수 있는 것이다.

4. 망상을 억지로 끊으려 한다면 끊어지기는커녕 더욱더 커진다. 끊으려는 생각조차도 망상이기 때문이다. '끊는다' 해도 붙어 돌아가는 것이고 '끊지 않는다' 해도 붙어 돌아가는 것이다.

5. 바다와 파도가 근본에서 둘이 아니듯 보리와 망상도 둘이 아니니 망상이다 아니다를 분별하지 말고 모두 놓아라. '나'도 없고 분별 망상도 없어지게 된다.

6. 번뇌를 '끊어라' 하면 둘로 보는 경향이 있기에 '녹여라' 하는 것이다. 둘로 보는 한은 끝내 끊어지지 않는다. 그것을 싸안아 녹여 버리는 적극성이 필요하다. 사실 끊으라 해서 말 끊고 생각 끊는다면 무엇이 남아서 부처를 이루겠는가. 망상이 없다면 목석과 무엇이 다르고, 번뇌가 없다면 어떻게 부처를 이룰 것인가. 번뇌의 바다에 들어가지 않으면 보물을 얻을 수 없다.

7. 백팔번뇌란 무엇인가. 백은 무이다, 무. 팔은 사무 사유가 한데 합쳐져서 무의 세계 유의 세계가 같이 돌아간다는 뜻이다. 같이 돌아가면서 생각 생각이 꼬리에 꼬리를 물고 돌아가는 것을 번뇌·망상

이라 하는데 그것은 부처를 이룰 수 있고 법신을 이룰 수 있는 수련의 채찍인 것이다. 번뇌니 망상이니 욕망이니 하는 것도 사실은 깨닫고 보면 지혜요 자비요 공덕이 된다.

8. 망상이 있기에 부처를 이룰 수 있다. 망상이 없고 사량이 없으면 무엇이 있어 부처를 이루겠는가. 그래서 끊으라는 게 아니라 놓아라, 돌려라 하는 것이다.

9. 길들여지지 않은 소는 주인을 들이받고 사람을 해치지만 길들여진 소는 주인에게 이익을 준다. 그와 같이 번뇌, 망상, 욕망 따위도 깨닫고 보면 지혜요, 자비요, 공덕이기에 번뇌, 망상 등을 끊는 게 문제가 아니라 길을 들이는 게 문제이다. 풀어 놓아도 도망가지 않고 이익을 주는 소가 되게 해야 한다.

10. 망상도 주인공이 하는 것이니 몽땅 주처에

놓아 버려라. 망상·번뇌를 마음 안으로 굴려 놓을 때 마음의 진화력이 나오게 된다.

11. 연꽃은 진흙 속에서 피고 불법은 번뇌 속에서 핀다.

제10장 참선

1. 평상심

1. 오직 주인공에 의해서만 살아가라. 닥치는 모든 일에 당당하게 척척 응해 나가면서 활달하게 살 수 있는 것은 거짓 나로서가 아니라 주인공으로서 살기 때문이다.

2. 주인공에 놓고 맡기는 삶은 참으로 뚜렷하게, 분명하게, 명쾌하게 사는 삶이다. 주인공은 부처님과 함께하기에 아무런 두려움도 거리낌도 망설임도 없어 모든 일에 거칠 것이 없으며, 사심이 없기에 사태의 실상을 완벽하게 파악한다. 주인공에게 안팎의 경계를 다 맡기고 살라 하니까 그렇다면 목석

이 되라는 것인가 하고 반문하는 사람이 많지만 주인공을 모르는 삶이야말로 오히려 꿈결 같고 바람결 같고 어렴풋하게 사는 것이다.

3. 시종여일하게 자기 본래 모습인 주인공을 관하면서, 아무 여한이 없고 거리낌이 없고 바라는 바도 없이 유유하게 살아가는 그것이 바로 평상심이다. 수행이란 바로 평상심으로 살아가는 것을 말한다. 두려워할 일도, 속상해할 일도, 괴로워할 일도 없이 배고프면 먹고 졸리면 자는, 참으로 일없는 삶의 경지인 것이다.

4. 목표에 도달하기 위해 계획을 세워 도전하는 것은 세간 법일 뿐 마음공부와는 다른 바가 있다. 참된 수행은 수행 그 자체가 목표요 목적이다. 마음을 쉰다는 것은 깨닫기 위한 것도, 완성되기 위한 것도, 백 점짜리가 되기 위한 것도 아니다. 그냥 그러하고 그러해야 하기 때문에 그러할 뿐인 것이다.

그렇게 알아 푹 쉬고 나면 오히려 바라지도 않았건만 완성이, 목표가, 깨달음이 다가오게 된다.

5. 마음이 급해서 잘되는 일은 없다. 마음을 닦는 일일수록 중도가 요구된다. 용맹하면서도 여유롭고 부드러우면서도 금강석처럼 견고한 수행인이 되어라. 서두르지 말고 한결같이 꾸준한 마음으로 믿고 놓으며 여여한 마음가짐으로 보살행을 할 때 그것이 곧 참선이요 올바른 수행인 것이다.

6. 누구나 늠름하게 밝아서 미리 근심 걱정 하지 않아도 살 수 있다. 그러니 남이 장 보러 간다고 덩달아 따라 나서는 사람이 되지 말라. 세상 사람들이 모두 바쁘게 뛰어다니고 여러모로 계획을 세우고 전전긍긍하며 산다고 나까지 그래야 하는 법은 없다. 바쁘고 걱정스러운 것은 제 욕심에 쫓겨서 그런 것 뿐이다. 어차피 주어진 인생, 여러 가지 문제가 매일매일 닥쳐올 것이니 마음 푹 놓고 담담하게 하

루하루 살아가는 게 어떠하겠는가.

7. 나쁘면 어떻고 나쁘지 않으면 어떠랴 하는 마음으로 내 걸음 걷는 것을 다스려 가면서 진실하게 꾸준히 걸어가라. 그러노라면 인연 지어진 주변 사람들이 언젠가는 착해지고 잘못된 생각을 다 떼어 버리게 된다. 다만 더디고 빠를 뿐이다.

8. 없으면 없는 대로, 있으면 있는 대로, 있다 없다를 논하지 말고 닥치는 대로, 오는 것 막지 않고 가는 것 잡지 않으면서 내 분수에 맞게 행동하라. 생활이나 내 행이나 욕심부리지 말고 분수에 맞게 절제해 나가면 어떤 무리한 일이 닥쳐 나를 해친다 할지라도 움쩍하지 않게 된다.

9. 죽음이 다가온다, 곧 종말에 이른다 할지라도 바른 길을 가야 한다. 미래의 자기를 위해 바른 길을 가야 한다. 죽는다 해도 뿌리는 없어지는 것이

아니어서 낙엽 졌을 뿐 봄이 오면 다시 새순이 돋게 된다.

10. 어떤 위대한 것을 보아도 비천한 것을 볼 때와 다름없이 무겁고 평온한 마음, 흔들리지 않은 채 더러운 것과 아름다운 것들을 볼 수 있는 마음이 확고하여야 한다. 그래야 크게 이룬다.

11. 수행자는 오신통도 도가 아니라는 점을 철저히 알지 않으면 안 된다. 그것을 모른다면 더 나아갈 수도 없을 뿐더러 자유는커녕 오히려 부자유에 빠져 버리게 된다. 수행자는 모름지기 신비하고 위대하고 찬란한 것을 항상 조심해야 한다. 그 속에 나의 이기심이 숨어 있고 그것 때문에 나의 어리석음이 덜어지지 않는다.

2. 지금 여기

1. 수행자에게는 내일이 없다. 오직 '지금 여기'가 있을 뿐이다. '내일은 좋아지겠지. 모레면 잘되겠지.' 하고 미루어서는 안 된다. 오늘을, 지금 이 순간을 깨어 있는 정신으로 직시하면서 묵연한 코끼리 걸음으로 걸어가야 한다. '지금 여기'가 바로 삼천대천세계의 근본 자리이며, 바로 오늘이 부처님 오신 날이자 영겁의 시간을 머금고 있는 자리이다. 고로 수행자가 맞이하는 하루하루, 순간순간은 그대로 영원이요 무한이다. 오늘 이 세상에 났으면 오늘 알아야 한다.

2. 수행자는 하루살이로 산다. 하루살이라니까 찰나주의, 향락주의인 줄 알지 말라. 수행자는 그때그때 처한 상황에 최대의 관심을 기울이며 최선을 다할 뿐, 지나간 일이나 다가올 결과에 대해 아무런 여한도 기대도 우려도 없다.

3. 수행자란 오늘을 영원한 오늘로 살아가는 사람, 새롭게 닥쳐오는 오늘을 여유롭게, 기쁘게, 묵연히 사는 사람이다. 그런 사람은 완성되지 않은 상태로 이미 완성되어 있고 도달하지 않은 상태로 이미 도달해 있는 사람이다. 초발심이 곧 정각이라는 참뜻은 거기에 있다. 언제 그 길고 긴 수행이 끝나서 성불하기에 이르겠는가. 그것까지도 다 놓고 쉬었을 때 그는 곧 참된 수행자인 것이다.

4. '지금, 여기'가 그대로 도량이다. 자성이 그대로 사찰이다. 세속을 떨치고 입산해야만 입산이 아니고 몸을 움직여 집을 나가야만 출가가 아니다. 자기 마음의 산, 마음의 도량으로 입산하고 출가하여야 한다. 밖으로 끄달리며 집착하는 마음을 거두어 내면으로 향하는 것이 그대로 귀의이다.

5. 중생의 가정과 일터가 곧 여래의 처소이다. 지금 살고 있는 이 자리가 바로 구정토요 구경계이

다. 자기의 일거수일투족 닿는 곳마다 여래의 처소로 알고 청정케 한다면 참된 수행자라 할 수 있다.

3. 참선

1. 간절하고 지극한 마음, 믿음이 끊어지지 않는 묵연한 수행이 곧 참선이다. 이런 참선이 진짜 참선이라 내가 한다, 내가 앉았다는 생각조차 없고 어묵동정에 구애됨이 없는 활선인 것이다.

2. 앉고 싶으면 앉고 서고 싶으면 서고, 일하고 싶으면 일하고, 뛰면서 생각하고 생각하면서 뛰는 게 그대로 참선이다. 좌선한다 했을 때 그것은 무엇이냐 하면 일체 만법이 주인공 자리로 나고 드는 것을 믿어 일체를 놓아 마음이 흔들리지 않는 것을 말한다. 그러므로 언제 어디서나 좌선은 가능하다. 믿음으로 놓고 맡기는 한 일상생활이 그대로 참선인 것이다.

3. 앉기는 앉되 앉았을 때와 일어섰을 때가 다른가. 좌선이나 입선이나 행선이나 와선이 다르지 않으니 자기 자리가 그대로 부처님 자리인 것을, 앉을 때와 설 때를 구별할 것인가. 부처님 전에 나아갈 때가 있고 또 물러설 때가 있지만 들고 나는 것은 마음이 아니라 몸이다. 우리 마음은 언제 어디서나 선정에 들어 있어야 하며, 또 들어 있는 것이다. 그러기에 몸으로는 입선이 있고 방선이 있어도 실제로는 항상 입선인 것이며, 몸으로는 불전에 들고 남이 있지만 근본 마음에서는 항상 부처님과 함께하고 있는 것이다.

4. 업식으로 인해 인연 따라 내게 나타나는 유전성, 영계성 등의 경계를 공부의 재료로 삼아 주인공에 맡겨 놓고 관찰하고 체험하며 돌아가는 게 참선이다. 하나하나 지켜보며 체험하고 돌아가는 게 진정한 참선이다.

5. 일하는 것도 참선, 먹는 것도 참선, 사랑하는 것도 참선, 모두 참선 아닌 게 없다. 가정을 이루고 살아가는 게 바로 참선이요 종교이다. 흔히들 무릎 꿇고 앉아야 참선이고 절에 간다 하면 목욕해야 하고 백팔 배 해야 하고 비린 것 먹지 말아야 하고 부부간에 잠자리도 달리해야 한다는 둥 일상생활 아닌 그 무엇이어야 하는 줄 안다. 이래서야 어찌 생활 속의 불교라 하겠는가.

6. 마음의 인등을 밝혀라. 날마다 마음의 인등을 켜라. 선이 따로 있는 게 아니다. 우리가 살아나가면서 '나'라는 상을 세우지 않고 모든 것을 주인공에 맡겨 놓고 삼계에 있으면서도 마음이 동요치 않는 것이 바로 참선이다. 참선은 믿음이 근본이다. 자기 주인공, 본성에 대한 믿음이 근본인 것이다.

7. 주인공에게 갈구하며 그 자리에서 알아내기 위해 안으로 굴리는 것을 명상이라 하기도 하고, 조

용한 곳을 택해 가만히 앉아서 명상하는 것을 참선이라 하기도 한다. 그러나 일상생활이 그대로 참선인 것이니 24시간 중에 주인공을 잊는 때가 있다 해도 자기를 움직이게 하는 마음의 원동력이 있음을 알아 문득 떠올리면 그대로 잊은 사이 없이 이어진 것이라 참선인 것이다.

8. 아침에 생각하고 하루 종일 잊고 있다가 저녁에 생각이 났다 하더라도 간격은 없는 것이다. 그대로 한 찰나이니 하루, 이틀, 한 달 두 달, 작년 재작년 하는 시간에 걸리지 말라.

9. 자비의 마음이 끊어지지 않는다면 그것이 참선이다. 다리를 접고 앉아 있어서 참선은 아니다.

10. 숨을 들이쉬고 내쉬는 것이 바로 참선이다. 참선은 잠시라도 숨이 끊어지지 않음에 있다.

11. 수행 방법이야 천차만별로 많이 있을 수 있겠지만 마음으로 하는 방법이 아니라면 몸 떨어지면서 다 떨어지는데 무엇이 있어 끝 간 데 없이 남겠는가. 이 도리를 체득한 뒤라야 요가는 요가대로, 명상은 명상대로, 좌선은 좌선대로 하고 싶으면 하는 것이지 이름 있고 방법 있어 해야 하는 것은 아니다.

12. 달마의 면벽은 움직이지 않으면서 움직인 것이다.

13. 결제 해제란 없는 것이다. 참선의 참된 의미를 안다면 따로 결제가 없고 해제가 없다. 그것은 다만 율법 수행의 질서를 지키기 위한 것일 뿐이다.

14. 계정혜가 따로 있는 게 아니다. 정에 들면 계요, 정에 들면 혜이니 놓고 맡기면 정이라 그대로 계정혜인 것이다.

제11장 깨달음

1. 시키는 자

1. 이 공부를 하다 보면 간혹 마음속에서 엉뚱한 것이 튀어나올 때가 있다. '내가 부처다!' 할 때도 있고 무슨 귀신 단지 같이 비치는 수도 있고, 한 번도 생각해 본 일조차 없는 괴상한 일이나 말이 들려올 때도 있다. 그것은 내가 아직 모르니까 가르치려고 그러는 것이지 괴롭히고자 함이 아니다. 그러나 그것을 둘로 보고 놀라거나 괴로워한다면 넘어서질 못한다. 하나도 체가 없는 것이거늘 둘로 본다면 말이 되겠는가. 절대로 둘로 보아서는 아니 된다. 〈그런 일들은 마치 파도가 쳐서 물방울이 인 것에 불과해서 가라앉으면 그냥 한 물인 것이니 나오는 데다

밀어 놓으면 그뿐이다.〉

2. 처음 배우는 과정에서는 나오는 대로 그냥 따라 해서는 안 된다. 나오는 대로 그냥 말을 내뱉어서도 안 된다. 안으로 굴려서 점검할 줄 알아야 한다. 그것은 싹이 나오는 것이지만 아직은 밖으로 삐져나올 단계가 아니므로 안으로 굴려 먼저 내 마음에서 계합이 되어야 한다.

3. 처음 공부하는 단계에서는 내면의 소리가 볼썽사나운 일을 하라고 하는 경우가 있다. 그러할 때에 몸뚱이를 인형 놀리듯 하지 말고 마음으로 돌려놓을 줄 알아야 한다. 안에서 나오는 대로 행동한다면 정신세계에 끄달려 사는 것이니 마치 그 이전 물질세계에 끄달려 사는 것과 같다. 고로 중도를 잃지 말아야 한다.

4. 시키는 자와 하는 자가 둘이 아니다. 하는 나

말고 시키는 나가 따로 있어 그것이 참 나라고 한다거나 주인공이라고 하여서는 안 된다. 공부하는 중에 어느 때 홀연히 '이렇게 하라, 저렇게 하라' 하는 경우가 있는데 이는 자기가 자기를 시험하는 것이니 스스로 점검하여 돌릴 줄 알아야 한다. 예를 들어 생활 중에 우리가 배고프면 먹고 배부르면 안 먹고 하는데 고파도 '먹지 마라', 불러도 '먹어라' 하는 경우가 있다. 그러나 배불러서 안 먹는다 하는 것도 나요, 배불러도 먹으라 하는 것 역시 나이니 내 현재 마음과 둘 아니게 돌려 여여하게 하나로 딱 맞춰 놓을 줄 알아야 한다. 〈그래야 아비가 자식을 알아보고 자식이 아비를 알아서 아비와 자식이 둘 아니게 된다.〉

5. 기도나 좌선 중에, 또는 꿈속에서 해나 달이 환히 비추었다든지 흰 새가 나타났다든지 하는 것은 다 자기 성품 속에서 나오는 것이다. 앞으로 정진을 거듭하면 밝아질 수 있음을 예고하는 것이니

거기에도 걸리지 말고 계속 나아가야 한다.

6. 또 수행 중에는 별의별 일이 다 있어서 신통이 열리기도 하고 부처나 옛 조사, 혹은 조상, 귀신이 보이거나 심지어는 허공에서 설법하는 소리까지 들리기도 한다. 이때 그 모든 것을 다 다시 놓아야 한다.

7. 닥치는 대로 뚫고 나가라. 닥치는 대로 집어삼키고 나아가라. 작은 것이 오면 작은 대로, 큰 것이 오면 큰 대로, 부처가 오면 부처를, 마가 오면 마를, 물 마시고 그릇 내려놓듯이 닥치는 대로 마셔버려라. 작다 크다, 옳다 그르다, 부처다 마구니다 하는 분별까지도 모두 먹어 치워라. 그것이 바른 길이다.

2. 계단 없는 공부

1. 굳은 신심을 지닌 수행자라면 마음공부에 단계라는 것은 없다.

2. 평등한 진리이기 때문에 계단이 없다. 그러나 계단이 없는 반면에 또 계단은 엄연히 있다. 그것을 게으르지 않게 밟고 가야 한다.

3. 비유하자면 나를 발견한 단계는 '물이 얕다' 할 수 있고, 둘 아닌 도리를 안 단계는 '물이 좀 깊다' 할 수 있고, 나툼까지 통한 단계는 '깊은 물에 용이 뛰논다' 할 수 있다. 얕은 물에는 아직 송사리밖에는 뛰놀 수가 없다.

4. 너와 내가 있는 데서 너와 내가 없는 데로 들어가 무심도를 깨쳐 다시금 너와 내가 있는 데로 다

시 나오는 것이 이 공부이다.

5. '남들은 보인다는데, 남들은 듣는다는데, 안다는데 나는 이래서 되겠는가.' 하는 생각, 혹은 보이고 들린다 해서 '공부가 되었지.' 하는 달콤한 생각, 그 모두를 놓아야 한다. 보기만 해도 쓸데없고 듣기만 해도 쓸데없다. 내 마음 계발되면 유유히 스스로 먹고 먹게 하고, 영원토록 마음의 빛과 향기를 주고받을 수 있으니 말없는 가운데 맛을 보고 말없는 가운데 도리를 알게 된다.

6. 선을 닦으면 맨 먼저 편안함이 온다. 그러나 편안해졌다고 거기에 머무르면 안 된다. 그 다음부터 참 공부를 시작해야 한다. 그러나 선이라는 것은 '빨리 해야지', '급하다' 해서 되는 것이 아니다. 내가 한다는 생각조차 할 줄 모르는 중에 하는 것이다.

7. 이 도리를 조금 알았다 해도 계속해서 적응해

보고 탐구해 보게 되는데 그러다 보면 자기 자신도 없다는 결론에 이르게 된다. 진짜 부처라면 고정되어 있지 않은 게 부처이다. 그런데 어떻게 '내가 안다' 하고 '내가 부처다', '이만하면 되었다'라고 할 단계가 있겠는가. 부처란 대자유인이다.

8. 염주를 쥐고 돌린다 해서 염주를 돌리는 게 아니다. 보이지 않고, 쥘 수 없는 염주를 쥐고 굴릴 줄 알아야 진실로 염주를 돌린다 할 수 있다.

9. 오신통만으로는 도가 되지 못한다. '나 아닌 나', 모두의 아픔을 함께하는 나가 되었을 때, 진정으로 '우리 함께'가 되었을 때, 비로소 도라 할 수 있다. 거기엔 이유가 없다.

10. 겉 눈이 아니라 속 눈으로 보라. 그러다 속 눈까지도 사라지는 때가 온다. 그때는 각성 자체로 보게 된다. 각성은 우주 자체이다. 그러므로 그때는

삼라만상이 다 그대로 깨달음이다. 거기엔 지옥도 없고 극락도 없고 삶도 죽음도 없다.

11. 어머니 배 속 문을 열고 자기 육신의 문을 열고 보니 또 지구의 문을 열어야 하고 우주의 문을 열어야 한다. 문 없는 문이 이렇듯 많으니 우주 전체의 나툼을 알아야 한다.

12. 모든 것을 무조건하고 주인공에 놓다 보면 나를 발견하기에 이르니 이는 내가 죽어 나를 보는 것이다. 그러나 여기에서 또다시 크게 죽지 않으면 안 된다. 나를 발견하고 난 다음에는 어떠한 신호가 올 때도 있고 혹은 어떤 것이 보이거나 들릴 때도 있는데 결코 거기에 속아서는 아니 된다. 비록 오신통이 열렸다 해도 그것은 도가 아닌 때문이니 혹은 보이고 혹은 들린다 하여 '내가 보았노라', '내가 들었노라' 한다면 거기에 걸려서 죽은 줄 알았던 내가 되살아나게 된다. 그렇게 되면 더욱 어두워지는 수

가 있다.

13. 손 없는 손, 발 없는 발, 눈 없는 눈, 몸 없는 몸, 길 없는 길이 되어야 비로소 만법에 활보할 수 있게 된다.

3. 깨달음이란

1. 깨닫는다는 것은 중생인 나를 버리고 따로 부처인 나를 찾는다는 뜻이 아니다. 내가 곧 부처이니 버릴 나도 찾을 나도 없다. 다만 미망을 여읨으로써 내가 부처임을, 내가 본래로 나임을 아는 것뿐이다. 그렇게 깨닫고 보면 내가 바로 나 자신이 되기 위해 얼마나 애를 썼던가 하고 웃음을 터뜨리게 될 것이다. 그러나 그것은 허무의 웃음이 아니다. 자유롭고 평화스러운 웃음이다.

2. 생멸의 세계에 있으면서도 생사에 물들지 않는 것, 이 세상 버리고 다른 세상에 가는 게 아니고, 번뇌를 끊어 새로운 깨달음을 여는 게 아니라 번뇌가 곧 깨달음인 줄 아는 것, 지금 번뇌 망상 하고 걱정하는 나 이외에 어떤 절대아가 있는 게 아니라 생각하고 듣고 망상 떨고 하는 이 자체가 한마음인 줄 아는 것, 그것이 깨달음인 것이다.

3. 닥쳐오는 모든 고난과 질병, 이득과 찬사, 모든 영계성·유전성의 일들을 수행의 재료로 삼아 놓고 맡기면서 하나씩 체험을 해 나가다 보면 홀연히 밝아지게 된다. 홀연히 밝아지면 그때는 어느 하나 독불장군이 없고 모든 게 따로따로가 아니니 성씨도 한 성씨요 본도 한 본이요 조상도 한 조상인 줄 알아 느끼고 보고 듣는 대로 그냥 제도가 된다.

4. 일심으로 주인공을 찾는다. 그러나 찾고 보면 주인공도 없고 찾는 그 일심도 없다. 그 공한 곳에

서 오히려 묘용이 나오게 된다.

5. 내가 없기에 내가 바로 선다. 깨친 바가 없기에 깨친 것이다. 만약 '나는 깨치겠다', '나는 깨쳤다, 얻었다' 한다면 깨친 바도 얻은 바도 없다. 그것은 분별로 깨친 것이요, 분별로 얻은 것에 불과하다. 부처님의 위대함도 내세울 게 없는 위대함인데 하물며 너는 너대로 깨달아 위대하고 나는 나대로 각을 얻었으니 위대하다고 하겠는가. 그러기에 항상 "형상을 부처로 보지 말고 너로 보라. 그래야 부처님의 뜻을 알고 세상 법을 안다."라고 하는 것이다.

6. 둘 아니기에 없다고 했다. 삼계가 한마음이요 삼세심이 일심이라, 삼천대천세계가 바로 원심이다. 모든 것을 포용한 원심, 원심력이다. 전체 구정토를 왕래하고 일월성신과 더불어 같이 운행하고 공존할 수 있는 원심. 바로 그러한 위치가 되면 그

냥 '불'이라 해도 좋고 '자유인'이라 해도 좋다.

7. 대뇌의 잠재의식 쪽과 현재 의식 쪽이 계합되는 그런 자리가 깨달음이다. 누진이다.

8. 백지 한 장 사이를 넘어선다면 정말로 대인이 되어 우리의 남북통일도 가져올 것이고 세계를 융화시킬 수도 있을 것이다.

9. 우주 법계의 성주가 부처님 자리인데 그 성주와 두루 뜻이 통하게 된다면 어느 누구도 건드릴 수 없는 자재권을 쥐게 된다. 그러므로 내 씀씀이에 의해서 내 몸이 열도 되고 백도 되고 천도 될 수 있다. 또 하나도 없으려면 하나도 없고, 하나가 되려면 하나가 된다. 모습이란 형상일 뿐 실재가 아니므로 무엇이든 더불어 구를 수 있다.

10. 자기를 알게 되면 심안으로 전체를 보게도

되고, 듣게도 된다. 그래서 가섭 존자가 어디서 온 줄도 알게 되고 가섭 존자의 속을 파 볼 수도 있게 된다.

진정으로 자기를 안다면 본래로 일체가 다 한마음으로 통해 있음을 알게 되고 가고 옴이 따로 없음을 알게 된다. 그래서 아난 존자처럼 가고 옴이 없이 열쇠 구멍으로 들락날락할 수 있다.

11. 모든 것을 역력하게 눈 밝게 보고 귀 밝게 듣고 그러면서 순간에 뛰어넘을 수 있는 그런 능력을 가지고 있어야 한다. 그래야만 얽히고설킨 악조건들을 풀어 나갈 수 있으며 밀치고 뛰어넘을 수 있으며 유유히, 여여하게 생활할 수 있으며 아주 당당히, 도도하게, 물 흐르듯이 살 수 있는 것이다.

12. 생활의 모든 것을 앞뒤, 둘 아니게 전부 납득하게 되면 이것이 즐겁고 좋아서가 아니라 너무도 엄청나서 그냥 옷자락 하나 걸치지 않고 다 내버리

는 그런 이치가 생긴다.

13. 마음을 깨닫는다면 만법의 원리가 내 심원 안에 들어 있기에 모든 게 문 아닌 게 없고 시(詩) 아닌 게 없고 법 아닌 게 없고 보배 아닌 게 없다.

14. 나를 발견하게 되면 자기 마음에서 벌써 남의 마음을 알게 된다. 사람뿐만 아니라 초목하고도 입 한 번 떼지 않고 대화로 통할 수 있게 된다. 그렇게 또 가다 보면 수없이 쫓고 쫓기며 진화해 온 도리를 알게 된다. 그리되면 풀·벌레들의 살림살이 돌아가는 게 전부 우리 생활과 같다는 것이 알아지고 과거·현재·미래가 둘이 아닌 도리를 알게 된다.

15. 자기 소리를 진짜로 들을 수 있다면 남의 소리를 들을 수 있고, 부처님의 마음을 헤아릴 수 있다면 유생 무생의 마음을 다 헤아릴 수 있다. 그러므로 전체가 내 벗, 아니 나 아닌 게 하나도 없다 하

는 것이니 날아다니는 새나 산천초목이 그대로 나인 것이다.

16. 시자와 주인이 둘 아니게 될 때 친구도 될 수 있고, 부인도 될 수 있고, 할아버지도 아버지도 될 수 있고, 조상도 부처도 될 수 있다.

17. 내 실상을 알면 남의 실상이 둘이 아니고 유생 무생이 다 같이 공하여 돌아가는 이치를 알게 되는 것이니 어찌 아픈 데만 나투고 고독한 데는 나투지 않겠는가. 어찌 부모 자식 간에만 나투고 다른 모든 것에는 나투지 않겠는가.

18. 이 도리를 알면 인과에 끄달리지 않고 윤회에 끄달리지 않아 가벼우니 자유롭고, 안팎의 경계에 구애받지 않으니 자유롭고, '나'로 고정되지 않으니 자유롭다. 어느 때는 의사가 되고 간호사도 되고, 어느 때는 판검사, 변호사로도 되고, 어느 때는

대통령도 되었다가 농부도 되었다 하고, 어느 때는 술 따르는 여인도 되는 등 변하지 않으면서 그렇게 할 수도 있다. 수만 가지로, 무궁무진으로 화해서 만법을 굴리고 응용해도 걸릴 게 없고 탓할 게 없고 누가 추궁할 일도 없으니 자유인이라 하는 것이다.

19. 한 가지 수학이 풀어지니 만 가지 수학이 풀리고, 그래서 부처님의 자비 광명은 온 누리에 가득하다고 한다.

4. 죽어야 보리라

1. 이 공부는 죽는 공부다. 중생인 내가 죽어 사라져야 부처가 산다. 중생에게 죽음이란 두려움, 허망함이겠으나 거짓 자기가 죽어야 참 자기가 산다. 죽음은 곧 삶이다. 당혹할 것도 아까울 것도 망설일 것도 없다. 〈우리의 근본은 부처라서 결코 죽어도

죽어지지 않는다. 아무리 수십 번을 죽는다 해도 결코 죽어질 수 없는 것이 나의 근본이다.〉

2. 나온 구멍으로 다시 들어가는 게 이 공부다. 죽는 공부다.

3. 세 번 죽어야 도를 이룬다. 첫 번째로 내가 죽어야 한다는 뜻은 '나를 버려서 나를 얻는' 소식이다. 두 번째로 또 내가 죽어야 한다는 뜻은 '나와 더불어 일체를 버려서 일체를 얻는' 소식이라, 이 소식은 너무 광대무변하기에 말로 다 할 수 없다. 그리고 세 번째로 다시 또 내가 죽어야 한다는 뜻은 '나와 더불어 일체를 버려서 일체로 나투는' 소식이다. 역시 말로 할 수 없으니 옛날 선지식들이 다만 법상을 침으로써 소식을 전하고자 했던 것이다.

4. 세 번 아닌 세 번을 죽어야 나를 통달하여 도에 이른다. 한 번 죽어 나를 발견하고 두 번 죽어 둘

아님을 알고 세 번 죽어 둘이 아니게 나툼을 안다.

계단 없는 계단을 세 계단 넘어야 한다. 먼저 모든 경계를 마음의 근본 자리로 돌려놓고, 그게 되면 자심을 무심으로 돌려놓고, 그럼으로써 무심조차 녹아져 공에 이르는 것이다. 그러나 차원은 달라도 길은 하나이니 마음 안으로 향하는 것, 둘로 보지 않고 일체를 나로 보는 것, 그리고 그것까지 놓아 나가는 것이다.

5. 열 번 죽으면 어떠한가. 몸으로 죽으라는 게 아니라 마음으로 죽으라는 것이니 죽으면 오히려 산다. 육신이 건강해지고 사는 도리가 절로 열린다. 〈그러기에 타력에 의지하지 말고 내 마음의 도리를 배우라는 것이다. 그래야 공덕이 있다.〉

6. 이 공부는 희생의 공부가 아니라 완성의 공부이다. "죽어야 너를 보리라." 할 때의 죽는 작업은 희생의 작업이 아니라 완성을 향한 발걸음이다.

7. 마음속의 마음내기 이전의 마음, 즉 참마음을 깨달아야 참 공부로 들어가는 것이다. 고로 먼저 내 마음속에 갇혀 있는 내 마음을 벗어나게 하라. 그러기 위해서는 내 마음을 가둬 놓고 있는 그 마음을 놓아야 한다. 자신으로부터 벗어나 자신으로 돌아가라.

8. 생각나기 이전을 믿고 가다가 그것을 깨치면 그때를 이름하여 견성이라 한다. 견성한 후에 나와 전체가 같이 돌아간다는 대공의 이치를 알아 행할 수 있다면 그때를 성불이라고 한다. 거기서 다시 계단 없는 계단을 올라가 나를 세울 게 없는 줄 확철히 알아 그대로 나툼으로 돌아가면 그때를 열반이라 한다. 불교의 가르침은 살아서 구경에 이름을 제시하고 있다. 살아서 부활하라는 것이다.

5. 참 나와의 상봉

1. 이 공부는 세 단계로 나누어 생각할 수 있다. 첫 번째 단계는 '중생으로서의 나'를 되돌려 주인공 자리에 놓음으로써 '참 나'를 알게 되는 데까지이다. 이때 수행자는 한 번 죽는 것이고 동시에 새로이 태어나는 것이다.

첫 단계에서 모름지기 수행자는 마음의 중심을 주인공에 두고 밖으로 확산되는 사량심을 거두어들여 일체 경계를 주인공에 맡겨야 한다. 주인공이야말로 나의 시작이요 끝이요, 그야말로 영원하고 무한함을 알아 주인공에 모든 것을 귀일시켜야 한다. 고로 이 단계에서는 신심이 가장 중요하다. 지극하고 간절해야 한다. 또 경계에 끄달리는 마음을 순간순간 놓아 버리는 것인바 용기가 필요하다. 나를 죽이는 것이기 때문이다.

이 단계는 사량심이 짓는 '거짓 나'라는 환상을

깨뜨리는 공부이다. 그것이 여일하게 된다면 일컬어 참선이다. 거짓 나를 내던지는 공부가 깊어져서 지극하고 순수하게 된다면 삼매 중에 참 성품이 저절로 발현된다. 마치 잉태되었던 아기가 태어나는 것과 같다. 이때 '중생으로서의 나'의 입장에서 보자면 일체 경계를 다 맡기고 집착을 버린 것이니 그것이 곧 죽음이지만, 주인공의 입장에서 보면 죽음이기는커녕 탄생이 된다. 그리하여 참 성품이 발현된다면 형언할 수 없는 법열을 느끼게 된다. 그러나 그것이 끝은 아니다. 이제부터 주인의 입장에서 세상을 살아가야 한다. 비로소 진정한 공부가 시작되는 것이다.

2. 참 나가 드러날 때 "나 여기 있다." 하고 드러나는 게 아니다. 자기 마음으로 스스로 느끼고 알고 대답하고 대답을 듣는 것이다. 참 나가 마음속으로 말을 하고 말을 듣는 그때에 비로소 나와 참 나가 서로 상봉하게 된다. 그러면 참 나가 나를 지도하기

시작한다. 그렇게 해서 참 나를 따르다 보면 나와 참 나가 하나로 계합이 되고 그로부터는 내가 곧 참 나가 되어 스승·제자의 차이가 없어진다. 참 나가 비서도 되고 의사도 되고 신장도 되고 무엇이든 다 하게 되니 이름하여 천백억 화신인 것이다.

3. 주인공을 믿고 몰락 놓고 들어간다면 어느 때 눈물이 비오듯 한다. 그 눈물 흘러 바다로 스며들 때 눈물이 눈물이 아니라 피요, 에너지요, 생명수요, 밝음이다. 체가 없는 마음의 밝음이요 같이 융합된 밝음이라 만 강에 점을 찍어도 손색이 없다.

4. 그릇이 비워지면 자기의 싹이 보이고 봄이 오고 얼음이 녹아 물이 흐르듯 발로된다.

5. 내가 나를 발견했다 해서 깨달은 것은 절대 아니다. 내가 깨달았다는 망상을 짓지 말라. 나를 발견했다면 그것은 이제 겨우 싹이 터서 한들한들 고

개를 쳐들고 나오는 격이다. 그 싹이 다 자라서 세상 만물과 둘 아니게 이심전심 조화를 이루며 돌아가게 되었다 해도 깨달았다는 말은 못한다. 열매 맺어 온 누리를 두루 먹이면서 씨가 세세생생에 끝 간 데 없이 먹일 수 있게 되어야 구경에 이르렀다고 한다. 열매 익어 온 누리가 주고받으면서도 영원히 없어지지 않아야 삼세를 통달한 자유인이라 할 수 있다.

6. 견성했다 해도 견성했다는 말을 하지 말고 안으로 굴려 지혜를 넓히고, 그럼으로써 내 마음이 온 누리 어느 곳이든 닿지 않는 데가 없이 될 때까지 닦아야 한다. 그렇게 됐을 때 일체 만물, 동식물은 물론 무정물하고도 대화를 할 수 있는 것이니, 물고기나 풀 한 포기와도 너와 내가 없는, 네 목소리 내 목소리 한 목소리를 낼 수 있다. 그래서 천수천안이요, 관자재라 하는 것이다.

7. 한 소식 얻었다 하나 막 새싹이 돋고, 아기가

갓 태어난 것과 같다. 소식 얻었다 할 것도 없지만 얻었다고 결론지어 꽂아 놓지 말라.

8. 아이를 낳기 전에는 낳기 전이라서 몰랐지만 낳고 나서는 낳았기 때문에 어렵다. 낳아만 놓으면 자식이 아니라 올바르게 키워야 하는 것처럼 깨닫고 나서 또 어렵다. 잡을 것이 있을 때는 잡을 게 있어서 좀 나은 편이었는데 잡을 것조차 없을 때는 잡을 게 없으니 또 어렵다.

9. 어린애 낳아 놓았으면 길러야 한다. 공부시키고 길러야 한다. 한 소식 얻었다고 거기 머물면서 경전하고 합쳐 그냥 통했노라고 하다 보면 곧 한계에 직면한다. 그리되면 경전이 없이는 말이 나오질 않는다. 설사 설법을 한다 해도 법이 되질 않고 한 데로 떨어지게 된다. 그러니 제게는 무슨 이익이 있겠으며, 말없는 가운데 충전을 시킬 수도 없으니 사람들에겐 무슨 이익이 있겠는가.

10. 자기를 알고 나서부터 참 공부가 시작된다. 처음에는 주인공을 잡고 나가다가 자기를 찾고 나면 그때부터 만행이 시작된다. 일체 만생과 더불어 함께 구르고 생활하는 육도 만행이 시작된다. 이 과정은 마치 어린아이에게 누가 장난감을 갖다 주면 그것을 뜯어 보고 맞추고 하다가 다 알고 나니 시시하여 손을 떼는 것에 비유할 수 있다.

처음 견성하기 전에는 오직 한 주처에 모으는 공부를 해야 한다. 주처란 본래 공하여 지팡이다, 주머니다, 주인공이다 이름하지만 한군데로 몰고 들어가 마침내 그 하나까지 놓게 될 때라야 비로소 견성이 되는데 견성하고 나서도 보이는 중생, 보이지 않는 중생, 보이는 국토, 보이지 않는 국토를 다 보고 행하고 시공이 없는 자리에서 일체와 더불어 화하여 나투는 공부를 하여야 한다.

11. 태어나기는 했는데 어른이 되기까지 배우고 성장하는 과정이 어렵듯이 마음공부도 그러하다.

그래서 "견성하기 어려워라 하였더니 더불어 같이 인간 되기 어렵더라. 인간 되기 어렵다 하였더니 더불어 같이 열반하기 어렵더라." 하는 애기가 있다.

12. 몰락 한꺼번에 깨치기는 매우 어렵다. 왜냐? 갖가지로 살아오면서 쥚어지게 된 습이 너무도 많아 한꺼번에 뗄 수 없기 때문이다. 그러므로 한꺼번에 놓는다는 생각도 말고 닥쳐오는 대로 그냥 놓음으로써 체험하고 보임할 줄 알아야 한다. 주인공에 맡겼다 하면 벌써 업이 녹고 습이 떨어져, 놓고 또 놓는 중에 성장하게 되는 것이다. 그러하기에 홀연히 깨쳤다 해도 깨쳤다고 일 만들지 말고 경계와 더불어 둘 아님이 없이 또 죽을 줄 알아야 한다고 하는 것이다.

13. 어쩌다가 문을 열고 들어오기는 했는데 다시 나갈 줄 모른다면 그게 무슨 소용이겠는가. 들어올 줄 알았으면 나갈 줄도 알아야 여여한 것이지 들

어오거나 나갈 줄밖에 모른다면 아무것도 아니다. “들어오는 게 도입니까?” 해도 아니고, “나가는 게 도입니까?” 해도 아니다. 마음대로 들고 날 줄 알아야 그냥 법인 것이다.

14. 사람이 알아도 설익으면 나무 꼭대기에서 아래로 내려오질 못한다. 과일나무에서 과일이 무르익으면 사람들이 따 내리거나 아래로 떨어지게 마련이며, 그런 다음엔 여러 사람의 입으로 들어가 돌고 돌게 된다. 설익은 과일은 누가 따지도 않고 절로 떨어지지도 않는다.

15. 보기만 하고 듣지 못한다면 텔레비전 화면은 나오는데 말이 안 들리는 것과 같고, 듣기만 하고 보지 못한다면 소리만 들리고 화면은 나오지 않는 것과 같으니 무슨 재미가 있겠는가. 보고 듣는다 하더라도 마음을 모른다면 한마음이 될 수 없다. 상대가 돼지라면 돼지의 마음 그릇하고 똑같이 되어야 한마

음이 되고, 물이라면 물 같은 마음을 가져야 한마음이 된다. 태양, 혹성, 식물, 무정물 할 것 없이 일체가 다 그러하니 '심즉시불'이라 한 것이다. 꺼내도 줄지 않고 넣어도 두드러지지 않는다 한 것이다.

16. 나를 알았다 해도 거기에 속지 않고 맡겨 놓으면 보임하는 것이고, 보임을 잘해 사방이 툭 터지면 증득하는 것이다. 마음자리를 발견해서 맛을 알게 되면 자꾸 이것저것 맛을 들이게 된다. 그럴 때 다시 이것도 맡기고 저것도 맡겨야 한다.

17. 깨치고 나서도 둘 아닌 도리를 터득하기 위해 모든 것을 또 몰아서 실험하고 체험해야 한다. 그런데 그렇게 보임하기가 더 어렵다. 깨달아서는 그 생각마저 놓아서 보임해야 하고 또 우주와 더불어 같이 보임해야 하니 어렵다.

18. 주인공은 '큰 하나'이다. 모든 생명들이 다

그것을 근거로 하고 있다. 그렇다면 진정으로 주인공을 사무치게 안 수행자가 자기 혼자만의 기쁨과 편안함에 머물 수 있을까? 그리되면 또한 '나'가 있는 것이니 이는 아직도 삼라대천세계의 모든 생명과 일체가 되지 못했다는 말이 된다. 고로 참 나를 알고 나서 수행자는 모름지기 크게 또 한 번 죽어야 한다. 첫 단계에서 작게 죽은 것이라면 이제 비로소 크게 죽어야 한다. 전체 생명과 함께 죽어야 한다.

19. 무엇보다도 자기한테 자기가 인가를 받아야 한다. 자기를 몰락 죽이고 인가를 받아야 모든 사람으로부터 인가를 받게 되고, 나아가 더불어 죽어서 또 인가를 받아 내는 것이다. 소궁에서 인가를 받아야 대궁에서 인가를 받을 수 있고, 대궁에서 인가를 받아야 나와 대상이 일체가 되는 것이다. 그래야 사 차원, 오 차원……, 차원을 넘어 묘용을 할 수 있는 대인, 대자유인이 된다.

20. 일 불을 알아야 만 불을 알고 만 불을 알아야 나 아닌 게 하나도 없고 내 아픔 아닌 게 없다는 소리가 나올 수 있고, 주먹 하나 내밀 수 있는 것이다. 그렇지 못하면 낭설이요 허깨비가 된다.

21. 처음에는 한 팔이 없고 한 다리가 없고 한 눈이 없고 한 귀가 없어 지팡이에 의지해야 하지만 모든 것을 일임해서 다 놓게 되었을 때 쥐었던 지팡이 마저 놓게 되니 깨침이라, 대의정이 솟고 나 아님이 없음을 알게 된다. 그럼으로써 내 소공의 샘물만 물인 줄 알았던 게 사방에서 물이 나오니 어떤 샘물을 내 샘물이라고 할 수 없는 데까지 도달하게 된다.

22. 나 자신을 발견하고서는 그 다음으로 몸속의 중생들을 둘로 보지 않고, 부처와 나를 둘로 보지 않고, 일체 중생과 나를 둘로 보지 않는 것을 터득해야 한다.

23. 나를 발견하여 참 나와 계합되었다 해도 그렇게 참 나를 안 입장에서 다시 닦아 나가야 한다. 이때가 상당히 어려운 시기이다. 참 나를 알고 경계에 걸림이 없으니 고를 넘어서 아주 편안한 상태에 이르지만 그래서 '이뿐인가 보다' 하고 거기에 머물기가 쉽다. 무엇보다도 그 상태가 아주 기쁘고 반가우니까 고통 속에서 헤매고 있는 사람들은 꿈도 꾸지 못할 달디단 생명의 샘물을 마시며 사는 격이라, 스스로 대견할 뿐 아니라 더 높은 차원이 있다는 생각을 하기 어렵게 된다. 더 높은 차원은 아직 보지도 듣지도 못했으므로 생각도 해 볼 수 없지만 아래를 보면 많은 사람들이 보이니 거기서 자기가 제일인 줄 알고 우쭐하기가 쉽다. 위쪽은 어둡고 아래쪽만 환하여 이때 수행을 그르칠 가능성이 많다.

6. 열반의 자리

1. 두 번째 죽음의 단계에서 수행자는 신묘한 능력을 지니게 되나 그것까지도 놓아 버려야 할 경계 중의 하나이니 오신통이 오면 오는 대로 자기 근본에 놓고 가게 된다. 이미 무엇이 다가오든 무심으로 놓아 버렸으므로 흔히 말하는 영통자와는 다르다. 수행의 결과로서가 아니더라도 소위 신통력을 지니는 경우가 있으나 영통자들은 둘 아닌 도리를 모를 뿐 아니라 근본에 놓아 버리는 데도 익숙지 않으므로 '이거야말로 보물을 지니게 되었구나.' 하게 된다. 결국 점쟁이나 미치광이가 되고 말 뿐이다.

2. 천 리 밖에 있는 찻잔을 보았다 해도 그게 무슨 대단한 일인가. 내 앞에 놓인 찻잔을 들어 한 모금 마시는 것만 못하다. 천 리 밖의 소리를 듣는다 해서 무슨 소용인가. 듣고도 해결 못할 소리를 들으

면 무엇하겠는가. 가고 온다 하더라도 가고 올 줄만 안다면 일없이 오고 가는 게 무슨 소용이겠는가. 그러하기에 나 아님이 없이 나툴 줄 알아야 하는 것이니 확철대오를 이름이다.

3. 모든 것이 결국 내 마음인 줄 알아 신통력까지도 자심으로 돌려놓으면 무심이 된다. 마음이 없는 무심이 아니라 있기는 있으되 스스로 고요하니 무심인 것이다. 이 무심의 경지가 깊어지면 이미 내가 있느니 없느니 하는 문제가 붙질 않는다. 그때의 나는 중생들이 생각하는 것과는 아주 다른 나이므로 차라리 없고, 그러면서도 생활하고 있으니 있는 그런 상태가 된다. 말하자면 무심하다는 그것마저도 없는 텅 빈 상태, 아무것도 없어서 텅 빈 게 아니라 스스로 자재로워 텅 빈 상태인 것이다. 그야말로 무심까지 녹은 공이라 그대로 누진통인 것이다.

4. 두 번 죽고도 다시 또 죽어야 한다. 그리고 비

밀을 지켜야 한다. 여기에 이르면 너와 나는 분명히 있으면서도 너와 내가 없이 네가 내가 될 수 있고, 내가 네가 될 수 있는 그러한 막강한 나툼의 도리를 알게 되는 것이다. 그렇게 될 수 있는 것은 본래로 마음은 체가 없어서 수천수만의 모습으로 나올 수 있기 때문이다. 그래서 천백억 화신이라고 하는 것이다.

5. 크게 죽고 난 뒤에야 나툼의 경지가 열리는데 그야말로 묘용인 것이다. 부처님께서 오백 개의 일산을 모아서 한 개로 만드셨다는 경전의 이야기는 전설이 아니라 사실이다. 그 우산에 삼천대천세계가 두루 비쳤다는 것도 사실이다. 그때에는 고요히 앉으면 부처요, 일단 생각을 일으키면 보살이 되어 중생을 보살피고 삼계를 어루만지니 그런 경지는 감히 이야기할 바가 못 된다.

불법이란 귀로 일체 중생의 원을 세세하게 듣고 손 없는 손으로 일체 중생을 알뜰하게 제도하는 묘법이다. 홀홀히 자기 한 몸이나 생사 해탈 하는 것이 불법의 궁극은 아니다. 그리고 물질계에 대해서도 항상 자재할 수 있는 게 불법의 힘이다. 중생이 보기에는 물질계의 원리가 분명하다고 하지만 그 또한 부처님의 손바닥 안에 있다. 부처님께서 응하시지 않는 일이 현상계에 일어날 수 없으니 그 크나큰 뜻은 헤아리기가 지극히 어렵다.

6. 크나큰 죽음의 끝에서 마침내 온 우주가 한마음임을 증험하게 된다. 그때에 비로소 높고 낮음도 없고 닿지 않는 데가 없으며 이루지 못할 일이 없는 대용이 발현한다. 일체와 더불어 크게 죽은 뒤에야 일체와 더불어 희비애락을 함께 나누는 묘법이 발현케 된다.

7. 아무것에도 걸림이 없는, 나투고 응해 주고 불바퀴를 굴릴 수 있는 절대적인 자유, 한생각에 삼천대천세계를 녹일 수도 있고 한생각에 삼천대천세

계의 업을 짊어질 수 있어야 이름하여 열반이라 한다. 그러나 그 열반의 경지에 이르렀다는 생각조차 놓아 버렸을 때가 무여 열반이니, 무여 열반에 이르러야 유여 열반으로 돌아올 줄도 아는 것이다. 뼈도 없고 살도 없고 아무것도 없는 자리, 그 자리를 증득해야 한다.

8. 열반이라 함은 이 몸이 늙고 젊고 간에 이 몸을 지닌 채로 자재권을 가지고 생각 있는 중생, 생각 없는 중생을 다 포함해서 둘 아니게 나툴 때, 그 어떤 것으로 나툰 것을 꼬집어 나라고 세울 수 없으니 그것이 열반이다. 말하자면 살아서 열반하는 것이지 죽어서 열반하는 게 아니다. 육신을 살려 놓은 채 이승 저승을 회전할 수 있어야 열반 경지라 이름할 수 있다. 〈육신 떨어지면 말 떨어지고 입 떨어지는데 살아서 못한 것을 어떻게 죽어서 하겠는가.〉

9. 예수님은 아버지 하나로 몰아 세웠고 부처님

은 그 아버지 하나마저도 놓아 버렸다. 그 점이 다르다. 예수는 하나로 돌렸기에 예를 들어 죽을 때도 '아버지의 뜻'이라고 했다면 부처님은 열반에 임해서 '산 사이가 없으니 죽을 것도 없다.' 한 것이다. 부처님은 부처라는 의식까지 놓아 버렸으므로 예수님은 '한 것'이 있지만 부처님은 한 것이 없다. 일체가 두루 자기이기 때문에 했다, 안 했다 하는 말이 붙질 않기 때문이다. 배꼽까지 둘러 빠져야 만(卍)자가 된다.

10. 자루 없는 도끼로 뿌리 없는 기둥을 다듬어 하늘을 받칠 수 있어야 한다.

7. 중도

1. 깨달은 세계, 깨닫지 않은 세계가 둘이 아니게 평등하고, 또 그 두 세계를 원융하게 같이 굴릴

수 있을 때 그것이 중도이다.

2. 중도란 결국 주인공 자리이다. 주인공 자리에서 무엇을 알아도, 알고 응용해도 응용할 때 중도라 하는 것이다. 무위법, 유위법이 그대로 자동적으로 회전이 되어야 할 것이다.

3. 허무하다고 생각할 것도 없고 허무하지 않다고 볼 것도 없다. 양단을 다 놓아 버려라. 긍정으로만 들어갈 일도 아니고 부정으로만 들어갈 필요도 없다. 관념 속의 긍정·부정을 다 포섭하라. 양면을 같이 해라. 왼발도 아니고 바른발도 아니다. 두 발 그대로이다. 부처님께서 옆구리로 나왔다는 것은 중도를 말한다.

4. 이것을 가졌다고 저것을 버리거나, 저것을 가졌다고 이것을 버리거나 할 필요는 없다. 이것과 저것을 동시에 가질 수 있어야 한다. 양자택일은 아니

다. 공에 떨어져도 안 되고 색에 떨어져도 안 된다. 유의 50% 무의 50%를 계합해야 한다.

5. 공한 도리만 알고 색을 외면한다거나, 무상이다 무아다 하면서 현실을 무시한다면 그것은 중도가 아니다. 어느 한쪽만 보고 다른 면을 보지 못한다면 깨달음의 씨줄이자 날줄인 중도를 벗어난 것이다.

6. 중도란 위도 아래도 아닌 전체 대공을 말한다. 미물과 축생과 내가 한마음으로서 서로 응할 수 있을 때 중도라 할 수 있다.

7. 깨쳤다 하면 중도이고 깨치지 못했으면 중심이다. 깨쳤다 하면 중용이고 깨치지 못했으면 활용이다.

8. 보살

1. 한 사람이 깨치면 수없는 선지식의 씨가 온 세상에 다 퍼지게 되어 있다. 한 사람 이룩하기 어렵다 해도 한 사람이 깨치면 수없는 생명의 씨가 이 세상은 물론 다른 국토로도 퍼지게 된다.

2. 자기가 곧 부처님의 상속자임을 깊이 믿어 스스로 법열에 젖어든 사람만이 남을 불법에 들게 할 수 있다. 그는 구태여 입을 열지 않는다 해도, 구태여 논리로써 설득하지 않는다 해도 이미 그는 불법의 참된 홍보자인 것이다.

3. 보살은 마음의 법으로 세상을 건진다. 몸이 아픈 자에겐 약사여래가 되고, 고통받는 중생에겐 관세음이 되고, 지옥 중생에겐 지장보살이 되는 등 모든 중생과 더불어 평등하게 나투면서 중생을 마

음으로 제도한다. 보살은 무엇을 해도 중생들로 하여금 자기 자신의 참모습을 보게 하는 일뿐이다. 그것이 단 하나의 기준이라면 기준이다.

4. 보살은 가르침을 받고자 하는 사람만 제도하는 게 아니다. 보이지 않는 중생들도 제도하면서 하늘이나 땅이나, 허공이나 바람이나 유생·무생을 막론하고 같이 돌아갈 수 있는 여건이 되어 있어야 한다. 그것이 이름하여 마패요, 열쇠요, 해인이라 할 수 있다. 각이라고도 할 수 있다.

5. 중생이 앓고 있으면 보살도 앓는다. 중생의 병이 나으면 보살의 병도 낫는다. 보살의 마음은 대자대비한 마음이기 때문이다. 유마힐 거사가 일체 중생의 병이 나아야 내 병도 나을 것이라고 한 것이 바로 그것이다.

6. 어쩌다가 유마 거사 같은 분에게 고기 한 점의

인연이 되어 걸린다면 그 고기는 그대로 천도가 된다. 그러니 어찌 짐승들이라고 버리고 백정이라고 외면하겠는가. 사생을 송두리째 마셔야 불법이라, 이것 싫고, 저것 싫고, 이것은 빼놓고, 저것은 빼놓고 해서는 송두리째 마실 수 없다. 둘 아니게 가지각색으로 나투면서 행을 하는 것이 보살행이요 부처의 중용인 것이다.

7. 어리석고 욕심이 많아 남에게 해를 끼치는 사람이 있을 때 불보살의 보이지 않는 손이 법의 철퇴를 들어 그를 내리치는 경우가 있다. 그러나 그것은 그에게 화가 아니라 복인 셈이다. 설사 죽이는 철퇴일지라도 그것은 살리는 손길이니 보살은 그의 무명을 친 것이지 참 생명을 친 것은 아니기 때문이다.

8. 법 안에는 따로 뜻이 없다. 보살도 이름해서 보살이다. 내가 건졌다, 내가 건질 수 있다, 내가 건지겠다고 하는 사람은 보살 될 자격이 없다.

생활(生活)편

제1장 행 속의 지혜

1. 실참

1. 행함이 없는 공부, 실천이 따르지 않는 공부는 생명이 없는 지식을 쌓는 데 불과하다. 백 번 보는 것이 한 번 행하는 것만 못하니 참 지혜란 실천을 통해 얻어지는 것이다. 〈가령 올챙이가 개구리에게 흙 냄새에 대해 물었을 때 개구리가 수천 마디의 말로 설명했다 하더라도 나중에 올챙이가 개구리 되어 뭍에 올라가 보는 경우만 못한 것이다.〉

2. 부처님 법이 아무리 어마어마하고 광대무변하다 하더라도 생활 속에서 체험하지 못하면 그림의 떡이다. 열 번 아니라 백 번을 보더라도 내가 집어

먹을 줄 모르면 보나마나이다. 자기 생활, 자기 몸, 자기 마음으로의 체험을 하찮게 여기고 어디 가서 불법을 찾았다 할 것인가. 실천이 아니라면 부처님께서 정법을 가르치시지 않았을 것이다.

3. 부처님께서 아무리 좋은 말씀을 해 놓으셨어도 지금 시대의 여러분들이 알아듣지 못한다면 무슨 소용이겠는가. 진수성찬이 내 앞에 차려져 있어도 직접 먹어 보지 못하여 그 맛을 모른다면 그 음식이 무슨 소용이겠는가.

4. 남의 목장에서 놀고 있는 젖소를 하루 종일 세어 본다 하더라도 내게 무슨 이익이 있겠는가. 밤낮을 가리지 않고 남의 보물을 세고 있다 하여도 스스로는 한 푼어치도 가질 수 없다면 그 또한 무엇이겠는가.

5. 팔만대장경을 달달 외우고 이론으로 가로 꿰

고 세로 꿴다 해도, 멋진 비유와 경구를 아무리 많이 기억한다 해도 가르침을 단 한 번 실천한 사람만 못하다. 목이 마를 때 어떤 물이 몸에 좋고, 어떤 그릇으로 떠 먹어야 마시기 좋다는 것을 아는 것보다 한 모금 시원하게 마실 수 있어야 한다.

6. 경전의 구절들은 영원한 진리이지만 그것을 얻어듣고 앵무새처럼 되뇌이는 사람에게는 유한한 지식에 불과하다. 마음 안으로부터 얻어야 비로소 말다운 말, 행다운 행을 할 수 있는 것이니 얻어들은 지식은 몸 떨어지고 입 떨어지면 함께 떨어진다.

7. 집을 짓는데 벽돌, 기둥, 대들보, 서까래 등 재료의 이름은 줄줄 외면서 막상 집을 지을 줄 모른다면 그 재료들이 무슨 소용에 닿겠는가. 불법은 행하는 데 목적이 있는 것이지 아는 데 목적이 있는 게 아니다.

8. 부처님의 거룩하심에 진실로 감동했다면 그분이 하신 대로 해야 할 것이다. 역대 조사들이 초개같이 몸을 던져 공부하신 것이 숭고하다 하면 그분들이 하신 대로 따라야 할 것이다. 그러지 못하고 그냥 기분만 좋고, 알음알이로만 참되고 아름다운 듯이 보이는 그런 불제자가 되어서는 안 된다. 부처님이나 선지식들은 진리를 이해한 것이 아니라 체험한 것이다.

9. 스스로 행하지 않으면 아무 소용이 없다. 부처님이 내 앞에 계신다 할지라도 내가 먹고 배부르지 않으면 그분의 배부른 도리를 알 수 없다. 부처님이라도 대신해 줄 수 없다. 그러므로 마음내지 않는 중생은 제도할 수 없다. 제 나무에서 열매 익어야 맛을 알게 된다.

10. 석가모니 부처님께서 바로 곁에 계신다 할지라도 자기 자신부터 알아야 한다. 그분의 육신에 의지할 게 아니라 가르침을 좇아 자신의 마음을 깨달

아야 한다. 부처님은 길을 인도해 줄 뿐이니 스스로 배를 채워야 한다. 일거일동이 다 제 마음에서 나고 드는데 어찌 부처님을 졸라 제 마음 깨닫게 해 달라고 할 것인가. 〈역대 선지식들이 마음 도리를 가르쳐 주려고 한 그 마음, 그 진심이 도이자 부처 자리이지 따로 무엇이 있어 도라고 이름하지 않는다. 그 분들이 몸으로 뭔가를 보여 주어서 가르치고자 했다면 그것은 사람을 현혹시키는 술수에 불과했을 것이다. '제 밥 제가 찾아 먹어야 제 배 부른 법'인데 대신 먹어 주는 게 되기 때문이다.〉

11. 체험을 해 보지 못하고 역대 조사나 선지식들의 말을 응용하여 이러저러하더라고 한다면 설사 말이 당당하다 해도 허공으로 떨어진 것이니 빈 맷돌질과 같다.

12. 남의 집 보물을 탐내지 말고 내 집안 보물부터 찾아 간수하고 닦고 빛내라.

13. 남이 가르쳐 주는 것을 듣고 '그게 이렇더라' 하는 것은 모래로 밥을 짓는 것과 같다. 스스로 느끼고 스스로 납득하고 스스로 발견해야 참으로 아는 것이다. 가려운 데를 긁을 때 내 손으로 긁는 게 가장 시원하다.

14. 마음 도리에서는 직접 '하는' 것이 말하기보다 쉽다. 말에는 오해가 따르고 불충분한 점이 있지만 '하는' 것은 실질이기 때문에 하면 그뿐 번잡하지 않다. 그런데도 사람들은 말에 끌리고 시비를 논의할 뿐 법을 곧바로 체험하려 하지 않는다. 이론을 캐지 말고 아무 말 없이 직접 맛을 보라. 수박이 잘 익었느니 안 익었느니 말로 하기보다 직접 쪼개서 한 입 베어 무는 것이 그대로 참선이자 행선이다. 일체 만법이 다 행선이니 도와 생활이 따로 있다고 하면 결코 도를 이룰 수 없다.

15. 이 세상이 이렇게 돌아가는 것을 보지 못했

더라면 어떻게 생각할 여지인들 있었겠는가. 그러므로 눈도 필요하고, 코도 필요하고, 귀도 필요하고, 입도 필요하다. 실천궁행이 필요한 것이다.

16. 고정되어 있지 않다고 생각하면서도 어느 때에 이르면 자기도 모르게 고정된 관념 속에서 헤어나지 못하게 된다. 그러기에 이해하는 게 문제가 아니라 실천이 중요하다 하는 것이다.

17. 불제자로 수십 년을 쫓아다녔다 해도 좋은 샘물을 보고 떠 먹지도 못하고 떠 주지도 못하면 언제 어느 때 묵은 빗 갚고 빛을 비춰 주겠는가. 99% 부처 될 가능성이 있어도 행을 하지 않는다면 중생을 벗어나지 못한다.

18. 온 우주를 한 번에 꿰어 들 수 있는 진실, 그것이 아니고서는 천만 마디의 아름다운 말과 생각이 폭포수처럼 쏟아져 내린다 해도 부처님의 뜻과

는 동떨어진 것이다.

2. 경전 공부

1. 부처님께서는 "강을 건넜으면 뗏목을 버려라." 하셨다. 이 세상에는 강을 건너신 분들의 뗏목, 즉 가르침이 많이 남아 있다. 그렇지만 그 뗏목들은 강 이쪽의 것이 아니라 강 저쪽의 것이다. 손짓을 해서 부른다고 건너편 뗏목이 내 앞으로 오지는 않는다. 그러므로 우리는 각자의 뗏목을 스스로 만들어 건너야 한다. 나의 뗏목이란 무엇인가. 내 참마음이 나의 뗏목이다. 모든 것을 나의 근본에다 맡기고 가는 것이 나의 뗏목을 타고 강을 건너는 것이다.

2. 경을 보되 그 경에서 참뜻을 놓치는 사람은 마치 창밖의 꽃을 보고 유리에 머리를 부딪치다 죽는 벌과 같다.

3. 말에는 한계가 있다. 글에도 한계가 있다. 우선 바로 알지 못하기 쉽고, 설사 바로 안다고 해도 사물의 이치는 너무 세세하므로 다 설명할 수 없기 때문이다. 그러므로 말을 듣되 마음으로 들어야만 한다. 비유하자면 경을 읽는다는 것은 나무의 잎새를 세는 것과 같고 경배한다고 함은 나뭇가지를 만지는 것과 같다. 부처님께서는 잎새와 가지를 말씀하심으로써 뿌리가 있다는 사실을 일러 주셨다. 고로 뿌리에 물을 주어야 한다. 뿌리가 아니라면 나무는 죽는다. 꽃 피고 열매 맺는 도리도 뿌리에 있다. 일심으로 뿌리에 물을 주어야 한다.

4. 금강경을 달달 외웠다 해도 무위법의 뜻을 모르면 글자만 보고 따른 것이지 부처님의 참뜻을 따른 게 아니다. 불교는 행이다. 경·율·론 삼장이 모두 행을 위한 설명인 것이다.

5. 팔만대장경을 모두 다 배우려면 재능 있는 사

람도 20년이나 30년쯤 걸릴 것이다. 그러나 인생은 짧다. 고로 곧바로 마음 닦아라 하는 것이다.

6. 주장자가 서서 자유로움을 느끼게 되었을 때는 경전을 보되 반야심경, 금강경, 법화경, 화엄경 등을 보아라. 내 마음을 바로 밝혀 역력하게 나를 보았다면 옛 성현들이 말해 놓은 가르침의 방편을 참고해도 된다. 경을 보되 보지 않고, 경을 보지 않되 보라고 하는 것은 그런 의미이다. 내면세계의 참자기를 알고 보아야 경전을 보더라도 글과 백지를 둘 아니게 거머쥐고 볼 수 있다.

7. 사람들이 올바로 안다면 과거에 선조들이 그렇게 많은 방편과 설법을 하지도 않았을 것이고, 부처라는 이름조차도 없었을 것이다. 그러나 바로 알지 못하니까 설법도 하고 염불도 있어야 하고 촛불도 밝혀야 했다. 현재도 그러한 방편을 다 따르는 게 예의로 되어 있지만 그 뜻을 바로 알아야 한다.

왜냐하면 비단이 개발되어 진작에 유통이 되고 있는데 무명 짜는 방법을 고집하는 격이 되어서는 안 되기 때문이다. 요는 모든 사람들에게 성불의 길을 가르쳐 주어야 하는데 오히려 방편을 덧붙여 짐이 되게 해서는 안 될 것이다. 〈로케트 타고 나는 세상에 차도 없어서 걸어가던 그때의 그 걸어간 얘기를 계속해야 할 것인가.〉

8. 팔만대장경에 문자로 기록되어 있어서 진리가 아니다. 병풍 둘러치듯 지금 세상이 이렇게 돌아가고 있는 게 팔만대장경의 근본이자 진리인 것이다. 그러므로 돌아가는 실상 속에서 즉설이 되어야 하고 즉행이 되어야만 즉여라 할 수 있다. 그러하기에 말 한마디 인도하기가 쉽지 않다. 스스로 실상 속에서 터득을 해야 자신이 들어가 본 곳에 남도 끌고 들어갈 수 있듯이 피안의 길을 인도할 수 있는 것이다. 만약 자신이 물의 깊이를 알지 못했을 때는 고작해야 시늉만 내는 길잡이가 될 뿐이다.

9. 경전이란 이 세계를 말해 놓은 것이다. 그런데 경전이 나타나자 사람들은 경전을 보느라고 실상을 보지 않게 되었다. 그래서 예전의 선사 중에는 수좌들에게 처음에는 오히려 경전을 보지 못하게 하신 분도 있었다. 경 속에 빠져 헤어나지 못한다면 경전 벌레밖에 될 게 없다.

10. 역대 부처님들이 방편으로서 수많은 말의 덫을 놓았지만 그렇게 가르치고자 한 뜻을 가벼이 볼 수는 없다. 흔히들 겉핥기에 치우쳐서 "본래 공인데 있기는 뭐가 있으며 붙을 데가 어디 있느냐." 하지만 함부로 그렇게 말할 수는 없는 것이다. 참으로 그것을 느낀 사람이라야만이 서슴없이 그렇게 할 수 있지, 느끼지 못한 사람이 흉내나 낸다면 그 업은 수억겁을 거쳐도 벗기 어렵다. 〈그러하기에 나로부터 상구보리 하화중생 해야 한다. 내 몸속에 있는 그 의식, 마음들을 한마음으로 뭉쳐서 요리한다면 그때에 바깥으로 남을 유익하게 조절할 수 있는

것이다.〉

3. 계행

1. 더러우면 닦고 흐트러져 있으면 가다듬고 망가지면 고치고 하는 게 계행이니 생활 속에 하나부터 열까지 계율 아닌 것이 없다. 올바르게 살고 올바르게 행하며 사는 것이 계행이다.

2. 부처님의 계율은 '이렇게 저렇게 하지 말라'가 본 뜻이 아니다. 아무리 좋은 것이라 해도 많이 하다 보면 나빠지는 경우도 있고 아무리 나쁜 것이라도 용도와 분수에 따라서 한다면 재고의 여지가 있다. 예컨대 오계만 해도 '하지 말라'로 일관되어 있지만 요즘에 와서는 긍정적으로 "살생하지 말라"를 "평등한 자비심으로 생명을 사랑하라"로, "도둑질하지 말라"를 "보시를 행하여 복덕을 지어라"로,

"사음하지 말라"를 "몸과 마음으로 청정행을 닦으라"로, "거짓말을 하지 말라"를 "진실만 말하고 신뢰를 지켜라"로, "술 마시지 말라"를 "언제나 밝고 바른 지혜를 가져라"로 해 놓으니까 계율이란 안 함으로써 지키는 게 아니라 부처님 뜻을 받아 행해서 지키는 것이 된다. 근본 마음이 청정하고 바르면 따로 세울 게 없다.

3. 계율을 세우려면 250개가 아니라 수천 개도 세울 수 있다. 세상 전체가 계율 아닌 게 어디 있는가. 문제는 겉으로 세워 놓은 계율이 아니라 근본 마음이다. 가령 남을 조금이라도 해롭게 하는 행을 한다면 계율을 범한 것이고, 그러한 생각을 한번 일으켰다면 그것 또한 계율에 어긋나는 것이다. 모든 계율이 한군데서 나고 드는 걸 알면 계율이 몇 개든 전체 계율을 다 지키는 것이고, 그것을 모른다면 전 계율에 다 어긋나는 것이다. 250계다 348계다 할 것이 없이 전체가 계율이니 한마음으로 지키고 행

해야 한다.

4. 계율은 주어지면 짐이다. 그러나 일체 경계를 다 근본 주처에 놓아 가면 구태여 계율의 자로 재지 않아도 저절로 계율이 지켜진다. 그때의 계율은 자유의 날개이다. 계율에 자기를 맞추려 하지 말고 내 안에 이미 갖춰져 있는 계율이 우러나오도록 하라.

5. 모든 것을 주인공 자리에 맡겨 놓는다면 구태여 팔정도니 육바라밀이니 사성제니 십이인연이니 따지지 않더라도 계율을 다 지킬 수 있고 더불어 다 같이 유익하게 살 수 있는 그러한 계기가 된다. 만약 그렇지 않고 일일이 따져서 이렇게 보아야 한다, 이렇게 들어야 한다, 이렇게 정진해야 한다는 식으로 모든 소리를 다 해야 하고 그렇게 행해야 한다면 복잡해서 언제 자기를 알 수 있게 되겠는가. 그러기에 이론 따지고, 경전 따지고, 학식 따지고, 옳고 그름 따지고 할 사이 없이 "곧 바로 들어가라!" 하

는 것이다.

6. 중생인 나를 못미더워한 나머지 나를 부정하며 계율로 얽어매기보다는, 부처인 나의 근본을 믿어 자유롭게 살아가도록 하라. 그것이야말로 계율을 초월하여 계율을 지키는 긍정의 방법이다. 본래 부처인 우리들은 자신의 빛으로 사는 것이다.

7. 불법은 자유인이 되기 위한 공부이다. 자유인이 되기 위한 방법으로 계정혜가 세워졌다. 그러므로 자유인이 되기 위한 계정혜가 새로운 굴레가 되어 부자유의 원인이 되어서는 안 된다. 그렇게 된다면 이것은 주객이 뒤바뀐 일이라 아니 할 수가 없다.

8. 계율이 이러하고 청규가 이러하니 이렇게 해야만 한다, 저렇게 해서는 안 된다고 하는데 계율을 들고 있는 사람보다는 계율을 다 놓은 사람이 진실로 계율을 지키게 된다. 그렇다고 계율을 지키지 말

라는 게 아니다. 인연줄이 얽히고설킨 데서 일어서려면 먼저 관념의 굴레를 벗어던지는 작업부터 해야 하기 때문이다. 우리는 누가 시켜서가 아니라 상대와 때와 장소에 따라 말하고 행동하는데 자기 마음으로 자기를 다스려야 하지만 내 속에 있는 중생들은 모르니까 때에 따라서 이렇게 하라, 저렇게 하라 하고 나온다. 그때에 다시 굴려서 되놓고 또 놓고 가면 바로 굴레에서 벗어나려 애쓰지 않아도 벗어나게 되는 것이니, 따라서 남이 주는 계율에 매이기 전에 먼저 안으로 놓는 작업부터 하라는 것이다. 그것이 직접 들어가는 순리이다.

9. 마음으로부터 계율이 우러나오려면 모든 경계를 하나로 보아야 한다. 예컨대 누구로부터 까닭없이 한 대 맞았다 하더라도 그것을 마음 안으로 굴려서 녹여야 한다. 그때야 자연스러운 계율이 우러나오는 것이다. 고로 마음법에서는 인욕이 이미 인욕이 아니다. 그것은 참는 게 아니라 이미 '참을 것

도 없음'이다. 그렇게 크나큰 마음, 대장부의 마음으로 세상을 보아야 하고 살아가야 한다. 그것이 곧 불법의 생활화인 것이다.

10. 원통을 벗어난 사람인 경우에는 자재로이 통 안팎을 들고 날 수가 있으니까 무슨 짓을 해도 걸림이 없다. 그러나 통 안에서 벗어나지 못한 사람에 한해서는 통 안의 이치로 보고 듣고 행동하고 느끼고 하니까 걸림이 많다. 따라서 제가 걸리지 않더라도 다른 사람의 눈에, 귀에 거슬려 그로 하여금 마음에 걸림이 있게 해서는 안 된다. 제아무리 저 언덕을 넘나든다 해도 일체는 개별적이 아니라 포괄적으로 돌아가므로 모르는 사람에게 죄업을 지어 주어서는 안 된다.

11. 나 하나 죽는다면 계율은 절로 다 떨어진다.

제2장 경계와 고

1. 경계

1. 세상을 살아가다 보면 우리는 많은 경계에 부딪치게 된다. 그 경계는 밖으로부터 오는 것도 있고 안으로부터 일어나는 것도 있다. 그렇지만 그 모든 경계가 어디서 일어났든 간에 결국에는 그 경계란 바로 자기 자신인 것이다. 나와는 아무런 관계가 없이 오는 것처럼 보이는 경계들도 우선은 내가 거기에 있음으로써 겪게 되는데 내가 겪게 되는 경계란 결국 내가 수억겁 전으로부터 지어 온 것의 결과로서 나의 다른 모습이라 할 수 있다. 〈말하자면 어제의 업이 경계가 되고 오늘의 경계가 업이 되어 내일의 경계로 다가오는 것이다. 그러므로 오늘의 경계

속에서 그것을 싫어하거나 좋아하고, 미워하거나 사랑하고 한다면 그 경계는 다른 모습으로 바뀌고 무게를 보태어 미래라는 창고에 저장되었다가 나를 향해 안팎으로 다시 다가오게 되는 것이다.〉

2. 경계를 결코 둘로 보지 말라. 나와 상대, 주와 객으로 나눠 보지 말라. 어떤 아름다운 모습에도 현혹되지 말고 어떤 위대한 것에도 굴하지 말라. 내가 있기에 세계가 있는 것이다. 내가 있기에 온갖 경계가 있는 것이다. 모든 경계는 필경 나와 다르지 않은 것이니 우주 일체가 한마음인 때문이다.

결코 동요하지 말라. 부처든 마왕이든 신중이든 모든 것은 나의 다른 모습일 뿐이다.

3. 알고 보면 경계가 경계로 되는 것은 바로 거짓 자기 때문이니 '나', '나의 것'이라는 관념이 없다면 그 어떤 경계도 맑은 거울에 비친 풍경과 같을 것이다. 오직 비춰 보일 뿐 애증이나 호오의 판단이 따르

지 않으면 미혹과 번뇌도 붙을 자리가 없는 것이다.

4. 다가온 경계에 쩔쩔매지 말라. 다가온 경계를 붙들고 끙끙거리지 말라. 그것이 비록 세상 사람들의 모습이긴 하지만 그렇게 하여 두 번 괴로워할 것인가. 경계가 닥치니 괴롭고 그 경계에 얽매이니 또 괴로운지라 무엇 때문에 괴로움을 자초하려는가.

5. 역경계에 부딪쳤을 때 '내게는 왜 이렇게 어려운 일이 닥치는가.' 하고 의기소침할 일은 아니다. 그럴 때일수록 '이제야 성숙할 기회를 맞았구나.' 하고 생각해야 한다. 이 두 가지 중에서 어느 편을 선택하느냐는 문제가 곧 자기의 미래를 좌우한다. 결정권은 바로 지금 자신에게 주어져 있다.

6. 역경을 싫어하고 순경을 반가워하는 것은 바로 간택하는 마음이니 중생심이다. 주인공으로서의 마음은 툭 트여 밝은 허공과 같아서 어떤 경계에도

집착하는 바가 없다. 〈고로 순경에 애착을 두어 주인공과 만나고자 하는 생각은 도리어 중생심을 북돋울 뿐이니 공한 도리를 알지 못함이라, 도에는 군더더기 하나 붙을 자리가 없다. 도는 활발하고 드높고 시원시원하다고 말할 수 있다.〉

7. 나쁜 환경이란 사실은 나를 가르치려는 주인공의 다른 모습인 것이다. 그러므로 환경에 치여서 본래의 마음을 잃어버리는 것이 변명이 될 수도 없고 당연시되어서도 안 된다. 그것은 알고 보면 주인공의 배려이니 그렇게 해서라도 나를 가르치려는 그 사랑에 감사하지 않을 수 없는 것이다. 사실 지나치지만 않는다면, 아니 지나치다 그렇지 않다 할 것도 없지만 역경계가 닥쳤을 때 공부하는 바가 더 많다. 고로 역경계가 닥치거든 공부하는 기회로 알고 넘기도록 해야 한다. 넘기 힘든 고개가 넘고 나면 더 보람된 법이다.

8. 모난 돌을 쪼는 데 정을 쓰듯이 경계란 것은 나로 하여금 둘 아닌 도리를 알게 하는 것이다. 주인공이 나를 둥글게 다스리기 위해 이심전심으로 상대를 통해 나를 치는 것이다. 그러니 어떤 경계가 닥쳐온들 감사하지 않을 수 있겠는가. 참으로 감사하고 또 감사해야 할 일이니 남을 증오할 것도 배신할 것도 없다. 오직 주인공에 감사하는 환희의 웃음 띤 얼굴만이 공부하는 이의 모습일 것이다.

9. 깨닫지 못한 사람은 순경계가 오면 좋아하고 깨달은 사람은 역경계가 닥치더라도 껄껄 웃어 버린다. 깨닫지 못한 사람은 역경계가 닥치면 슬퍼하고 안절부절하지만 깨달은 사람은 순경계가 와도 묵연히 흘려보낸다. 닥쳐오는 경계는 같건만 그것에 응대함은 어찌 이리도 서로 다르겠는가. 실로 수행자의 도덕은 경계에 닥쳐서야 분명하게 드러난다.

10. 경계를 묵연히 수용한다 함은 참는 마음이

아니다. 그것은 경계조차도 본성이 공하다는 것을 알고, 또 그 경계는 자신이 유발한 것임을 알고, 나아가 그 경계란 곧 나를 단련시키는 길잡이로서 나는 그것을 통해 진화한다는 사실을 아는 것이지, 억울하지만 꾹 참고 나아간다는 뜻은 아니다. 경계를 마음으로 거부하지 않는 것이 수행자의 묵연한 자세인 것이다.

11. 어떠한 경계도 그 실체를 찾아보면 공이다. 어떠한 번뇌도 그 실체를 찾아보면 공이다. 어떠한 탐욕, 죄업, 갈애도 그 실체를 찾아보면 공이다. 본래 텅 빈 허공에 환으로 생긴 신기루처럼 일어난 것이다. 흰구름처럼, 번갯불처럼 일어난 것이다. 〈눈병난 사람이 멀쩡한 허공에 꽃보라가 날리는 것으로 보이는 것처럼 모든 안팎의 경계는 그러한 것이다.〉

12. 모든 경계가 필경은 나와 다르지 않다. 자기에게 닥쳐오는 숱한 문제들은 결코 피하려 한다고

피해지지 않는다. 결코 둘이 아니라는 믿음으로 놓고 맡길 때 모든 경계에 대한 두려움이 사라지고 그것을 직시할 수 있게 된다. 그리하여 그 경계를 통해 불멸의 실상을 바로 볼 수 있게 된다.

13. 안팎으로 닥쳐오는 모든 경계를 번뇌다, 고통이다, 마다, 적이다 하고 생각하지 말고 짐짓 놓아 버려라. 기쁨이다, 행복이다 하고 생각지 말고 놓아라. 모든 경계를 결코 둘로 보지 말라. 그 모든 경계 또한 한마음 본바탕을 여읜 게 아니니 그 또한 나이다.

14. 닥치는 경계가 업보냐 아니냐 하는 문제보다는 거기서 벗어나느냐 못 벗어나느냐는 문제가 더 중요하다. 그러므로 부딪쳐 오는 모든 것을 나를 일깨워 주기 위한 스승으로 알아 감사하게 생각하며 송두리째 놓으라 하는 것이다. 무엇이 되었든, 알고 했든 모르고 했든 자기가 한 결과이므로 누구를 탓

할 것도 원망할 것도 없다고 생각해서 몰락 놓아 버려라. 그래야 그 속에서 벗어날 수가 있다.

15. 모든 문제를 자기에게 돌릴 줄 알아야 한다. 나에게 닥쳐오는 모든 괴로움과 장애, 이런 것들이 과거로부터 본래 자기가 지어 내려온 과보라 생각하고 남을 원망하지 말고, 남을 욕하지 말고, 그리고 남에게 미루지 말아야 한다. 모든 것을 자기 탓으로 돌려서 자기 스스로 나의 공에 놓을 줄을 알아야 한다. 그것이 바로 모든 고통, 과보, 인과, 유전에서 벗어나는 길이다.

16. 내가 있으니까 상대가 있는 것이니 모든 경계를 너그럽게 모두 내 탓으로 돌려서 놓고 간다면 바로 내 속에서도 중생들이 한마음 한뜻으로 좇아가게 되므로 그대로 천백억 화신으로 나툰다. 〈그 많은 보살들이 용도에 따라서 관세음이 되었다가, 지장이 되었다가, 산신이 되었다가, 지신이 되었다

가, 의사가 되었다가 하면서 안팎으로 고정되지 않게 다 조절하고, 다 처리하면서 너그럽게 순환을 하게 된다. 그러니 유전성·업보·지옥고·팔자 운명 따위가 다 무너지고 만다.〉

17. 내가 세상에 나왔기 때문에 좋은 것, 나쁜 것이 내 앞에 닥친다. 그러므로 누구를, 무엇을 원망할 것이 없다. 모든 것을 내 탓으로 돌려야 한다. 설사 남이 나를 괴롭힌다 해도 내 탓으로 돌리면서 상대와 나의 주인공이 둘이 아니니 '주인공 당신만이 해결할 수 있다.'라고 한생각 돌려놓아야 한다. 남이 내게 나쁜 짓을 한다 해도 그것은 나의 부족할 때의 모습인 줄 알아야 한다. 또 남이 나를 못살게 괴롭혔다 해도 나로 인해 그에게 수고를 끼쳤으니 오히려 미안한 일이요, 그로써 내 공부가 익어 가니 감사할 일이다. 그렇지 못하고 상대가 나를 괴롭힐 것이다, 괴롭혔다, 나를 속였다, 내게 해를 가했다는 따위로 생각한다면 설사 공부할 마음을 내었더

라도 모두 허사가 된다. 고로 이 공부는 첫째도 나로부터, 둘째도 나로부터, 셋째도 나로부터, 그렇게 귀결 지어 나가야 한다.

18. 꿈이 생시요 생시가 꿈이다. "꿈은 꿈이고 생시는 생시다."라고만 안다면 깊은 곳을 알지 못한다. 꿈과 생시를 따로 볼 것이 아니라, 꿈속에서도 경계를 둘로 보지 않아 끄달리지 않을 만큼 되어야 한다. 꿈이 꿈인 줄 알면 놀아나지 않듯이 번뇌가 꿈인 줄 밝히 아는 사람은 번뇌에 속지 않는다.

19. 대상을 높게 볼 것도 없고 낮게 볼 것도 없다. 훌륭하다 해서 훌륭한 게 아니고, 높다 해서 높은 게 아니며, 낮다 해서 낮은 게 아니니 평등하게 보라. 대상을 내 몸과 같이 보라. 그것이 불심이다. 부처님이 지금 내 앞에 계신다 하더라도 높이 보지도 말 것이며 개미 새끼 한 마리, 풀 한 포기라도 업신여기지 말아야 한다. 벌레를 보고 징그럽다 하

고, 똥을 보고 더럽다 하지만 그것은 다 내가 가지고 있는 것이기도 하다. 상대를 보고 어떻다고 할 것이 아니라 그 형상, 그 마음이 둘이 아니니 주인공 자리에 계합시킬 수 있어야 한다.

20. 높은 산 위에 올라서서 마을을 내려다보라. 그러면 크다 작다의 구별에 앞서서 평평함을 느끼게 될 것이다. 그와 같이 생활에서도 그 이치를 활용해 보라. 모든 경계의 높고 낮음, 좋고 싫음의 차이가 달라 보일 것이다. 나아가 모든 경계를 텅 빈 마음으로 대해 보라. 빈 배처럼 되어 보라. 바람이 부는 대로, 물이 흐르는 대로 내세울 '나'가 없기에 부딪침도 고도 없게 될 것이다. 빈 배와 같은 자유인이 돼라.

21. 수행 중에는 특히 안으로부터 많은 경계가 일어남을 경험하게 된다. 그러할 때에 그 경계에 집착하지 않고 놓아 나가야 하는데 그러지 못하고 그

것을 붙잡게 되면 그 경계가 그대로 마가 되는 것이니 바로 중생심 가운데 미묘하게 숨어 있는 '좋은 것을 좋아하는 마음'의 유혹인 것이다. 그러한 유혹은 아주 은밀한 만족감을 낳게 되는 바, 그 마를 물리치기가 쉽지 않을 것이나 좋은 경계든 싫은 경계든 집착하는 것은 바로 마에 사로잡힘이 된다.

22. 부처님께서는 중생을 기르시기 위해 마구니로 나투시기도 한다. 의심하여 속지 말라. 마구니로 보이고 악인으로 보일 때는 '이것은 부처님의 나투심이다. 부처님께서 나를 가르치시려고 몸 빌리고 손 빌려서 그렇게 하시는 것이다.'라고 생각하라. 부처님께서는 법계에 두루 하며 찰나에 나고 드심이 쉴 사이 없으니 내게 닥치는 일체의 경계도 부처님의 나고 드심이라 나를 다지려 함이다. 그러기에 스승 아닌 게 하나도 없어 말없는 풀 한 포기라도 나를 주장자로 내리치는 스승이라 하는 것이다.

23. 누가 꾸지람을 한다든지 마구 욕을 해 댈 때 어떻게 생각하는가. 서로가 다 부처라서 서로서로 가르치기 위해 부처님이 상대방으로 화하여 하는 일인 줄 알아야 한다. 부처님은 이처럼 한순간에 쉴 사이 없이 나고 드시니 법계에 두루 하신 것이다.

24. 소도 비빌 언덕이 있어야 비빈다고 하듯이 경계가 있음으로써 진화, 발전할 수 있느니 경계는 나를 수행케 하는 힘이다.

25. 일체를 둘로 보지 말라. 꿈이든 생시든 환상이든, 부처가 나오든 귀신이 나오든 일체를 둘로 보지 않아야 어떤 것에도 속지 않고 항복을 받을 수 있다. 일체를 나로 보게 되면 모든 경계에서 놓여난다. 일체의 움직임, 일체의 모습을 다 나라고 보아 내게 수렴이 될 때에 무심이 되고 물러서지 않게 된다.

26. 설사 각을 이룬 분이 있다 해도 나와 같이 봐라. 그 마음을 내 마음같이 봐라. 부처님과 중생 사이가 얼마나 가까운데……, 아니 항상 같이하고 있으니 달리 보지 말고 나와 같이 봐라.

27. 전체가 한마음이니 건드릴 상대가 어디 있고 대립할 대상이 어디 있겠는가. 내가 포섭하는 게 있고 버릴 게 있으니 대립할 상대가 있는 것이다. 버릴 게 없다면 건드릴 게 어디 있겠는가. 내가 상대 속으로 들어가지 못하고 상대를 내 속에 넣지도 못하니 대립이 있는 것이다. 그러기에 삼천대천세계를 집어먹지 못하게 된다.

28. 안으로 자기 마음의 본성을 보면 밖으로 집착할 게 없다. 옛말에 이르기를 상을 여의면 여래를 본다 하였는데 일체가 공인 줄 알면 그대로 여여하여 이것이다 저것이다 집착할 게 없게 된다. 경계란 한낱 분별하는 마음에서 비롯된 것이므로 마음의

본성을 보면 만물은 평등할 뿐이다.

2. 고

1. 인생은 '고'가 아니다. 생사가 있다고 하나 생사를 여의는 불생불멸의 열반이 있으니 고가 아니다. 만나고 헤어지는 슬픔이 있다고 하나 만나고 헤어짐의 근본이 텅 비어 고요하니 고가 아니다.

2. 삶에 있어서의 온갖 고통과 번뇌도 깊이 생각해 보면 누구든지 스스로 그것을 견디거나 극복해 갈 수밖에 없다. 물론 나의 가족, 벗, 이웃들이 덜어 주고 함께 나누기도 하지만 그럼에도 그것은 자기 짐일 수밖에 없다.

부처님께서는 그래서 삶이 곧 고라는 것을 가장 확실하게 지적하셨다. 하지만 동시에 고로부터 벗어날 수 있는 길을 제시해 주셨다. 뿐만 아니라 직접 성취해 보여 주셨다. 부처님께서 성취하여 보여 주신 삶은 고가 아니라 완전한 자유이고, 영원한 즐거움이다. 그러므로 인생은 사실 고가 아니다. 다만 고라고 느끼며 속박되어 살고 있을 뿐이다. 그러기에 인생의 목표는 그 고로부터 벗어나 부처를 이루어서 완전한 삶을 사는 것이라 할 수 있다.

3. 세상 사람들은 고에서 벗어나려고만 하지 그 고의 참된 원인을 살피려 하지 않는다. 그러기에 한 가지 고에서 벗어난다 해도 또 다른 고가 닥쳐오는 것을 면할 길이 없다. 나라는 존재는 따지고 보면 쉴 새 없이 고락을 만들어 내는 생산 공장과 같다. 그러므로 내가 생산해 낸 것은 내가 수집해 들여야 한다.

4. 고의 경계들이 다가오는 원인을 모른다면 만방으로 끄달리게 된다. 그러나 그 원인들을 안다면 수억겁의 업고로부터 단숨에 벗어날 수도 있다. 평

생을 고에 시달리느냐, 벗어나느냐는 한생각의 차이로 판가름 난다.

5. 내가 인연 따라 태어난 것부터가 인과의 산물이니 그대로 고이다. 이전에 살던 업이 쌓이고 뭉쳐 오늘의 내가 되었기 때문이다. 그러나 이를 부정적으로 생각해서 업보라고 괴로워한다면 한없이 괴롭겠지만 그 모든 것을 수련 과정이라고 생각을 돌린다면 오직 참 나에게 감사하지 않을 수 없다. 생각을 돌리는 것은 모처럼 나온 새싹에 물을 주는 격이고, 그냥 업보라 해서 괴로워함은 물을 주지 않고 말라 죽게 만드는 격이다. 그래서 모르면 지옥고이고 알면 극락인 것이다.

6. 과거에 입력된 것이 현실의 과보로 다시 나오기에 살다 보니까 고초가 따르고 서로 쫓기고 쫓는 고통이 이루 다 말할 수 없다. 그러나 그렇게 하다 보니까 계발이 되기도 한다. 그것이 산 교훈이요 산

진리이니 지금도 그렇게 하고 있다는 사실을 잊어서는 아니 된다.

7. 지금 내게 닥치는 고의 경계들은 사실 언제인가 내가 벌레로 살다가, 새로 살다가, 짐승으로 살다가, 혹은 인간으로 살면서 지었던 모든 행위의 결과이다. 그러므로 고의 경계가 다가왔다 해서 이를 피하려거나 나쁜 생각을 하지 말고 '나를 일깨워 수행하게 하고 다지는 것이니 참으로 감사한 일이다.' 하는 마음을 갖도록 하라. 그런 마음이라면 고는 이미 고가 아니니, 절로 놓고 돌아가는데 고집멸도가 어디 있겠는가.

8. 현실의 고통이란 알고 보면 순간순간 자기를 밝음으로 인도하는 과정이요 밑거름이다. 본래로 밝아 있음을 모르는 나를 일깨워 성숙시키고 종내는 해탈로 이끌려는 수련의 과정인 셈이다. 그러므로 부처님께서는 현실이 아무리 고통스럽다 하더라

도, 혹은 아무리 즐겁다 하더라도 거기에 속지 말라고 당부하셨다. 사성제의 가르침이 그것이다.

9. 우리의 삶이 고라고 하지만 동시에 제도의 과정이니 고라고만 생각해서는 안 된다. 삶을 고라 한 것은 그것을 넘어서게 하기 위해서 한 것이라 실은 자기를 알아 가는 과정인 것이다. 흙탕물에 빠져 본 사람은 자기가 해 보았으니까 다시 빠지지 않고 남도 건질 수 있지만 빠져 보지 않은 사람은 그때를 알 수도 없거니와 남을 건져 주지도 못한다. 고 속에서 굴러 본 사람이라야 굴러 보지 않은 사람에게까지 감응할 수 있는 것이다.

10. 고라는 것도 나를 성장하게 하기 위해 닥치는 것이니 감사하게 받아들여야 한다. 첫째는, 인간으로 형성시킨 게 고마운 것이요 둘째는, 그렇게 분별해서 모든 것을 알게 만들어 주니 고마운 것이다. 자기가 이 세상에 태어났기 때문에 부딪침도 오는

것이지 자기가 나지 않았다면 무슨 부딪침이 있겠으며 무슨 상대가 있겠는가. 〈그러하기에 고다 업보다 하기 이전에 참 나에다 일체 경계를 맡겨 놓고 관하는 것이 우선이다.〉

11. 사람 되기 어렵고, 정법 만나기 어렵고, 부처 되기 더더욱 어렵다고 한다. 사람이 되었으니 감사할 일이다. 모든 것을 '내 주인공이 나를 성숙되게 둥글게 이끌어 주는 과정이로구나.' 하고 믿고 놓아라. 그때는 고에서 그냥 타파해 버렸기에 집도, 멸도, 도도 없다. 고라는 것을 잘 요리해서 맛볼 수 있다면 그것은 아주 좋은 맛이 되고 감사할 일이기도 하다.

12. 현실의 자기 모습을 보면 과거에 어떻게 했는지를 짐작할 수 있고, 지금 자기가 하고 있는 것을 보면 미래의 자기 꼴을 알 수 있다. 그러기에 자기를 돌아보라 하는 것이니 현실의 고나 인과 등은

그대로 수련 과정인 셈이다. 바람이 불고 비가 내리치면 오히려 나쁜 공기와 먼지 그리고 불결한 것들을 다 청소시켜 주니, 현실의 고는 오히려 자기를 정화시켜 주는 부처요 보살이다.

13. 근본적으로 나쁜 일이란 처음부터 있을 수 없다. 어떤 나쁜 일이 닥쳤을 때 그것을 '업보다 죄다' 하고 말하는 사람들도 있으나 사실은 우리에게 닥쳐오는 모든 것은 자성 부처님이 우리를 이끄시는 과정인 것이다. 그러하기에 내게 닥치는 어떤 일도 긍정 아닌 게 없다. 업보다 죄다 해서 짐스럽게 떠안아야 하는 게 아니다.

14. 과거에는 주인공의 은혜를 모르고, 주인공을 무시하고 산신·용신한테 제사를 지내는 경향이 컸었다. 때로는 스님네들도 동조하곤 했는데 그러면 어떠한 불화가 일어나느냐? 마음을 그렇게 쓰고 행동을 그렇게들 하니까 주인공이 오방신장이 되어

서는 눈을 부릅뜨고 몽둥이로 치는 경우도 있다. 그래서 어디서 치는지, 어떤 철퇴에 맞는지조차 모른다. 칼로 자르고 에고 해도 그것이 어디서 오는지를 분간하지 못한다.

15. 고가 닥치거든 내가 하는 것이 아니라 주인공이 하는 것이니 '주인공으로 인해서 오는 것, 주인공이 알아서 하라, 영원한 친구야.' 하고 돌려놓아라. 그리고 관하라.

16. 우리는 각자 자성불을 모시고 있다. 어찌 솟아날 구멍이 없다고 하겠는가.

제3장 예경과 기복

1. 예불

1. 마음이 주인공과 더불어 하나일 때는 부처님께 경배하는 것이 구도가 된다. 마음이 주인공을 떠나 있을 때는 부처님께 드리는 경배가 기복이 되어 참 공덕이 없다. 마음이 주인공과 더불어 하나일 때는 부처님을 공경하는 것이 나를 공경하는 것이 된다. 마음이 주인공을 떠나 있을 때는 부처님을 공경하는 것이 나를 멸시하는 게 된다.

2. 부처님 마음과 주인공 마음이 둘이 아니기에 경배를 올리는 것이다. 그리고 그것은 자기 육신, '나'라는 의식이 항복을 하는 것이다. 그러므로 경

배하는 마음은 항상 숙연하면서 겸손해야 하고 정성이 지극해야 한다. 또 일체에 감사하는 마음이어야 한다.

3. 둘 아닌 도리를 알고 내공의 이치를 안다면 경배는 경배대로 올리면서도 항상 향기와 빛으로 온누리를 감쌀 수 있겠지만 그러기 전에는 부처님 마음과 주인공 마음이 함께하는 그 자리에 지극한 마음으로 항복을 해야 한다.

4. 삼 배라는 것은 부처님의 마음, 스승의 마음, 자기의 마음에다 모든 것을 다 같이 넣고 굴려서 합장 경배 하는 것이다. 일체의 마음과 둘이 아닌 데다가 일 배를 올리고, 일체 만불이 돌아가는 데다 일 배 올리고, 둘 아니게 행하며 돌아가는 데다 일 배를 올리는 것이다. 〈나무불 나무법 나무승이라 하면 곧 공심의 평등법 또는 평등의 공심법을 말한다.〉

5. 참된 예경은 나를 낮추고 불보살과 선지식을 높이는 마음이지만, 동시에 일체 한마음과 더불어 둘이 아닌 꿋꿋함과 의연함을 잃지 않는 데 있다. 따라서 그것은 지극한 정성으로 불보살의 가피를 비는 중에도 그 중심을 깊이 내 안에 두는 것이다. 밖에서 찾는 한은 정성이 제아무리 지극해도 그것이 복덕을 지을 수는 있겠지만 무한하고 참된 공덕이 되지는 못한다.

6. 무겁고 진실하게 모든 것을 포함하여 '한 번' 절할 수 있는 당당함을 가져 보라. 그러지 않고서야 이 우주 법계 전체에다 어떻게 일일이 절을 할 수 있겠는가. 칠성각에 절하고 산신각에 절하고, 또 어디에 절하고 하는 마음이 애틋하지 않은 것은 아니지만 무겁고 진실한 절이 진짜 절이다.

7. 어디를 가나 부처님과 내가 둘이 아니기에 주인공이 내고 들이고 하는 줄 안다면 항상 예를 올리

고 항상 배를 하는 것이며, 항상 향을 피우고 항상 탑돌이를 하는 것이다.

8. 부처님과 선지식께 드리는 경배는 바로 나 자신의 참 성품에 드리는 경배이며, 부처님과 선지식께 드리는 공양은 바로 나의 주인공에게 드리는 공양이다. 필경은 부처님 마음도, 보살 신중의 마음도, 역대 조사님네들과 선지식들의 마음도, 조상님들과 온갖 중생들의 마음도 다 나의 주인공, 그 한마음 속에 함께하고 있다. 그러므로 한마음과 함께하는 경배, 공양은 일체 제불, 일체 중생과 더불어 올리는 경배요 공양인 것이니 언제나 나의 근본인 주인공 한마음을 잊지 말아야 한다.

9. 부처님 앞에서 일체를 굴려 일 배를 할 때 바로 현재심 과거심 미래심이 일심으로 돌아가기에 일 배가 만 배를 능가할 수 있는 것이다. 부처님 앞에서 이마를 땅에 대고 절을 할 때에 부처님 마음과

내 마음이, 부처님 형상과 내 형상이 둘이 아닌 것을 뜻함이니 바로 내 육신 고깃덩어리가 내 주인공에 절을 한 것이다.

10. 한생각이면 삼천 번 절한 것이 되고, 한 번 절한 것이 삼만 번 절한 셈이 될 수도 있다. 시공의 제한을 받는 마음이라면 일 배는 일 배요, 삼천 배는 삼천 배이겠지만 전체의 근본 자리가 인간 마음에 직결되어 있음을 믿는다면 일 배든 삼천 배든 다 한생각인 것이다. 부처님께서는 내 마음 한가운데 계신다고 할 수 있으므로 빌었다 하면 이미 멀어진 것이다. 여기에 빌어야 하고 저기에 빌어야 하는 마음이라면 그것은 부처님을 진실로 믿지 못하는 것이 된다.

11. 백팔 배를 하라, 삼천 배를 하라 하고 절을 시키는 것은, 제 나무에서 실과가 무르익어 갖가지로 맛을 내고 그 씨를 되심어서 또 익어 영원한 제

맛을 보라고 시킨 것이다.

12. 처음부터 안으로 경배하라 해도 쉽게 믿어지지 않기에 밖으로 세워 놓는 데는 일면 수긍되는 점이 없지 않다. 그러나 지금 시대는 고도로 발달된 시대라 알 만하니까 안으로 붙잡고 나아가야 한다. 더구나 생각하면서 뛰고, 뛰면서 생각해야 하는 바쁜 시대에 꼭 백팔 배를 해야 하고 삼천 배를 해야 한다면 어떻게 따를 수 있겠는가. 시공 없는 마음, 체가 없는 마음, 자유스러운 마음이니 일 배가 삼천 배라 하면 어떻겠는가. 한마음으로 일 배를 지극하게 했다면 그것은 삼만 배가 넘을 수도 있다.

13. 소원이 있어 불 켜고 경배 올리고 싶으면 그대로 하라. 그러나 일체가 공체로서 공식하고 있으니까 누구한테 하느냐 하면 일체가 한 울로 계합된 자기 주처, 시공이 없이 대공의 이치와 함께하는 자기 주처에다 경배하라. 개별적인 나가 아니라 포괄

적인 나에게 하라. 보시하는 것도 그렇게 하라. 경배를 하면서 일체가 나의 주처와 계합되어 있음을 굳게 믿어라. 참된 경배는 밖으로 나가지 않고 안으로 드는 법이다. 그리고 참된 경배는 부처님에게, 조상에게 하는 것이면서 주인공에게 하는 경배이다. 〈그러하기에 부처님에게 했다 해도 맞지 않고 조상에게 했다 해도 맞지 않는다.〉

14. 오분향이라는 것도 밖으로 향을 켜서 향이 아니라 내 마음 안으로 아름다운 향을 켜는 것이다. 일체 만법을 행함에 있어 뜻과 말과 행에 사견이 없어 한데로 떨어지지 않는 것이 계향이며, 안으로 근본 주처에 놓고 가니 정향인 것이며, 스스로 걸림이 없어 집착하지 않고 자성의 빛으로 비추니 혜향인 것이다. 그리하여 버린다, 얻는다는 생각 없이 중도로서 한 주먹에 꿰어 들 수 있으니 해탈향이며 나와 전체가 더불어 밝아서 걸릴 게 없으니 해탈지견향인 것이다. 우리가 부처님 전에 예를 올릴 때 바로

마음공부를 하는 것이 오분향이다.

15. 부처님을 모신다고 하면서 반대로 가는 사람들이 많다. 부처 형상만 공양할 줄 알았지 자기부터 귀한 줄 모르는 사람들이 많다. 불자로서 부처님 잘 모시겠다고 하며 역으로 부처님을 욕되게 한다면 크나큰 모순이 아닐 수 없다.

16. 콩 한 쪽을 부처님 전에 놓을 수밖에 없었다 할지라도 주인공에 모든 걸 종합해서 공한 도리로 함이 없이 놓았다면 우주 전체의 일체 유생 무생이 다 먹고도 그 콩 한 쪽은 다시 남아서 또 먹을 수 있다. 부처님 전에 돈을 놓지 못했다, 공양을 넉넉히 올리지 못했다 해서 개운치 않게 생각할 것이 아니라, 혹은 남보다 많이 놓았다 해서 든든하다 할 것이 아니라 주인공에 놓는 도리를 알아야 한다. 그래야 향 한 개를 꽂아도 그 향기가 우주를 다 쌀 수 있는 것이다.

17. 부처님께서 나를 믿고, 나를 따르고, 내게 정화수 떠 놓고, 내게 돈 놓고, 내게 공양 올리라고 가르친 게 아니다. 부처님 앞에 갖다 놓고 빌어야 나 잘되고 가족 잘되는 줄 안다면 그것은 정말 부처님 법을 모르고 죄업을 잔뜩 짊어지는 게 된다.

18. 많은 불자들이 '관세음보살'을 염송하지만 대부분의 경우 자기 가슴에는 불을 켜지 않고 바깥으로만 불을 켜려 하니 밝아지질 않는다. 본래로 밝은 것을 모른다면 어떻게 자기를 제도하고 주변을 윤택케 할 것인가.

19. 경배는 주인공을 믿는 데서 시작된다. 그리고 그렇게 된 사람만이 독경을 해도 그 독경 소리가 삼라대천세계에 모두 퍼지게 된다. 그런 마음으로 경을 읊조리면 불보살께서 들으시고 온 누리에 두루 퍼지게 된다. 둘이 아니기 때문에 둘이 아닌 마음으로 경을 읽고 주를 송할 때 진정한 공덕이 그

속에 있다. 그런데 어떤 이들을 보면 그저 주는 주고 송은 송일 뿐이다. 그 깊은 이치를 모른 채 입으로만, 생각으로만 외고 있다. 그러니 보이지 않는 세계의 법망에는 그 정성이 걸리지 않고 그저 자기나 들을 뿐이다. 〈반야심경을 외울 때나 천수경을 외울 때면 우리는 찰나찰나 여여하게 돌아가는 유위법과 무위법을 외우는 것이고, 생활 속에서 그대로 그 법을 따라 가고 옴이 없이 가고 옴을 배우는 것이다.〉

20. 어떤 사람은 잊지 않고 꼭 해야만 염불인 줄 아는데 세울 게 없는 사람에게는 한생각이 곧 염불이 될 수 있다. 한생각이 그대로 활용이요, 그대로 법륜이니 어찌 그 법을 어기고 입으로 외워야만 맞는다 하겠는가.

21. 지극한 정성으로 불을 켠다면 그 불은 우주와 더불어, 내 마음과 더불어 하나로 합쳐서 항상

켜져 있는 것이다. 그러므로 따로 인등을 켜야 한다 하고, 석달 열흘 그렇게 밝혀야 한다고 하지 말라. 그것은 인등이 아니다. 일상생활 중에도 마음의 불을 켜면 항상 인등을 켜 놓는 것이니 사람의 마음이 인등이다. 마음이 밝아야 항상 밝은 것이지 인등을 켜 놓았다고 밝아진 것은 아니다.

22. 인등을 백 일간 켠다, 천 일간 켠다 하는데 이 지구가, 아니 우주가 백 일만 돌아가나, 천 일만 돌아가나? 또 우리는 백 일만 밝게 살 것인가, 천 일만 밝게 살 것인가? 지금 우리는 일 초도 머무름이 없이 항상 불을 켜 가지고 있는 것이니 인등을 켠다, 안 켠다 하면서 긁어 부스럼을 만들지 말라.

23. 식구 숫자대로 인등을 켜 놓고 잘되기를 빈다고 하는데 그것을 어찌 불 켜 놓은 것이라 하겠는가. 불은 이미 자나 깨나 마음의 불로 켜져 있는데도 불구하고 켰다가 꺼지는 그 불로 정성을 들인다

고 하니 그 불 꺼지고 나면 그 후로는 그만 빌고 그만 살겠다는 것인가.

24. 법당에 촛불을 천 개 밝히는 것이 마음에 촛불을 한 번 밝히는 것만 못할 수가 있다. 마음의 불을 켜면 우주 전체가 알지만 촛불을 촛불로만 켜면 그 켜는 곳에서밖에 모른다.

25. 잘되고 잘못되고, 좋고 나쁘고가 전부 나로 인해서 생긴 것이니 주인공에게 '잘되게 해 주시오.' 하는 게 아니다. 일체가 그 자리라 일심이 만법으로 나고 만법이 일심으로 드니 함이 없이 하는 것이지 둘로 보아 "해 주시오." 하는 게 아니다.

26. 마음 한번 내면 일체 제불이 다 아는 것이라 따로 법당이 없고 기도처가 없으니 생활 가운데서 일체를 평등하게 보고 진실하게 관한다면 생활이 그대로 기도요 수행인 것이다.

27. 내 안에 관세음보살이 있다, 예수가 있다, 하나님이 있다 그렇게 말로만 해서는 안 된다. 이 도리를 완벽하게 알아서 주장자 하나 탁 던질 때 어디에고 적응될 수 있게 되어야 한다.

2. 타력 신앙

1. 해 달라고 하면 벌써 둘이 된다. 그렇게 해서는 아무리 빌어 본들 공덕이 없다. 수만 냥을 내고 불을 켜도 만약 그것이 기복이라면 공덕이 하나도 없고 불을 켠 일도 없다.

내가 농사짓고 부지런히 뛰어서 내 밥을 내가 지어 먹는 것이다. 누가 나에게 주는 것도 아니고 누가 대신해 줄 수 있는 것도 아니다. 그러므로 자기 마음을 계발하는 데 역점을 두어야지 깡통 들고 다니면서 도와 달라고 해 보았자 채워지지 않는다. 〈수억겁을 거쳐 이날까지 나를 끌고 온 주인공의 뜻을 배

신하지 말라.〉

2. 대부분의 사람들은 문제가 발생하면 그 해답을 자기 자신이 아닌 다른 곳에서 찾으려 한다. '육신은 의사와 병원에 의지하고, 가난은 남의 도움에 기대어 해결하려 하고, 운명은 사주 관상쟁이에게 묻고, 교육은 학교에 맡기고' 하는 식이다. 그러나 그것은 임시방편이 될 수는 있어도 궁극적인 해결책은 되지 못한다. 옷이 날개라고도 하지만 아무리 좋은 옷을 입어도 그 옷이 내 몸이 될 수는 없듯이, 아무리 그럴싸해 보이는 방책이라도 나 아닌 곳에서 찾은 것은 참 해결책이 아니다. 그래서 자기 자신을 찾으라고 말하는 것이다. 자기 자신 속에는 모든 것이 다 들어 있다. 자신 속에서 병원을, 의사를, 해결책과 치유책을 찾아야 한다. 밖으로 돌면 무한한 내면의 해결책을 끌어내지 못한다. 〈극락이란 힘겹게 찾아가는 곳이 아니다. 극락이 우리를 찾아오게 해야 한다.〉

3. 사람들은 여러 것에 의지한다. 부모, 친구, 친척이 혹시 도와주지 않을까 기대하고 돈, 권력, 명예, 학벌, 젊음 따위를 믿기도 한다. 그러나 그 모든 것은 밖에 있다. 그러한 것이 도움을 주기도 할 것이고 가령 의사나 약사처럼 병에 대해서 더 잘 알기도 할 것이나 모름지기 밖의 것들에 의지하는 만큼, 아니 그보다 훨씬 더 진지한 관심을 가지고 내면을 관하지 않으면 안 된다.

4. 남이 주는 것은 언제나 부족하기 마련이다. 남이 물 한 바가지를 줬으면 그 물을 먹는 동안에 또 물을 퍼야 할 텐데 남이 준 것만 먹으면 곧 빈 바가지가 된다. 내 깊은 골짜기에서 나오는 샘물을 떠 먹을 수 있으면 항상 든든하고 당당할 것이다.

5. 남에게 베풀고 살아야지 항상 배고프다고 애원하며 남의 집 머슴 노릇만 할 것인가.

6. '관세음보살!' 하고 부르면 벌써 밖으로 모시는 마음이 된다. 그러기에 '주인공!' 하고 안으로 들이대라 하는 것이다. '주인공이시여! 여여하고 원만해서 삼천대천세계를 두루 다 비출 수 있고 여여하게 능력을 주실 수 있지 않습니까!' 하고 안으로 하라.

7. 기복으로만 맹종하고 타력 신앙으로만 나아가는 사람이라면 광대무변한 인간의 가능성을, 법신으로서의 부처 이룰 자격을 상실했다고 볼 수 있다. 인간이라면 모름지기 더할 수 없는 고등 동물로서, 만물의 영장으로서 자기 자신을 돌아볼 줄 알아야 한다.

8. '저 높은 하늘'이란 어디쯤인가. 북극성이나 삼태성에 사는 생명체들이 보기에는 지구 쪽이 '저 높은 하늘'에 해당될 것이다. 그렇다면 그쪽에서 이쪽을 보고 '하늘 높은 곳에 하느님이 계셔서 우주를

지배한다'고 생각할 수도 있을 것이다. 마치 여기에서 그런 일들이 벌어지고 있듯이 말이다.

9. 우주 삼천대천세계가 내 자리 아닌 곳이 없으니 법당에 있으나 변소에 앉아 있으나 내가 그곳에 있기에 참 나가 같이 있고 부처님도 함께 계신 것이다. 그럼에도 주인공 자리를 무시하고 밖으로 돌면서 '더 좋은 기도처가 없나. 더 좋은 스님은 안 계신가.' 하고 찾는 사람들이 많다. 자기 법당을 자기가 갖고 있고, 그 법당 안에 항상 불이 켜져 있고 항상 부처님이 계신 것을 모르는 것이다. 〈정원사는 죽은 나무에 꽃을 피우는 사람이 아니다.〉

10. 허공에 코드를 꽂아 놓고 불이 들어오기를 기다리려느냐?

11. 타의에 의해서 들어오는 것도 바로 내가 있기 때문에 들고 나고 하지 않는가. 참 나는 모든 것

을 알고 있는데도 스스로 모른다 하니까 시달리게 되는 것이다.

12. 내 몸에 붙은 불부터 꺼야 부모의 묵은 빚도 갚고 뿌려 놓은 자식들도 건질 수 있다. 그런데 이 도리를 공부할 생각은 않고 기복으로 돌아 귀신 놀음이나 하는 경우가 많으니, 제 자신만 귀신이 되고 말면 좋겠는데 자식들까지 귀신 노릇을 하게 하니 딱한 일이다.

13. 이곳 저곳 장소 따지고 이 종교 저 종교 이름 가리고 한다면 전체가 둘이 아닌 도리를 어떻게 감득할 수 있겠는가. 이 신 저 신 찾다가는 이 신, 저 신, 내 신까지 잃어버린다.

14. 종교란 이름이다. 한 지붕 밑에 사는 사람들이 각각의 살림살이에 따라서, 지역에 따라서 이름을 지어 놓은 것뿐이니 종교를 가지고 싸울 일은 아

니다. 인간들이 제각각 마음먹기를 그렇게 해서 싸우는 것일 뿐 하느님이 싸우라고 시킨 것도, 예수가 싸우라고 시킨 것도 아니다. 부처가 그렇게 시킨 것도 아니고 알라신이 그렇게 시켰을 리도 없다. 인간들이 그렇게 해 놓고 공연히 하느님의 이름으로, 알라의 이름으로 싸우는 것뿐이다.

3. 스승

1. 매사에 은혜를 느낄 줄 알게 되면 돌이 굴러가는 것을 보고도 배울 게 있다. 삼라만상 어느 것 하나 스승 아닌 것이 없으니 물 한 방울, 돌멩이 하나, 나무 한 그루, 풀 이파리 하나, 흙 한 덩이, 바람 한 줄기도 버릴 수가 없다.

2. 눈이 먼 사람에게는 지팡이가 필요하고, 다리를 다친 사람에게는 목발이 필요하듯 공부하는 사

람에겐 스승이 필요하다. 장님이 눈을 뜨고 나면 제 눈이 있어 지팡이가 필요치 않듯이 참 나가 발현되면 스승이 따로 없어도 된다. 그러나 그때까지는 스승을 믿고 따라야 한다.

3. 승보에 귀의한다 함은 스님을 믿으라는 것이 아니다. 믿을 것은 자기 주인공뿐이다. 다만 스님들의 행과 말과 뜻이 일치하여 이치에 어긋나지 않는다고 생각될 때 스승으로 알아 따르라고 하는 것이다. 공부하는 중에는 안 스승만이 아니라 스스로 체험한 것을 더듬어 줄 바깥 스승도 필요하다. 원효대사에게 대안 대사가 있고 혜가 대사에게 달마 대사가 필요했던 것과 같다.

4. 스승을 잘 만나야 된다. 장님을 따라가다가는 구덩이에 빠지고 만다. 결코 남을 좇지 말고 자기 독존을 먼저 발견할 일이다. 자신이 스스로 자기를 제도할 수 있어야 한다. 자기가 자기를 제도하지 못

하고는 남도 또한 제도할 수 없다. 〈속인도 중도 아닌 박쥐 중과 머리만 깎은 거사가 있다.〉

제4장 생활 불법

1. 삶이 곧 불법

1. 생활을 떠나서 불법을 따로 구하지 말라. 생활을 잃고 따로 그 어떤 것이 있다고 결코 믿지 말라. 살아가는 모든 것이 곧 불법이니 내가 있는 것이 불교요, 내가 살아가는 것이 불교다. 생활을 불교식으로 바꾸는 것이 작은 일이라면 생활과 존재 그 자체가 불법, 그것임을 깊이 깨닫는 것은 큰 일이다. 불교를 생활화하기보다 생활이 진리임을 알라.

2. 불교를 믿든 안 믿든 간에, 자세히 세상 이치를 살피고 고요히 인생과 세상에 대해서 명상하게 되면 점차 부처님 법에 가까워지게 마련이다. 인간

세계에는 없는 게 없다. 성현의 이치가 있는가 하면 중생의 이치가 있다. 그런데 왜 살펴보지 못하는가.

3. 불법이란 현실의 법, 생활의 법이다. 부처님의 뜻에 진정으로 계합하기만 한다면 개개인의 생활은 말할 나위도 없고 국가와 사회의 당면 과제도 능히 타개할 수 있는 묘리가 나오게 된다. 생활을 떠나 종교가 있는 게 아니다. 평상의 생활을 떠나 도가 있는 게 아니다.

4. 생명이 있기에 마음 있는 것을 알고, 마음이 있기에 생각하고 움직인다는 것을 부정하지 못한다. 그래서 우리가 사는 것, 평상심으로 이렇게 살고 있는 것을 그대로 불법이라 한다. 어디에 국한되어 있는 게 아니다. 〈가령 우리가 집을 짓고자 할 때 생각을 하니까 설계가 나오고 집이 올라가게 되듯이 일상생활 중에서 생각을 하니까 말하고 움직이고 하는데 그렇게 돌아가는 마음의 이치를 발견

하는 것, 그것이 바로 불교인 것이다. 내가 날 알아보기 위한 것이 곧 불교다.〉

5. 범천이 따로 있는 게 아니다. 이 세상에 지옥도 있고 이 세상에 범천도 있으며 천당도 있다. 세상살이를 가만히 보라. 잘못을 저질러 감옥에 갇히질 않나, 마음으로 죄를 지어 마음 지옥에서 살지를 않나, 환난 고통에 울부짖지를 않나. 그런 반면에 그런 굴레에서 벗어나 기쁘게, 당당하게 사는 사람들도 있다.

6. 불법은 내가 행하고 살아가면서 한 걸음 걷고 말하고 움직이는 것을 모두 포함한다. 고로 부처님 법이 법당에만 있는 게 아니라 안방에도 있고 부엌에도 있고 직장에도 있다. 대중이 살림하는 것이나 스님들이 중노릇하는 것이나 공부하기는 마찬가지이다.

7. '불교란 기복이 고작이다.'라고 인식한다면 첨단 세상을 사는 지식인이라 할 수 없고 자유인으로서의 자격도 없다. 불교를 부정적, 은둔적인 종교로 보는 경향도 잘못된 것이다. 불교는 "일체 생명에 다 불성이 깃들어 있으니 일체가 다 부처"라는 대긍정, 대평등의 가르침이다. 시대가 바뀐 지금, 활발하고 긍정적인 불교의 참모습이 그 어느 때보다도 절실하다.

8. 풀 한 포기라도 불법 아닌 게 없다. 이 세상 존재하는 것은 모두가 불법이다. 그러하기에 이 세상 전부 어느 바닥이라도 법상 아닌 곳이 없다고 하는 것이다. 우리가 딛고 다니는 이 터전이 전부 한 법상이자 한 방통이자 여래의 집이다.

9. 통이 둥글면 뚜껑도 둥글어야 하듯이 불법 공부도 내가 처해 있는 환경을 수용해 가면서 해 나가야 한다. 건너뛰거나 무엇을 버릴 생각을 하지 않고

자기 길을 가는 중에 마음이 몸을 제도하고 몸이 마음을 제도하면서 나아가야 한다.

2. 감사하는 마음

1. 물 한 모금 마시고 밥 한술 떠 넣어도 더불어 먹고 더불어 감사하는 원리를 알아야 한다. 일부러 '부처님, 감사합니다.', '부처님께 회향합니다.' 하는 생각을 지어서 회향치 않아도, 깊은 감사와 믿음이 있으면 자동적으로 모든 행이 일체 중생, 일체 부처님과 같이하는 것인 줄 알아야 한다. 그러면 살아가는 것이 그대로 회향인 것이다.

2. 자신을 낳고 길러 주신 부모의 은혜를 작은 일이라고 무시한다면 어찌 부처님 법의 그 은혜로운 이치를 알 수 있겠는가.

3. 아침 예불 쇳송에 “오종대은 명심불망”이라는 말이 나온다. 국가의 은혜, 부모의 은혜, 스승의 은혜, 베푸는 이의 은혜, 좋은 벗의 은혜를 알라고 하는 것인데 어찌 그 다섯뿐이겠는가. 국민의 은혜, 땅의 은혜, 물의 은혜, 바람의 은혜, 불의 은혜 등 모두 감사하지 않은 것은 없다. 모든 것의 은혜를 아는 사람이라면 나 하나 잘나서 독불장군이라 할 것이 없으니 둘 아닌 도리를 납득할 수 있을 것이다.

4. 우리가 여기에서 헤어나지를 못한다면 이날까지 오랜 세월 동안 한국에서 중국으로, 중국에서 인도로 도를 구하러 다니며 애를 쓰다가 스러져 간 수백 수천의 역대 조사들이 기울인 노력, 부처님께서 49년간 설하신 가르침이 모두 허무로 떨어지지 않겠는가.

5. 예로부터 불교에서는 세 가지 어려움을 이야

기해 왔다. 인간의 몸 받기가 어렵고, 불법 만나기가 어렵고, 수행해서 보리과를 얻기란 더욱 어렵다고 했다. 그러나 한편으로 시작이 반이라고도 한다. 우리가 인간으로 태어났다는 것, 그것으로 우리는 부처 되는 길의 반을 이룬 셈이라 보아도 좋다. 그런데 그렇게 복된 이 시점에서 우리를 여기 세워주신 분이 누구이겠는가. 우리는 당연히 부모님, 조상님들께 고마운 마음을 지녀야만 한다. 이것이 바로 조상님들의 차례상 앞에 머리를 숙이는 이유일 것이다. 그러나 생각해 보자. 그분들을 더 잘 공경하는 방법은 없는 것일까. 있다. 그것은 바로 내가 참답게 수행하는 것이다. 몸을 받드는 효자가 있고 뜻을 받드는 효자가 있다.

3. 따뜻한 마음

1. 진실이 담기지 않은 겉치레 말은 그럴듯하고

멋지다고 하더라도 볶은 씨앗과 같아서 아무리 기름진 땅에 심어도 싹을 틔우지 못한다. 모름지기 수행자라면 말이 말에 떨어지게 해서는 안 된다. 일단 입을 열어 법을 이야기한다면 그 말을 듣는 이에게는 물론 자기 자신에게도 공덕이 있어야 한다. 그런 말을 하는 참 수행자가 돼라.

2. 말 한 번 잘못하고 행 한 번 잘못하면 그것의 누(累)가 내게만 미치는 게 아니라 역대 조사들한테도 미치고 석가모니 부처님에게도 미친다. 그것은 참으로 광대무변한 불성, 그 능력을 지닌 인간의 존엄성을 더럽히는 일이기 때문이다.

3. 어머니가 도둑질한 자기 자식을 말없는 슬픔으로 감싸듯이 다른 사람의 행업을 마음으로 감싸면서 자비심을 내도록 하라. 정법이니 사법이니 가리느라 신구의로 업을 짓지 말고 다만 그윽한 마음을 내도록 하라.

4. 대비심이 없는 공부는 작은 공부이다. 자기만의 기쁨과 편안함을 넘어서서 모두가 함께 편안한 차원으로 나아가야 한다. 그러자면 수행자는 모름지기 풀 한 포기라도 버리지 않는 대비심이 있어야 한다. 그리고 물러서지 않는 패기가 있어야 한다.

5. 올바른 수행자라면 결코 어긋나지 않을 것이니 자연스럽게 대비심을 일으키게 될 것이다. 그리하여 위대한 마음의 길, 마음법의 다음 차원을 터득하고 체험하여 다양한 방편을 얻게 되고 나·너를 떠난 경지에서 크나큰 마음을 지니게 된다.

6. 희로애락이 뒤엉킨 생활 속에서의 작은 불씨 하나, 작은 자비심 하나가 불법을 살린다. 높다랗게 앉아 있는 부처님과 위엄을 갖춘 큰스님네에게서가 아니라 하찮고 비루한 속에서 실로 고상함이 나온다. 모든 생명이 그렇고 정법이 그러하다.

7. 상대방에게 해롭거나 상대가 역정을 낼 기세가 보일 것 같으면 말로 하지 말고 주인공에 일임하여 안에다 놓으면, 자석과 자석이 감응하듯 그쪽으로 염파가 통하게 된다. 〈이 우주간 법계는 허공에 거미줄을 쳐 놓은 듯이 다 통하게 되어 있다.〉

8. 부부지간에도 그렇고 부모 자식 간도 그렇고 제 보기에 잘못하면 밉고 잘하면 예쁘다고 한다. 또 듣기 좋은 말 속삭여 주면 좋다 하고 진실로써 잘못을 지적하면 듣기 싫다고 한다. 마음에 들면 예뻐하다가도 마음에 안 들면 벌컥 화를 내기도 한다. 이런 일들은 자기를 깎아 먹는 것이니 모두를 주인공에 놓고 항시 좋은 말, 부드러운 얼굴로 대하라. 그렇게 하면 참 나 자성불이 무전 통신으로 모두의 마음을 조절해서 화합하게 한다. 진실한 믿음이 있기 때문이다.

9. 부처 속에서 중생이 나오고 중생 속에서 부처

가 나왔으니 모두가 한마음이다. 남을 원망치도 말고 남의 것을 탐하지도 말며 아집을 버리고 항상 겸손하면서 뜻 보시와 법 보시, 부드러운 말 보시를 하라. 말로든 마음으로든 항시 자비롭고 인의롭게 남을 대하라. 우리 모두는 언제나 상대성 속에서 살아가고 있으니 회사로 치면 사장이 있어야 직원이 있고, 직원이 있어야 사장이 있다. 고로 서로가 서로를 아껴 폭넓게 살아감으로써 자신도 아낄 수 있는 것이다.

4. 진정한 사랑

1. 자식이 물에 빠질 때 부모는 그냥 뛰어들어서 건진다. 자기가 죽는지를 모른다. 거기 무슨 이유가 붙겠는가? 그와 같이 순간에 뛰어들어 건지는 마음, 그 마음이 부처님의 마음이고 자식을 생각하는 부모의 마음이다. 그래서 조상의 마음이 따로 있고

부처님의 마음이 따로 있는 것이 아니다. 내 모든 것을 버려서라도 너를 살리겠다는 그 마음은 똑같다. 보답을 바라지 않는 부모의 참사랑, 그것이 바로 자비이다.

2. 정말로 사랑한다면 자비롭게 대하라. 그리고 놓아 주는 것이 사랑이다. 사람들은 조그마한 사랑을 가지고 죽네 사네 야단들이지만, 큰 사랑은 죽여도 사랑이요 살려도 사랑이다. 그것이 자비다. 죽이는 것이 없기 때문이다.

3. 사랑하기 이전에 내 아픔이요, 내 몸이요, 내 자리요, 바로 나이기 때문에 '사랑한다, 안 한다' 하는 언어가 붙을 수가 없다. 그대로 자비심이다.

4. 자비란 죄가 있든 없든, 거지든 부자든, 벌레든 짐승이든 따지지 않고 내줄 수 있는 마음이다. 진실한 사랑은 그를 위해 내가 모든 것을 내줄 수

있는 사랑이다.

5. 마음에서 스스로 우러나와서 마음을 같이하고 오고 가는 사이 없이 에너지가 오고 갈 수 있는 두터운 한마음, 그것이 자비다.

6. 상대가 하찮아 보이고 못나 보이고 밉게 여겨질 때는 '저것이 바로 내가 몰랐던 시절의, 못났던 시절의 나의 모습이지!' 하고 넓은 아량과 지혜로써 사랑과 자비를 베풀 줄 알아야 한다. 수억겁을 거쳐 오면서 갖가지 모습을 해 가지고 살았던 나인데 어찌 잘못이 있다거나 하찮은 짓을 한다 해서 상대를 보고 "너는 아니다."라며 버릴 수 있겠는가.

7. 내가 사랑을 하지 않으면 꽃도 나를 사랑하지 않는다. 내 마음이 가지 않는데 상대가 응해서 나를 받아 주겠는가. 내가 지극하게, 사무치도록 어떤 사람을 사랑하지 않으면 그 사람도 나를 그렇게 사랑

하지 않을 것이다. 마음 작용이 그러하다. 마음이 상응하는 것은 물과 물을 섞는 것 같으니 놓고 믿는 중에 한생각 일어나면 그대로 같이 돌아간다.

8. 높다고 높게 생각하지 말고 낮다고 업신여기지 말고 항상 자비스럽게, 항상 같이할 수 있는 넓은 마음, 같이 사랑할 수 있는 그 마음, 같이 피를 나눌 수 있는 그 마음, 같이 먹을 수 있는 그 마음, 그 마음이야말로 이 세상을 통치하고 이 세상을 덮고도 남음이 있는 것이다.

9. 아집 아만을 버리고, 욕심을 버리고, 집착하는 마음을 쉬고, 투기를 하지 말고, 모든 악한 것을 마음으로 안아서 내 물그릇에 넣어 한 그릇으로 만드는 것이 보살의 사랑이요 행이다. 그렇지 않다면 그것은 값비싸고 진실한 사랑이 아니라 욕심이요 집착이요 망상에 불과하다.

10. 자기의 고정관념을 고집하지 말라. 고집이란 자기만의 좁은 마음이니 마음이 넓으면 세상을 다 안고도 남음이 있지만 마음이 좁으면 바늘도 안 들어 간다. 그러기에 항상 하심하고 널리 공경함으로써 세상을 다 안아 들일 수 있게 된다면 그것이 곧 불법에 귀의하는 것이요 자유인이 되는 과정인 것이다. 항상 자기를 밑으로 내려 세워 마음의 고개를 숙이도록 하라. 〈겸손하라. 내 마음이 넉넉하면 그 향기가 상대의 마음을 녹이게 된다.〉

11. 새도 깃을 다듬고서야 난다. 사람도 마음을 가다듬고 나서야 무엇이든 하게 된다. 남을 위해 무엇이든 하려면 먼저 내 마음 안으로 남을 위하라. 그것은 전화를 걸려면 먼저 내 쪽에서 송화기를 들어야 하는 것과 같다. 무슨 일이든 나로부터 닦고 내 마음 안으로 순화시켜 나가는 것, 그것이 모두를 살리는 진리이다.

5. 생명 사랑

1. 남의 생명을 내 생명과 같이 생각한다면 살생할 일이 없다. 남의 물건을 내 물건같이 생각한다면 도둑질할 일이 없다. 분수를 지키고 남의 것을 탐하지 않는다면 내 몸 건강하고 내 가정 화목할 것이니 얼마나 좋은 일인가.

2. 생명은 다 같다. 개미 생명이나 사람 생명이나 마음 쓰는 차원이 다를 뿐이지 생명은 똑같다. 그럼에도 어떤 사람들은 자기에게 아무런 해를 끼치지 않는데도 재미로 생명을 죽이기도 한다. 종교를 떠나서 말하더라도 그것은 다시 생각해 볼 일이 아닐까.

3. 사람이 고통을 싫어하는 것이나 축생과 미물들이 고통을 싫어하는 것에 무슨 차이가 있겠는가.

모든 살아 있는 것들은 무엇보다도 자기의 생명을 가장 소중하게 여길 뿐 아니라 평안과 자유를 위해서 아픔을 견디며 피눈물 나는 노력과 투쟁을 하고 있다. 사실 차원의 높고 낮음에 있어서는 사람과 축생, 미물이 서로 다를망정 하나의 생명이 겪는 근본적인 아픔에 있어서는 동일한 것이다.

4. 살생을 하지 말라, 육식을 하지 말라 하는 것은 모든 생명체가 평등한 반면에 다 제 몸뚱이에 강한 애착을 갖고 있는 까닭이다. 물론 마음 도리를 아는 경우라면, 피치 못해 생명체를 취한다 할지라도 무명만을 친 것이다. 참 이치에서 보면 살리는 것이 되기도 한다. 그렇더라도 섣부른 합리화는 절대 금물이니 한 방울의 눈물로 온 세상을 다 적실 수 있는 사람만이 이 진실을 이해할 것이다.

5. 불가에서는 예로부터 살생을 가장 큰 죄악으로 꼽아 왔다. 그러나 한편으로 우리는 어떤 생명체

를 취하지 않고는 살아갈 수 없는 형편이기도 하다. 생명이라는 근본에서 보자면 소나 돼지나 풀 한 포기가 서로 다를 것이 없다. 그런 점에서 우리는 끊임없이 직·간접으로 살생을 하고 있다 해도 과언은 아니다.

6. 생명을 죽여서는 안 되지만 급할 때에는, 가령 토끼를 잡더라도 그 토끼가 내 몸이요 내 생명이며 내 마음인 줄 굳게 믿어야 한다. 그래야 죽여도 죽이는 게 아니라 자비의 천도가 된다. 그래야 토끼가 나로 환생되는 것이니 나를 원망하기보다는 '이렇게 만나기가 얼마나 어려웠던가.' 하는 생각에 환희를 느낀다.

7. 둘 아닌 마음의 도리를 알아야 고기 한 점을 취할 때 그 마음이 내 마음이 되어 오히려 차원을 향상시키는 게 되지만 예를 들어 소는 소고 나는 나라고 한다면 그 죄업에서 헤어나지 못하게 된다.

8. 고기의 살도 내 살이요, 고기의 마음도 내 마음이요, 고기의 생명도 내 생명일 때, 약으로도 쓰이면서 인도환생하게도 하니 비로소 살생이 아니게 된다.

9. 물에도, 불에도 생명이 있어 우리가 마음 쓰는 것을 다 알고 있다 해도 과언이 아니다.

10. 물이 없는 곳에서 물고기가 퍼덕퍼덕 뛸 그때에 그 물고기를 물에 넣어 주는 것이 참된 방생이다. 물에서 잘 노는 물고기를 잡아오게 되면 잡을 때도 죽이고 넣어 줄 때도 죽이게 된다. 그러니 이것은 방생도 보시도 아니고 오히려 죄다. 흥부의 방생이 아니라 놀부의 방생인 것이다.

11. 생물 모두가 스스로 살아갈 물이 없을 때에 그것을 물에 집어다 넣어 주는 것이 방생이다. 자식 학비도 못 내고 집이 없어 내쫓겼을 때 돈을 줘서

방에 들여놓는 것이 방생인 것이다.

6. 보시

1. 마음을 함께하면서 일체를 내 몸과 같이 생각하고 내 아픔같이 생각하며 내 자리와 똑같이 생각한다면 어찌 내 생명은 아깝고 남의 생명은 아깝지 않겠는가? 그런 마음이 곧 보살의 마음이요 진정한 보시이다.

2. 모든 것을 용서할 수 있는 아름다운 마음의 향기로 전체 생명체와 더불어 시공이 둘이 아니게 돌아가는 한마음의 도리를 그대로 함께할 수 있을 때 무주상 보시를 할 수 있다.

3. 내가 그 사람이 되고 그 사람이 내가 된다면 그것이 무주상 보시이다.

4. 전체 대공이 돌아가는 이치에 내 한생각을 계합해 주는 것이 무주상 보시이다.

5. 굶주린 자를 먹여 주고 살려 주어서 한마음의 도리를 알게 해 주는 것이 무주상 보시이다.

6. 보시는 함이 없이 해야 한다. 보시하는 것도 주인공에 맡기고 지극정성으로 놓아라. 보시란 우리가 돈을 가지고 가게에 가서 물건을 사 오는 것과 같은 것이다. 그러니 보시를 했어도 남을 준 것이 아니라 나를 위해 받은 것이다.

7. 남에게 어떤 이익을 많이 주었다 해도 탐탁치 않은 생각, 찌푸린 얼굴로 주었다면 곧 마음에 찌푸림이 있었으니 공덕이 되지 못한다. 또한 아무리 좋은 일을 하거나 물질적으로 보시를 한다 하더라도 내가 무엇을 했다고 하는 한 그것은 공덕이 될 수 없다. 〈유·무를 한데 합쳐 손가락 하나만 들어도

우주 전체가 들릴 때라야 공덕이 될 수 있다.〉

8. 내가 괴롭지 않기 위해 주었으니 내가 준 것은 하나도 없다. 나를 준 사이도, 내가 준 사이도 없는 도리가 보시이다.

9. 보시는 부모의 은혜를 갚을 수 있고 자식들에게는 햇빛을 줄 수 있고 뿌리를 길러 줄 수 있는 기반을 닦아 주는 것이다.

10. 안 주는 것도 보시요 주는 것도 보시이니 다만 남을 이익 되게 하라.

7. 행복

1. 누구나 자기가 잘되고 내 집이 잘되고 내 국가가 잘되기를 원한다. 그럼에도 사업에 실패하고 전

쟁이 일어나 망하기도 한다. 어느 한 부분만 보기 때문에 일어나는 일이다. 높이와 넓이, 둘레를 다 보고 상응이 되어 한마음으로 돌아간다면 어떠한 것을 해도 계합이 되기 때문에 조화가 이뤄진다.

2. 행복이란 잘나고 못난 것에서 비롯되는 게 아니다. 잘났다는 생각, 못났다는 생각과 같은 분별에서 기쁨과 고통이 교차한다. 잘나게 보이려 하기 전에 그 마음까지 내려놓고 푹 쉬어 보라. 참된 행복이란 잘났다는 생각에서 오는 기쁨 그 이상의 것이다. 그것은 양면을 초월한 중도의 기쁨이기 때문이다.

3. 행복이란 자기가 만든 것이지 누가 가져다 주는 게 아니다. 가져다 준다고 기대하거나 믿지도 말라. 거기에 착을 두면 온갖 번뇌가 따른다.

4. 슬픈 생각을 하면 슬프게 살고 옹졸한 생각을 하면 옹졸하게 살게 된다. 그러나 불법의 진리는 그

련 게 아니니 믿어 발랄하고 생동력 있게 산다면 스스로 풍요로워진다. 혼자 사는 게 아니기 때문이다.

5. 세상살이 하고 많은 일들을 보고 듣고 겪으며, 일일이 언짢아하고 원망하고 분개하고 울고 웃다 보면 넝마밖에는 될 것이 없다. 시대를 탓하고 나라를 탓하고 부모를 원망하고 주위 사람들을 못마땅해한다면 스스로 갈갈이 찢긴 넝마가 될 뿐이다.

6. 밥 한 그릇을 몇이서 나눠 먹어야 할 형편이라도 화목하다면 즐거움이 있을 것이고, 산해진미라도 서로 아옹다옹, 티격태격한다면 편치 않을 것이다. 지옥을 누가 만드는가. 재물이 많아서 부처님 전에 쌓아 놓고 불사를 하고 공양을 올린다 해도 마음이 좁아 욕심으로 가득 찼다면 공덕은커녕 현실의 즐거움조차도 없을 것이니 마음이 근본이라, 자기를 구원하느냐 못하느냐는 마음에 달려 있다. 〈돈 많은 가난뱅이가 되느냐, 가난한 부자가 되느냐는

문제는 각자 마음먹기에 달려 있다.〉

7. 부잣집 하인 노릇을 하니 마음도 부자요 물질도 부자다. 풍요롭고 배부르고 마음 편하다. 그러나 부자는 부자인데 마음이 가난한 사람을 만나면 일 년 새경도 제대로 못 받으니 살기조차 어렵다. 마음이 서로 좋으면 풍요롭고 봄이 온 것이지 달리 무엇이 더 있겠는가.

8. 남들이 장 보러 간다고 덩달아 따라 나서는 사람이 되지 말라. 세상 사람들이 모두 바쁘게 뛰고, 전전긍긍하면서 산다고 자신까지 그래야 한다는 법은 없다. 사실 생활 속의 여러 가지 걱정이란 알고 보면 자기 욕심 때문인 것이니 하지 않아도 좋을 것을 하고 있는 것이다. 이왕 주어진 인생이니 매일매일 여러 가지 문제가 닥쳐오더라도 마음 푹 놓고 하루하루 담담하게 살아가는 게 현명하지 않겠는가.

8. 재화

1. 재산을 쓰는 사람이 돼라. 재산에 쓰이는 사람이 되어서는 안 된다. 재산에 쓰이는 사람에게는 재산이 곧 짐이라 온갖 풍파의 원인이 된다. 그러나 재산을 쓰는 사람에게는 재산이 편리한 가축이 되어 자꾸 새끼를 치게 된다.

2. 평상시에 돈을 벌면서 살되 그 돈에 애착을 두지 않는다면 바로 깨침의 길이라 해도 과언이 아니다. 본래로 내가 공하였으니 나는 다만 돈의 관리자일 뿐이라고 한다면 항상 겸손하여 재물이 풍족함을 자랑 삼지 않을 것이고, 주었다 받았다 하는 마음이 없이 내가 쓰는 물질로 생각한다면 둘 아닌 공덕이 될 것이다.

3. 내게 거금이 생겼다 해도 그 돈은 언제고 나갈

것이니 내 것이 아니라 내가 관리한다고 생각하라. 내 돈도 아니고 네 돈도 아니라 돌고 도는 돈이니 집착하는 마음을 밑 빠진 구멍에다 놓아라. 〈돈을 갖지 말라는 것도 아니고, 사랑을 하지 말라는 것도 아니다. 분수를 알고 분수를 지키면서 착을 두지 말고 모두가 나 아닌 게 없다고 알아 둥글게 살라는 것이다.〉

4. 재화를 움켜쥐려는 마음의 무게만큼 도의 마음은 반대로 적어진다. 영예를 따르는 발걸음이 바쁘면 바쁜 만큼 도의 마음에서는 멀어지게 된다. 가는 것 붙잡지 않고 오는 것 막지 않으며 지혜롭게 둥글게 살아야 한다.

5. 일단 호수로 흘러 들어온 물이 흘러 나가지 못하게 되면 썩게 마련이다. 또 배불리 먹고 나면 배설해야만 산다. 모든 소유는 이와 같다. 모든 재물을 흘러가는 강물로 생각하라. 지금 당신은 그것과

마주쳤지만 그것은 어느 사이엔가 흘러가 버린다. 그리고 흘러가야만 한다. 그러므로 흐르게 내버려 두어라. 흐름을 막으려고 하지 말라. 잠시도 멈추지 않는 이 우주의 법리에 따라 소유도 끝없이 흘러가는 것이다. 흘러간 뒤에는 다시 다음 것이 흘러온다. 강물에 끊어진 자리가 없듯이 그렇게 흘러온다. 〈물이 고여 있으면 썩어 악취가 나고 나중에는 메말라 버린다. 마음도 그와 같아서 서로서로 주고받으며 상조하지 않는다면 이끼가 끼고 썩어 악취를 내게 마련이다.〉

6. 돈이란 것도 마음이 맑고 흔쾌한 곳에 가기를 좋아한다. 음울하고 찌푸린 곳을 좋아하지 않기는 인간이나 돈이나 다를 바 없다.

7. 이익을 보지 말라는 게 아니다. 손해만 보고 살라는 것도 아니다. 이익과 손해는 동전의 앞뒷면 같은 것이어서 짝으로 다니지 결코 혼자서 다니지

않는다는 것을 알고 늘 그 뒷면을 볼 줄 알아야 한다. 이익을 보아도 이익에 빠지지 않고 손해를 보아도 손해에 낙담하지 말라. 자기 마음의 중심 자리를 묵연히 지키면서, 이익과 손해 때문에 울고 웃는 사람들 속에서 인연의 자리를 알아 침착할 수 있다면 그것이 중도의 길을 걷는 사람의 발걸음이라 할 것이다.

9. 가정

1. 내 가정, 내 주변을 살리는 속에 부처로 가는 길이 있다. 지금 내 앞에 닥친 일부터 녹여 나가라. 내 앞에 닥친 일을 놓아 두고 먼 데 일을 이야기하고 걱정하는 것을 일컬어 욕심이라고 한다. 가정과 생활에서 닥치는 문제를 이겨 내지 못한다면 불법을 말할 단계도 되지 못한다. 〈모든 것을 다 버려야 한다는 것은 버리지 않고 버려야 하고, 버리되 버리

지 않는 도리를 이름이니, 애착은 버리되 인연은 저버리지 않아야 한다. 인연을 따라 거두는 것이 보살행이다.〉

2. 죽고 사는 데 걸림이 없어야 하지만 가정적으로나 사회적으로나 책임을 완수하지 못하면 그 허물을 어떻게 하겠는가. 예를 들어 자녀들을 그냥 놓아 두고 간다면 건져 줘야 할 것을 건져 주지 못한 것이 되고, 나 하나로 인해 여럿이 희생이 된다면 그것 또한 도리가 아닌 것이다. 고로 갈 때 가더라도 책임을 다하고 갈 수 있게끔 해야 한다.

3. 자녀들에게 애착을 두지 말라. 그 아이들까지 에너지 속에다 넣어 버리고는 그냥 같이 돌아가라. 돌아가다 보면 장차 그 아이들도 틀림없는 불보살이 될 것이고 부처가 될 것이다.

4. 물질과학이 고도로 발달된 지금 시대엔 마음

세계로 들어가지 않으면 안 되게 되어 있다. 그러기에 영력으로 마음을 좌우할 수 있어야만 자식들도 제대로 키울 수 있다. 육체적으로 아무리 강요한다 할지라도 마음으로써 북을 돋아 주고 뿌리에 거름을 줄 수 있어야 하는 것이니 그런 어머니, 아버지가 되는 게 불법이다.

5. 내 전화통 있고 자녀의 전화통 있고, 내가 그 번호를 잘 알고 있는 이상은 말로, 몸으로 다그치고 욕하고 때리면서 가르치기보다는 둘 아니게 통신하면서 인도할 수 있다. 스스로 밝히고 스스로 올바른 길을 가게 할 수 있는 것이다. 그것이 뿌리에다 물 주는 이치요 에너지를 넣어 주는 것이다. 색으로만 보고 안타까워하기보다 한 걸음 더 디뎌서 넓게 생각할 줄 알아야 한다.

6. 만약 가정에서 남편은 남편대로, 자식은 자식대로 빗나간다 해도 결코 입으로, 몸으로, 물질

로 상대하지 말라. 오직 마음에 맡기고 관하고, 오직 마음에 놓아 버려라. 그러면 서로 통하게 마련이다. 그렇게 할 때 전화번호를 이쪽에서 돌리면 신호는 저쪽에서 울리는 것처럼 마음의 진실이 전해지게 된다. 이것이 참된 사랑이요, 이 시대의 불법인 것이다.

7. 아내는 남편의 여종이면서 동시에 남편의 어머니이다. 남편은 아내의 머슴이면서 동시에 아내의 아버지이다. 아내는 아내대로 때에 따라서 여종도 되었다가 어머니도 되었다가 해야 할 것이요, 남편 또한 경우에 따라서 능수능란하게 머슴과 아버지 역할을 해야 할 것이다. 그 말은 곧 감싸 줄 때와 타이를 때가 있어야 하고, 져 줄 때가 있는가 하면 권위가 서야 할 때도 있다는 말이다. 그런데 대부분 사람들은 그 역할을 뒤집어서 한다.

그렇다면 이런 다양한 역할을 잘해서 말 한마디로 천냥 빚을 갚을 수 있는 현명한 아내, 현명한 남편, 현명한 사람이 되려면 어떻게 해야 할까. 마음을 거두어들여서 자성에 깊이 맡기고 맑고 티 없는 자세로 모든 상황에 임하는 것이 중요하다. 그런 자세로 생활을 해 나가다 보면 인간의 삶이 그 얼마나 크나큰 삶인지 알 수 있을 것이다. 부처님 법은 인간에게 그런 슬기의 싹을 움틔워 준다.

8. 나의 몸이라고 해서 내 것이 아니다. 부모로부터 색신을 받았으니 몸을 잘 간수하는 게 바로 효도이다.

10. 호국 불교

1. 불국토가 따로 있는 게 아니다. 마음을 닦아 놓으면 저절로 불국토가 이루어진다. 예컨대 모든 사람들이 벌레의 생명도 내 생명과 같이 아낄 수 있다면 무질서한 일, 악한 일이 일어나지 않을 것이

고, 내가 공하여 나를 버린다면 혼란, 범죄가 있으려야 있을 수 없을 것이다.

2. 인간은 인간만의 입장에서 자연을 대상으로 파괴와 건설을 한다. 그 대부분의 경우가 자기를 세우고 진행되기 때문에 언젠가는 그 결과가 악업이 되어 돌아오게 된다. 그러므로 자기를 세우지 않는 선의의 개발을 하지 않으면 안 된다. 그래야만 자연도 살리고 인간도 살릴 수 있다.

3. 우리 생활이 곧 불법임을 아는 것이 곧 호국불교이다. 만법을 청룡도검처럼 쓸 줄 아는 것이 진짜 호국 불교이다. 생활 가운데 자기 자리를 참으로 지킬 수 있는 사람이라면 한국을 지킬 수 있고 세계·우주를 지킬 수 있다. 〈단추 하나만 누르면 어떤 전쟁도 막을 수 있는 이치가 불법이다.〉

4. 지금은 몸으로 호국 불교 하는 때가 아니다.

몸은 비록 움직이지 않더라도 내 가정과 사회와 국가를 지킬 수 있는 도리가 필요한 때이다. 그 도리는 불법밖에는 없다. 불법의 위덕은 중생의 사량으로는 헤아리지 못할 만큼 심오하기 때문이다. 불보살의 차원에서는 한 국가의 안위까지도 자재할 수가 있다.

5. 시대가 급변하는 대로 우리가 앞장서서 마음에 촛불을 켜고 밝게 나갈 수 있어야 한다. 그것이 불법이지 따로 불법이 있겠는가.

6. 호국 불교라 역설만 한다 해서 호국 불교가 되는 것은 아니다. 공한 그 자리를 믿고 거기에 모든 걸 놓을 줄 모른다면 땅에 떨어지는 말이 될 뿐이다. 그러므로 자기가 앉은 자리는 자기 스스로 지킬 수 있어야 호국 불교지, 자기 방석 하나도 지키지 못한다면 어찌 남의 방석인들 지킬 수 있겠는가.

활용(活用)편

제1장 한생각

1. 마음내는 도리

1. 마음 도리를 모르면 백 보를 뛰어도 종종걸음에 불과하고 이 도리를 알면 앉은 자리에서 한생각에 천만 리를 드나들 수 있다. 마음이 주인이자 부처이므로 한생각 일으키면 문수요, 움직이면 보현인 것이니 한마음 자리에는 부처·문수·보현이 따로 없다.

2. 인간은 업식으로 뭉쳐진 한 혹성, 한 우주이다. 그 우주 속에서는 별들이 반짝이면서 정맥, 동맥을 따라 돌기도 하고 오장 육부, 세포를 이루기도 한다. 그런데 업식이 그렇게 돌아가고 있는 이 도리

를 인간인 선장이 잘 알아서 한생각 낸다면 그 많은 업식의 별성들도 다 같이 한마음이 되어 선장을 따를 것이다. 그러나 선장이 자꾸 이랬다 저랬다, 이러면 될까 저러면 될까 하고 생각한다면 별성들도 요럴까 조럴까, 그렇게 따라 한다. 질서가 문란해지고 파동이 일어나지 않을 수 없게 된다.

3. '생각을 바르게 내라', '마음을 바르게 내라' 하는 것은 무엇인가. 주인공을 믿고 모든 것을 다 주인공에 맡겨 놓고 묵묵히 한 발 떼어 놓는 것, 무심 법행으로 생활해 나가는 것, 이것이 바름에 이르는 길이다.

'마음을 잘 쓰라'는 것은 어떠한 것인가. 모든 경계를 내 탓으로 돌려 남을 원망하지 말라는 것이다. 남을 원망하고 경계에 착을 두어 욕심을 낸다면 그 생각 하나에 모든 게 잘못되어 간다. 그러므로 한생각 선(善)으로 돌리면 곧 지혜가 생기며 그대로 부처요, 화신인 것이나 한생각 잘못하면 중생이다.

4. 마음을 낸다 함은 물질처럼 쓰면 없어지거나 줄어드는 게 아니다. 또 물질로써 몸이나 편하게 돕는 것도 아니다. 그것은 보살의 사랑이다. 자기와 둘 아닌 자리에서 아픔을 같이하면서 한생각 일으키는 자비심인 것이다. 그것이야말로 우리 자신을 진실로 이끄는 힘인 것이다.

5. 한생각 내고 들인다 함은 사량으로 생각하는 게 아니다. 한생각이란 자체도 없는 것이 한생각이다. 우리가 무엇을 낸다 들인다 하는 것과 마음을 낸다 들인다 하는 것은 다르다. 마음을 내고 들이면서 한순간도 주인공을 여읜 일이 없고, 또 모든 번뇌와 경계를 되돌려 놓는다 하지만 그 노릇 또한 주인공이 할 따름이다. 우리가 어떤 말을 하든, 행동을 하든 주인공에 대한 그러한 믿음이 있다면 마음의 중심이 바로 섰다는 뜻이니, 마음의 중심이 바로 선 거기에서는 낸다 들인다 하는 사이에 한 치의 틈도 없는 것이다. 그러므로 한생각 낸다 들인다는 생

각이 붙으면 그것은 걸린 것이다.

6. 한생각 내는 것은 중계자의 역할과 같다. 즉 이 육신에게도 중계자이고 나의 본래면목한테도 중계자의 역할을 한다. 비유하건대 통신을 하는 것이라고 할 수 있다. 그냥 한 찰나에 법계 전체로 전달되는 천체 무전 통신을 하고 있는데 그 빠르기란 빛보다 더해 가깝고 멀고가 없다.

7. 흔히들 한생각을 대수롭지 않게 여기는데 한생각 던져 놓으면 언젠가는 되돌아나오게 된다. 그야말로 자동 과학이라 할 수 있다. 그대로 여여하다 하는 것은 바로 한생각이 자동적으로 그렇게 돌아감을 의미한다.

8. 주인공에 놓고 쉰다는 것은 나의 본래 자리로 돌아가는 것이다. 만법이 그 한자리에서 출현하였으니 그 자리로 돌아가 한생각 내면 그것이 그대

로 법이 된다. 그때의 한생각은 곧 자동 작동기의 버튼을 누르는 것과 같다. 모든 것이 생각대로 되어진다. 왜냐하면 그 일체 법이 근본 자리에서 일으킨 생각이기 때문이다. 다 놓았을 때 비로소 한생각에 천리도 갈 수 있고, 한 찰나에 저승에 갈 수도 있고, 미래로 갈 수도 있고 과거로 갈 수도 있는 것이다.

9. 머무르지 않는 데서 생각을 내는 것이지 머무르는 데서 생각을 낸다면 바깥 경계에 끄달려서 유의 세계의 노예가 될 것이다. 그렇다고 바깥 경계를 무시한다면 그 또한 머무르는 자리에서 생각을 낸 것이므로 무의 세계의 노예가 된다. 모름지기 영원한 친구, 바로 자기의 불성 자리를 진실로 믿는다면 생각 내는 자리를 알게 된다.

10. 아무 집착 없이 한생각 일으키기에 온 우주의 마음이 함께하게 된다. 그런 마음을 현실에서 확인해 보라. 그러면 스스로 마음으로써 우주 일체의

마음과 하나임을 느끼게 될 것이다. 그렇다고 구태여 말을 지어서 '이렇게 저렇게 해 달라'고 하는 것은 아니다. 말 이전에 참 나가 먼저 알고 있으니 진실한 믿음에서 한생각 일어났으면 그뿐이다.

11. 생각이 났다 하면 이미 자동적으로 돌아가고 있는 것이다. 그러한 것을 내가 한다, 내 것이다, 내가 산다 하고 걱정하고 방황한다. 주인공이 어엿하게 하고 있는데도 사량을 지어 스스로를 복잡하게 얽어매고 있다. 생각을 했다 하면 벌써 우주 법계가 전부 안다. 생각을 내려 해서 내는 게 아니다. 예를 들어 길을 걷다가 누가 따귀를 딱 때렸다고 했을 때 생각을 내려 해서 나겠는가. 정신이 "번쩍!" 했으니 한생각 난 것이다.

12. 왜 그렇게 되었는가? '그렇게 되려니까 그렇게 됐지.' 이러는 것보다는 '그렇게 하니까 그렇게 되었지.' 하고 무겁게 굴려 놓아야 맞는다. 둘이 아

닌 까닭에 그렇게도 될 수 있는 것이고 저렇게도 될 수 있는 것이지만 마음먹기에 달렸기 때문이다. 이것이 한생각의 중요성이다.

13. '안 된다, 안 되겠구나' 하는 부정적인 생각이 드는 순간에 바로 되받아쳐라. 바로 그때 '안 되긴 뭐가 안 돼! 이것은 바로 주인공이 하는 일인데!' 하고 긍정적으로 되돌려라. 그 일이 되어지는 속에서 마음의 능력, 마음의 묘법을 알게 될 것이다.

14. 한생각 잘못되면 이 몸을 구성하고 있는 세포들의 살림살이가 뒤죽박죽이 되어 나중엔 몸이 고장이 나서 병이 든다. 또 안이 혼란스러우면 외적이 침입하듯이 자기 마음의 중심을 세우지 못하고 우왕좌왕하거나 허하다면 바깥에서 세균이나 악한 영혼들이 '아! 이 집은 빈 집이로구나.' 하고 침입하여 마침내 몸을 못쓰게 되고 만다. 예를 들어 악한 습을 가진 것을 먹게 되면 그 속의 수억, 수십억

사생이 모두 악의 습에 젖어 있기 때문에 그대로 악에 오염된 수억, 수십억의 씨를 먹는 것이 된다.

그러므로 그 오염된 씨가 수없이 돌면서 전체로 퍼지게 되니 그로부터 파생되는 문제를 어떻게 이루 다 말로 하겠는가. 마치 독약을 마셔 기능이 마비되는 것처럼 악을 낳고 악하게 행동하게 만든다. 그런데 육신이 또한 수많은 사생으로 가득 차 있으니 그 악의 씨는 얼마나 많겠는가. 그와 마찬가지로 한생각에 의해 안 보이는 데서 영령의 씨는 수천수만 가지로 따라 나서게 된다. 한생각에 수십억을 그냥 건지기도 하고 못하기도 한다.

15. 한생각 잘못하면 팔만 사천 번뇌가 털구멍을 통해 들락거리고, 한생각 잘 내면 팔만 사천 부처가 들락거린다. 생각이 일어나지 않고 가만 있으면 부처라 공한 자리이나, 한생각 일어나면 만법이 들고 나니 악한 일을 생각하면 화하여 지옥이 되고 착한 일을 생각하면 화하여 천당이 된다. 한생각에 상

천·하천을 오르락내리락한다.

16. 우리의 마음이 한생각 잘못 낸다면 그로 인해 몸을 망치기도 하고 가정을 망하게도 한다. 나아가 사회·국가·지구·우주를 망칠 수도 있다. 모두가 한 몸이며 한 집이며 한 동네, 한 우주인 것이다. 내 마음속에 우주며 지구며 부처님이며 세상 돌아가는 모든 이치가 다 들어 있는 것이다. 그러므로 우리 몸도 한생각으로 돌아가게 해야 몸속의 중생들이 보살로 제도되어서 건강체가 된다.

17. 잠재해 있는 생각 하나가 일생을 망쳐 놓을 수도 있고 일으켜 세울 수도 있다. 돈이 들고 나는 원리, 화목, 지혜, 건강 따위가 모두 잠재된 한생각의 차이로 벌어진다. 예컨대 부모 자식 간에서 보아도 어른들의 행동이 아이들의 뇌리에 알게 모르게 입력되어 그 아이의 장래를 좌우하게 된다.

18. 식과 생명, 영원한 그 나의 주인공은 한생각 속에 수천수만 가지로 나고 드니 시급한 문제는 한생각에 애벌레 하나, 풀 한 포기 버리지 않느냐 하는 것이다. 체 없는 마음이라 식이 식을 먹고, 식이 식에 먹히니 한생각 돌려 전부 주인공에 놓으라 하는 것이다. 〈주인공 자리에 믿고 놓으면 천차만별의 지옥고가 무너져 내리고, 밭에서 싹이 트듯이 마음의 근본이 모락모락 나오게 된다.〉

2. 한생각의 힘

1. 한생각이 곧 법이라, 마음의 중심을 쥐고 한생각 낼 때 우주 법계가 들썩들썩하는 이치가 있다. 마음 도리를 알면 우주 방방곡곡이 앉은 방석이라 손발이 두루 하지 않는 데가 없음이다.

2. 눈 한 번 치켜 뜨고 내려 뜨는 그 사이 한생각

에 삼천대천세계의 소용돌이 얼음이 한 번에 녹을 수도 있다. 반면에 수억겁을 끄달리며 돌아가는 수도 있다. 한생각에 자기를 구덩이에 넣기도 하고 한생각에 자기를 건져 낼 수도 있다. 그 마음의 도리, 한생각이 그렇게 중요하다.

3. 어떤 생명이든, 벌레 하나라도 다 한 줄에 연결되어 있기 때문에 내 마음의 주처만 잡았다 하면 한생각에 어떠한 문제라도 송수신이 이루어진다. 예를 들어 '바람이 안 불어야 할 텐데…….' 하는 생각이 들면 찰나에 말 없이, 발 없이도 전체가 전하고 받게 된다. 내 몸에서 일어나는 일뿐만 아니라 생명 간에, 법계 간에 어떠한 문제라도 다 송수신이 가능하다. 그러므로 개별적인 나 하나로서 마음을 내는 것이라면 힘이 없지만 포괄적인 하나로서 마음을 내는 것은 무궁무진, 광대무변하다. 그래서 마음내는 게 그대로 법이 되는 것이다.

4. 중생의 한생각, 한 행위가 모두 법망에 포착되어 기록되지 않는 바가 없지만 특히 주인공을 믿는 마음에서 남을 위해 한생각 냈다면 그 공덕과 위덕은 그지없다. 굳은 신심을 지닌 수행자가 한생각 일으키는 힘은 법계가 들썩거릴 정도이다.

5. 한생각이면 가난도 면할 수 있고, 한생각이면 질병도 낫게 할 수 있고, 한생각이면 남들도 이익하게 거두어 줄 수 있다. 마음은 체가 없어 우주를 싸고도 남는 것이니 둘 아닌 도리를 안다면 무엇이든 한 아름에 안을 수 있다. 내 상을 내세우지 말고 그야말로 무주상으로, 예컨대 잔잔하고 고귀하고 겸손한 그런 마음으로써 한생각을 낸다면 그대로 법이 되고 그대로 약이 된다. 에너지가 같이 돌아가게 된다.

6. 너와 내가 둘이 아닌데 딱 한생각 넘기면 그냥 다 보살로 화하고 부처로 화할 것인데 이 한생각을

내지 못하기에 넘어가질 못한다.

7. 한생각 활달하게 돌리면 지견이 바로 서서 내 앞에 사랑도 오고 행복도 찾아온다. 한생각 옹졸하면 고통이 따를 뿐이다. 육신도 마음을 따라 건강하기도 하고 병이 들기도 한다. 한생각에 부자이면 일체가 부자이고 한생각에 가난하면 일체가 가난하다. 돈이 많고 적어서가 아니라 마음에 달린 것이다. 〈마음은 시공 없이 돌아가는 것이니 그 자리에서 그냥 유무의 교차로를 건너뛸 수가 있다.〉

8. 한생각에 의사가 될 수도 있고 산신이 될 수도 있고 보살이 될 수도 있고 무엇이든 될 수 있다. 마음은 체가 없어 한생각에 무슨 그림이든 그릴 수 있다. 부처님께서는 한생각으로 동방에 아촉을 세워 놓으셨고 서방에 아미타를 세워 놓으셨고 사바세계엔 관세음보살을, 지천국엔 지장보살을 이름으로 세워 놓으셨다.

9. 선장 한마음에 수십억 사생이 천백억 보살로 화한다는 것을 알아야 한다. 전자가 원자를 끼고 바깥으로 들락날락하면서 갖가지 용도로 나투듯이 지장을 청하면 지장으로 화하고, 관세음을 청하면 관세음으로 화하니 모두 마음의 나툼인 것이다.

10. 수억겁을 두고 얽히고설킨 뿌리가 바로 바라밀로 돌아갈 수 있는가 하면 육적으로, 업보로, 윤회로 돌아갈 수도 있다. 그러나 얽힘 없이 얽혀 있다면 그 자리가 우주간 법계요 만법의 이치가 되니 어찌 업보라 할 것인가.

한생각에 수미산만 한 업을 지을 수도 있고, 한생각에 수미산만 한 것을 없앨 수도 있는 것이다. 한생각이 지옥을 만들고 한생각이 극락을 만든다.

11. 불보살이 아니더라도, 설사 수행의 경지가 깊지 못하더라도 주인공을 믿는 깊은 신심의 바탕 위에서 한생각 일으키면 마치 산울림처럼 우주 법계

에 다 울려 퍼지면서 메아리가 되어 내게 돌아온다.

12. 마음이 지극하고 착하고 올바르다면 불법을 알고 모르고를 떠나서 수천, 수만 번 절을 하며 빌지 않아도 한생각이 곧 법이 되어 버린다. 그러나 미진한 마음이라면 되는 둥 마는 둥 하게 된다.

13. 대통령에 의해서 장관도 있고 검사도 있고 수사 기관, 정보 기관, 행정 기관도 형성되는 것이다. 따라서 여기저기 찾아다니며 말하고 부탁하지 않아도 대통령이면 전부 해결할 수가 있다. 그와 마찬가지로 내 한생각에 모든 게 따라오게 만들어야지 여기저기 쫓아다니며 일일이 부탁한다면 그것처럼 어려운 일이 어디 있겠는가. 마음으로 한생각 낼 수 있다면 몸은 유유하게 사랑할 건 사랑하고, 보시할 건 보시하고, 조금도 어김없이 질서를 지키며 지혜롭게 살면서도, 모든 것을 여여하게 함이 없이 할 수 있을 것이다. 〈그렇게 함이 바로 공한 도리, 대

공의 이치요, 진리요, 종교가 아니겠는가. 외도란 다른 게 외도가 아니라 형상에 팔리고 이름에 팔리는 게 외도이니 내 마음이 미신적으로 돌면 미신이 되는 것이다.〉

14. 모두가 한마음이기에 손가락 하나를 들어도 일체가 다 함께 들린다는 사실을 알아야 한다. 천·지·인이 다 마음의 통로로 연결되어 있음을 알아야 한다. 삼천대천세계, 연화장의 그 세계가 다 연결되어 있으니 내 마음에 안테나 하나 세워 놓으면 우주 법계의 통신이 다 나고 든다. 그러므로 한생각 내면 그대로 법이 된다.

제2장 용

1. 체와 용

1. 활용법이 따로 있는 게 아니다. 용이란 어느 것 하나를 세워 놓고 하는 말이 아니고, 그릇으로 비유하자면 완전히 빈 그릇으로서 그 어떤 언어도 붙지 않는, 나·너도 세울 게 없는 그 자리에서 그대로 나가는 것이다. 그렇다고 아무 생각조차 하지 말라는 것은 아니다.

마음내지 않으면 송장이고 한생각 일으키는 것은 발전이다. 근본 마음에 놓아진 상태에서 그대로 하면 바로 용인 것이다. 용이란 일상생활에서 할 것 다 하면서도 놓고 하는 것을 말한다. 〈그릇이 비었다면, 주인공이다 아니다를 떠나서 그대로 활용이고 그대로 참선이다. 그릇이 비었다는 말조차 붙지 않는 그 자리에서 한생각 일어나면 전체가 같이 돌아가기에 그대로 묘법의 활용인 것이다.〉

2. 태양은 언제나 자기 자리에 스스로 있을 뿐이면서 그 빛으로 만물에 이익을 주고 희망을 준다. 그 이익은 태양이 그러하자고 해서 그런 것이 아니라, 자기 자리에 자기로서 있음이 낳은 공덕인 것이다.

그와 같이 체로서 용도 절로 우러나온다. 그러므로 자기 자신을 밝힘은 그대로 만 중생에 빛을 주고 이익을 주며 공덕은 저절로 이루어진다. 구태여 마음을 쓴다 하지 않아도 절로 이루어진다.

3. 체와 용이 본래 둘이 아니다. 그 본래면목과 생각을 내는 나와는 둘이 아니다. 주인공 자리에는 체도 있고 용도 있다. 눈 가는 데 귀 가고, 귀 가는 데 눈 간다.

4. 우리가 태어난 게 바로 활용법의 근본이다. 그대로 생명이요, 그대로 마음이요, 그대로 고정됨이 없이 나투고 돌아감이니 그대로 용인 것이다. 그렇게 전부 공한 줄 안다면 거기에 따로 무엇을 세워서 활용한다고 말하겠는가. 그냥 보고 싶으면 보고, 먹고 싶으면 먹고, 일하고 싶으면 하는 것도 다 용인데 그것을 모르고 아상을 세우는 마음이 문제인 것이다.

5. 가을이 되면 추수해서 거둬들이고 봄이 되면 다시 씨로서 나가게 된다. 그렇게 나고 들고 하는 게 씨이자, 그대로 법이고 용인 것이다. 바다로는 구정물, 흙탕물, 깨끗한 물 다 들어온다. 거기서 다 가라앉혀서 다시 대기 중으로 나가게 된다. 들고 나는 게 그대로 법이자 용이다.

6. 들이고 낸다는 그 이름에 걸리지 말라. 일체 만법을 들이고 내는 것이 함이 없이 하는 것이다.

무심의 용인 것이다. 예컨대 목이 탄다, 물이 먹고 싶다 할 때에 자동적으로 물을 찾는 게 쓴다 함이 없이 쓰는 것이다.

7. 그러나 먹고 자고 일하고 하는 게 그대로 용이라고 해서 "이게 그냥 용이 아니겠느냐." 하고 만다면 생각나기 이전을 볼 사이가 없다. 도리를 알면 그대로가 '용'이지만 그것을 모르기에 처음에는 그냥 용이라고 하는 그 모든 경계를 한군데로 몰아 "누가 하는 것인가. 용이 나오기 이전, 말 나오기 이전, 생각나기 이전을 참구하라." 하는 것이다. 믿고 놓고 맡기라는 것이다.

8. 사람이 살다가 화급한 상황에 처하게 되면 술법을 쓸 수도 있을 것이다. 그러나 무심으로 해야 도인데 그 뜻을 모르고 술법에만 역점을 두어 자기 능력이라고 내세운다면 그야말로 술수에 불과한 것이다.

9. 내 몸과 네 몸이 둘이 아닌 것을 모르고, 내 자리 네 자리가 둘이 아닌 것을 모르고, 내 아픔 네 아픔이 둘이 아니라는 것을 모르고, 내 아비 내 자식, 네 아비 네 자식이 둘이 아니라는 걸 모른다면 한마음의 열쇠를 받을 수 없다. 자신이 자신을 더 잘 알아서 자신이 자신에게 열쇠를 맡기는 것인데 능력이 조금 붙었다 해서 그 능력을 이용해 "너 맛 좀 봐라." 하는 식으로 나간다면 결코 열쇠를 받을 수 없다.

10. 뜻을 모르고 쓰면 술이요 알고 쓰면 도이다.

2. 주인공의 체험

1. 작은 일에서라도 참 나의 힘을 체험해 보라고 함은, 생활 가운데서 만나는 어려움들을 사량심에 의존하거나 다른 권위와 방편에 의지하지 말고 내

안에 깃들어 있는 무한 동력의 발전소에 의지해 보라는 뜻이다. 그렇게 함으로써 조금씩 내면의 힘을 느낄 수 있기 때문이다. 마음 도리란 오직 실참 한 사람만이 실참으로 알 뿐 말로써는 알 수 없는 것이다.

2. 수행 과정 중에 점검과 체험을 위해 마음을 내 보는 경우가 있다. 신심이 깊어 일체를 놓고 맡기는 무심의 상태에 이르면 따로 '마음을 낸다', '용이다' 할 것도 없지만 수행 과정에서는 체험이 필요할 때가 있다.

3. 아무리 운전 연습을 열심히 해서 면허증을 받았다 할지라도 차량이 붐비는 도로에 나가 굴려 보지 않으면 제대로 알 수가 없다. 그러기에 사람에 따라서 '운전 실습을 해 보라'고 이르는 것이다.

4. 내가 맛을 보고 쓴지 단지를 알아야 마음을 낼

수 있다. 맛을 모르면서 움직인다 하면 아무것도 넣지 않고 빈 맷돌을 돌리는 것과 같다.

잘생긴 남의 어머니보다 못났어도 내 어머니가 소중하다. 다른 나무에서 무르익은 열매보다 내 나무의 열매가 낫다.

5. 자기에게 열 사람의 일꾼이 있든 백 사람의 일꾼이 있든 쓰지 않는다면 있으나마나이다. 그와 같이 나의 근본에는 무한량의 능력이 있지만 쓰지 않는 사람에게는 아무 소용이 없다. 능력을 믿고 쓰면 부처가 되고, 능력을 믿지 못해 못 쓰는 사람은 중생인 것이다. 〈광대무변한 부처님 법을 왜 좋게, 넓게 쓰지 못하고 적게, 용렬하게 써야 하는가. 부처님의 가르침을 왜 미신적으로 받아들인단 말인가. 이 도리를 알면 내 몸의 털구멍을 통해서도 수만의 불보살을 수호신으로, 화신으로 쓸 수 있고 더 나아가 뒹구는 가랑잎 하나라도 수호신으로 쓸 수 있는 것이다.〉

6. 사실은 지금 중생들이 살아가고 있는 그 자체가 그대로 신묘한 용이다. 다만 중생들이 그것을 모르고 신기한 것만 찾는 병에 걸려 있으니까 이 도리를 공부해야 하고 신묘한 용을 스스로 확인해 보라 하는 것이다. 그렇더라도 용의 근본은 절대 선을 바탕으로 삼는다. 물론 진실의 과보로써 얻어진 법의 힘이라면 잘못 쓰여질 까닭이 없겠지만 말이다.

3. 신통 묘용

1. 도 안에는 신통이 있으니, 텅 비어 고정된 바가 없고 내세울 바 없는 그것에서 참으로 묘용이 나온다. 그러나 신통에 매달려서는 안 된다. 오신통도 도가 아니라 함은, 같은 신통이라도 공적한 데서 나오면 묘용인 것이지만 신통만을 위한 것이라면 삿된 길이기 때문이다. 본분은 텅 비어 공적한 것이다.

2. 오신통을 다 통했다 해도 도가 아니다. 우리는 오관을 통해 항상 오신통을 부리고 있고 하고 있지 않은가. 그렇게 여여하게 하면서도 자기가 하는 줄 모르고, 자기가 어떻게 어디서 와서 어디로 가는 것조차 모른다면 어찌 부처님 제자라 할 것인가. 오신통을 죄 알아도 도가 아니니 그것은 우리가 부리는 것이기에 말려들지 말라 해서 도가 아니라고 하는 것이다. 〈오신통은 마음의 부속품이라 할 수 있다. 그러하기에 오신통을 통해도 도가 아니다.〉

3. 과학 발명품을 다루는 것은 역시 인간이어야 하듯이, 그리고 그런 발명품을 잘못 이용하면 오히려 인간에게 폐해를 주듯이, 오신통 또한 그를 다룰 줄 아는 참 주인이 있어야만 하며 그것을 참되게 부릴 줄 알지 않으면 안 된다. 자신이 오신통을 부리느냐 말려드느냐는 매우 중요한 문제이다. 고로 나라고 내세울 바 없는 공적한 나를 깨쳐야만 한다. 나 없는 도리를 깨친 누진이 바로 오신통의 주재자

이다. 누진의 신통은 묘용이라 하나 그렇지 않은 신통은 술에 불과하다. 〈통에서 벗어나야 자재로이 통을 굴릴 수 있다. 오신통에서 벗어나 누진이 되어야 오신통을 자재로이 굴릴 수 있다.〉

4. 도의 체험을 해 본 사람만이 보이는 50%에 안 보이는 50%를 충전할 수 있다. 그런 사람만이 오신통의 재료를 마음대로 굴리면서 천백억 화신으로 응하여 털구멍으로 들고 나며 줄 것은 주고 뺏을 것은 뺏는 자비로서 중생을 모두 건질 수 있다.

5. 신통 묘용이란 마치 코드를 꽂아 전기를 사용하는 것과 같다. 전기는 같지만 쓰임새는 다양하다. 그런데 그런 무의 전기가 이 허공계에 항상 여유 있게 흘러넘치고 있다. 오직 믿는 자만이 그것을 쓰는 것이다. 오직 눈 뜬 자만이 그것을 쓰는 것이다. 〈자기 마음의 자가 발전소를 완벽히 돌려야 불이 들어오면서 자기와 더불어 남들도 환하게 비출

수 있다. 사실은 모든 중생이 스스로 켤 수 있는 발전소가 설치되어 있건만 그것을 켤 줄을 모른다. 아니 본래 밝혀 있는데 그것을 모를 뿐이다. 놔 버리는 과정 없이는 그 귀중한 보물을 얻을 수 없다.〉

6. 되는 것 안 되는 것, 죽는 것 사는 것 등 모든 것을 한데 묶어 주인공에 다 넣었을 때에 용도에 따라서 작으면 작은 대로 크면 큰 대로 꺼내 쓸 수 있다. 많은 것을 담으려면 큰 그릇을 꺼내야 하고 적은 것을 담으려면 작은 그릇을 꺼내 쓰듯이 모든 것을 몽땅 놓고 가면 전체가 그대로 한 그릇이라 무한량으로 담을 수도 있고 무한량으로 꺼내 쓸 수도 있게 된다. 그리되면 크고 작은 게 없으니 '작은 것은 되는데 큰 것은 안 된다.' 하는 법이 없다. 마치 전기를 끌어 쓸 때에 전기 자체엔 크고 작은 게 없어 끌어 쓰기에 달려 있는 것과 같다.

7. 우주의 근본과 나의 근본이 둘이 아닌 까닭

에 둘 아니게 나툴 수 있으니 태양이 내가 되고 내가 태양이 될 수 있어야 지구적인 문제를 조절할 수 있다. 가령 나라의 문제라 한다면 지구적 차원에서 조절할 수 있어야 문제를 풀 수 있을 것인즉, 조절한다 함은 둘 아니게 나툴 수 있음을 말하는 것이다. 〈어떤 사람이 될 때를 나라고 부를 수 없고, 어느 미물이 될 때를 나라고 할 수 없고, 어느 목신·지신·용신이 될 때를 나라고 할 수 없이 일체 만물만생으로 화하여 돌아가니 그래서 부처라 이름하여 부르는 것이다. 이런 각을 이룬 마음이라야 무심의 도리, 중용을 스스로 할 수 있고 자유자재할 수 있다. 그러므로 대자유인이라고 한다.〉

8. 바가지를 엎으면 바로 전체를 덮는 것이고, 제껴 돌리면 그대로 전체를 담고 쏟고 할 수 있는 게 이법의 활용이다. 한생각에 삼천대천세계의 업덩어리를 녹일 수도 있고 짊어질 수도 있는 게 부처님 법의 무궁무진한 도리이다. 다양하게 돌아가는

마음을 한마음으로 꿰어 쥔다면 어떠한 조건이라도 다 풀어 낼 수가 있고, 다양하게 꺼내 쓸 수도 있고 다양하게 조절할 수도 있다. 따라서 과학의 문제, 인류의 문제, 나라의 문제도 다양하게 조절하며 살림을 꾸려 갈 수 있는 것이다.

9. 일심으로서 원심력을 얻는다면 시방을 다 지배하고, 들이고 낼 수 있다. 그때는 빙긋이 웃고 한 발 떼어 놓아도 온 법계가 다 울린다. 그렇게 그냥 찍는 대로 법이 되어야 활궁공법으로서 평화를 얻을 수 있고 죽은 세상, 산 세상을 자재할 수 있는 중용을 하게 된다. 그것은 에너지와 질량이 천차만별로 되어 있다 할지라도 둘이 아닌 까닭에 그대로 응용할 수 있는 능력이 있기 때문이다.

10. 글씨는 백지 위에 쓰여진다. 대용은 텅 빈 마음에서 발현한다.

제3장 치병과 천도

1. 치병의 도리

1. 모든 문제를 주인공에 맡겨 놓으면 병의 원인을 알고 치료법 또한 알고 있어서 마치 안 보이는 중에 전력이 오고 가듯이 무엇이든 스스로 와서 약이 되어 준다. 급할 때는 동물, 식물도 약이 되어 주니 마음속의 보배는 그야말로 능력이 무한하여 자동적이다.

2. 예컨대 병에 걸렸을 때 그 병을 나와 따로 보면 각각이 되어서 병이 나를 해치지만 그것의 근본이 나와 둘이 아닌 줄을 알아 믿고 나아가면 병도 나를 해치지 않는다. 왜냐하면 내가 나를 해치는 법

은 없기 때문이다. 병도, 가난도, 번뇌조차도 다 나 아닌 게 없다. 그 또한 주인공의 일이니 주인공에 맡겨 놓아라. 그러한 이치는 다른 모든 면에서도 마찬가지이다. 일체를 둘로 보지 않고 나로 받아들여 포용하면 일체가 바로 내가 되는 것이니 둘로 보지 않는 수행이야말로 그처럼 위대한 힘을 낳게 한다.

3. 진실되게 믿는다면 주인공에게 '이것 좀 잘되게 해 달라, 저것 좀 잘되게 해 달라' 부탁할 것도 없다. 잘되는 것 안되는 것 모두 주인공이 더 잘 알고 있을 것이니 '해 달라'가 아니라 '주인공밖에는 할 수 없다'가 된다. 말로써가 아니라 뜻으로써이니 마음으로써 한생각 내는 것이다. 병도, 가난도, 괴로움도 마음으로부터 일어나고 지옥고도 마음으로부터 일어나는 것이므로 예를 들어 병고가 닥쳤다면 "이 병고도 전부 내 주인공밖에는 없앨 수 없지." 하고 밀어 넣는 것이다. 그러면 일체 보살이 한 찰나에 와서 든다.

4. 가령 어느 부위에 고장이 났다고 할 때 주인공으로부터 해결하려 하지 않고 잘못될까 걱정하여 사량으로써 이렇게 저렇게 온갖 의심을 하게 되면 마치 한 배에 선장이 둘이 있는 꼴이 된다. 너도 선장이고 나도 선장이고, 이렇게 되면 문제는 더 심각해진다. 거짓 나가 중간에 끼어들어서 일을 더 어렵게 만들게 된다.

5. 거대한 공장 속에 또 많은 분공장들이 있어도 주인이 제대로 끌고 간다면 종업원들의 능률이 올라 잘 돌아갈 것이다. 마찬가지로 오장 육부 안에 수많은 공장이 있지만 주인이 진두 지휘를 하면 일에 능률도 오르고 몸도 건강하게 유지된다. 그러나 자기 주인을 믿지 못하고 이 말 저 말에 휩쓸려 갈대처럼 흔들린다면 어느 때 뿌리째 썩어 들어가는 경우를 만나게 된다.

6. 병원의 치료도 중요하지만 먼저 스스로 치료

해야 한다. 의학적으로 부족한 부분은 보이지 않는 데서 충당해야 하는데 업식으로 뭉쳐진 그 속에서 일어난 것은 속에 있는 것들을 이용해 치료해야 한다. 누구에게나 광력·전력·자력 등이 갖추어져 있으므로 그렇게 해야 한다.

7. 마음의 약이 제일이다. 만약 오장 육부 중에 어느 한 부위에서 파업이 일어나도 병이 든 것인데 한마음의 지배인이 한생각 일으켜 이열치열식으로 '거기서 일어난 것 거기서 알아서 해라.' 하고 놓으면 치유된다. 그러할 때에 단번에 나을 수도 있으나 조금씩 조금씩 끌고 가는 경우도 있으니 그것은 주인공이 공부하라고 숙제를 내는 것과 같다. 그러므로 좀 괜찮아졌다고 그냥 해이해져서는 안 된다.

8. 몸이 아플 경우에 '주인공! 낫게 해 주십시오.' 하는 것은 기도이다. 기도하는 자와 받는 상대가 따로 있는 것이다. 그러하기에 '주인공! 다 주인

공이 하는 것이니 이래도 되는 것인지 알아서 하시오.' 하고 관하라 하는 것이다. 이것은 기도와는 달라서 나의 이기심, 나의 아상이라기보다는 뭐라고 말할 수 없는 진하고 아픈 심정에서 내가 나에게 말 없는 말을 하는 것이다. 마치 거울에 사물이 비치듯이 비쳐지는 그런 마음의 말을 하는 것이다.

9. 자기가 부리는 심부름꾼이 병에 걸렸다면 고쳐 주지 않고 버려 둘 것인가. 당장 불편하기 이를 데 없으니 고쳐 주지 않고는 못 배길 것이다.

육신은 참 나의 시자이다. 육신에 병이 들었다면 주인인 참 나에게 맡겨라. 수억겁을 거쳐서 여기까지 끌고 온 주인인데 안 고쳐 줄 리가 없다. '네 시자이니 네가 고쳐라.' 하고 주인에게 맡겨라. 믿고 맡기면 된다. 참 주인이라고 믿지를 못하니까 고아 신세처럼 전전하게 되는 것이다.

10. '거기서 나온 것이니까 거기에다 되놓는다.'

하면 인과응보로 뭉친 모든 세포 생명들이 이때를 맞아 활개를 펴고 당당하게 움직이면서 필요한 모든 것을 잘 공급해 주니 비로소 병 증세가 낫게 된다. 그러나 주인공을 믿지 못하면 탈이 났어도 제대로 대처하지를 못한다. 마치 배가 고장이 났을 때 능력 있는 선장이 있는 줄 모르고 선원끼리 우왕좌왕하는 꼴과 흡사하다.

11. 기계가 고장이 나면 어디에 가서 고쳐 달라고 하는 게 빠른가? 바로 기계를 만든 사람에게 부탁하는 게 가장 빠른 길이다. 마찬가지로 육신에 고장이 났다면 먼저 육신을 있게 한 근본을 찾아야 한다. '한마음 주인공이시여, 당신이 이렇게 항상 해 놓았으니 당신이 알아서 하시오.' 하고 맡기는 도리를 알아야 한다.

12. 안수 기도나 그 밖의 수단으로 병을 고친다 하는 것은 외도에 지나지 않는다. 부처님 법은 마음

으로 오고 감이 없이 오갈 수 있거늘 손으로 만져서 낫는다 함은 단 세 치만 알아도 할 수 있는 것이다.

13. 서로 때리고 치고 받은 게 악의 업보가 되어 돌아왔으니 내 마음을 자꾸 충동질하고 그래서 우환이 끼고 몸이 아프고 어려움에 직면케 된다. 그렇게 꼬리에 꼬리를 물고 가는데 그것을 놓는다면 병이 되었다가도 바로 약사로 화한다.

14. 이 지구가 사계절의 영향을 받고 대기의 영향을 받듯이 인체도 움직이는 인연 따라, 생각하는 인연을 따라 영향을 받는다. 또 지구 한구석에서 전쟁이 일어나 서로 죽이고 죽는 일이 벌어지면 세계 평화가 흔들리듯 오장 육부의 평화도 그러하다. 지구의 살림살이나 육신의 살림살이가 같아서 만약 병이 들었다 하면 내부의 생명들이 회의를 열고 대처하느라 분주하게 돌아간다.

15. 한생각에 수많은 세포가 하나하나 따르고 있는데도 그것을 모르고 그냥 사량대로 해 나가다 보면 질서가 문란해지고 파업이 일어난다. 오장 육부가 다 파업을 일으킨다. 그러나 왜 파업이 일어났는지 그것을 모르니까 마음으로 가라앉힐 수 없게 된다.

16. 모든 음식이 약 아닌 게 없다. 마음이 제일의 약이지만 그 다음으로 음식이 약이 된다. 그리고 그 음식은 내 속에서 달라는 대로 줄 때에 동물성이든 식물성이든 저절로 약이 된다. 좋은 것, 나쁜 것 가려서 먹으려 애쓰지 않아도 내 속의 중생들이 달라는 대로 주면 된다. 그러면 아무 탈이 없다.

17. 절에 가서 아무리 많은 절을 하고 아무리 오래 앉아서 좌선을 한다 해도 안으로 향한 마음이 아니라면 큰 효과가 없다. 자기 속의 빛으로 병을 낫게 할 수 있다면 그것이 불법의 활용인 것이니 스스

로 맛을 보아야 한다.

18. 상대의 불성이나 내 불성이 똑같다. 그러므로 마음을 낸다는 게 일부러 그렇게 하는 게 아니라 간절히 한마음의 도리를 믿는 데 있다. 예를 들어 어머니의 병환이 지중하다 할 때, 마음속으로 '어머님이나 나나 주인공이 형성시켰고 그 마음이나 내 마음이 한마음인데 내 마음이 이러하다면 어머님의 병환인들 낫지 않을 리 없다.' 하고 굳게 믿어 일임하고 놓는다면 그것이 곧 마음낸 것이다.

19. 육신 속의 중생들을 보살로 화하게 할 수 없으면 그 업보성을 해결할 수가 없다. 또 그렇게 할 수 없으면 보이는 것과 보이지 않는 것 100%를 작용하면서 굴리는 중용을 할 수가 없다. 내 중생 하나 구원할 수 있다면 남의 중생도 전부 구원이 된다. 나 아닌 게 없기 때문이다.

2. 천도

1. 생활하는 중에 모든 일에서 간절하게 마음 안으로 고하면 마음 안에는 부모 조상이 다 계시고 보살 신중이 다 있으니 삶이 그대로 부모 모시는 제사요 부처님께 공양 올리는 재가 된다.

2. 형식으로만 조상님을 공양한다면 조상님의 중생적 모습만 보고 조상님의 참 근본인 부처님의 모습, 모습 아닌 그 모습은 보지 못하는 것이 된다. 참 수행자라면 조상님께 감사하는 생각을 하되 늘 자기와 더불어 해야 한다.

그러므로 마음으로부터 나와 조상이, 나와 부처가 하나인 줄 안다면 제사를 지낼 때도 내 마음의 떡이 있으니 그것으로 족하다. 마음의 떡 하나에 인등이 있고 향이 있고 청수가 있다. 하지만 마음의 도리를 몰라 일일이 상 차려야 제사를 지낼 수 있다고 한다면 그것은 조상을 숭배하는 게 아니라 모독하는 것이요 스스로를 우습게 만드는 것이 되고 만다.

3. 모든 것을 맡겨 놓고 천도를 할 때 일체 제불의 마음과 조상님들의 자식 위하는 마음이 한데 합쳐져 큰 밝음이 되어 한 찰나에 천도가 된다. 또 마음의 도리를 알아 원력이 당당해졌을 때는 조상의 마음도 한자리에 하는 것이라 그대로 천도가 된다. 촛불 하나 안 켜 놓아도 마음으로 밝은 인등을 켠 것이니까 그 인등 속에서 다 이루어진다. 그러나 천도재를 하면서도 제도해 주는 부처님이나 기도드리는 사람의 마음이나 또 그것을 받는 조상의 마음이 한자리인 줄을 믿지 못한다면 그 마음이 믿지 못하는 것만큼 거리가 멀어진다.

4. 천도에는 세 가지 단계가 있다. 첫째는 마음도리를 모르면서 과거에 '이렇게 하라'고 한 말씀을 따라 외우면서 하는 것이다. 또 하나는 스님네들이

마음 도리를 알아 일체를 다 맡겨 놓고서 천도할 때 마음내는 능력의 차원에 따라 이루어지는 것이다. 또 한 단계는 일체 제불의 마음과 모든 조상들의 마음이 둘이 아닌 까닭에 한자리에서 모든 것이 이뤄지고 나고 드는 줄을 알아, 따로 재를 지내고 말고 할 것도 없이 천도되는 경우이다.

5. 마음 도리를 알아서 함이 없이 했을 때 비록 떡 한 그릇, 물 한 그릇 올려놓고라도 영령들이 그 마음 안으로 들어온다. 그렇게 마음과 마음이 합쳐짐으로써 아주 큰 밝은 불이 되어 한 찰나에 천도가 되기도 한다.

6. 깨달은 분이 영식을 본다 함은 어떤 고정된 모습을 보는 게 아니라 살아생전의 마음자리를 보는 것이다. 사람은 몸이 떨어져도 생전의 의식 차원 그대로 걸리기 때문에 그 차원을 보다 밝은 차원으로 이끌어 가는 게 천도재이다. 눈 뜬 사람이 장님을

이끌어 가는 도리와 같다.

7. 부모 형제 조상이 이 도리를 모르고 죽었다 할지라도 내가 알면 통신이 된다. 주인공에 모든 것을 일임하고 일체 만법이 나고 드는 것을 믿고 나아간다면 천도가 된다.

뜻으로 본다면 조상과 부처가 함께한 근본 자리는 항상 충만하여 법 양식으로 가득 채워져 있다. 그 자리엔 일체가 갖춰져 있어 항상 밝고 명랑하니 내 마음의 참뜻으로부터 잘 정돈이 된다면 조상님들도 다 올바르게 된다. 그러기에 한 집안에서 진짜 중이 한 사람만 나와도 위 아래로 십 대, 아니 이십 대까지도 복덕이 간다고 하는 것이다.

8. 예수재를 지내는 것은 부모에게 무의 통장을 해 드리는 것이다.

9. 모두를 내 몸같이 생각하고 내 아픔같이 생각

하면서, 죽은 사람이라도 한마음으로 안아 나로 만들어 다시 내놓는다면 그것이 바로 천도이다.

10. 입자와 반입자가 한데 융합되어 반응할 때 두 입자의 질량은 다 없어지고 광력, 즉 에너지 광만 나온다. 마음과 마음이 둘 아닌 데서 불이 번쩍할 때에 네가 불을 들어오게 했다고 할 수도 없고 내가 불을 들어오게 했다고 할 수도 없으니 어느 쪽에서 일을 했다고 하겠는가. 누가 누구를 위해 낫게 하고 해결했다고 하겠는가. 마음 도리를 공부하는 사람들은 이와 같이 해 나가지 않으면 성사되지 않는다.

3.

大行 스님

게송 · 선시편

게송·선시

내가 이미 죽으니
이름 없는 그 이름이여

자타가 함께 죽으니
이름 없는 이름이여

자타가 더불어 두루 나투니
이름 없는 그 이름이여

안과 밖이 없이 텅 비어 고요하니
이름 없는 이름이여

(날짜 미상, 마음공부의 단계를 표현함)

◇ ◇ ◇

삼월 보릿고개 넘으려니
넘을 길이 아득하다
칡뿌리 캐어다 절구통에 퐁퐁 찧어
떡 하나를 먹었더니 모두 다 죽었네
칠월에 오곡이 무르익어
다시 먹고 다시 살아
구월에 추수하여 곡식이 풍족하니
가만히 앉아서 밥 지어 먹는구나!

(1986. 2. 24. 담선 법회 중에 읊으심)

◇ ◇ ◇

참 나는 일체가 같이하고 있건만
이름만 알고 높았으니 어찌 편하리
일체가 내 몸 아닌 것이 어데 있을까마는

주고받음 없이 전달하지 못해

이름이 더욱 새로워 큰 걱정이로세

(1984. 3. 9. 담선 법회 중에 읊으심)

◇ ◇ ◇

한천 같은 달빛은 빛만 안고 온 누리를 도누나

내 마음 네 빛과 다르지 않고 함께 돌거늘

어찌해 웃는 것도 없고 우는 것도 없이

이렇게 그냥 묵묵히 걸어가는 것을

적적함을 그대로 아무 생각 없이 말없이

달빛이 가는 것처럼 비치는 것처럼

꽉 차 버리고 꽉 차 버리고

웃을 것도 없고 울 것도 없고

또 생각할 것도 없고 생각 안 할 것도 없이

그냥 꽉 차 버리니

심심해서 적적해서 어쩌겠나

(1984. 3. 9. 담선 법회 중에 읊으심)

◇ ◇ ◇

음지 양지 없는 땅에
뿌리 없는 나뭇잎을
온 누리에 서신 띄워
유생 무생 모든 생명들이
같이하고 같이 돌고 있으니
어찌 나툼이 아니리오
내세울 게 뭐 있는가
모두가 나일 뿐이네

너무도 즐거워서
백학은 슬기롭게 놀았노라
어떤 새가 제일 큰가 했더니
깜짝 새가 제일 크노라

(1984. 4. 1. 담선 법회 중에 읊으심)

◇ ◇ ◇

한 상이 아니라 두 상도 아니요
두 상이 아니라 한 상도 아니라
어찌 한 상이다 두 상이다 하겠소

음지 양지 없는 골짜기에
뿌리 없는 나무가 서신을 통해
동서를 오가니 어찌 한 자 두 자 찾겠소

심월이 밝으면 온 누리에 빛을 비추거늘
꽃은 꽃이로되 수만 가지가 피고 있으니
어찌 한 자 두 자 찾겠소

(1984. 4. 12. 담선 법회 중에 읊으심)

◇ ◇ ◇

더럽고 깨끗한 것 수많이 늘어져 있는데
백설이 뒤덮으니 보이지 않고
앙상한 가지마다 눈이 덮여
목마른 그 고통을
한 모금 물방울로 뿌리에 내려
푸른 가지마다 꽃이 피네
하얀 꽃이 피네
바람 불어 살을 에는 그 아픔을
물 한 방울로 참으며
뿌리로 내리는 나무들
내 꿈은 어떻던가, 오솔길의 꿈은
꿈길 속에 지속되는 그 꿈길
장승은 우뚝 서 있기만 하누나

(1985. 1. 26. 헌인릉 숲에서 읊으신 것을 담선 중에 소개하심)

◇ ◇ ◇

백설이 휘날려 지붕이 되고
그 지붕 밑에 누각이 되니
누각 속에 새들 지저귀고
꽃은 피고 바람 불어
그 향 내음 아주 향기로우니
어찌 즐겁다 하지 않으랴
만 강에 달이 비춰 밝은 것을
어부가 다 몰고 들어와
모든 꽃 향 내음 피우듯
너와 나와 둘이 아닌
그 마음 전달하며
이렇게 펼쳐지누나

(1985. 3. 16. 담선 법회 중에 읊으심)

◇ ◇ ◇

우주 만물의 근원은 만물만생의 근원이며

만물만생의 근원은 만인의 한마음이로다
일체 제불의 마음이
우리들의 한마음과 공존 공용 하니
만생의 마음이 내가 되고
만물의 몸이 내가 되어
일체가 둘이 아니다
이 소식 바로 알고 한마음 발현하여
색깔 없는 오색 기둥 높이 세우고
평등하게 사시사철 푸르게 살라

(1985. 8. 18. 청년회 발족에 즈음하여 읊으심)

◇ ◇ ◇

꽃은 피어 화창하고
꽃이 지니 열매 맺어 무르익으니
이 세상 만 실과가 만 가지 맛이 나고
만 가지 맛을 보니

어찌 이 맛이 좋다 저 맛이 좋다
말할 수 있으랴

(1986. 1. 31. 담선 법회 중에 읊으심)

◇ ◇ ◇

천지는 스스로 푸르르고
만물은 조화를 이루면서
산이 높더라
이 모두가
세상살이가 그러한 거라
그래서 돌고 도는
있다 없다도 돌고 도는 물이라

(1986. 2. 2. 담선 법회 중에 읊으심)

◇ ◇ ◇

저울이 없으니 달 것도 없어라

폭포수 쾅쾅 흘러

깊숙이 스며 흘러 도는구나

봄이 오니 봄빛은 밝아

온 누리를 비추누나

(1986. 2. 2. 소동파의 깨달음에 관한 법문을 설하시고 나서 읊으심)

◇ ◇ ◇

오경대죽 온 누리 푸르르고

정든 님 내 집 불빛 항상 밝아 비추는데

가을 흉년 거둘 것 없다 하지 마오

사월 남풍 솔바람에 오곡 무르익었다오(쯧!)

무라 하여 백지인 줄 알지 마오

사월 남풍 봄바람에 누루 무르익은 보리

맛이 좋아 배 두드려 맛이 좋고 좋았다네(쯧!)

둘 아니다, 둘 아닌 것 알지마는 둘 아닌 데 빠지리다
비호같이 말을 달려 천둥 번개 번쩍번쩍
채찍 채찍 채찍(쯧!)

이산 저산 눈 덮인 산
언제나 봄이 와서
푸른 잎들 소생하나

(1986. 2. 12. 법회 중에 읊으심)

◇ ◇ ◇

손가락이 잘려진 것은 평등이요
피가 흐르는 것은 만인의 작동이라
붉은 빛은 만인의 마음의 꽃이로다
오월에 떡 한 시루 익었고……

(1986. 2. 15. 법회 중에 읊으심)

◇ ◇ ◇

꽃이로다 꽃이로다
만민의 꽃이로다
왜 이 세상살이가 이렇게도 좋았던가?
물이 흐르고
새가 울고
만민에 꽃이 폈으니
이 좋을시고 좋을시고 좋을시고

(1986. 2. 15. 법회 중에 읊으심)

◇ ◇ ◇

본래로 체와 죽이 둘이 아니어라
서로 먹고 있는 것을 나는 알았네

온 천하에 물이 흐르고

새가 울고 꽃이 피어
스스로 먹고 있네

아! 본래 배고프지 않은 것을
배 한번 두드리자
탕! 탕! 탕!

(1986. 2. 20. 한 신도와의 선문답 중에 답시로 읊으심)

◇ ◇ ◇

산이 물 위에 또 물은 산 위에
이렇게 같이 돌고 푸른 산은 푸르르니
바람이 솔솔 부는데
봄이 되니
꽃이 화창하게 피었다
꽃이 화창하게 핀 것은
보살행을 하는 그 보살들의

얼굴과 같은 것
행하고 웃고 즐기는 것이
그 꽃이 아니겠는지요

(1986. 2. 22. 법회 중에 읊으심)

◇ ◇ ◇

네 절 내 절이 어디 따로 있나
비구 비구니가 둘이던가
형상은 다를지언정
마음이야 어찌 둘이랴
계율 계율 계율 지키다
몸 떨어지면 입도 떨어질 것을
고목나무에 꽃은 언제 피리까

(1986. 2. 22. 한 학승과의 선문답 중에 읊으심)

◇ ◇ ◇

이전 이후 없는
한 점의 동곳
천지 만월
꿰어 들었도다

한 손 들어 삿갓 쓰고
한 손 내려 석장 굴려 들고
이산 저산 푸른 한 산
한 발 들어 내려 딛고
물 한 그릇 떠 마시니
대장부 살림살이
이만하면 족하도다

오월 단오 밝은 달 떡
무루(無漏) 유루(有漏) 한 시루 떡
만 가지 맛이 나도다

탕!

(1986. 3. 4. 법회 중에 읊으심)

◇ ◇ ◇

한 시루의 대중이여!
이 내 말씀 들어 보소
문이 많아 문 찾기 어렵고
문이 없어 문 찾기 어렵도다
작년 콩씨 올봄에 심어 콩나무로 화했건만
어리석은 콩나무는 작년 콩씨 되찾으니
이만저만 잘못인가
제 나무에 있는 것을!
쯧쯧

억겁부터 모습 모습 바꿔 가며
살던 습의 종 문서를

태산같이 쥚어진 것 몰락 태워 버린다면
창살 없는 감옥에서 홀연히 벗어나
자유인이 되리로다
쯧!

강이 없는데 배가 있으며
배가 없는데 건널 게 있으랴
그래서야 어찌
은산 철벽 한 찰나에 뚫어 넘나

나무 장승 임신해서
해산하길 주야 일심 관해 볼 때
나무 장승 신 한 짝을 되찾아야 하리로다

(1986. 3. 4.)

◇ ◇ ◇

이 산 저 산
한 산 푸른 산
한 발 들어 내려 딛고
한 손 들어 천지 샷갓 쓰고
해와 달을 주장자에 꿰어 들고
물 한 그릇 떠 마시니
대장부 살림살이
무얼 더 바라랴

이 산 저 산
한 산 푸른 산
한데 모아 상투 틀고
주장자를 동곳으로
상투 끝에 꿰니
대장부 살림살이
이만하면 됐노라

(1986. 3. 5. 법회 중에 읊으심)

◇ ◇ ◇

세상은 유주(有主) 무주(無主) 조화를 이루어
모두가 공(空)하여 나투며 돌아 도는데
만물의 마음이 내 마음이거늘
무엇을 찾으려나
끝없는 꿈의 거리를

눈 뜨고 잠자고
눈 감고 일어나
밥 먹고
발 한 짝 들고 똥을 누니
이렇게 시원한 것을!

(1986. 3. 12. 법회 중에 읊으심)

◇ ◇ ◇

내가 죽은
이름 없는 이름이여

나와 남이 두루 같이 죽은
이름 없는 이름이여

나와 남이 두루 나투는
이름 없는 이름이여

해산봉은 화산 터져
두루 불이 이름 없는 이름이로세

(1987. 1. 18. 법회 중에 읊으심)

◇ ◇ ◇

올 때도 빈 손
갈 때도 빈 손

계송 · 선시 1185

합친 한 손
그대로 두루 쓰는 손
올 때도 빈 발
갈 때도 빈 발
합친 한 발 딛고
그대로 두루두루 걷는 발

올 때도 흙에서 오고
갈 때도 흙으로 가는
합친 한 몸
한 몸 깊은 가운데에
정에 들어 죽은 몸
들이쉬고 내쉬는 숨결 음은 영원해
그대로 여여하리

청산에 흐르는 물은 강을 이루고
강을 이룬 한 방울은
세상을 준다 해도 바꾸지 않으리

음지 양지 없는 나무
만 가지 꽃이 피니
향기 두루 그윽하여
만 가지 열매 열리고
만 가지 맛이 나니
더불어 만물만생은
그 만 가지 맛을 볼 뿐이로세

(1987. 9. 20. 법회 중에 읊으심)

◇ ◇ ◇

사람이 삿갓을 쓰고
죽장을 짚고 땅을 디뎠으니
바리때 하나면 족한 것을
어떤 것을 더 바라랴

하늘 쳐다보니 청정하고

내려다보니 땅은 잔잔하더라
산천초목은 우거져서 무성하나
바닷물은 잔잔하게 흐르더라

그러나 쳐다보고 울고 내려다보고 웃는
그런 맛은 어디로 가고
사생의 눈물은 바다를 메우고
바다를 메우는 그 한 방울의 눈물은
어디 있는고?

(1988. 9. 18. 정기 법회 중에 읊으심)

◇ ◇ ◇

하늘 보고 땅을 치니
불꽃 기둥 하늘을 뚫어
돌고 도는구나

도리천 일체 생을
사자의 불꽃 끝은
예리하게 뚫어 꿰었구나

죽은 세상 산 세상을 넘나들며
찰나의 살림살이
떳떳하도다

(1988. 10. 16. 법회 중에 읊으심)

◇ ◇ ◇

해수관음의 빛

천척의 평발
백두 위에 올려놓고
부처 중생 둘 아니어
가락 맞춰 춤을 추니

흘러 도는 물바퀴에
우뚝 솟은 연꽃 향기
두루두루 맛을 내네

천지의 평발
용두 위에 얹어 놓고
일체 중생 둘 아니어
가락 맞춰 노래하니
흘러 도는 불바퀴에
우뚝 솟은 한마음은
두루두루 빛을 내네

(1989. 10. 4. 동해 낙산에서 해수관음상을 돌아보시고 읊으심)

◇ ◇ ◇

이 삼천 리 강산 봉에
평신을 얹었으니

부처 중생 따로 없이

춤을 추고 노래하네

흘러 도는 물 가운데

우뚝 솟은 연꽃 향기

두루두루 맛을

갖가지로 내는구나!

(1989. 10. 21. 법회 중에 읊으심)

◇ ◇ ◇

물은

깊이 흐르고

물새들은

떼를 지어 날고

깊은 뿌리의 나무는

뿌리를 지키기 위해

가지마다 봄이 오기를
기다리누나

(1989. 11. 11. 법회 중에 읊으심)

◇ ◇ ◇

노송 번개 치니
온 누리에 비 내리네
비 되어 깊은 바다 메우니
크고 작은 고기들
노래하고 춤을 추네

(1989. 10. 15. 정기 법회 중에 읊으심)

◇ ◇ ◇

해양 줄기 끊임없이 이어 가고

산하대지 푸르름은 바람 불어 나부끼며
백설 같은 흰 학들이
곳곳마다 너울너울 춤을 추니
대장부 살림살이 이만하면 족하다

(1989. 12. 24. 알래스카지원에서 청풍학우 그림을 보시고 읊으심)

◇ ◇ ◇

구이팔아 너는 알겠지
유구한 역사 속에 세월 따라 물 흐르니
도도하게 흐르는 세월
산천초목 무성한데 동문 열려
동이문 열리니 동이문이 어찌
울긋불긋 푸른색 나비들이
열린 문을 서로서로 오고 가며
춤을 춘다네
얼씨구 좋다 좋을씨구

십중팔구 좋을씨구

(날짜 미상)

◇ ◇ ◇

백화꽃이 두루두루 만발하니
깊은 뿌리 뿌리 이어 가고
불법승 푸른 물은 흘러 흘러
깊은 속에 용이 들고 나니
새 물결 끊임없이 이어져서
일체 마음의 꽃은 붉게 익어
활짝 피었으니
산천초목이 푸르러
서로서로 화합하여
생동력 이어 가며
춤을 추고 노래하니
역사가 달라질까 하노라

(1990. 2. 18. 정기 법회 중에 읊으심)

◇ ◇ ◇

어젯밤에 눈 오더니
날이 밝아 동이 트고
가지마다 백 송이 꽃 피고
뿌리마다 이어 가니
천상 저 높은 산 위에는
하얀 눈이 덮이고
골짜기마다 칡뿌리 이어 가고
칡꽃이 만발했으니
길을 걷던 나그네의 대피리 소리는
온 누리에 임의 소식 전달하니
만 꽃이여!
임의 소식 들었는가 하노라

(1990. 4. 8. 뉴욕지원 법회 중에 읊으심)

◇ ◇ ◇

바람은 불고 꽃은 나부끼고
봄이 오길 기다리면서
모든 시냇물이 소리치면서
한 손을 높이 들며
산도 멀리 있고
산은 산대로 들은 들대로
잔디는 잔디대로
서로 다복하게 지내는 것을

(1990. 4. 15. 오하이오 주 법회 중에 읊으심)

◇ ◇ ◇

쌀쌀한 냉기 오는구나
눈서리 오면
하얀 눈꽃이 온 누리를 덮겠네

눈 없는 사람 보지 못해
얼마나 막막할거나
듣지 못하는 사람 듣지 못해
얼마나 답답할거나
손 없는 사람 놓고 들어 먹지 못해
얼마나 배고플거나
발 없는 사람 가고 오지 못해
얼마나 쓸쓸할거나
저 산 너머 봄길에는
돌장승 눈물 흘려
봄소식을 전하는데
아! 만공의 꽃 익은 소식
어찌 모르나

따뜻한 봄이 오는구나
봄꽃 피면 누리 누리에
꽃향기가 퍼지리
눈 뜬 이들이 몰라보니

얼마나 좋아할거나
귀 뜨는 사람들은
얼마나 자유할거나
손 많은 사람들은 놓고 들어
자유롭게 두루 베풀었네
평발인들은 가고 오는 데
얼마나 자유할거나

저 산 너머 골짜기에
칡넝쿨 꽃이 피어
봄소식을 전하노라
아! 백두에 붉게 익은
붉게 흐르는 물
걷고 듣고 보는 것도
한 발 땅에 딛고
한 발 들어 놓기 전
아무것도 없는 것을
만 강에 비친 달은

내 한 손에 걷어 잡고

에헤야 데헤야

다시 편들 가고 옴이

어디 있으랴

(날짜 미상)

◇　　◇　　◇

깊은 물 돌고 돌아

수증 되어 오르고 내리면서

만물만생과 더불어

산천초목도 두루 적신다

저 둥근 달은 우리들의 마음을

청정하게 밝게 비추어 주니

스스로 여여하고

스스로 그대로 실상인 것을!

(1990. 11. 18. 정기 법회 중에 읊으심)

◇ ◇ ◇

높은 산 누리에 하얀 눈 덮이고

가지마다 배꽃 피어 만발했는데

골짜기마다 칡뿌리는 넝쿨 지어 뻗어 나가고

서리 위에 칡꽃 피어 만발하였으니

그윽한 향내는 두루 하는구나

경허 선사 앞뒤 없는 대피리 소리

온 누리를 덮고 굴리니

중생들의 마음속에 들고 나며 나투셨노라

(1990. 11. 18. 정기 법회 중에 읊으심)

◇ ◇ ◇

만공에 핀 꽃은

청산을 울리고

서천봉에 흐르는 물은

동쪽에 봄을 주니

한쪽 편의 누각 속에

임의 꽃이 만발했고

봄 나비들은 춤을 추고 돌아가니

찻잔 한 그릇에 시름을 엮어

간직하도다

(1991. 3. 31. 시카고 법회 때 읊으심)

◇ ◇ ◇

만 봄에 연꽃 피어 싱긋 웃으니

삼라만상 대천세계 다 집어넣었더라

한마음 도리에 근본이 들었으니

삼라만상 대천세계 모든 생명 모습들

한마음 한 법 한 마당 바로 한 발로 디뎠노라

(1991. 6. 28. 마산 법회에서 읊으심)

◇ ◇ ◇

바다 깊은 물
얼은 것도 파도도 관계없이
도도히 흘러 도니
청산의 푸른 잎
낙엽 졌다 말 없이
돌부처 도리천에
연꽃 머리 위에 얹어
끝 간 데 없이 걸어 도누나
검은 구름 활짝 밝아지니
그 모두가 밝고 밝았노라
쾅! 쾅! 쾅!

(1991. 8. 18. 정기 법회 중에 읊으심)

◇ ◇ ◇

삼천대천세계와 우주 천지도 없으니
사생과 사계절도 없으며
동서와 시간도 없으며
공한 것도 없고 없는 것조차 없는데
곳곳마다 바람과 물 없는 곳 없고
꽃 안 피우는 곳 없고
두루 푸르지 않은 곳 없으니
앞산 뒷산 오고 감이 없이
오고 가며 화하여 나투는데
발은 발대로 있고 손은 손대로 있더라
어찌 광대무변하다 아니 하리

(1991. 12. 15. 정기 법회 중에 읊으심)

◇ ◇ ◇

이 푸르름인가
이 푸르름의 노래는
공기님과 더불어
누각 사이 사이로 스며들고
나비와 꽃은 서로 어우러져 춤추는데
일체 제불의 한마음은 태양 빛처럼
우리들의 마음 깊이 스며들게 하고
그 마음이 두루 하여
모든 한마음의 식구들과
사랑을 베풀며 길 가십시다

(1991. 12. 15. 법형제회 송년의 밤에서 읊으심)

◇ ◇ ◇

푸르름은 가득 차고
돌사람들 질서 있게 오고 가네
눈보라가 온 누리를 뒤덮어

푸른 가지마다 흰 꽃 피고
잡초든 아니든 하얗게 덮었으며
돌사람들 흰 모자 썼어라

앙상한 북산 나뭇가지마다
설학 되어 남산을 대하니
남산 푸른 나뭇가지마다
백학 되어 설학을 대하도다

(1992. 1. 어느 눈 오는 날에 읊으심)

◇ ◇ ◇

동천의 청새는 서천을 대하고
서천의 쪽새는 청새를 대하니
만공의 피리 소리 온 누리를 뒤덮는데
앞뒤 중간도 없는 것
한 땅 디딘 한 발도 없어라

탕!

(1992. 2. 16. 정기 법회 중에 읊으심)

◇ ◇ ◇

월정사

상원에 오르니 찬 바람 병풍 두른 듯
공한 인연에 따라
아버지, 아들, 손자란 이름은 간 곳 없이
무와 유의 수레공이 되었구려
온 곳이 없으니 간 곳이 없겠지

만공의 뿌리 없는 소나무 영원한 푸르름일세
이름 없는 초당 자리 그 모습이 아롱지네
옛 산은 그대론데 옛 모습은 간 곳 없고
석탑만 반기는 듯 우뚝 서

주먹 쥐고 내밀어 보이는 듯하구나

과거도 미래도 현재도 다 공하여
한마음에 간직하니
간직한 마음조차 없더라

상원사

채찍!
"상원이란 높고 낮음이 없는지라
발 없는 발로 길 없는 길을
자유로이 두루 가고 옴이 없이 오고 가야
한 발 딛고 한 기둥 세워
하늘 받쳐 자재로이
활궁공법 함이 없이 하게 되면
서천의 샘물 젖지 않는다 하리라"
하시네
채찍!

적멸보궁

채찍! 적멸! 적멸!
“옷 벗기 전에
내가 죽어야 열반이며
내가 한 일이 없어야 열반이며
대천세계의 바닷물이 젖지 않아야 적멸이라”
하셨노라
채찍 채찍 채찍!

중대

채찍!
“중대란 땅이 하늘이요
하늘이 땅이라
앞뒤 없는 작대기 거꾸로 꽂아
우주 만물만생을 평범하게 싸고 도는 나무
앞도 뒤도 중간도 없는 통 속을 벗어나야

통을 굴릴 수 있다”

고 설하셨다

채찍 채찍 채찍!

(1992. 2. 28~29. 방한암 큰스님의 설법을 회상하시며 오대산 월정사, 상원사 적멸보궁, 중대(한암 스님이 나무 막대 꽂은 곳)에서 차례로 읊으심)

◇ ◇ ◇

한 번 죽어 내가 나를 보라

인연 따라 업식 뭉쳐 육신 되니

육신 속의 수십억의 중생들은

찰나찰나 들고 나며 육신 고통 주는구나

천차만별 고통 경계

한마음에 일체 뭉쳐 놓는다면

내 몸 안의 중생들은 보살로서 화하여서

내 몸 안의 중생부터 제도되리

인생 백 년 산다 해도
한 철밖에 아니 되고
허겁지겁 평생 다하더라도
찰나 생활 끊임없네
생명·마음·육신 삼위일체 공존하니
이름하여 주인공일세
일체 행과 관념 고정됨이 없어
나마저 없는데 화두 덧붙일 게 있으랴
안과 바깥 경계 주인공에 놓는다면
대나무 방귀씨를 얻으리라

(날짜 미상, 법담 중에 읊으심)

◇ ◇ ◇

물에서 물 찾기 어렵고
꽃 속에서 참 꽃 찾기 어려워라
일체 상대성과 절대성, 양 자성을

둘 아니게 보임하여 두 번 죽어 놓는다면
이 세상과 저 세상이 둘 아님을 알게 되며
우주 삼세 일체 사생 둘 아니게 여여하여
만 가지 꽃이 만 가지로 다가온다 하더라도
갖가지 맛을 내리라

문이 많아 문 찾기 어렵고
문이 없어 문 찾기 어려우니
생명 · 마음 · 모습 · 환상이
우주 삼세 일체 나로 인해 온 것이니
나와 더불어 죽고 또 죽어 놓는다면
주장자 있는 데는 내 주장자를 주기도 하고
주장자 발견 못한 데는 천백억 화신으로 화하여서
털구멍을 통하여 천차만별의 용도에 따라
들고 나며 제도하리

(날짜 미상, 법담 중에 읊으심)

◇ ◇ ◇

일체가 둘 아님을 알았으니
우주 천지와 더불어 같이 죽어
천차만별 차원에 따라
용도대로 응하여 주며
우주 개공 두루 하며
내 자리 아님이 없어
내 몸 아님이 없고
내 아픔 아님이 없어라
부처님이 없기에
부처님 아님 없이 모두 계시니
각자 내 주인공이 부처이자 근본일세

세 번 죽어 두루 밝아 솟았으니
영원한 봄 소식은
산천초목 푸르르고
산골마다 물 흐르고

유루 무루 각양각색 꽃이 만발하니
무상 심법 깨달아서 무르익은 열매 맛은
갖가지로 맛을 내고 맛을 알아
무상 심행 건곤 대법으로 아름다운 한마음은
이승 저승 왕래하며 보람 있게 살아 보세

(날짜 미상, 법담 중에 읊으심)

◇ ◇ ◇

지난 세상 만석 씨 뿌렸던 터
오는 세상 불가사리 불꽃 속에서
홀연 만석 몽땅 한 입에 삼켰을 때
산천초목은 한결같이 슬피 우네

사방의 물줄기는 한데 모여 바다가 되었으니
바다 위에 배 한 척만 우뚝 서
물속을 바라보니

삼계의 중생들은 드문드문하더라

음지 양지 없는 땅에 뿌리 없는 나뭇잎은
시방 삼계에 스스로 서신 전하여 알려 주며
메아리도 없고 말도 없는 빈 골짜기에
한 기틀 돌려 기둥 세워 공놀이나 하여 보세
깜짝할 새 오는 것을 깜짝할 새 막으리라

(날짜 미상, 법담 중에 읊으심)

◇ ◇ ◇

꿈도 생시도 그러하며
영혼 일체 적고 큰 그릇 채워 넘쳐 흐르네
물 위로 산이 가고 산 위로 물이 흘러
바늘구멍 사이로 들고 나며
미투리 한 짝은 온데간데없더라
산 위로 물이 흘러

지렁이 해골 속을 들고 나며 춤추더라

고목나무 가지 끝에 짚신 한 짝 얹었으니

팔팔 공치기는 십중팔구 좋을시구

(날짜 미상)

◇ ◇ ◇

온갖 것 참으로 있음 아니요

참마음 오직 홀로 머물러 있다

그러나 참마음도 실체가 없어서

인연 따라 온갖 것 지어 내나니

지어진 모든 것에 집착 없으면

부처님 그대로 현전하리라

(날짜 미상)

게송 · 선시 1215

◇ ◇ ◇

천지인 우주의 천차만별이
한 찰나에 벌어졌다
한 찰나에 모였다 흩어지는
이 광대한 산하대지에
산천초목은 장단 맞추어
음파를 두루두루 전달하고
나의 노랫소리와 더불어
전 우주 봉우리마다 허탈하게 웃으며
이래도 한세상 저래도 한세상
일체 색과 모든 생이
한꺼번에 끝없이 이어지며
나의 한마음의 웃음소리
삼천대천세계 우주를 흔들고
물방울마다 향기 내음 되고
꽃송이마다 열매 되어
유루 무루 제대로 익어서

일체 생들이 그릇대로 끝없는 삶을 노래하네
이러해도 한세상 저러해도 한세상인데
나로부터 상대의 우주 섭유의 정신계에
광대한 마음과 마음이 이어지는 도리를
한데 합쳐 깨달으면
끝없는 자유인이 되리라

(1993년 8월 7일 금강경을 완역하신 후 읊으심)

◇ ◇ ◇

언덕이 어디 있나
이름만이 저 언덕이고
이 언덕 전부 다 가면이다

탐심 진심과 탐욕 번뇌를 다 잊으면
고해는 말라 버려 평지대로 되는 것을
공연히 이름 지어 그 이름에 걸려든다

(날짜 미상)

◇ ◇ ◇

백 년의 인간사는 하룻밤 꿈 같고
만 리에 뻗친 모든 강산은 한 노름판 같다

올 때는 한없이 기뻐하더니
갈 때는 한없이 슬퍼하네

속절없이 인간에게 와서 한 바퀴 돌았구나
당초에 오지 않았다면 갈 일조차 없을 것을

(날짜 미상)

◇ ◇ ◇

하늘이 맑으니 달은 명랑하고

물결은 고요하여 일지 않으니
무궁화가 동서남북을 경계하고 있네

(날짜 미상)

◇ ◇ ◇

색(色)이란 잔 물방울과 같고
수(受)란 뜬 물거품과 같은 것이다
상(想)은 아지랑이 같은 것이고
행(行)은 파초 잎과 같은 것이요
식(識)은 허수아비와 같은 것이다

(날짜 미상)

◇ ◇ ◇

한 번 죽기 어려워라 하였더니

두 번 죽기가 더 어렵고
두 번 죽기가 어려워라 하였더니
크게 다시 나투기가 또한 어렵네

(날짜 미상, 마음공부의 단계를 표현함)

◇ ◇ ◇

물이 맑으면 달이 나타나 보이지만
물이 흐리면 달은 숨어 버리고 만다
맑은 물을 따라 달이 오는 것이 아니고
흐린 물을 따라 달이 가는 것이 아니다

부처님 진리도 그와 같은 것이므로
마음이 청정하면 부처가 나타나며
마음이 어두우면 부처가 보이지 않으나
부처가 다른 곳에서 온 것도 아니요
부처가 다른 곳으로 가 버린 것도 아니다

모든 번뇌를 여의고 마음이 고요하여

맑고 청정한 마음이 생기면

부처는 저절로 나타난다

육진의 도적을 잘 막아 내고

육근의 작용이 걸리지 않으면

중생이 바로 부처가 되는 것이다

청산은 말이 없고 유수는 터가 없는데

자연과 같이 마음이 정중하여 변하지 않으면

그 마음이 바로 부처가 되는 것이다

(날짜 미상, 담선 법회 중 공부의 기초에 대해서 읊으심)

◇ ◇ ◇

부처님은

오신 것도 가신 것도 공하였기에

영원한 부처님 오신 날일세
우주 땅 새 둥지 없이 둥지 속을
쉴 사이 없이 들고 나며
깊은 뿌리 부동지는 줄기줄기 뻗어 나고
가지마다 푸른 잎은 성성함이 무량하네

앞뒤 없는 불바퀴는
행함 없이 두루 밝혀 빛을 내며 행하시니
외도 사견 걸림 없이
삼십칠도(道) 구각 무심도법으로
천차 만상 끊지 않고 열반으로 넘나들며
무심 유심 한마음은
찰나 생활 자재함을 인도하셨노라

억만 분들이 각을 이루어도
끝없는 한 도량의 한 부처님이시라
한마음 부처님은 말씀하신다
한마음 제 뿌리에 제 나무 과일 무르익어

이름 없는 만 가지 맛을 내면
세계 평화와 일체 중생들의 마음 병을 고치느니라

그 까닭에
내 국토, 내 사회, 내 가정, 내 육신
일체 이끌어 가리니
부처님은 말씀하신다
항상 상대에 서서 살며
아집과 모든 물질에 도취하여
마음을 내지 말 것이며
일체 걸림 없는 데서 마음을 낼 것이며
집착과 모든 것을 내 탓으로 돌리고
뜻 보시, 법 보시, 부드러운 말 보시 하라
거짓말하지 말고
자기 한 말을 지키며
등불을 켜면
이것이 불공덕이라 하셨네

(1991. 5. 21. 초파일 봉축 법어)

◇ ◇ ◇

탕!

이 소리는

서천골의 참 나를 발견하는 소식이요

탕!

이 소리는

앞산과 뒷산이 함께 동결되어

화산이 일어나는 소식이요

탕!

이 소리는

우주 법계 세상, 일체 제불과 일체 중생이

같이 더불어 나투며 돌아가는 소식이요

탕!

이 소리는

삼세와 삼심이 한데 공하여

돌아가는 불바퀴의 한 점

그 한 점도 없어라

없는 것도 없어라

세상만사는 그대로 여여한 소식이로세

(1992. 5. 10. 초파일 봉축 법회 중에 읊으심)

◇ ◇ ◇

달은 밝아 고요한데

없는 구름이 흩어지니

사방이 문이로세

뜰 아래 샘물

없는 손으로 바가지 들어
물 한 그릇 마시니
맛이 좋아 시원한데
음지 양지 없는 오경대(五鏡臺)
뿌리 없는 소나무 한 그루
빙긋이 웃으니
마주 웃었어라

(1984. 6. 12. 운문사 명성 스님께 보내신 서신에서)

◇ ◇ ◇

황금 쟁반 위에서
황금 밥 그릇 안에 밥 한 그릇을
황금 수저로 다 자시고
한 그릇의 밥이 되남아 있는 것을 본
황금 새는
너울너울 춤을 추었더이다

어느 것을 기둥이라 내놓아

말할 수 없기에

뿌리 없다 하였으며

가고 옴이 없이 가고 오면서도

해를 놀려 운전하여 되었기에

잎이라 하였나이다

(날짜 미상, 수덕사 혜암 큰스님께 보내신 서신에서)

◇ ◇ ◇

천지인 미분전

숭산 대선사께서는

서천 중천 함이 없이

도량에 콩씨 뿌려 선맥 추수

선사 법좌 대단하십니다

뿌린 씨 청안(靑眼) 없어

더불어 아쉬운 듯

만공의 푸름도
흰 구름을 한생각 돌린 뜻이
감개무량합니다
숭산대원심혜명(崇山大願心慧明)
춘하추동 만백화

육조 선사
본래 한 물건도 없더라는 게송
본래 있다 없다 돌고 도는 물
네 방귀, 내 방귀, 귀신 방귀
방귀 내음 향기 온 누리에 두루 하네
일 불(一佛)이 만 불(萬佛)
만 불이 일 불이요
일 불도 찰나, 번개불탕이어라

물 위에 청산 가고
산 위에 물 가니
숭산대원심혜명 찰나 선(禪)

어제도 오늘, 내일도 오늘
오늘의 봄은 화창하여서
꽃 피고 꽃 지면 열매 되어
제 나무에 익은 실과 맛이
만 가지 맛이 나더라

(1986년 숭산 스님께 보내신 서신에서)

◇ ◇ ◇

육조(六祖) 게송에 대해

만물은 더불어 고정됨이 없이
찰나찰나 나투며 화하여
끊임없이 옮겨 놓은 생활이니
어찌 보리라 이름지으리까

생사가 둘 아니며 악과 선이 둘 아니고

일체 만법이 찰나에 나투는
천차만별의 생활, 즉 청정함을
어찌 명경이라 이름 지으리까

무(無)가 일(一)이며 일이 무인고로
세울 게 없으니
어찌 물건이라 이름할 수 있으리까

찰나찰나 나투어 전후가 없으니
티끌도 세워 이름할 게 없으니
스님 배꼽에서 소 한 마리 나오매
네 귀에 기둥 세우고 네 발 한데 묶어
불을 질러 구워 대중이 다 먹고
되남는 소 한 점
한 그릇에 보내오니 맛있게 드시옵소서

스님 배꼽은 몇 개나 되는지 일러 주소서

(1986. 4. 15. 美 숭산 스님께 보내신 답신에서)

◇ ◇ ◇

사여(四如)에 대해

우주 천체 근본이 부동하여 무변하니
어찌 무여가 아니리까

일체 만법이 걸림 없이 일심으로 들고 나니
어찌 일여가 아니리까

유루·무루 균등하여 일심조차 세울 게 없으니
어찌 여여가 아니리까

일체가 법 아님이 없으니
어찌 즉여가 아니리까

그러나 어찌 사구(四句)가 따로 있으리까
선사 배짱 좇아 나온 것이라
스님의 대장 길이는 몇 자나 되는지 일러 주소서

(1986. 4. 15. 美 숭산 스님께 보내신 답신에서)

◇ ◇ ◇

본래 밝은 달은 달이 없음에
어찌 털어 버릴 몽둥이가 있으랴
모두가 모습이며 이름일 뿐일세
스님의 참다운 끊임없는 자비에
참맛을 이루노라

아차 고개 한 찰나에 보리 맛 좋더니
아차 고개 넘어올 때 밀 맛 좋으네
찰나찰나 쓴맛 단맛 흘러가누나
크다 작다 가릴 것이 없으련만

끊임없는 스님의 생수 맛은
더욱 좋아라

산은 산 물은 물이로되
산과 물이 조화를 이루어
숭산 법음 나왔네
그러나 스님의 심월봉(心月峰) 원자력에
눈 밝은 사자도 눈 먼 개도 육조(六祖)도
일체 몰락 닥치는 대로 파 버리거늘
무엇을 가리고 밀치고
한 물건이 있으리

(1986. 6. 5. 美 숭산 스님께 보내신 답신에서)

◇ ◇ ◇

두루 푸른 천
두루 누른 천

백발이 성성

두루 각각 맛이 좋으니

유루 무루 두루 중생

듣고 보는 대로 건져지니

끝 간 데 없는 행원 선사심이로세

(1987. 3. 19. 美 숭산 스님께 보내신 답신에서)

◇ ◇ ◇

천지인 미분전

한암선맥 탄허선맥

한 발 한 길 딛고

뿌리 없는 기둥 되어

하늘 받쳐 돌고 돌며

손 없는 한 손 번쩍 들어

한 붓대 드니

만물만생의 눈 귀

뜨게 하셨도다

무루 유루 두루 능력(能力)
유생 무생 영원토록 건지시며
도(道) 학(學)을 겸비하신 이 장부
대붕(大鵬)의 자비의 큰 뜻을
누가 감히 알랴

대덕 탄허 큰스님의 눈물은
우주를 덮고 담고 굴리며
끊임없이 밝았네

학(學)이라 편견해 착(着) 두지 말라
붓 한번 들었다 내리면
4월 남풍 솔바람에
오곡 무르익어
만 가지 맛이 나는구나

물새도 울고

청새도 울고

돌새도 울고

나도 울었네

큰스님은

나지 않으셨기에

가신 것도 없어라

(1986. 2. 19. 탄허 스님 열반 후 지으심)

◇ ◇ ◇

심우송(尋牛頌)

1. 소 찾기(尋牛)

푸른 들판 끝이 없네

깊은 풀숲 헤쳐 가며

소를 찾아 헤매는 길
이름 없는 강물 따라
머나먼 산길 따라
기진맥진하였건만
소는 감감 보이지 않고
땅거미 진 숲 속에
귀뚜라미만 홀로 우네

2. 자취를 보다(見跡)

문득 강가의 나무 밑에
소 발자취 보이네
아니 향기로운 물 밑에도
소 간 자국 뚜렷해
저 멀리 이어져 가네
이제야 나의 코 보듯
그 자취 분명하여라

3. 소를 보다(見牛)

두견새 노래 들려오고
따스한 햇살 아래
바람도 잔잔한데
강기슭 버드나무 마냥 푸르네
여기 어느 소인들
숨을 수 있을까
저 육중한 머리
저 장엄한 뿔
무슨 재주로 끌어내랴

4. 소를 얻다(得牛)

그 싸움 어려웠어도
내 마침내 소를 잡네
그 억센 기질
구름 위로 솟을 듯하고
그 한량없는 힘

태산도 뚫으려는가
그러나 마침내 멈추었고나
오랜 방황을 멈추었고나

5. 소를 길들이다(牧牛)

채찍과 밧줄이 있어야겠네
고삐 꿰어 손에 잡고
회초리질 아니 하면
그 소 멋대로 날뛰어
흙탕 수렁에 빠지겠구나
그러나 잘 길들인다면
본성이 어진 소라
고삐 없이도 나를 잘 따르리

6. 소 타고 집에 오다(騎牛歸家)

소를 타고 집으로 돌아오는 길
제가 먼저 알고 찾아드네

소 등에 피리 소리
황혼을 노래하며
고운 가락 장단 맞추어
온 누리에 울려 퍼지니
마을 사람 모두 나와
회답하며 반기네

7. 소를 잊다(妄牛存人)

마침내 소 타고 집으로 왔네
내 마음 끝없이 편안하고
소 또한 쉬니
온 집에 서광이 가득하여라
초가삼간에 근심 걱정 없으니
내 마침내 채찍과 고삐를 내버리네

8. 나도 소도 다 잊다(人牛俱忘)

회초리도 밧줄도 소도

나 자신까지도
모두가 공하여 느낌이 없네
넓고 넓은 이 하늘
끝도 가도 없어서
티끌 하나도 머무를 곳이 없네
내 마음이 이와 같으니
무엇엔들 걸리리

9. 근원에 돌아오다(返本還源)

이 뿌리에 돌아오기까지
숱한 고개를 넘고 넘었네
이것이 참된 나의 거처
그 모양 허공과 같아서
막힘도 트임도 없으니
시냇물은 졸졸 흐르고
꽃들은 마냥 아름답고나

10. 골목에 들어 손을 드리우다(入廛垂手)

비록 누더기를 걸쳤어도

언제나 모자람이 없고나

길거리와 장터에서

뭇 사람과 섞인 채

그들의 고통은 절로 사라지니

이제 내 앞에서는

죽은 나무도 살아나는구나

깊은 골에 물줄기도 젖지 않는다 하리

(날짜 미상)

◇ ◇ ◇

온 누리 물줄기

돌고 도는 한가운데

연꽃 한 송이 피어

온 누리에 한마음 향기

공덕 세우시고

한 송이 꽃은
만 가지 꽃으로 화하여
만 가지 열매 익어
만 가지 맛을 내어
두루 주었으며

온 누리에
이재형, 즉 이 무장심이
두루 밝아
일체 푸르름 가득하니
무량수의 광명이며
일체 도량에
무량수 공덕을 내렸도다

이재형은
무량심이며 도심이도다

장하도다
무심종이도다

아! 색신이 아쉬워라
가정의 식구들과
선원의 식구들을 위하여
좀 더 있다 가셨으면 좋을 것을
그렇게 빨리 서둘러 가셨나이까?

아쉬워라!
뼛속에 사무치는 한마음의 눈물은
강을 이루며 돌아 흐르네
아쉬워라!
색신이 아쉬워라!

(1990. 1. 23. 故 이재형 사무장의 덕행을 기리며 읊으심)

◇ ◇ ◇

고요한 대지에 백설이 덮이고
앙상한 나뭇가지마다 바람에 나부끼는
추위와 아픔을 견디면서
봄이 오기를 기다리는데

사계절을 무시한 청정한 푸르름은
두루 넓게 얼굴을 내밀어
웃음으로 춤을 추고

혜월 눈 두루 밝았으니
린다의 목소리는
바람의 리듬 따라
누리에 끊임없이 흐르리!

(1990. 3. 27. 알래스카 앵커리지에서 혜월 거사와 린다 부부에게)

◇ ◇ ◇

한마음의 발길은 사뿐사뿐 가벼웠네
바람 찬 누각 안에 주고받은 물건들이
색색 다양 놓여 있고
우정 어린 솔바람은 온몸에 스며드니
가을 단풍 청새 되어 봄이 오길 염원하며
창공의 봄 햇빛은 한마음에 드는구나

(1986. 1. 한 신도의 모친 칠순을 축하하며 읊으심)

◇ ◇ ◇

영원한 자유인

천지 만물과 만생(萬生)은
너와 더불어 같이 있으니
유정(有情) 무정(無情)이 화합하여
한마음으로 이루어질 때
내 몸 아님이 없나니

만생 만물은 내 한생각에
일체 움직이리라

부처와 더불어
일체 만생 만물은
모두가 공(空)했으니
공하여 평등하면
열반이자 부처요
한생각 냈다 하면
일체가 법이요
일체 만물이 움직이는 용(用)이라

병고액난에 걸리어
허덕이게 되는 것은
내가 천지 만물만생과
한마음으로
화합되어 있지 않은 까닭이라
평소에 부모 형제 이웃을 냉대하여

화목하지 못한 자
불단(佛壇)에서
아무리 차려 놓고 빌어도
각자 내 마음이
너를 구원하지 않으리라

공기, 바람, 흙, 물, 태양 온 안에
만물만생이 너와 함께
각각 용법에 따라
유생 무생이 살고 있거늘
여러 사람들은
그 고마움을 모르도다
마땅히 감사함을 알아
진정한 자비로서 미신 기복을
정법으로 전도하라

잘못된 것을 바르게 전도하며
서로가 서로를 감사할 때에

천지 만물만생을 합한
부처님께서도 감사하며
너도 감사함을 받으리라
부처님은 돕고자 하여도
싸움의 염파(念波) 들으면
화목하게 구원을 받을 수 없노라

일체 높고 낮음이 없이
감사하라
감사하는 마음 속에서만
너는 참 나를 보리라
그리고 너는 참 나에게
구원을 받으리라

모두가 혼일통체라
만사 만생과 상응하는 자
오늘의 불가득(不可得) 자리 위에
영원하리라

영원한 생명의 실상을
깨달아 앎으로써
삼천대천세계를 지배할 수 있노라

부처님은 한 분이로다
일체 중생이 다
깨달음에 이른다 하더라도
한자리 한 분이로다

한 분의 빛으로
만사 만생이 화합하여
나왔으며
뿌리 없는 기둥은 우주 만물을
한마음으로 한 울을 받쳐
여여히 흐르니
여러분의 믿음으로
믿는 것만치 되리라

자신의 주인공을 믿으라
그러면
일체 부처님의 마음을 헤아려
모두가 둘이 아님을 알 뿐만 아니라
우주간 법계 모든 인류에게
수신 전달 할 시기가 되리라
생명의 참 주인공을 알고
진리를 앎으로써
전 세계를 움직이는 보당의
자재권을 포착하리라

그리하여
우주를 한마음으로 관하고
일체의 타심(他心) 숙명
만물만생 소리를
몽땅 듣고 보고 알고
가고 옴이 없이 가고 오며
당당히 탕탕하리라

너의 주인은 부처님이고
너의 육신은 중생이니라
내 마음은 심 막대기
내 주인은 부처
내 육신은 중생
부처도 중생도 아닌
실상의 중심 내 심주
즉 화합한 한마음이라

내 영원한 생명의 주인공을
절대 믿으라
스스로 화합하여 조화되어
이루어 소생하며
저마다 적소를 얻어
다투는 자 없고
무생 유생으로 괴로운 자 없고
궁하지 않으리라

둘이 아닌 부처님 외에
다른 존재 없으리
자신을 알면 부처요
부처님으로 아니 되는 게 없노라
마음으로 일체를
뜨게 하고 지게 하니
만능의 불가사의한
묘법이 아닐 수 없도다

마냥 끝없이 흐르는구나
참마음만이 전능의 부처이며
아니 계신 곳 없도다

물질은 진정한 것이 아니요
물질은 실상 심주의 그림자이며
너의 종이로다

육신을 참 나라고 하면

미련한 자
주인공 한마음은
영원하며
생사윤회에 끄달리지 않는도다

물질은 허무의 대상이요
삽시간에 변모되어
사라지고 무너지나니
참 주인공 너는
자재력으로 생활을 윤택하게 활용하여
고뇌가 없으나
형상 형태에 매여 말리우는 자
환난과 고해에 허덕이리라

물질은 가상이라
참 심공(心空)은
모든 것을 초월하여
그냥 그대로 여여하느니라

내 영안이 열리어
영체를 본다 하여도
심안으로 실참을 본 것이 아니니라

사량과 감각으로 보이는 것은
다 마음의 그림자며 환각이라
영체 유체 유령 악령
여러 가지 형태 있나니
살아서 모르면
죽어서도 모르므로
유령 악령한테
인연 따라 괴롭히고
괴로움을 받느니라

이 모두가
잘못된 한생각으로 인하여
유전의 끄달리는 현상이라
형상에 거듭 끄달리어

혜매이는 어리석은 마음은
그 집착이
갖가지 환(幻)의 형태로 변하여
사람들에게 보이지도 않고
말소리 들리지도 않게
매달리며 괴롭히느니라

마음의 주인공으로 방편 하여
실상의 너를 보라
너를 발견하면
평등하며 환희하여
평화를 얻을 것이다

부처로부터
선신 선녀 유령 악령
일체 유주 무주를
너의 주인공 감로수에
한데 부어 녹이라

참을 모르는 자는
참되게 인도하라
암흑에서 허덕이는 자는
슬기로운 빛으로 인도하라

네 주인공의 힘으로
가고 옴이 없이 가고 오며
잘못된 귀신 소굴에서
빠져나오도록 인도하라
기복은 바로 가는 길이 아니며
정의의 도리가 아니로다

부처는 통체이신 고로
너에게 병이 나면
의사가 되어 주시고
어려운 때에는
관세음이 되어 주시고
극락에 가고자 빌 때에는

지장이 되어 주시고

관청 일이나 생남 빌 때에는
산신 신중까지도 되어 주시며
명이 짧으면
칠성님 되어 주시고

일체 합한 부처님은
빛으로 거두시고
화신으로 거두시고
법신으로 거두시니
명심하여 방황하지 말라

잠재해 있는
부처님 마음이 내 마음
현재 중생 마음이 내 마음
구원을 받으려거든
내 주인 부처한테

항상 마음으로
고하고 청하라
용도에 따라
아니 됨 없으리라
내 잠재해 있는
마음 속에
일체의 부처
산신 독성 칠성 신중 신장 예수 하나님
다 그 속에 있은즉

현재 마음으로 정성 다하여
불단에서나 가정에서나
잠재해 있는 내 마음 속
합한 한 분의 부처님한테
용도에 따라 구원을 청하라
내 소원 아니 됨 없으리라

일체 생명들이

진리를 알고 깨달아
일체 근원이 된
한마음에 주하면 되리라

각자 내 주인공을 발견하라
모든 색신, 즉 육신이
자기라고 생각하는 사람
가상에 속지 말라

불단에 섰을 때
신중 산신 칠성 예수 하나님
부처는 한 분으로
잠재해 있는
부처님 마음과 내 마음 속
전체에 들어 있나니
오직 믿고 행하라

누구나

칠성 독성 신중 용왕 산신 하나님
예수 부처 한 분인 것을
하나로 마음의 중심 서지 못하여
각각 다른 분으로 알고
방황한다면
결코 구원받지 못하며
자기 마음자리
발견하기 어려우리라

모두가
부처님 마음과 내 마음
한데 합하여
여러 가지 환상을 그리고
묘용을 내어
법당 칠성당 산신각 성당 교회
만들어 놓은 것이니라
형상을 보고 방황치 말고
체 없는 마음에

소공(小空)과 대공(大空),
부처 마음 내 마음
한데 합친
심주 주인공한테서
각자 소원 이루는 것은
내 마음 씀에
달려 있노라

내 중심
심주만 세우면
아니 됨 없나니
나의 영원한
심 작대기는
세상을 초월하여 영묘무궁한
길고 짧음 없이 당당한
한마음의 자유이니라

실상을 자각하라

부처와 너와 한마음은
무변 불로 불사
함이 없이 충만하여
이름하여
도라 하느니라

일체 만사 만생의 생명이
한 생명이니 차별 두지 말라
한마음으로 함께
존재하고 있으니
서로가 서로를 자비로서
내 몸같이 내 아픔같이
서로 사랑하며
서로 감사하게 생각하라

그리하면
덕과 복을 받으며
생멸이 없이

윤회에 끄달리지 않느니라

위로는
내 심주를 발견하고
아래로는
부처님의 계법 질서 지키며
육신을 올바르게
제도하라

삼천대천세계 우주 진리가
대공이라
광대무변한 능력의
만능 컴퓨터
스스로 소공 생명의 무선 줄이
일체 연결되었도다

양심을 속이지 말라
참 주인공은

무한 법계에
가고 옴이 없이
송수신이 가고 오며
일체 만생과 화합하여
서로 송수신 주고받는
평화한 대인이며
자유인이니라

자신을 깨달으라
불단에
여러 가지 환상 집착하여
그르치면
부처님 마음 내 마음
둘 아닌 한마음
부처님의 묘력은
끝내 알지 못하리
그리하면
세상에는 환난이 오고

고가 많아지리라

자신을 보고
부처님 찾는 자만이
금광(金鑛)에 모여
한자리 할 것이고
여러 가상을 좇는 자는
넝마전으로 모여
한자리 할 것이로다

일체 생명 한데 합한
한마음 깨달으면
넝마와 금이 평등하여
팔자 운명 따로 없이
부모의 묵은 빚
효도하며 갚게 되고
자라는 자녀들엔
햇빛을 주게 되리

자유인으로 사는
행복한 삶의 보람
영원히 살지 않았기에
영원히 죽지도 않으리

삼천 년 전의 부처도
내 마음의 부처요
삼천 년 후의 부처도
내 마음의 부처로다

선 법 가

- 선법가는 대행 선사의 게송과 가르침에 곡을 붙인 노래로서, 부르는 이와 듣는 이 모두에게 생활 선 수행의 지침이 되고 마음의 이치를 전하는 공덕이 됩니다.
- 중복을 피하기 위해 게송 · 선시에 나와 있는 가사는 싣지 않았습니다.

QR코드를 카메라 앱으로 스캔하면 한마음선원 YouTube로 연결되어 선법가를 음성으로 들을 수 있습니다

일체 제불의 마음

일체 제불의 마음은 내 한마음이다
일체 제불의 법이 내 한마음의 법이며 생활이다
일체 제불의 몸은 일체 중생의 몸이다
일체 제불의 자비와 사랑은 일체 중생의
자비와 사랑이다
선행하는 것도 악행하는 것도 다 내 한마음에 있다

안에서 찾자

1. 자기의 주인공이 바로 부처요
자기의 이 육신은 중생이어라
이 뜻 깨달으면 바로 부처요
밖에서 찾지 말고 안에서 찾자

2. 내 주인은 부처요 내 육신은 중생
부처와 중생은 언제나 한마음
이 뜻 깨달으면 바로 부처요
밖에서 찾지 말고 안에서 찾자

부처님 계신 곳

1. 부처님 어디 있나 내 맘 속에 계시네
중생은 어디 있나 내 맘 속에 있다네
내 맘은 어디 있나 한마음 속에 있으니
한마음 어디 있나 찾는 맘에 있어라
아, 찾는 맘에 부처님 성품 보이네

2. 보고 듣고 말하게 하는 자 그가 누군가
육신을 참 나라 알면 정말 어리석어
육신을 관장하는 그 자가 내 주인
내 주인 어디 있나 찾는 그 맘 속에 있네

아, 찾는 맘에 부처님 성품 보이네

부처님 오신 날도 영원한 오늘일세

1. 눈을 뜨면 광명세계 눈 감으면 암흑세계
맘의 눈을 바로 뜨면 불국정토 아닌 곳 없구나
내 한마음 깨우치면 오늘의 내 마음이
영원한 오늘이요 부처님 오신 날일세
찬미하세 찬미하는 그 나를 찬미하세
부처님 오신 날 영원한 오늘일세

2. 고요하고 고요하네 즐겁고 즐거워라
부모 형제 이웃 모두 내 얼굴 아닌 사람 없으며
누리의 주인 부처님 나툼 아님 없으니
내 마음은 영원한 오늘 부처님 오신 날일세
찬미하세 찬미하는 그 나를 찬미하세
부처님 오신 날 영원한 오늘일세

마음으로 삼독을 벗어나 보세

1. 옛 물 옛 산 옛 사람 따로 없어
시대 따라 한마음 내어
온 누리에 걸림 없이 일체 만법 자재하며
따로 없는 내 식구 되어 굳건하게 지켜보세

2. 억조창생 마음으로 둥글으니 불성이자 사람일세
오관 통해 들고 나며 나 아니게 천지 만물 둥글려
자재하여 내 가족 따로 없이 지켜보세

삼세심을 전달하니

1. 겨울 눈 하얗게 온 누리에 지붕 되니
그 아래 누각에는 오색 꽃들 향기 내음
파랑새들 지저귀며 삼세심을 전달하니

팔팔 공치기는 십중팔구 좋을시고
그대로가 한마음의 진리라고 노래하네

2. 한여름 파랗게 옛 산 앞산 둘 아니게
솔잎 사이사이 바람 솔솔 부는 대로
산 위에 물이 가고 물 위에 산이 가며
지렁이 해골 속을 들락날락하니
온 누리에 부처님 아니 계신 데 없네

한곳으로 나고 드니

1. 문수 보현 따로 없고 관음 지장 다름 없어
삼천 공덕 일만 나툼 한곳으로 나고 드니
진실로 간절하게 그렇게만 안다 하면
일체가 하나이니 한마음이요
무한하고 영원하여 한마음이라

2. 부처 중생 따로 없고 극락 지옥 다름 없어
분별 망상 선악업이 한곳으로 나고 드니
진실로 사무치게 그렇게만 깨달으면
일체가 하나이니 한마음이요
무한하고 영원하여 한마음이라

마음의 불씨

1. 동그랗게 텅 빈 마음속에
한 점 영원한 불씨가 있어
아, 간절하게 나를 이끄는
조촐한 등불 하나 고이 켜들다
이 등불 켜들고 세상 밝히며
가없는 자비의 길 걸어가리니

2. 깊고 깊어 미묘한 한마음 속에
일체를 싸안는 원리가 있어

아, 지극하게 중생 살리는
진실한 눈물의 힘 샘이 흐르다
이 샘물 마시고 생사 넘어서
모습 없는 진리의 길 함께 가리니

스스로 갖추었네

1. 만인은 제각기 금강자석신을 지녔어라
무위 정법 능력으로 일체 마음 한데 뭉쳐
스스로가 갖추어져 온 누리에 향운공은
일 초라도 쉬지 않고 만물만생 나투면서
행함 없이 행하는데 그 무엇이 두려우랴
세울 것도 버릴 것도 가질 것도 없는 것을
공한 자리 관한다면 모든 의단 절로 나네

2. 삼세에 살던 습을 녹이지 못한다면
생사 윤회 고통 바다 벗어나지 못하리라

사대 오온 공하여서 생활이 곧 참선이며
내 육신이 부처님의 법당이자 화두인데
무슨 화두 덧붙여서 본래 모습 찾을소냐
부처 몸이 내 몸이요 부처 맘이 내 맘이니
그대로가 여여함을 소소영영 알아보세

선종관문 알아보세

1. 일체는 한마음이 근원 되어 생겼어라
부처 중생 같이 있고 천지 만물 둘 아닌데
어리석은 사람들은 바깥 경계 끄달려서
삿된 길에 빠져들어 스스로가 괴롬 받네
몸 벗기 전 정신 차려 길 아닌 길 자유롭게
만 가지 법 만 가지 행 향운공을 양식하여
선종관문 알아보세 선종관문 알아보세

2. 일체는 한마음이 나투어서 이뤘어라

극락세계 여기 있고 남녀성품 평등한데
분별심을 갖는다면 공한 이치 어찌 알랴
인생은 태어나면 창살 아닌 창살 속을
벗어나지 못하면서 목숨 다해 끌려가네
자기라는 고정관념 빗장문을 뛰어넘어
선종관문 알아보세 선종관문 알아보세

영원한 오늘

1. 자취 없는 마음이 참마음이요
모습 없는 진리가 영원한 진리
법등명 자등명 깊이 새기며
안으로 구하리니 자성 밝혀서
부처님 오신 그날 오늘 속에 영원하리

2. 일어나 물결치는 모든 생각을
파도 일기 그 이전 공한 그곳에

무겁게 들어서 다시 놓으면
생사윤회 인연 업과 문득 넘어서
부처님 오신 그날 오늘 속에 영원하리

내 한생각에 일체 움직이리라

1. 천지 만물 모든 생명 너와 함께 있으니
유정 무정 화합하여 한마음을 이루면
언제 어디서나 내 몸 아님이 없나니
모든 것 내 한생각에 모두 움직이리라

2. 부처와 더불어 일체 만생과 만물은
모두가 공했으니 공하여 평등하면
열반이자 부처요 한생각을 냈다 하면
그대로가 법이며 움직이는 용이라

생명의 실상

1. 영원한 오늘에 사는 것이 생명의 실상이니
삼라만상 모든 것 한마음의 나툼 아님이 없네
인간으로 태어남도 한마음의 나툼이며 방편이니
이 도리 깨달아 윤회의 고해 벗어나 자유인이 되세

2. 과거다 미래다 할 것 없이 오늘이 바로 영원
이 세상 모든 것 모든 것이 부처님 나툼
아님이 없네
하늘과 땅 어디에도 부처님 아니 계신 곳 없으니
일체가 한마음 펼침이며 자비 광명일세

누가 하는가요

1. 그 누가 있어 우리가 볼 수 있게 하는가요

그 누가 있어 우리가 들을 수 있게 하는가요

그 누가 있어 우리가 말할 수 있게 하는가요

그 누가 있어 우리가 살아갈 수 있게 하는가요

지켜보고 지켜보고 또 지켜보세

지켜보는 당신이 바로 참 나이라네

2. 두 눈이 있어 본다지만 과연 정말 그런가요

두 귀가 있어 듣지만 과연 정말 그런가요

입이 있어 말하지만 과연 정말 그런가요

육신이 있어 산다지만 과연 정말 그런가요

지켜보고 지켜보고 또 지켜보세

지켜보는 당신이 바로 참 나이라네

내 마음의 주인

1. 마냥 끝없이 흐르는 참마음이시여

삼라만상 허공 중에 아니 계신 곳 없는데

참마음 당신만이 전능한 부처이시고
모든 것 당신에게 맡기니 만사가 형통 자재 하네
오, 참마음 당신은 내 마음의 주인, 주인이시네

2. 시작도 끝도 없이 흐르는 참마음이여
빛깔도 냄새도 형체도 없는 공허한 당신이지만
우주를 운행하시며 모든 생명 어버이시네
태어나고 없어지는 육신과 삼계는
당신의 화현이니
오, 참마음 당신은 내 마음의 주인, 주인이시네

세 번 죽어야 나를 보리라

1. 우주 만유 크고 많으나 한마음의 그림자라
본래 공한 자리에서 공한 것이 나오고
공해 사라지는 것이니 나와 함께 들이고 내는 것
전부가 공함을 알면 한 번 죽음이라

일체 만법 들이고 내는 내 한마음이 주인공이니
죽어야 살리라 세 번 죽어야 나를 보리라

2. 삼세의 부처님 조사님과 선지식
풀 한 포기에 이르기까지
일체 만물만생을 버리지 않고
공한 나와 함께 더불어 함께 죽었으니
그대로가 진리임을 안다면 두 번 죽음이라
일체 만법 들이고 내는 내 한마음이 주인공이니
죽어야 살리라 세 번 죽어야 나를 보리라

일체 만물 유정 무정 나 아님 없으니
너와 나 우리 모두 한자리 한 몸일세
일체 만유 모두가 자불의 나툼이니
유생 무생 자재면 세 번 죽음이라
일체 만법 들이고 내는 내 한마음이 주인공이니
죽어야 살리라 세 번 죽어야 나를 보리라

불교 호국가

1. 우주의 근원은 만물만생의 근원이며
   그 근원은 우리들의 마음일세
   일체 제불 마음이 우리와 한마음으로
   공심 공존 공용 하네
   우리 민족 어떻게 걸어왔던가
   아픔의 피를 이어 끊임없는 길
   우리 모두 한마음 한뜻으로 호국 정신 가져 보세

2. 부처님 삼세심이 우리들의 마음 되어
   둘 아닌 능력으로 우주 법계 왕래하네
   우리 겨레 어떻게 이어 왔나
   면면히 맥을 이어 다함없는 길
   만물만생 내가 되어 일체가 둘 아니게
   우리 모두 한마음 한뜻 되면 호국 정신 가능하리

3. 오색 기둥 하늘 받쳐 악한 무리 항복받고
선각자들 해탈하며 일체 만물 군사 되고
일체 만물 무기 되어 한생각이 우주 세계 상응하며
일체 만물 손발 없는 손발 되어
불국 정토 이룩하고 우리 모두
한마음 한뜻으로 평등하게 사시사철 푸르르세

통일의 노래

1. 분단되어 온 한민족이
얼마나 아팠던가
얼마나 울었던가
한 서린 슬픔도 모자라서
분단되어 서로가 쓰라림을
감당하기 어려웠네
눈물로 엮어진 한마음에
불씨는 밝아졌는데

남한산 북한산 한데 어우러져
산천이 밝았으니
무궁화 국화꽃이 만발하여
일체 만물 색색 꽃은 춤을 추고
천차만별 나비들은 이산 저산 넘나들며
가을 추수 해 들이네

2. 벽이 없는 한민족을
얼마나 기다렸나
얼마나 길었던가
슬픔도 미움도 사라지고
다가오는 역사야! 빛나거라!
동이 트네 온 누리에
웃으며 엮어진 한마음에
사랑이 싹트고
남한강 북한강 한데 어우러져
한 줄기 물 따라서
고기들은 춤을 추고

깊은 물에 용머리는
둘 아니게 나고 들고 두루 하니
금강산은 일산이라
구이팔은 가을 추수 해 들이네

삼세가 둘 아닌 노래

1. 흘러 흘러 헤일 수 없는 겁을 지난 동안에
부모가 자식 되고 자식이 부모 되어
거듭거듭 형성됨을 이루 말로 다 하랴
과거 생활 산 것대로 끼리끼리 인연 되어
이 세상에 태어나서 한 철 살기 어려우나
일체가 내 부모 내 자식 아님 없거늘
어찌 끝없는 흐름에 평등공법 아니랴

2. 흘러 흘러 헤일 수 없는 겁을 지난 동안에
거듭거듭 모습 바꿔 형성될 때마다

과거 자기가 어떻게 산 것대로 몸속에
인과로 인해 유전되어 내 몸을 집을 삼아
그 속에서 더불어 살며 안과 밖을 괴롭히는
생명들을 둘 아니게 조복받아 공심이면
자유권을 자재하는 평등공법 아니랴

공법의 살림살이

1. 일체가 둘 아님을 알았으니
우주 천지와 더불어 같이 죽어
천차만별 차원에 따라 용도대로 응하여 주며
우주 개공 두루 하여 내 자리 아님 없어
내 몸 아님 없고 내 아픔 아님 없네
부처님이 없기에 부처님 아님 없이 모두 계시니
각자 내 주인공이 부처이자 근본일세

2. 세 번 죽어 두루 밝아 솟았으니

영원한 봄 소식은 산천초목 푸르르고
산골마다 물 흐르고 유루 무루
각양각색 꽃이 만발하니
무상심법 깨달아서 무르익은 열매 맛은
갖가지로 맛을 내니 그 맛을 알아서
무상심행 건곤대법으로 아름다운 한마음은
이승 저승 왕래하며 보람 있게 살아 보세

공심 공체 둘 아닌 노래

1. 산은 물을 안고 온갖 중생 다 안고서
꽃과 나비 얼싸안고 춤을 추며 이어 가네
깊은 물속 온갖 보배 끊임 없이 간직하여
한마음의 근본 따라 오고 감이 전혀 없이
물 바깥을 왕래하며 주해신을 본받아서
물같이 여여하게 평등공법 살라 하네

2. 물은 산을 안고 온갖 중생 다 안고서
꽃과 나비 어우러져 꽃이 피고 열매 되네
제 나무는 제 뿌리를 간직하여 믿는다면
제 나무에 익은 열매 가고 옴이 전혀 없이
산 바깥을 왕래하며 주산신을 본받아서
산같이 여여하게 평등공법 살라 하네

꽃이 핍니다

1. 꽃이 핍니다 깊고 깊은 마음 속에
깊고 깊은 마음 속에 꽃이 핍니다
꽃향기가 그윽하게 두루 두루 두루 펼쳐서
남과 북이 한 끈 되길
불종님께 원을 세워 드리오니 받으소서
드리오니 받아 주소서

2. 새가 웁니다 허공 중에 나무에서

허공 중에 나무에서 새가 웁니다

남과 북이 둘이 아니게

두루 두루 두루 날으게

한마음이 되어가길

제불님께 원을 세워 올리오니 받으소서

올리오니 받아 주소서

내가 없는 이름의 노래

1. 내가 없는 허공길에 봄이 왔건만

수많은 공심들은 공체로서 봄이 온 줄 모르는가

나뭇가지 뿌리마다 육통 안을 벗어나서

온갖 중생 연결되어 끊임없이 화하는데

고정된 게 하나 없이 찰나찰나 나투면서

여래의 한생각이 우리들의 마음하고 연결되니

여래의 공심으로 한 손 튀기는데

온갖 중생 공기 자루 안을 벗어나

자유권을 얻으리라

2. 내가 없는 허공길에 봄이 왔건만
수많은 공체 몸은 공용으로 여여한 줄 모르는가
제 나무에 제 뿌리가 둘 아니게 벗어나서
우주 삼세 만물만생 근본마다 집결되어
서로서로 통신 되니 찰나찰나 나투면서
공심의 한생각이 앞뒤 없이 둘 아니게 돌아가고
한겨울 나뭇가지 봄을 기다리며
한마음 같이 공체로서 자유권을 얻으리라

내 한생각 법이 되어

1. 한 철 살림 하면서 마음 닦아 깨달으면
내 한생각 법이 되어 내 나라 살리고
온 누리에 얼음 녹아 만 골짜기 흘러 흘러
고기 떼 춤을 추고 꽃 피고 새 울어

스스로 열매 익어 만 가지 맛 알게 하리

2. 찰나 생활 하면서 마음 닦아 깨달으면
내 한생각 지혜 되어 지구촌 살리고
온 누리에 천차만별 생명들이 눈을 뜨고
마음의 바다 위에 여여히 밝아서
스스로 빛이 되어 본래 자리 눈 뜨리니

대 장 부

아무 자취도 남기지 않는 발걸음으로 걸어가라
닥치는 모든 일에 대해 어느 것 하나
마다하지 않고 긍정하는
대장부가 돼라
버린다 안 버린다 하는 마음이 아니라
오는 인연 막지 않고 가는 인연 붙잡지 않는
대수용의 대장부가 돼라

일체의 것에 물들거나 집착하지 않는
대장부가 돼라
가장 평범하면서도 가장 비범한 대장부가 되라

백화는 만발하여

1. 백화는 만발하여 온 산에 두루두루
삼계는 뿌리 뿌리 서리어 이어 가고
불법승 푸른 물은 천지에 흘러 흘러
바다 깊은 속에 용으로 들고 나니
역사여 세계여 다른 모습 아니 되리

2. 마음꽃 활짝 피어 열매로 붉게 익어
시방계 산천초목 나날이 푸르르고
불법승 여여함이 우주에 가득하여
시공 이어 가며 춤추고 노래하니
역사여 세계여 다른 모습 아니 되리

역사여 세계여 어찌 아니 달라지리

서천의 푸른 나무

1. 서천에 푸른 나무 광야도를 이룬 그 가운데
높이 뜬 백학은 동방에 이르니
앙당한 가지마다 제 뿌리를 간직한 채
봄이 오길 기다리며 푸른 잎새 사이마다
온갖 꽃이 다 피어서 한자리 공체로서
공심으로 웃어 보세

2. 동방에 제 나무 제 뿌리를 이룬 그 가운데
높은 뜻 한나무 열매가 무루한
익어서 각계각층 먹고 먹고 되남아서
영원토록 되남으니 한마음인 천차만별
마음꽃이 다 피어서 한 도량 공체로서
공심으로 먹어 보세

선법가는

선법가는 남을 건질 수 있고
남을 이롭게 할 수 있고
평화롭게 할 수 있는 가사를 통해서
전 우주 법망에 정신계와 물질계가 둘 아니게
두루 공심으로 무주상 보시가 되어
전체 마음들이 개선되고 지혜로워지게끔 하여
영원한 삶을 얻게 해 줄 수 있습니다
선법가를 노래라고 하지만 자꾸 부르면
지극하게 염원하는 관이 됩니다.
그리고 단합이 될 수 있고요
남의 아픔을 내 아픔과 같이 생각하고
내 몸과 같이 생각하고
모두 나 아님 없다 생각하면
진실하게 상대를 둘 아니게 생각하면
나와 남이 건져지고 함이 없이 내가 한단 말 없이

내가 산단 말 없이 내가 죽는다 산다는 생각 없이
그냥 놓고 간다면 그것이 벗어나는 길입니다.

우리가 지금 마음공부를 해서 무엇에 쓸 것인가

우리가 지금 마음공부를 해서 무엇에 쓸 것인가
첫째는, 나로부터 상구보리 하화 중생의 실천을
즉 내 몸속에 있는 그 의식
마음들을 한마음으로 뭉쳐서 요리할 것
둘째, 그 요리를 한다면 바깥으로 항상 남을
이익하게 전부 조절할 것
셋째, 우리가 그 마음이 충만하다면
어떠한 이유든지 이 세상에 나타나는
모든 여건들이 모두가 내가 되어서
즉 가고 옴이 없이 나툼으로써 바로 내가 되어서
그것을 내가 조절할 수 있는 여건이 되기 때문에

세계 평화도 가져올 수 있는 것입니다
그러한 여건과 더불어 이 우주의 근본이
마음이라고 그랬는데
마음공부를 하게 되면 우주도 조절할 수가 있죠

정신 발전의 길

1. 이 세상만사가 고정된 게 하나 없이
찰나찰나 나투면서 연결되어
공생 공심으로 함께 돌고 돌아 서로서로 통신되니
공체의 몸 속에서 뛰어나서 정신계와 물질계가
둘 아니게 모두 알면 둥근 내 집 양식 떨어지면
허공 양식 이끌어서 내 집 식구
먹고 먹고 되남아서
끝없는 공식으로 걸림 없이 길 걸어가리니

2. 삼세가 없는, 없는 이 세상에서

현실 그대로 찰나찰나 나투어 돌며
들이고 냄도 모두 공한데
업과 고가 붙을 데가 있으랴
공체의 몸속에서 용무의 선장은
공기통 속을 뛰어 넘어 평등한 공법으로
온갖 에너지 허공에서 이끌어서
지구의 내 집 식구 끝없는 길 걷는 데
먹고 쓰고 되남아서 끝없는 공식으로
걸림 없이 길 걸어가리니

제불의 한마음

1. 제불의 한마음은 어두운 저녁을
비춰주는 달님처럼
한바다에 가득 찬 달빛을 싣고
끝없이 도는 선장은
고요히 잠든 마음들 속을 밝게 이끄시니

천차만별의 한마음들은 육신통을 벗어나
제불과 함께 구름 타고 놀았노라

2. 제불의 한마음은 응달진 아침을
밝혀 주는 햇님처럼
한누리를 가득히 햇빛을 싣고
끝없이 도는 선장은
산하대지에 만물만생을 길러 내시니
한마음따라 길러지는데 육신 몸을 벗어나
제불과 함께 바람따라 놀았노라

지계의 노래

1. 사대 평등 알고 보면 사대 평등 알고 보면
생명 사랑 나눔 보시 모두 다 내 일이니
우리 모두 원을 세워 자성불을 만나 보세
우리 모두 원을 세워 불국토를 이뤄 보세

2. 마음 등불 밝혀들면 마음 등불 밝혀 들면
청정 신행 진실한 말 부처님 뜻 아님 없네
우리 모두 원을 세워 자성불을 만나 보세
우리 모두 원을 세워 불국토를 이뤄 보세

3. 맑고 바른 지혜 닦아 맑고 바른 지혜 닦아
자리이타 실천하니 감로 법문 절로 나네
우리 모두 원을 세워 자성불을 만나 보세
우리 모두 원을 세워 불국토를 이뤄 보세

천지 만물 모든 생명

1. 천지 만물 모든 생명 너와 함께 있으니
유정 무정 화합하여 한마음을 이루면
언제 어디서나 내 몸 아님이 없나니
모든 것 내 한생각에 모두 움직이리라

2. 부처와 더불어 일체 만생과 만물은
모두가 공했으니 공하여 평등하면
열반이자 부처요 한생각을 냈다 하면
그대로가 법이며 움직이는 용이라

푸르게 살라

1. 인연 따라 업식 뭉쳐 육신을 이루니
육신 속에 들어 있는 수십억의 중생들
찰나찰나 들고 나며 육신 고통 주는구나
천차만별 고통 경계 한마음에 뭉치면
내 몸 안의 중생들 보살로 화하여서
내 몸 안의 중생부터 제도되리

2. 일체 제불의 마음이 우리들의 한마음과
공존하고 공용하니 만생 마음이 내 마음
만물의 몸이 내 몸이 되어 일체가 둘이 아니다

이 소식 바로 알고 한마음을 발현하여
색깔 없는 오색기둥 높이 세우고 관하여서
평등하게 사시사철 푸르게 살라

뜻으로 푼 경전

1. 뜻으로 푼 반야심경

두루 차고 깊은 지혜
한마음은 밝았으니
저 세상과 이 세상을 두루 살펴
자재로이 행하시는 한마음이
죽은 세상 산 세상 한데 비추어 보시니

모든 중생들은 본래부터
공생(共生) · 공심(共心) · 공용(共用) · 공체(共體) · 공식(共食) 하며
고정됨이 없이 나투고 화하여 돌아가건만
그것을 몰라서

일체 고(苦)의 길을 건나니라

사리자여
물질과 마음이 다르지 않고
마음은 모든 물질적 현상과 다르지 않나니
모든 물질적 현상은
곧 한마음으로 좇아 있나니라.
느끼는 생각과 행하는 의식도
또한 둘이 아니어서
이와 같나니라

사리자여
우주 생명과 모습은
본래 생겨났다 없어졌다 함도 없으며
더러운 것도 깨끗한 것도 없으며
늘지도 줄지도 않느니라

이런고로

고정됨이 없는 차원의 물질도
둘이 아닌 까닭에 없나니
감각 · 지각 · 의지적 행동 · 인식 작용도
따로 없느니라

눈 · 귀 · 코 · 혀 · 몸 · 뜻도
따로 고정됨이 없으며
형상 · 소리 · 냄새 · 맛 · 감촉 · 법도
따로 고정됨이 없으며
보이는 세계와 의식 세계까지도
따로 고정됨이 없느니라

죽지 않는 것도 죽는 것도
또한 둘이 아닌 고로 없으며
늙고 죽음도 없고
또한 늙고 죽음이 다함까지도 없느니라

온갖 괴로움의 원인과

괴로움을 벗어나는 방법까지도 없으므로
지혜도
깨달음도
얻을 바가 없으니
없는 까닭은
일체 고정된 것이 없이
화하여 찰나찰나 나투는 까닭이니라

자유인의 한마음은
깊은 무의 세계에 회전하며
일체 걸림이 없느니라

마음에 걸림이 없는 고로
두려움이 없으며
뒤바뀐 헛된 꿈 같은 생각을 떠나서
본래부터 영원한 밝음의
구경에 이르렀나니라

과거
현재
그리고 미래의 모든 부처님들도
이 마음자리를 깨달아
가장 높고 밝은 지혜를 얻어
생사를 초월하고
자유자재의 경지를 성취하셨나니

마땅히 알라
깊은 미지의 지혜로운 한마음이야말로
가장 신비하고
가장 밝고
가장 높고
가장 당당한
위없는 심경이므로
이 깊은 미지의 주문은 진실하여
허망치 않음을 알라
일체 고난에서 벗어나리라

이에
깊은 한마음을 깨닫는
주문을 설하노니

발 없는 발로 길 없는 길을
어서어서 벗어나세
우리 함께 벗어나세
이승 저승 없는 마음
어서어서 벗어나세
한마음의 깨달음은
그대로 여여하게 밝았으니
우리 함께 어서어서 벗어나세(세번)

2. 뜻으로 푼 천수경

– 정구업진언

진실한 말을 하면 진언이 되고 하지 않은 말을 하면 구업이 되도다

– 오방내외안위제신진언

온 법계에 두루 하온 내 한마음을 끊임없이 따르리다 진정코 믿으오리다

– 개경게

일체 모든 부처님의 마음은 내 한마음에 깊고 깊어 한 찰나에 부처님의 마음이요

한 찰나를 몰라서 끊임없는 억겁에 끄달리네

일체 모든 부처님의 마음이 내 마음이요
듣고 보고 행하는 그 모든 것 부처님 법 아님 없어
내 한마음이 바로 부처님의 법이며 생활일세

– 개법장진언

들이고 내는 모든 것을 내 한마음에 맡겨 놓으니
거기에서 모든 것을 전부하네

– 천수천안관자재보살광대원만무애대비심대다라니
계청

관음보살님 내 한마음에 계시오니 항상
감사하옵니다

일체 제불 원력이 내 한마음 원력 되어

항상 일상생활 걸림 없이 해 나가게 해 주시니
감사하옵니다

일체 제불 자비한 손 내 한마음 손이이서
내 한마음 손으로
유위법과 무위법을 둘 아니게 항상 움직이니
이 감사함을 어찌 말로 다 하리까

일체 제불 밝으신 눈 내 한마음의 눈이어서
한마음의 눈으로 전 우주를 두루 살펴
죽은 사람 봄으로써
산 사람을 바로 보니 두루두루 정확함이라

일체 제불 진실하신 마음이 내 한마음
진실하온 마음이니
무위·유위로 항상 길을 밝게 인도하시어
안 보이는 무위심 속에 일체 만법 귀중함을 베푸시네

일체 제불 마음이 내 한마음 법이오니
그 만족함 광대무변하도다
삼심이 일심되니 몰락 전부 놓는다면
일심조차 세울 게 없도다

천지의 근본도 내 한마음이 근본이요
태양의 근본도 내 한마음이 근본이라
어찌 모든 세상 두루 살피지를 못하리오

온 우주의 근본도 내 한마음이 근본이니
둘이 아닌 세상을 똑바로 지도하도다

일체심이 곧 일심이니 찰나찰나 나투며
길을 밝히도다

우주의 근본은 내 한마음이 근본이니
찰나찰나 나투면서
일체 모든 유생·무생의 길을 밝게 인도하도다

내 한마음 온갖 것의 근본 되니 근본에서 나온 것을
근본에다 몰락 놔서 밝은 마음 이루리다

본래부터 마음에는 문이 없어 넘어들 것
없으므로 넘어갈 것 또한 없어
한마음이 근본이니 그대로가 생활이며 법이도다

일체 제불 마음이 곧 내 한마음인 것인 줄 알았으니
내 한마음 지극하게 믿으오며 한마음의 진실한 뜻
따르오리다

내 한마음 믿으오며 한마음의 진실한 뜻 따른다면
자유자재하리이다

내 한마음 그대로 관세음이신 고로
내 한마음에 귀의하오니

이 한마음 믿고 믿어 원을 세우오니 일체가

다 이루어지이다

내 한마음 그대로 관세음이신 고로
내 한마음에 귀의하오니

내 한마음 믿고 믿어 따른다면 지혜 물리 터져 나와
자유법을 얻으리라

내 한마음 그대로 관세음이신 고로
내 한마음에 귀의하오니

오로지 내 한마음 믿고 따르면
찰나찰나 나투는 모든 중생 그대로 건지리다

내 한마음 그대로 관세음이신 고로
내 한마음에 귀의하오니

오로지 내 한마음에 모든 원을 세운다면 성불하리라

내 한마음 그대로 관세음이신 고로
내 한마음에 귀의하오니

오로지 내 한마음에 모든 원을 세운다면
사방에 문이 없어 본래 내가 없기에
건널 것도 없는 것을 알 것이니
건널 것도 없다 하는 그 님을 찾으리라

내 한마음 그대로 관세음이신고로
내 한마음에 귀의하오니

산다 죽는다 하는 것은 고정된 참모습이 아니기에
이승 저승 없는 한마음 되오리다

내 한마음 그대로 관세음이신 고로
내 한마음에 귀의하오니

마음의 공덕 계율 법행을 하루속히 이루오리다

내 한마음 그대로 관세음이신고로
내 한마음에 귀의하오니

본래 밝아 생과 사에 걸림 없는 길 없는 길
한마음이 하루속히 이루어지이다

내 한마음 그대로 관세음이신 고로
내 한마음에 귀의하오니

원하건대 일체 제불이 도량의 집
내 한마음에 계시옴을 알게 하소서

내 한마음 그대로 관세음이신 고로
내 한마음에 귀의하오니

마음은 고정됨이 하나 없이 평등하니
일체의 법성신이
내 한마음인 줄 알게 하소서

내 마음의 칼산 지옥도

한마음 능력 두루 하여 스스로 무너지게 하소서

내 마음에 화탕 지옥 일으킬 때

한생각이 스스로 꺼지어 저절로 무너지네

내 마음의 지옥도

한생각이 스스로 꺼지어 저절로 무너지네

내 마음이 귀신 행을 한다면은

내 한마음이 귀신 항복 받아 충만하리

만약에 아수라의 마음 일으킨다면

스스로 내 마음에 조복되리

만약에 축생의 마음 일으킨다면

스스로 큰 지혜로 둘 아닌 도리를 알게 하소서

유무 세상 관하시어 보살피며 건지시는 부처님께
한마음으로 귀의하리다

끝이 없는 대천세상 유생 무생 부처님과
한마음에 귀의하리다

끊임없이 천수로써 보살피는 한마음에 귀의하리다

끊임없이 보살피며 여여하신 한마음에 귀의하리다

둥그런 큰 마음을 내시어서 두루두루 건지시는
한마음에 귀의하리다

우주 세상 일체 생명 자재로이 보살피는
한마음에 귀의하리다

시공 없는 한생각에 일체를 다 거두시는
한마음에 귀의하리다

끊임없이 만물만생 항상 비춰 주시옵는
한마음에 귀의하리다

끊임없는 생명들의 줄어듦도 늘어남도
본래 없는 밝은 길을 인도하는
한마음에 귀의하리다

끊임없이 전 국민을 보호하며 맛과 이익 주시옵는
한마음에 귀의하리다

없는 고로 큰 시방에 두루두루 한생각을 내시어서
보살행을 하심같이 한마음에 귀의하리다

걸림 없이 일체 모든 크나크온 보배 자비
한마음에 귀의하리다

유무 없는 중심 근본 스승하여 각 이루는
불성에 귀의하리다

– 신묘장구대다라니

이 소리는
나와 내가 같이
이 경지에 오고 감이 없이
부동지(不動智)의 큰 지혜를 굴리어
걸림 없이 굴리어
큰 바다와 같으니
진정 그 뜻을 알라

고요한
물 흐름과 같이

제 마음을
한마음으로 이끌어 주옵소서

오고 감이
근본에 있어
고요한 마음으로 이루오리다

우리들의
염하는 소리
온 누리에 퍼지나니
살피소서

부처님의 마음과 내 마음이
둘 아니게 인도하여
눈 아닌 눈의 지혜로
두루 이루어
살피고 살피소서

눈이 없어
관하고 관하고
또 부지런하오리니
가고 가고
돌아 돌아
모든 고난이 큰 뜻으로
모든 액난이 몰락
사라지이다, 사라지이다

모든 망상도 부동심으로
스스로 스스로
마음, 정진하는 마음
부지런히 지혜의 혜가 밝아서
부동심을 이루도록 하옵소서

눈이 눈이
우주에 가득 차
두루 밝아 밝아 또 밝아

모든 중생
한자리 한자리
한마음 한마음
한 몸 한 몸
만물이 함께
고에서 벗어나 벗어나
자유인이 되게 하옵소서

세상을
바로 보게 하옵소서

큰 뜻을
이루게 하옵소서

세상 계율 무위법을
벗어나지 않게 하옵소서

한 손 되게

하옵소서

나의 욕심을
떠나게 하옵소서

육신의 모든 습성을
녹이게 하는
능력이 생기게 하옵소서

큰 능력으로
나라를 돌보게 하옵소서

모습 없는
일체 영령들도
물질과 둘 아님을 알게 하옵소서

자성신의 뜻으로
모든 생활에서

항복받게 하옵소서

일체 제불이시여
만 가지 꽃이 피고 만 가지 열매 익어
맛을 알게 하옵소서

– 사방찬

한마음에 세상 도량 전부 들어 있으니
상대 경계 모두 놓아 이 마음이 구공이면
본래면목 계합되어 삼세가 다 구정토라
마음 비워 청정하면 세세생생 평안하리

– 도량찬

일체 모든 부처님의 한마음은 더러웁고 깨끗함이
본래 없는 내 한마음일세

삼세심이 일심 되니 천지 세상 그대로가
내 한마음 생활일세

더럽다 깨끗하다 본래 없는 내 한마음
그대로가 여여한 법이로세

부처님의 한마음은 유위법과 무위법을
한 손 안에 거머쥐고 만 중생에게 대자비를 베푸시네

– 참회게

제가 지은 모든 악업죄

선행 없는 모든 탐심죄

몸으로 입으로 뜻으로 지은 죄

일체 모든 잘못을 참회합니다

– 참제업장십이존불

두루두루 겸손하온 마음 공덕 계율 법행 불

한마음의 보배로서 따뜻이 관하시어 살피시는 불

일체 모든 향기롭고 따뜻하온 마음의 불

광대무변 크신 뜻을 결정하온 불

두루두루 위대하온 마음의 공덕 불

마음을 굳혀 세워 일체 모두 항복받아 태산 같은
업장들을 멸하신 불

넓고 밝은 한마음의 묘법음 법존 불

밝고 기쁜 마음의 손길 닿지 않는 곳 없는 불

무변하고 두루 한 마음의 향 갖추신 불

사무 사유에 밝으신 불

밝고 밝은 마음 중심 걸림 없는 주 불

한마음의 보배는 두루 걸림 없이 굴림이
여여한 주 불

– 십악참회

살생한 큰 죄 오늘 참회합니다

도둑질한 큰 죄 오늘 참회합니다

사음한 큰 죄 오늘 참회합니다

거짓말한 큰 죄 오늘 참회합니다

삿된 말 한 큰 죄 오늘 참회합니다

이간질한 큰 죄 오늘 참회합니다

나쁜 말 한 큰 죄 오늘 참회합니다

탐애한 큰 죄 오늘 참회합니다

성낸 큰 죄 오늘 참회합니다

어리석은 큰 죄 오늘 참회합니다

백겁 천겁 쌓인 죄업 한생각에 사라지고
마른 풀이 불에 타듯 남김없이 소멸되네

죄는 본래 자성 없고 마음 따라 일어나니
마음 만일 없어지면 죄업 또한 스러지네

죄와 망심 모두 놓아 마음 모두 공하여야
이를 일러 이름하여 진실한 참회라 하네

– 참회진언

우리들의 삶의 길을 깨닫게 하여 주옵소서

한마음의 크신 공덕 적정하게 항상 관하면

이 세상의 모든 재난 침범하지 못하리니

천상이나 인간이나 부처님의 복덕 받아

이 여의주 만난 이는 최상의 법 얻으리다

천지의 만물 소생케 하는 도리천지 어머니이신
한마음에 귀의합니다

– 정법계진언

진정 올바른 행을 하리다

– 호신진언

진정 끊임없는 길

– 관세음보살본심미묘육자대명왕진언

진정 내 마음으로 모든 악을 물리치게 하소서

– 준제진언

끝이 없는 마음의, 계단 없는 계단을 넘어 진정코 마음의 구슬 굴리오리다

제가 일체 한마음에 지성으로 관하오며

보리심을 내어서 크고 넓은 원을 세우오니

원컨대 저의 선정 지혜 속히 밝아지이다

원컨대 저의 공덕 다 이루오리다

원컨대 저의 복력 두루 장엄하여지이다

원컨대 모든 중생 함께 성불하여지이다

– 여래십대발원문

마음과 마음으로 삼악도를 여의옵기 원입니다

마음의 탐·진·치를 어서 끊기 원입니다

마음의 불·법·승을 항상 듣기 원입니다

마음의 계·정·혜를 힘껏 닦기 원입니다

둘 아닌 부처님 법 늘 배우기 원입니다

마음에 보리심을 항상 내기 원입니다

마음속의 극락세계 태어나기 원입니다

마음속의 아미타불 속히 뵙기 원입니다

온 세상에 나투기를 원입니다

모든 중생 제도하길 원입니다

– 발사홍서원

가없는 중생을 다 건지오리다

끝없는 번뇌를 다 녹이오리다

한량없는 법문을 다 배우오리다

위없는 불도를 다 이루오리다

마음속의 모든 중생 맹세코 건지오리다

마음속의 모든 번뇌 맹세코 녹이오리다

마음속의 모든 법문 맹세코 배우오리다

마음속의 모든 불도 맹세코 이루오리다

– 발원이 귀명례삼보

시방에 항상 한마음으로 계신 부처님께 귀의합니다

시방 세계 항상 계신 진리에 귀의합니다

시방 세계 항상 계신 도량에 귀의합니다

예화편

스님께서는 대중 설법 중에
간혹 옛이야기를 인용하실 때가 있었다.
초심자들에게 비유로써 도리를 일러 주고자 하심이었다.

1. 나무와 소년

옛날에 한 그루의 나무와 그 나무가 사랑하는 한 소년이 있었다. 그 소년은 매일 나무에게 찾아와서 얘기를 나누며 즐겁게 놀았는데 시간이 흘러 점점 나이가 들자 나무와 노는 것이 시들해졌다. 그래서 나무는 혼자 있을 때가 많았다.

그러던 어느 날 소년이 나무에게 찾아와서 물건을 사고 신나게 놀 돈이 필요하다고 말했다. 나무는 사과를 따다가 팔면 되지 않겠느냐고 속삭였고 소년은 나무 위로 올라가 사과를 따선 가 버렸다.

나무는 다시 혼자였다. 그런데 어느 날 돈을 다 쓰고 나서 소년은 다시 나무에게 돌아왔다. 그러고는 행복한 가정생활을 꾸미기 위한 집이 필요하다고 했다. 나무는 기꺼이 나뭇가지를 내주었다.

오랜 시간이 흐른 뒤에 다시 나무에게 돌아온 소년은 이번엔 먼 곳으로 여행하기 위한 배 한 척이 필요하다고 말했다. 나무는 또 몸뚱아리를 마저 내주었다.

이제 나무에게 남은 것은 밑둥치뿐이었다. 어느 날 소년이 노인이 되어 다시 돌아왔지만 나무가 소년에게 줄 것이라고는 아무것도 없었다. 그러나 늙어 버린 소년에게는 편안히 쉴 자리가 있으면 그것으로 족했고 나무 밑둥치가 그에게 좋은 휴식처가 돼 주었다.

스님께서 말씀하셨다.

"여기서의 나무는 넓은 의미에서 볼 때 전체가 포괄된 하나의 우주요, 작게 보자면 각자의 주인공에 비할 수 있다. 마음으로 같이하고 요구하는 대로 나투면서 잎과 사과 그리고 가지와 몸통마저 다 주어 버리는 그 나무의 행이 바로 주인공의 나툼이자 관세음의 자비인 것이다.

그러나 우리는 이 세상을 살아가면서 자기의 근본 주처인 주인공이 지혜를 내고 온갖 것을 다 해 주고 있다는 사실을 알지 못한다. 마치 소년이, 결국에는 자신과 둘이 아닌 나무의 자비를 깨닫지 못한 채, 물질적인 온갖 것을 요구하며 이 세상을 질주해 왔듯이.

소년을 사랑한 그 나무처럼 내 마음의 근본 자리에서 주인공이 나 자신을 위하여 얼마나 헌신하고 있는가를 생각해 보라. 믿고 맡기며 감사해야 되지 않겠는가."

2. 벽계 스님 3년 설법

이조(李朝)의 불교 탄압이 극에 달하여 스님들이 할 수 없이 절을 떠나 깊은 산속에 은둔하거나 일부는 눈물을 흘리며 환속을 하던 그런 때였다.

이즈음 벽송(碧松)스님도 절에서 쫓겨나 선지식을 찾아 이리저리 배회하고 있었다. 마침내 벽송은 어느 산골짜기에 이르러, 토굴에 숨어 살면서 정진을 계속하고 있던 벽계 선사를 만나게 되었다.

벽송은 그날부터 선사의 제자가 되기로 마음먹고 토굴 하나를 더 지어 선사와 같이 생활하였다. 날마다 두 사람은 산에서 나무를 해서 그것을 장에 내다 팔아 하루하루 연명해 갔다. 그런데 벽송이 산에 오를 때마다 선사에게 도(道)에 대해 여쭈었건만 그때마다 선사는 "내일 해 주지." 하고 설법을 미루기가 일쑤였다.

이렇게 하루하루 설법을 미루어 나간 지 어느덧 3년이란 세월이 흐르자 벽송은 더 이상 참지 못하고 떠날 결심을 하게 되었다.

어느 날 벽송은 선사가 자리를 비운 사이에 "스님께서 3년이 지나도록 설법을 미루기만 하시니 더 이상 기다릴 수 없다." 하는 말을 시봉자에게 남기고 그곳을 떠나갔다.

이때 선사는 나무를 한 짐 해서 토굴로 돌아오고 있었다. 토굴에 당도해 시봉자의 얘기를 전해 들은 선사는 "왜 안 가르쳐 주었겠느냐. 자고 나서 인사

할 때도 가르쳐 주었고 산에 가서 나무할 때도 가르쳐 주었건만…….” 하고 중얼거리며 곧장 토굴 바깥으로 걸어 나갔다. 그러고는 산 밑을 돌아 나가는 벽송을 큰 소리로 불러 세웠다. 선사의 부름에 벽송이 뒤를 돌아다보자 선사는 주먹을 불쑥 내밀면서 다시 한 번 소리쳤다.

“내 법을 받아라!”

이때 벽송이 크게 깨쳤다.

스님께서 말씀하셨다.

“일체가 한마음으로 돌려지니 주먹 하나 내민 그것에도 수많은 경전이 한꺼번에 들어 있고, 삼천대천세계가 운행되고 우주 만물이 들고 나는 이치가 그 속에 스며 있다. 말로 하면 그 말이 떨어지니 그냥 주먹을 내밀었던 것이다.”

3. 조주와 오대산 노파

문수보살의 정토인 중국의 오대산(五臺山)을 참배하는 길 가에 조그만 찻집이 하나 있었다. 그런데 이 찻집 주인인 80여 세의 할머니는 보통 할머니가 아니었던지 길을 묻는 수좌들에게 곧잘 수작을 걸곤 했다.

어느 날 한 중이 이 찻집에 들러 "오대산을 가려면 어떻게 가야 합니까?" 하고 노파에게 물었다. 할머니는 "곧장 가시오." 하고 대답했다. 그런데 그 중이 할머니가 가리키는 곳을 향하여 몇 발자국을 떼어 놓는 순간 "저 중 좀 봐. 어디로 가는 거야." 하고 야유를 하는 것이었다. 그러니 할머니의 말대로 길을 가던 중은 순간 멈칫하고 서서 어리둥절해질 수밖에 없었다.

오대산을 찾는 수좌가 번번이 이런 일을 당하자 하루는 어느 중이 이 사실을 조주 스님에게 얘기했다. 그러자 즉석에서 조주 스님은 "그렇다면 내가 그대를 위하여 그 노파의 잘못을 바로잡고 오리라."라고 했다.

이튿날 조주 스님은 그 할머니를 찾아가 전의 중이 물은 대로 "오대산으로 가려면 어떻게 가야 합니까." 하고 물었다. 할머니의 대답은 역시 "곧장 가시오."였다. 그러고는 조주 스님이 등을 돌려 몇 걸음 발을 떼어 놓자 등 뒤로 똑같은 수작이 걸려왔다. "저 노장 스님 좀 봐. 어디로 가는 게야." 하고 야유를 보내는 것이었다.

그런데 조주 스님은 그 길로 부랴부랴 되돌아와서 의기양양하게 대중들에게 이르기를 "내가 직접 가서 오대산 노파의 잘못을 바로잡고 왔다."라고 했다.

스님께서 말씀하셨다.

"어리석은 자는 바람 부는 대로 휩쓸리지만 자기와 참 자기가 충전이 된 자는 길을 묻지 않고 길을 간다. 중심이 없는 자는 남의 말에 갈대 날리듯 휘둘리고 나서 찻집 할머니를 원망하게 되지만, 그것은 살아가는 이 자체 모든 것을 자기가 들고 내는 도리를 모르기 때문이다.

조주 스님과 찻집 할머니가 둘이 아닌 까닭에 잘못을 바로잡고 왔다고 해도 바로잡은 것이 아니면서 바로잡은 것이다."

4. 효부가 된 며느리

옛날에 어느 효자가 부모를 모시고 살았는데 시집온 아내가 욕심이 많고 불효막심해서 자기 어머니에게 여간 못되게 구는 것이 아니었다. 먹을 것도 제대로 챙기지 않아 어머니는 하루가 다르게 야위어 갔다.

어느 날 보다 못한 아들은 한 달 내내 고민하던 끝에 이런 꾀를 내었다. 장에 가 보니 살이 찌고 건강한 어머니들을 내다 파는데 천 냥씩이나 받고 팔더라면서 "우리도 한 3년간 잘 봉양을 해서 어머니가 다시 살이 찌고 건강해지면 장에다 내다 팔아 천 냥을 벌어들일 수 있지 않겠느냐." 하는 제안을 했던 것이다.

그때 돈 천 냥이면 무척 많은 돈이었다. 욕심 많은 며느리는 천 냥을 벌어들일 수 있다는 말에 그만 솔깃해져서 그날부터 시어머니를 살찌게 하느라고 온갖 정성을 다했다.

두세 달 후에 기운을 차린 시어머니는 아무런 영문을 모르고 손자를 등에 업고 다니면서 온 동네에 며느리 자랑을 하고 다녔다. 그렇게 3년이 되던 해에 그 소문은 고을 밖으로까지 퍼져서 원님까지 알게 됐고, 그 고을에서는 효부비를 세워야 한다며 온 동네가 떠들썩했다.

큰돈을 벌 속셈으로 시어머니에게 온갖 정성을 다했지만 그렇게 되고 보니 며느리도 어쩔 도리가 없었다. 그렇게 해서 불효막심했던 그 며느리가 나

중에는 진짜 효부가 되었다는 것이다.

스님께서 말씀하셨다.

"일체의 근본은 마음이다. 그러나 아무런 노력 없이 내 보배를 내가 찾을 수 있는 것은 아니다. 아내를 효부로 유도한 이 남편처럼 지혜와 더불어 피나는 노력을 기울일 때 늘지도 줄지도 않는 무한량의 에너지가 그 속에 담긴다."

5. 함정에 빠진 여우

어느 날 호랑이에게 쫓기던 여우가 깊숙한 웅덩이에 빠져서 옴짝달싹 못하게 되었다. 그런데 쫓아오던 호랑이도 거기까지는 들어갈 수가 없었다. 여우를 잡아먹을 수는 있겠지만 결국엔 자기도 빠져나오지 못할 테니까 그냥 가 버리고 말았던 것이다.

한편 웅덩이에 갇힌 여우는 몇 날 며칠을 굶으며

생각에 잠겼고 그러다 보니 법안정(견성)을 하는 경지에까지 이르게 되었다. 그러자 그 광경을 본 제석천왕이 하늘에서 내려와서 "비록 여우의 몸을 했으나 법안정을 했다."라며 그 여우에게 큰절을 올렸다.

영문을 모른 여우는 "절을 할 게 아니라 나를 밖으로 꺼내 줘야 될 거 아니냐." 하고 소리쳤다. 제석천왕은 기꺼이 여우를 웅덩이 밖으로 꺼내 주었고 좋은 옷까지 건네주었다.

그러나 밖으로 나온 여우는 "그 옷이 내 몸에 무슨 필요가 있겠느냐." 하며 그 자리를 떠나 버리고 말았다.

스님께서 말씀하셨다.

"육근에 끄달리지 않는다면 호랑이와 여우, 제석천이 셋이 아닌 줄을 알 것이다. 여우를 사람에 비유한다면 호랑이는 법이고 제석천은 깨달음이다. 호랑이가 "모든 것을 놔 버려라." 하듯 여우를 함정에 빠뜨렸고, 고생 끝에 여우가 견성의 경지에 이르렀으나 깨달음을 얻지는 못했다. 무수한 경을 읽었어도 진리를 보지 못했다면 총명해진 여우에 불과하다 할 것이다.”

6. 목성 탐방

목성 탐방을 계획한 세 사람이 있었다. 어느 날 두 사람은 목성 탐방을 위해 지구를 떠났고 한 사람은 지구에 남아 망을 보기로 했다. 지구에서 목성을 보고 있다가 무슨 낌새가 보이면 그 두 사람에게 신호를 해 주기로 했던 것이다. 그렇게 해서 두 사람이 목성 탐방을 끝내고 지구로 돌아왔는데 와서 보니 그들은 셋이 아니라 한 방석에 앉은 한 사람이었다. 한 사람이면서 세 사람이었다.

그런데 두 사람의 이야기는 매우 진기했다. 십리 밖에서 그들이 오는 줄 알고 목성 사람들이 마중 나왔는데 눈 깜짝할 사이에 이미 그들 집에 도착해 보니 집집마다 안테나 같은 것을 설치해 놓았다는 것이다. 그리고 그곳에서의 돌은 금은보화로 만들어진 것들이어서 한밤중에도 보름달보다도 더 밝은 빛을 반사해내 마치 대낮 같은 곳이었다고 했다. 또 산을 보면 휘황찬란한 광채를 발하고 있어서 나무가 없는 것 같으면서도 나무가 존재해 있었고 지구에서는 몇 해 동안 공들여야 할 정원도 하루아침에 이루어질 수 있었다는 것이다. 또 그곳 사람들은 잠자리 날개 같은 옷을 입고 있었는데 그 생김생김도 가지각색이었으며 생로병사가 존재치 않는 곳이었다고 했다. 한마디로 지구와는 전혀 다른 차원의 세계가 펼쳐져 있었던 것이다.

두 사람의 이야기를 듣던 한 사람은 목성을 직접 눈앞에서 보고 싶다고 했다. 그러나 목성을 떼어 가지고 온다는 것은 몇만 년이 걸릴지도 모르는 일이었다. 그래서 그들은 한눈에 겨자씨만 한 것에 넣어 가지고 오기로 했다. 그렇게만 한다면 그 일은 한순간에도 가능한 일이었다.

이번엔 다섯 사람이 목성을 향해 지구를 떠났는데 그들은 정말로 순식간에 목성을 떼어 내어 지구로 돌아왔다. 목성을 떼어 가지고 온 그들은 서로가 자기 공이라고 주장했지만 사실 그들 모두를 합쳐야 한 사람이었다.

스님께서 말씀하셨다.

"나는 그냥 예전에 친구들과 나눈 얘기를 한 것뿐이다. 듣는 사람은 듣고 못 듣는 사람은 못 들을 수밖에 달리 도리가 없다."

7. 텅 빈 복주머니

옛날에 마음은 착했지만 너무 가난해서 굶어 죽은 한 사람이 있었는데 이 사람은 저승에 올라가서야 자기 복주머니가 텅 비어 있음을 발견했다. 후대로 내려오면서 조상 대대로 선행을 쌓아 지어 놓은 복까지 다 써 버렸던 것이다.

그런데 다행히도 그곳의 관리를 맡고 있는 사람은 그 사람의 9대조 할아버지였다. 자손의 일을 안타깝게 생각한 그 관리인은 8년 후에 쓸 다른 사람의 복주머니를 그 손자에게 빌려 주었다. 그러고는 8년 후에 반드시 갚으라는 당부와 함께 손자를 다시 이승으로 내려보냈다.

죽었다고 생각했던 사람이 깨어나자 사람들은 모두 깜짝 놀랐다. 저승에서 10년을 보냈지만 이승에서의 그 기간은 단 하루에 불과했던 것이다. 그런데 그 주머니를 빌려 가지고 나온 후부터 그 사람은 하는 일마다 잘되어 아주 큰 부자가 되었다.

그렇게 8년이 지난 어느 날이었다. 어떤 거지가 문전에 찾아와 머슴으로라도 살 수 없겠느냐고 간청하는 것이었다. 그런데 부자가 된 그 사람이 그 거지의 얼굴을 쳐다본 순간 9대조 할아버지의 모습이 언뜻 스쳐 갔다. 그는 그 거지가 바로 그 복을 쓸 사람이라는 것을 알아차리고 9대조 할아버지와의 약속대로 자기 재산의 절반을 나눠 주었다.

그러고는 마지막까지 좋은 일을 하고 죽었는데 그 이후로 대대손손 물려 가며 큰 복을 지어 그 집안 땅을 안 딛고서는 그 고을을 지나갈 수 없을 정도로 많은 재산을 이루었다고 한다.

스님께서 말씀하셨다.

"과거를 못 보거든 현실을 보라. 과거에 빚진 만큼 고난이 닥쳐오니 모르고 지은 죄 모르고 받게 마련이고 알고 지은 죄 알고 받기 마련이다. 또한 네가 현실에 어떻게 하고 있는가를 지켜본다면 미래가 어떻게 다가온다는 것을 알게 될 것이다.

현실 통장의 예금은 할 줄 아는데 어찌해서 세세생생 살아나갈 수 있는 복주머니 예금은 할 줄 모르는 것일까."

8. 환생한 순종

옛날 어느 절에 득도한 두 도반 스님이 살고 있었는데 어느 날 왕가의 한 사람이 그들에게 찾아와서 아들을 낳게 해 달라고 생남 발원을 했다.

불교 탄압이 극심한 때인지라 한 스님이 절을 지어 주면 태자가 생남 되게 하겠다고 선뜻 대답을 하고 말았다. 그런데 말을 해 놓고 아무리 둘러봐도 그 사람 문중의 산 사람이나 죽은 사람들의 혼이나 쓸만한 사람이 보이질 않는 것이었다.

두 스님이 불공을 드리던 어느 날 생남을 약속한 한 스님은 다른 스님에게 "자네밖에 갈 사람이 없으니 자네가 죽어 줘야겠네." 하고 부탁했다. 그러자 부탁을 들은 스님이 "또다시 40년 동안 그 망건을 쓰고 어떻게 살아가려는지 깜깜하군." 하고 중얼거리며 그날로 방에 들어가서 열반에 들었는데 그 스님이 바로 훗날 순종 임금이 된 태자로 환생하게 되었던 것이다.

스님께서 말씀하셨다.

"열반에 든 그 스님은 순종 임금으로만 산 게 아니라 그분은 그분대로 상천 세계에 계시면서 순종 임금으로도 나툰 것이다. 이처럼 공부를 해서 그 도리를 깨치게 되면 살아서도 천국과 지옥을 맛볼 수 있다. 사방으로 문이 터져서 가고 옴이 없이 가고 올 수 있으니 그 경지에 든 자가 바로 자유인이다."

9. 학과 사미승

옛날에 일찍이 부모를 여읜 한 소년이 있었는데 이리저리 돌아다니다가 산중에 들어가 어느 스님에게 가 있게 되었다. 그런데 스님이 보기에도 그 어린 소년은 아주 총명해 보였으므로 일찍부터 출가를 하게 되었다.

다만 그 스님은 한 번도 책을 놓고 가르친 예가 없었다. 항상 그저 귀에 못이 박히도록 "네 마음을 발견해라."라는 한마디만 되풀이해서 들려주는 것이었다.

그러던 어느 날 그 소년은 농사에 쓸 똥지게를 지고 산길을 오르고 있었다. 그런데 소년은 나이 어린 탓으로 그만 돌부리에 걸려 지게를 엎어 버리고 말았다. 소년이 개천에서 똥 묻은 옷과 상처를 씻어 내고 막 일어나려는 순간이었다. 난데없이 학 한 마리가 그 소년 앞에 뚝 떨어지는 것이었다. 자세히 보니 다리가 부러진 학이었다.

소년은 그 학을 불쌍히 여겨 다리를 동여매어 주고 수풀에 감추어 놓고는 콩 한 움큼이라도 가져다 주어야겠다고 생각했다. 그러자니 자연히 시간이 지체되었고 쏟아진 똥통을 다시 채우고 절로 되돌아간 소년은 사연을 말할 사이도 없이 스님에게 호되게 얻어맞았다.

입술이 부르트고 온몸에 멍이 들었지만 소년은

학이 배고플 걸 생각하며 아픈 것조차 잊고 있었다. 학에게 가서 콩을 주고 나서야 온몸이 쑤셔 오기 시작했던 것이다. 순간 소년의 뇌리에 스치는 한생각이 있었다. 비로소 모든 게 마음의 조작이라는 사실을 깨닫게 되었던 것이다.

스님 말씀의 깊은 뜻을 헤아리게 된 소년은 너무도 기뻐서 학이 자기에게 오색 구슬을 가져다 준 셈이라며 좋아했다. 소년은 감사한 마음으로 뛰다시피 절로 되돌아가 다시 콩 한 움큼을 학에게 가져다 주었다. 그리고는 소년이 막 돌아서려는데 학이 말하는 소리가 들려왔다.

"나는 너의 아버지니라. 너에게 구슬을 던져 주었으니 이제 이 몸을 벗고 가느니라."

소년은 학을 껴안고 눈물을 흘리며 삼 배를 올리고는 절로 되돌아왔다.

그 이후로 소년은 다시는 학을 볼 수 없었는데 그 소년이 바로 성장해서 정감록을 쓴 분이라고 한다.

스님께서 말씀하셨다.

"마음이 곧 부처를 만든다. 부처는 허공이나 형상에서 오는 것도 아니요 문자를 세운다고 이루어지는 것도 아니다. 마음의 눈을 뜨지 못한다면 억만겁을 거쳐 나오는 그 도리를 알 수 없거니와 참 나를 발견할 수도 없다. 물질적인 허망한 문제들에 집착해서 서로 싸우면서 삼독을 빼 버리지 못하는 이유도 거기에 있다.

그래서 나는 항상 모든 것을 자기 주인공에 놓으라고 하는 것이다. 잘났든 못났든 자기가 형성시켜 자기가 난 것이니 바깥에서 구원받으려고 애쓸 필요가 없다. 나한테 인연이 있어 닿은 모든 일들을 스스로 주인공의 자리에 놓고 거기에서 굴릴 수 있는 마음의 여유를 갖는다면 크나큰 일도 그대로 성취할 수 있다."

10. 아들이 된 곰

옛날 어느 부부가 어린애를 기르면서 곰 새끼를 함께 길렀는데 힘든 일은 죄다 그 곰이 거들어 주어 한 식구처럼 지내오고 있었다.

그러던 어느 날 그 부부가 아이를 재워 놓고 모두 밭으로 나간 사이에 곰이 짐을 지고 돌아와 보니 어린애가 깨어서 울고 있는 것이었다. 아기가 울 때마다 다독거리던 사람들의 모습을 떠올린 곰은 방으로 들어가 어린애를 다독거리기 시작했다. 그런데 손에 힘이 너무 들어가서인지 그만 어린애가 질식해 죽고 말았다.

부부가 집에 돌아와 보니 그때까지도 그 곰은 죽은 어린애를 계속해서 두들기고 있었다. 그 모습을 본 부인은 곰이 자기 아이를 죽였다며 난리법석을 떨었지만 마음씨 착한 남편은 "곰이 곰 행을 하지, 뭣 때문에 나무라느냐. 우리의 잘못이다."라며 조금도 곰을 원망하지 않았다.

그런데 그 부부의 모습을 지켜보던 곰이 자기의 잘못을 알아차렸는지 그 후로 마치 사람처럼 행동하기 시작하는 것이었다. 어느 날은 곰이 반찬을 챙겨서 밥까지 밭으로 날라 오기도 했다. 그 모습을 본 남편은 어린애는 죽었지만 곰이 사람으로 됐다면서 아기가 다시 태어나면 아주 훌륭한 사람이 될 거라고 부인을 위로했다.

그런데 그 다음 날 아침 곰의 기척이 없어 부부가 찾아 보니 뜻밖에도 곰이 앉은 채로 죽어 있었다. 반면에 그날부터 부인에게 태기가 있어 다시 아기를 갖게 되었는데 그 아이가 커서 당대에 명성을 떨친 훌륭한 장군으로 성장했다고 한다.

스님께서 말씀하셨다.

"우리가 지금 인간의 모습을 하고 있다고 해서 반드시 다음 생에 인간의 몸을 하고 나오는 것은 아니다. 마찬가지로 지금 가난하다고 해서 다음 생에 부자로 살지 말라는 법도 없다. 우리는 한순간에 인간이 되었다가 한순간에 짐승이 되기도 하고 한순간에 부자가 되었다가 한순간에 가난해지기도 한다.

돈이 많든 적든 생각을 가난하게 내면 일체가 가난해질 것이고 생각을 부유하게 내면 일체가 부유해질 것이다."

11. 불락인과

옛날 백장 스님이 수좌들을 데리고 한 도량에 살고 있을 때였다.

백장 스님이 설법할 때마다 한 노인이 있어서 늘 청중들 뒤에서 열심히 듣고 있다가 대중이 물러나면 그 노인도 물러나곤 하였는데 어느 날은 설법이 끝나고 수좌들이 다 물러났는데도 이 노인만이 버티고 서 있었다.

스님이 이상히 여겨 "면전에 서 있는 사람은 누

구나?" 하고 물었다. 그러자 노인이 대답했다.

"저는 사람이 아닙니다. 가섭 존자가 있던 시절이 사찰의 주지였는데 그때 어느 학인이 "공부를 많이 했으면 인과에 떨어집니까, 떨어지지 않습니까?"라고 물어 와서 "불락인과(不落因果:인과에 떨어지지 않는다)"라고 대답했는데 그 때문에 5백 생 동안 여우의 몸이 되고 말았습니다. 청컨대 스님께서 진리를 설하여 이 여우의 몸을 벗게 해 주십시오." 하고 묻기를 이번엔 스님께서 그 질문에 대답해 보라고 했다.

그러자 백장 스님은 "불매인과(不昧因果:인과에 매이지 않는다)"라고 대답했는데 그 순간 노인이 홀연히 깨닫고 인사하며 말하기를 "저는 이미 여우의 몸을 벗어나서 뒷산에 있으니 바라건대 스님께서 죽은 승과 같이 장례식을 치러 주시오." 하고 사라졌다.

백장 스님이 "식후에 죽은 승의 장례가 있다."라고 대중에게 고하자 대중들은 "모두 편안해서 열반당에 한 사람의 병자도 없었는데 어째서 죽은 승의 장례가 있다고 할까." 하고 모두 수근거렸다.

식후에 스님은 대중을 데리고 뒷산 바위 밑에 이르러 지팡이로 죽은 여우를 끄집어내고 장례식을 올렸다.

그리고 그날 밤에야 백장 스님은 법당에 대중을 모아 놓고 지금까지 있었던 일에 대해 일일이 설명했다.

이때 대중 가운데 황벽이란 수좌가 벌떡 일어나 "옛 어른이 대답을 잘못하여 5백 생을 여우로 보냈는데 그때 만일 조금도 틀림없이 대답을 바로 했더라면 무엇이 되었겠습니까?" 하고 물었다. 백장 스님이 말하기를 "앞으로 가까이 오라. 그대를 위해 가르쳐 주리라." 하자 황벽이 앞으로 나아가 스님의 빰을 한 대 후려갈겼다.

그러자 스님이 껄껄 웃어 가로되 "오랑캐의 수염이 붉다 하더니 붉은 수염의 오랑캐도 있었구나." 라고 했다.

스님께서 말씀하셨다.

'공부를 많이 하면 인과에 떨어지지 않는다.'라고 올바르게 얘기를 해 주었는데도 불구하고 왜 여우의 몸을 받았는가. 이것이 첫째 관문이다. 불락인과와 불매인과가 어떻게 다른가. 이것이 둘째 관문이다. 또 '오랑캐의 수염이 붉다 하더니 붉은 수염의 오랑캐도 있었구나.' 즉 쉽게 말해서 '꽃이 붉다 하더니 붉은 꽃도 있었구나.'라고 한 이 말의 뜻이 무엇인가. 이것이 셋째 관문이다.

그러나 관문이라 했다 해서 문을 찾아 들려고 하는 사람은 참 자기의 보배를 찾을 수 없다. 사방이 터져서 문이 없는데도 문이 있고, 문이 많으나 한 문도 없는 까닭이다."

12. 구저의 손가락 법문

일찍이 무주의 금화산에 평소 “구저다라니경”을 즐겨 읽어 구저라고 불리는 주지승이 살고 있었다.

어느 날 실제라는 비구니가 스님을 찾아왔다. 그런데 이 비구니는 인사 한마디 없이 들어와 삿갓 쓰고 석장을 짚은 채 스님이 앉은 주위를 세 번 빙글빙글 돌면서 “한마디 말을 하면 갓을 벗고 인사하리라.” 하는 것이었다. 구저 스님은 일언반구도 대답하지 못했으나 비구니가 돌아가려고 하자 “해가 이미 서산에 졌으니 하룻밤 쉬어 가는 게 어떠냐.” 하고 머물기를 청했다. 그러자 비구니가 다시 이르기를 “한마디 대꾸하면 자고 가리라.”라고 했으나 스님은 역시 묵묵부답이었다.

대장부로서 큰 뜻을 품어 머리 깎고 출가하였으나 비구니에게 참패를 당하고 난 구저 스님은 일개 절의 주지라는 명색이 부끄럽기 짝이 없었다. 그는 그날 밤으로 선지식을 찾아가 수행할 것을 굳게 맹세하고 절 내외를 정돈하고 보따리를 꾸리기 시작했다. 그러던 중 밤이 이슥해져서 깜박 잠이 들었는데 꿈에 백의 단장의 산신이 나타나서 "그대가 그처럼 결심했다면 가도 그 자리가 이 자리이니 멀리 갈 것 없다. 머지않아 그대를 지도해 줄 대덕 스님이 오실 것이니 그때를 기다리라."라는 말을 남겨놓고 사라졌다.

꿈을 깬 구저 스님은 크게 기뻐하며 보따리를 풀어 놓고 날마다 절 문 밖으로 나가 대덕 스님이 오시기를 손꼽아 기다렸다. 그러던 어느 날 마침내 대선사로 이름난 천룡 스님이 그 절을 찾아왔다. 구저스님은 천룡 스님을 높은 자리에 모시고 큰절을 한 다음 며칠 전 비구니에게 참패당한 일을 자세히 여쭙고 나서 "청컨대 자비로써 소승을 지도하여 주시오." 하고 흐느꼈다. 이때 천룡 스님은 아무 말 없이 다만 손가락 하나를 번쩍 쳐들었는데 이에 구저스님이 대오했다.

그 이후로 구저 스님은 누가 무어라고 물어 오든지 손가락을 번쩍 들었다. 불법을 물어 와도 손가락을 들었고, 공양을 드셨느냐고 물어 보아도 손가락을 들었다. 그야말로 천지간에 손가락 하나밖에 없는 구저 스님이었다. 그러나 구저 스님은 천룡의 일지두선(一指頭禪)을 얻어 평생 두고 활용하여도 남음이 있다 하였다.

그러던 어느 날 스님이 출타한 중에 외인이 찾아와 동자에게 이르기를 "스님이 어떤 법을 설하던고?" 하고 묻자 동자 역시 손가락을 번쩍 들었다. 후에 이 일을 알아차린 스님이 동자의 손가락을 잘랐다. 동자는 피가 흐르는 손가락을 붙들고 절 밖으로 도망치기 시작했다. 그런데 동자의 등 뒤에서 스님의 호령 소리가 들려왔다. 동자가 돌아선 순간 스님이 손가락을 번쩍 들어 보였다. 이때 동자도 홀연히 깨우쳤다.

스님께서 말씀하셨다.

"손가락이 잘려진 것은 평등이요/ 피가 흐르는 것은 만인의 작동이라/ 붉은 빛은 만인의 마음의 꽃이로다/ 오월에 떡 한 시루 익었고…….

모든 사람들이 공한 줄만 알았지 오곡이 무르익어 누렇게 된 것은 모른다. 모두가 무(無)로만 통하니 문이 많다고 해도 아니요 문이 없다고 해도 아니다.

내 보배가 부처님의 보배이니 둘이 아니요, 둘이 아닌 속에 작동하는 하나하나가 그대로 참선이요 진리다. 나 자체를 모르고서야 어찌 남을 알며 남을 모르는 데서 오는 시비가 얼마나 많았던가."

13. 쥐 꼬리 풍덩

옛날 어느 고을에 욕심 많기로 소문난 어느 원님이 살고 있었다. 그런데 그 원님은 자기 딸이 성장을 해서 시집갈 나이가 되자 유능한 사위를 얻어야겠다는 욕심으로 “내가 싫다고 할 때까지 옛날이야기를 할 수 있는 선비라면 딸을 주겠다.” 하는 묘한 조건의 방을 붙이도록 했다.

그러나 그 방을 보고 수없이 많은 선비들이 다녀갔지만 그 원님이 싫다고 할 때까지 이야기를 끌어가는 사람은 아무도 없었다.

그러던 어느 날 어느 가난한 선비가 그 마을을 지나가다가 방을 보고 껄껄 웃고는 그 집 대문으로 들어섰다. 원님은 선비의 초라한 행색을 보고 눈쌀을 찌푸리며 ‘또 얼마나 하다가 나갈까.’ 하는 생각만을 하고 있었다. 그러나 그 선비는 원님의 그러한 태도에는 아랑곳하지 않고 이야기를 하기 시작했다.

“옛날 어느 곳에 쥐 마을이 있었는데 흉년이 들어 강 건너로 이사를 가게 되었습니다. 그래서 강을 건너게 되었는데 증조부 할아버지가 먼저 강물에 풍덩 빠졌습니다.”

“그래서?”

“증조모 할머니가 또 꼬리를 물고 풍덩 빠졌습니다.”

“그래서?”

“이번에는 조부께서 또 꼬리를 물고 풍덩 빠졌습니다…….”

이렇게 이야기가 시작되어서 “꼬리를 물고 풍덩, 꼬리를 물고 풍덩…….” 하는 소리가 일주일째 계속되었다. 나중에는 고을 원님이 듣기 싫으니 그만 해 달라고 애원을 해도 선비는 “풍덩, 풍덩…….” 하는 소리를 끊임없이 외워 댔다.

결국 원님은 그 선비의 이야기에 손을 들고 말았는데 그 이야기에서 인연법을 깨닫게 되었던 것이다. 원님은 그 선비에게 감사하다는 말과 함께 딸을 내주었고 그 이후로 인연법의 소중함을 되새기며 그 고을을 잘 다스렸다고 한다.

스님께서 말씀하셨다.

“쉴 사이 없이 ‘꼬리에 꼬리를 물고 풍덩’ 하는

이 이치를 잘 생각해 보라. 우리가 어저께 꼬리를 물었는데 오늘 꼬리를 물고 풍덩 하고 내일 또 꼬리를 물고 풍덩 할 것을 생각할 때 어저께가 어디 있으며 내일이 어디 있는가. 꼬리에 꼬리를 물고 풍덩 풍덩 하다 보니 풍덩풍덩이다.

이 도리를 모르면 우리가 아무리 지혜를 넓혀 시비에 말려들지 않으려 해도 시비가 안 나올 수 없다. 너와 내가 있기 때문이다."

14. 좁쌀 훔친 스님

옛날에 어떤 스님이 길가에 탐스럽게 익은 조 이삭을 보고 들추어 보다가 손에 좁쌀 세 알갱이가 떨어진 것을 무심코 입에 털어 넣고 길을 갔다. 그런데 그것 때문에 그는 다음 생애에 그 좁쌀을 심은 주인 집의 소로 태어나 3년 동안 일을 하며 좁쌀 훔친 대가를 톡톡히 치러야 했다.

그 소는 3년을 거의 다 살았을 때쯤에야 자신의 사연을 주인에게 털어놓았다. 그러고는 모레 저녁에 마적 떼가 이 동네를 덮칠 테니 미리 오백 명이 먹을 음식을 준비해 두라고 알려주었다. 매우 신기한 일이라서 주인은 소의 말대로 동네 사람들과 함께 음식을 차려 놓고 기다리고 있었다.

아니나 다를까. 그로부터 이틀 후 마적 떼가 그 마을을 습격해 왔다. 그런데 미리 숫자까지 파악해 준비해 놓은 음식을 보고 그 마적 떼는 모두 놀라지 않을 수 없었다. 마침내 마적의 우두머리가 그 연유를 캐어묻자 주인은 사실대로 소에 대한 이야기를 들려주었다. 그러니 그 이야기를 들은 마적의 우두머리는 '좁쌀 세 알갱이를 훔친 죄로 스님이 소가 됐다면 우리는 뭐가 될 것인가?' 하는 깊은 회의와 불안에 빠져들지 않을 수 없었다.

결국 마적의 우두머리는 부하들과 함께 마음을 고쳐먹고 귀화했는데 그들이 바로 오백 나한이 되었다고 한다.

스님께서 말씀하셨다.

"좁쌀 세 알갱이 때문에 스님이 소가 됐다고 하면 '큰스님네들이 그저 가르치는 방편이겠지.' 하고 생각할 수도 있겠지만 그게 방편이자 실지임을 알아야 한다.

한 손으로 천지를 쥐고서/ 삿갓으로 삼아 쓰고/ 해와 달을 석장에 걸고/ 푸른 산 한 발 디디니/ 이 푸른 산 모두가/ 한 잎 한 잎이 전부/ 일체 만물만생이 아니겠는가."

15. 강원도 소

강원도 어느 마을에 공부를 많이 한 어느 불제자가 아들 내외와 함께 가난하지만 행복한 삶을 꾸려나가고 있었다. 그런데 어느 날 그 불제자는 뜻밖에 아들을 잃게 되었고 얼마 안 가서 자신마저 죽을 운명에 처하게 되었다.

그는 올망졸망한 5남매를 둔 며느리가 혼자서 농사를 지으며 살아갈 생각을 하니 앞길이 막막했다. 그래서 그는 자기 집에 소로 태어나서라도 며느리를 도와야겠다는 생각을 하며 죽게 되었다.

그러던 어느 날이었다. 그 집의 소가 새끼를 낳게 되었는데 며느리가 보기에도 예사 소가 아니었다. 그 소는 점점 자라면서 집안의 온갖 일을 자기가 알아서 챙기는가 하면 심지어 며느리가 뱀에 물려 꼼짝 못하고 있었을 때 등에 태우고 나가 신비한 샘물에 발을 담그게 하여 병을 낫게 한 일도 있었다.

그렇게 20년이 지난 어느 날 저녁 며느리가 이상한 꿈을 꾸게 되었다. 시아버지가 나타나서 “나는 지금 아무 암자에 살고 있지만 너희 고생이 하도 딱하여 소의 모습을 가지고 또 나왔느니라. 나의 길을 따르겠거든 아무 절로 오너라.”라고 하는 것이었다.

꿈에서 깬 며느리는 맨발로 외양간으로 뛰쳐나가 보았으나 소는 이미 죽어 있었다. 죽음을 초월한 시아버지의 보살핌에 탄복하여 눈물을 흘리던 며느리는 날이 새자 시아버지가 산다는 그 절을 찾아가 보기로 했다. 실제로 그곳에는 20세쯤 되어 보이는 젊은 스님이 살고 있었는데 얼굴에 있는 점까지 시아버지의 모습을 닮아 있었다.

스님께서 말씀하셨다.

"이와 같이 마음에서 스스로 우러나와서 그 에너지가 오고 감이 없이 서로 오고 갈 수 있는 두터운 한마음이 바로 자비이다. 자비는 죄가 있든 없든, 못났든 잘났든, 사람이든 짐승이든, 소든 말이든 개든 이런 걸 따지지 않는다.

일체 만물만생이 둘이 아니니, 바로 나라고 세울 게 없는 공한 이 소용돌이 속에 모든 것을 놓고 가라. 잘된 것은 감사하게 맡겨 놓고, 또 안되는 것도 '주인공만이 해결할 수 있다.' 하고 믿고 놓아라. 그 두 가지만 철저하게 할 수 있다면 어떤 어려움도 문제 되지 않을 것이다."

16. 사냥꾼과 궁예

옛날에 불도에 정진하여 차원 높은 경지에 이른 어느 여인이 한 아들과 함께 살고 있었다. 그런데 그 여인은 아들이 온갖 살생을 저지르며 말을 듣지 않아 항상 아들 걱정만 하다가 죽음을 맞이하게 되었다.

혼자 남은 아들은 어머니가 죽은 뒤에도 이산 저산 다니면서 사냥으로 생계를 이어 가고 있었는데 어느 날 날이 저물어 산에서 하룻밤을 보내게 되었다. 그런데 그날 밤 그 사냥꾼의 꿈에 어떤 스님이 나타나서 "너는 이 세상에 나면서 벌써 삼생을 두고 살생을 많이 했으니 삼 일 후 너는 호랑이로 될 것이다. 남이 너를 죽일 때의 아픔을 견디어 봐라." 라고 하는 것이었다.

꿈에서 깬 사냥꾼은 그때서야 온갖 짐승을 죽인 것에 대한 후회가 들어 한없이 울었지만 이미 때는 늦어 있었다. 그 사냥꾼은 그로부터 삼 일 후 곰에게 목숨을 잃게 되었고 그 즉시 호랑이로 태어나 오랜 세월 동안 사냥꾼에게 이리저리 쫓기는 비참한 생활을 해야만 했던 것이다.

그러던 어느 날 그 호랑이의 꿈에 어머니가 나타났다. 그러고는 "너의 인과를 벗기기 위해 나는 이렇게 산천초목과 더불어 불을 밝히면서 천 년을 살아야만 하느니라." 하는 것이었다. 그 후로 그 호랑이는 어느 동굴에 들어가 손톱 발톱이 다 해어지도록 풀뿌리를 파헤쳐 씹어 먹으며 다시는 동굴 밖을 나오지 않았다.

그렇게 천 년째 되던 어느 날 또 스님이 꿈에 나타났다. 그러고는 "다음 생에 인간으로 태어나면 삼국 통일을 돕는 데 전념하라. 그러나 너는 살생을 많이 했으니 한 눈으로 그 일을 성취해야 한다."라고 말하는 것이었다. 그래서 천 년 만에 그 호랑이가 인도환생을 하게 되었는데 그가 곧 궁예였던 것이다.

스님께서 말씀하셨다.

"천 년이라면 얼마나 긴 세월인가. 우리가 그만큼 마음을 갈고 닦아 인간이 되었다는 것을 알아야 한다.

하찮은 나방이 되기 위해서도 쐐기벌레는 나뭇가지 끝에 매달려 실을 만들고 스스로 자기 몸을 옹쳐매어 얼마 동안을 견뎌 낸다. 하물며 억겁을 거쳐 나온 우리가 인간의 탈을 쓰고서도, 바람에 휘날려 어디론지 가 버리는 나뭇잎에 지나지 않는다면 얼마나 가슴 아픈 일인가. 쐐기벌레가 자기 몸을 옹쳐매고 견뎌 내어 나방이 되듯 우리의 삶 또한 또다시 집을 짓고 나갈 준비를 하는 과정이다."

17. 구렁이가 된 주지

옛날 어느 절에 주지 스님이 살았는데 그 스님은 시주를 받은 돈을 항아리에다가 모아서 숨겨 두는 버릇이 있었다. 그런데 새 절을 지을 만큼의 돈이 모아졌는데도 그 스님은 돈에 욕심이 나서인지 머뭇거리기만 했다.

그러다 그 스님은 절도 짓지 못한 채 그냥 죽고 말았는데 그것이 업보가 되어 다음 생에 그 절의 큰 구렁이로 화하고 말았다. 게다가 그 구렁이는 세포 속에 온통 그 시주자들의 인연이 모여 있어서 아주 고통스러운 삶을 살아야만 했다. 견디다 못한 구렁이는 스님들이 지나다니는 길목을 지키고 있다가 도인 스님을 만나면 하소연을 해서 구렁이의 몸을 벗어야겠다는 생각을 하기에 이르렀다.

마침내 어느 날 그 구렁이는 그 길을 지나가던 한 도승을 발견했다. 구렁이는 그 도승에게 사연을 이야기하고 구렁이의 몸을 벗을 수 있도록 도와줄 것을 간청했다. 자신이 묻어 놓은 항아리 속에 돈이 있으니 그것을 꺼내어 절을 다시 짓고 동네 어려운 사람들에게 선행을 베풀어 달라고 부탁했던 것이다.

그 후 도승은 구렁이의 부탁대로 그 돈으로 절을

짓고 선행을 베풀었는데 그 인연으로 해서 구렁이는 다시 사람으로 화하게 되었다. 그리하여 다시 불도를 닦게 된 주지 스님은 그 이후로 중생의 아픔을 전부 자신의 아픔으로 생각하면서 도를 닦아 대선지식이 되었다고 한다.

스님께서 말씀하셨다.

"마치 배우들이 배역을 맡아 무대에서 활약하듯, 우리는 지금 우리 몸속에 수많은 인과를 얻어서 그 인연에 따라 살고 있다. 몸속에 든 대로, 자기가 지은 대로 나오는 것이니 불행한 일인들 누구 탓을 할 것인가.

남이 나를 못살게 굴어 죽였다 할지라도 자기 탓이다. 오히려 그 사람에게 수고를 끼쳤으니 감사히 생각해야 할 일이다."

18. 도승과 도적

옛날 어느 산중에 한 도승이 살았는데 그곳 산중의 도적들이 보기에는 도대체 도승으로 보이질 않았다.

그래서 어느 날 도적들은 그 도승을 시험해 보기로 하고 길목을 지키고 있다가 도승이 나타나자 그 앞을 가로막았다. 그러고는 그중의 우두머리가 칼을 뽑아 들고 나서면서 "비록 네가 도승일지라도 내 칼을 피할 수 있겠느냐? 네 가슴을 찔러 그 속에 뭐가 들었는지 내가 볼 것이다." 하고 도승을 위협했다.

그러자 그 도승이 껄껄 웃으면서 되묻기를 "추운 동절기에 고목을 잘라 보았던들 거기서 꽃이 나오더냐?" 하고 응수했다. 그러고는 그 마적의 우두머리가 아무런 대답을 하지 못하자 "네 마음이 봄이 된다면 꽃이 필 수도 있겠지."라는 한마디를 덧붙이고 가던 길을 유유히 걸어갔다.

순간 도승의 말끝에 문득 깨친 도적의 우두머리는 칼을 집어던지고 그 스님을 따르는 제자가 되었다.

스님께서 말씀하셨다.

"비록 강도를 만났다 해도 누구나 한 찰나에 그 사람의 마음에 봄이 오게 할 수 있는 그런 능력을 갖추고 있다. 모든 것이 보살이 화한 것이므로 침착하게 믿고 맡겨 놓으면 보살이 가고 옴이 없이 그쪽으로 가서 그 사람이 되기 때문이다."

19. 새색시 술값

옛날에 5남매를 둔 어느 부부가 살았는데 그 중 셋째 딸이 아버지를 닮아 불도를 깨치는 데 남다른 노력을 보였다.

어느 날 아버지가 딸에게 이르기를 "부처님 방귀

를 먹여야 소가 잘 자라지, 그러지 않으면 자랄 기회가 없느니라."라고 했다. 그 말을 들은 딸이 또 어느 날은 부처님께 불공을 드리고 와서 "하인들이 소를 먹일 풀을 뜯으러 간 사이에 제가 그 소 한 마리를 네 귀퉁이에 묶고 동네 사람들과 함께 전부 구워 먹고 왔습니다." 하는 것이었다. 그 이야기를 들은 어머니는 부녀가 무슨 말을 주고받는 것인지 도무지 이해가 되지 않았지만 아버지는 "부처님 방귀가 거름이 잘 되어서 소가 빨리도 자랐구나." 하며 즐거워했다.

그러던 어느 날 그 딸에게 청혼이 들어와서 시집을 가게 되었다. 그런데 가마 타고 가던 색시가 어느 주막에 이르러 멈추라고 이르더니 술 한잔을 시켜 먹고 가마꾼들에게도 전부 술 한잔씩을 권하는 것이었다. 그러고는 하인에게 쪽지를 써 주면서 시아버지에게 술값을 받아 오라고 일렀다. 그런데 인편에 보내온 그 쪽지를 보고 껄껄 웃던 시아버지가 "망하면 망하고 흥하면 흥하겠구나." 하면서 술값을 주어 보냈다.

그 색시가 시댁에 들어가서 처음에 딸를 낳고 두 번째 아들을 낳았는데 그 아들이 바로 커서 암행어사로 명성을 떨친 박문수였다고 한다.

스님께서 말씀하셨다.

"스스로를 잘 이끌어 나갈 수 있는 길잡이가 된다면 위로는 묵은 빚을 갚고 아래로는 햇빛을 주어 뿌리에 에너지가 충만할 것이니, 그 나무가 잘 자라 만 가지 꽃을 피우고도 그 내음이 우주에 두루두루 퍼지게 할 수 있는 그런 역할을 하게 되는 것이다.

지금도 늦지 않다. 자기가 낳은 자식에게 일체가 자기로부터 나고 든다는 것을 알게끔 하고, 비록 밥 먹을 때라도 부모의 고마움을 일깨워 주어라. 그렇게 함으로써 효도를 알고 효도를 앎으로써 사회를 알게 될 것이다."

20. 이성계의 꿈

어느 날 이성계가 이상한 꿈을 꾸었다. 방 위에서는 까마귀가 까르르 울고 아래서는 거울이 와르르 깨지는데 밖을 내다보니 꽃이 피었다가 사르르 지고 또 대문을 보니까 허수아비가 대롱대롱 매달려 있는 것이었다.

꿈을 깬 이성계는 매우 괴상한 꿈이라고 생각하며 심히 불쾌해했다. 그러던 어느 날 이성계가 무학 대사를 찾아가 간곡한 마음으로 그 꿈의 해몽을 청해 듣게 되었는데 그것으로 온갖 불안을 말끔히 씻어 낼 수 있었다.

무학 대사의 꿈 해몽은 이러했다.

"까마귀가 우는 것은 왕궁에 들어갈 징조고 거울이 와르르 깨진 것은 백성이 와르르 추천을 한다는 뜻이며, 꽃이 피었다 졌으니 열매를 맺을 것이고, 밖에 허수아비가 있으니 왕궁에 있으면 모두가 우러러볼 것이다."

스님께서 말씀하셨다.

"무학 대사는 꿈으로 따져 해몽을 한 게 아니라 자기 생각나는 대로 그냥 말해 버린 것뿐이다. 그러니 꿈에 머리를 풀어 산발한 귀신을 봤다 해도 좋은 생각을 내도록 하라는 말이다.

꿈도 생시요 생시도 꿈이다. 혹 꿈에 나오는 어떤 모습들이 기괴하다 할지라도 전자의 업식으로 인연 된 그 모습이니 그것도 내 모습이다. 모든 것은 주인공이 화해서 나오는 것이니 속지 말고 맡겨 놓으면 항복받을 수 있다. 일체가 둘이 아닌 나툼을 하는 까닭에 천백억 화신이라 하지 않는가."

21. 시어머니 부처

옛날에 어떤 며느리가 시어머니를 모시고 살았는데 시어머니와 남편이 일자무식이라고 해서 여간 심하게 구박을 하는 것이 아니었다. 며느리의 구박이 얼마나 자심했던지 시어머니는 내다 버린 음식 찌꺼기를 주워 먹으며 연명을 해야 할 정도였다.

그런데 몇 해가 지나도 그 며느리에게는 자식이 생기질 않는 것이었다. 어느 날 고민하던 며느리는 음식을 장만하여 절을 찾아가 부처님께 불공을 드려 달라고 스님에게 간청했다. 그런데 그 스님은 뜻밖에도 "집에 부처님이 계시니 그분에게 공양을 잘 하면 아들을 얻게 될 것이다."라고 하는 것이었다. 며느리가 의아해하자 스님이 다시 한마디 일렀다.

"오늘 집에 가 보면 신발을 거꾸로 신고 허둥지둥 마루로 올라갔다 내려왔다 하는 분이 계실 텐데, 그분이 부처님이니라."

스님의 말뜻을 헤아릴 수 없었으나 어쨌든 며느리는 집을 향해 터덜터덜 발길을 옮기지 않을 수 없었다. 그런데 집으로 돌아와 보니 다름 아닌 시어머니가 스님 말씀 그대로 신발을 거꾸로 신고 마루를 오르락내리락하는 것이었다. 사실 시어머니는 늘 허기져 온 탓으로 며느리가 절에서 돌아오기 전에 부엌에서 음식 찌꺼기라도 집어 먹고 자식에게도 갖다 주느라고 신발을 거꾸로 신은 줄도 모르고 허둥거렸던 것이었다. 그러다가 며느리 소리가 밖에서 나자 다급한 나머지 신발을 거꾸로 신은 채 마루로 뛰어 올라갔던 것이다.

그러나 며느리는 스님이 말씀하신 부처님이 자기 시어머니라는 것을 믿어 의심치 않았다. 그날부터 며느리는 시어머니에게 정성껏 공양을 올리며 선행을 했는데 얼마 안 가 아들을 낳게 되었고 그 아들이 자라서 정승의 자리에까지 올랐다고 한다.

스님께서 말씀하셨다.

"마음은 체가 없어 우주를 싸고도 남으니, 우리는 한생각에 가난도 멸할 수 있고 질병도 낫게 할 수 있고 남들도 유익하게 거둬 줄 수 있다. 또한 그런 지혜로운 마음으로 살림살이를 한다면 네 아픔 내 아픔이 둘이 아닌 줄을 알게 될 것이며, 그 속에서 사랑과 자비가 일게 될 것이다. 또 그런 마음을 갖게 될 때 정원의 나무 한 그루도 다름이 아닌 바로 나라는 것을 알게 될 것이다."

22. 김대성

옛날 어느 양갓집에 청년이 다 된 아들 하나를 둔 머슴 내외가 살고 있었다. 그런데 비가 억수같이 퍼붓던 어느 날 그 머슴은 논물을 보러 갔다가 그만 급류에 휘말려 목숨을 잃고 말았다. 그리고 그 일을 안타깝게 여긴 양갓집에선 그 머슴의 자식에게 논 서 마지기를 위로의 뜻으로 전했다.

1389

그런데 뜻밖에 아버지를 여읜 그 청년은 비록 논 서 마지기가 생겼으나 아버지의 뒤를 이어 머슴살이를 하며 어머니 봉양하기를 마다하지 않았다. 그러던 어느 날이었다. 한 스님이 집으로 찾아와 시주를 하라고 권하자 청년은 논 서 마지기를 선뜻 시주하겠다고 나섰다. 어머니는 앞일을 걱정해 아들을 말렸지만 아버지가 돌아가신 연유로 논 서 마지기가 생겼으니 마땅히 아버지를 위해 시주하고 싶다며 뜻을 굽히지 않았다. 어머니는 한편 서운하기도 했지만 그래도 '아들이 잘되겠지.' 하는 마음으로 자신을 위로하고 있었다. 그러나 뜻밖에도 그로부터 사흘째 되던 날 그만 아들이 죽고 말았다.

한편 스님은 착하고 아름다운 마음씨를 가진 이 머슴의 장래를 밝게 해 주어야겠다고 생각했지만 종 문서에 이름이 올라 있어 어찌해 볼 도리가 없었다. 그래서 사흘 만에 이 청년으로 하여금 머슴의 옷을 벗게 하였던 것이다. 그리고는 어느 정승의 꿈에 나타나 "아무개가 오늘 죽었는데 너희 집에 태어날 것이니 그런 줄 알라." 하며 선몽을 하게 하였다. 3일을 계속 같은 꿈을 꾸게 된 정승은 사람을 시켜서 진상을 알아보게 했는데 정말 같은 이름의 머슴이 그 마을에 죽어 있었다.

훗날 불국사를 세운 김대성은 이런 인연으로 해서 이 세상의 빛을 보게 되었는데, 그 인연을 소중히 여겨 전생의 어머니와 이생의 어머니 두 분을 모시고 살았다고 한다.

스님께서 말씀하셨다.

"일체가 고정됨이 없이 화하고 나투며 돌아가니 한 발짝 디딘 순간이 벌써 전생이다. 우리가 이렇게 바꾸어 돌아가는 그 도리를 알면 그냥 놓고 가는 이치를 깨닫게 될 것이다. 이것이 불가사의한 법이요 진리요 길이요 도인 것이다.

내 형제 부모도 따로 있는 것이 아니다. 억겁 광년을 거쳐 오면서 우리 모두가 그렇게 바꾸어 돌아가며 살아왔으니 어느 분이 내 부모이며 어느 누구가 내 형제인가. 이 집에서 태어나든 저 집에서 태어나든 전체가 내 부모요 내 형제인 것이다."

23. 다보탑과 석가탑

김대성이 불국사를 세운 후에 탑을 짓기로 원을 세웠으나 진실한 석공을 만난다는 일이 여간 어려운 일이 아니었다.

김대성은 백 일간의 기도 끝에 부처님으로부터 백제에 가면 아사달이란 석공이 있으니 그 사람을 만나도록 하라는 꿈의 계시를 받고 백제로 향한다. 무주공처의 아사달을 찾아 몇 날 며칠을 헤매던 김대성은 어느 산골짜기에 이르러 아사달을 만나고 탑을 지어 줄 것을 간청했다.

마침내 아사달이 신라로 건너와 수 해에 걸친 노력 끝에 다보탑과 석가탑을 지었는데 다보탑을 세울 때는 관하기를, 밖으로는 사섭심의 그림을 그렸고 안으로는 무량심의 그림을 그렸다. 즉 다보탑의 오밀조밀한 네 기둥은 무주상 보시심, 화목심, 남을 위하는 마음, 그리고 일체가 둘이 아닌 마음의 조화를 나타낸다. 또 석가탑을 세울 때는 삼독의 근원인 욕심을 버리고 오직 견성성불 하는 마음으로 하나하나 다듬어 나갔으니 그대로 여여한 모습을 지니게 된 것이다.

스님께서 말씀하셨다.

"아사달이 사섭심으로 관하며 견성성불 하는 마음으로 탑을 세웠듯이, 우리에게 각양각색으로 부딪쳐 오는 모든 일들을 하나하나 공부하는 과정으로 돌린다면 이 세상에 두려울 것도 없고 물러설 일도 없다."

24. 지옥 간 훈련대장

옛날에 왕의 신임을 받아 권세가 높은 훈련대장이 있었는데 권력은 있으나 지혜롭지 못해 그의 칼에 쓰러져 간 사람이 부지기수였다. 그가 생전에 잘한 일이라고는 사냥 도중에 산적들에게 둘러싸여 절 지을 시줏돈을 빼앗기고 있는 어느 스님을 구해내 무사히 절을 지을 수 있게 한 일밖에 없었다.

결국 이 훈련대장은 죽어서 다음 생애에 독사의 소굴에 떨어지게 되었다. 자기 모습이 흉악한 줄도 모르는 그 독사는 사람과 짐승에게 잡아먹히고, 밟혀 죽고, 찢겨 죽는 고난을 5백 년이나 되풀이했다.

그러던 어느 날은 그 뱀이 땅속에 새끼들을 오밀조밀하게 낳아 놓고 다복하게 지내고 있는데 약초뿌리를 캐어 먹던 산돼지들이 그곳을 파헤쳐 내어 자식들과 아내를 모두 밟아 죽인 일도 있었다. 그의 칼에 죽은 사람들이 마음에 원망이 서려 오다 원수를 갚기 위해 산돼지로 화했던 것이다.

어느 날 그 뱀은 휘적휘적 걷다가 살모사 굴에 들어가게 되었다. 그런데 그것을 인연으로 해서 그 뱀은 또 다음 생에 살모사로 태어나는 악순환을 거듭했다. 그리고 자신의 새끼들이 어미를 잡아먹는 비참한 모습을 지켜보아야 했다. 그 때문에 다시 능구렁이로 화한 이 뱀은 비로소 자신의 삶이 허망함을 느낀 나머지 풀섶에 걸터앉아 회한의 눈물을 흘리기 시작했다.

그때 그에게 도움을 받았던 스님이 열반에 들어 도솔천에 계시다가 그 소리를 듣게 되었다. 스님은 한 찰나에 선재 동자를 어느 스님의 몸으로 내려보내 그 뱀을 제도하도록 했다.

스님으로 화한 선재 동자가 그 뱀을 향해 걸어가면서 보니 훈련대장 밑에서 악행을 일삼던 부하가 두꺼비가 되어서 눈물을 흘리며 그 뱀의 약을 올리고 있었다. 그러나 능구렁이는 두꺼비를 삼키게 되면 자신의 몸 마디마디에서 두꺼비가 태어나 몸을 버리게 되지만 그 또한 두꺼비의 생을 벗어날 수는 없다는 사실을 알고 이러지도 저러지도 못하고 있었다.

그 광경을 본 선재 동자가 뱀에게 이르기를 "두꺼비를 삼키고 들판을 내려가면 암자가 있으니 거기 아궁이에 걸어 놓은 가마솥에 들어가 모두 타 없어지는 것만이 너도 살고 두꺼비도 사는 길이다." 라고 했다. 그 뱀은 스님이 시키는 대로 두꺼비를 삼키고 독이 온몸으로 퍼지는 고통을 참으며 암자로 내려갔다. 그러고는 가마솥 속에서 불에 타 죽는 끔찍한 고통을 견디어 내고 나서야 다시 사람으로 태어나게 되었다.

스님께서 말씀하셨다.

"'천상 인간도 벗어나야 한다'는 말이 있듯이 선행을 지었다 하더라도 놓아야 한다. 선으로서 선을 짓게 되면 선으로 가다가 또 악을 지을 수도 있다. 그러기에 미해질 수 있고 그러기에 길지가 못하다.

그러니 모두 놓으라고 하는 것이다.

우리 마음의 근본 주처인 주인공을 자꾸 믿고 놓아 들어가면 몸속에 업보로 뭉쳐진 모든 중생들이 다 보살로 화하게 되니 거기에서 화신도 생기고 법신도 생긴다. 마음이 편안해지고 가정이 화목해지며 하는 일마다 귀인이 생기고 발이 넓어지며 모든 두려움이 없어지고 떳떳해진다."

25. 두꺼비가 된 모성

옛날 어느 바닷가에 한 부부가 외동딸을 낳아 애지중지 키우며 살고 있었다. 그런데 그 마을에는 이상하게도 사람들이 자꾸만 죽어 가 열아홉 살 된 처녀를 산에 재물로 바쳐야만 하는 풍습을 지니고 있었다. 그래서 그 부부는 딸아이가 점점 나이가 들면서 안절부절하며 걱정하기 시작했다.

그러던 어느 날 그 딸의 어머니가 불공이라도 드

려야겠다며 절을 찾아 나서게 되었는데 그곳 스님께서 이르기를 “여기 이 소나무에도 부처가 있고 저기 저 돌에도 부처가 있는데 그 도리를 모르고는 딸을 건질 수가 없다.” 하는 것이었다. 그 이후로 그 부인은 소나무를 보거나 돌을 보거나 흙을 보거나 “내 딸을 살릴 수 있게 나를 좀 도와줘.” 하고 간절히 염하고 다녔다.

그러다가 문득 일체가 둘이 아닌 도리를 깨닫게 된 부인은 그날부터 좌선에 들어가 일주일간을 식음을 끊고 있더니 열반의 길로 들어섰다. 그러고는 자신의 장례를 치르기 전날 딸의 꿈에 나타나서 자신의 시신을 바다에 던져 넣어 물고기들의 밥이 되게 해 달라고 당부했다.

꿈을 깬 딸은 영문을 몰라 어리둥절했지만 어머니가 시킨 대로 친척들 몰래 시신을 지게에 지고 가서 바다에 빠뜨렸다. 그런데 그로부터 삼 일 후 두꺼비 한 마리가 부엌으로 슬슬 기어 들어오더니 눈물을 주룩주룩 흘리는 것이었다. 그리고 그날 밤 꿈에 어머니가 다시 나타나 "너를 살리기 위해 두꺼비가 되었으니 그렇게 알라." 하는 것이었다. 그래서 딸은 사람들 몰래 부뚜막에 밥을 올려 주곤 했다.

마침내 그 부인의 딸은 열아홉 살이 되었고 불행하게도 산의 재물로 뽑히는 운명에 놓이게 되었다. 그런데 그날 밤 다시 딸의 꿈에 나타난 어머니는 "산중으로 들어갈 때 나를 반드시 앞치마에 싸 가지고 가거라." 하고 당부하는 것이었다.

그 다음 날 산으로 끌려가 재물로 바쳐지게 된 딸은 밤이 되자 서까래만 한 큰 지네가 나오는 것을 보고 깜짝 놀라 주저앉았다. 그때 치마폭에 싸여 있던 두꺼비가 보꾹을 향한 채 연기를 뿜어 대기 시작했다. 서너 시간 동안 지네와 두꺼비의 싸움을 지켜보던 딸은 그만 까무라치고 말았는데 날이 밝아올 즈음 무엇인가 꿍 하고 무너져 내리는 소리에 깨어나 보니 바로 지네가 죽어 있었다.

그날 밤 다시 어머니가 딸의 꿈에 나타났다. 그러고는 "나는 이제 두꺼비의 옷을 벗고 가니 그 옷을 태워 버려라."라고 말하면서 훌쩍 하늘로 올라가는 것이었다. 다음 날 아침 딸이 깨어나 보니 두꺼비는 죽어 있었다.

스님께서 말씀하셨다.

"만약에 사람을 건질 때 두꺼비로 화해야만 그 사람을 건질 수 있다면 부처님은 두꺼비로 화한다. 마찬가지로 돼지를 건지려면 돼지 속에 들어가야 하듯이 일체 어떠한 모습으로도 되지 않는 때가 없으니 부처님이라고 하는 그 이름도 없는 것이 바로 부처님이다."

26. 대안 대사와 늑대 새끼

어느 날 대안 대사가 길을 가다가 죽어 있는 늑대 새끼를 위해 염불을 해 주려고 하는 어느 스님의 모습을 보게 되었다.

그런데 대안 대사는 그 늑대를 가로채더니 젖 한 사발을 얻어 오게 하고 얻어 온 그 젖을 죽은 늑대 새끼에게 먹였다고 한다.

스님께서 말씀하셨다.

"염불을 한두 마디 했다면 이미 한마디 한마디가 전부 과거가 되고 마니 벌써 백 년은 흐른 것이다. 목마른데 물은 주지 않고 염불로 들어가면 천도는 언제 되겠는가.

대안 대사가 죽은 늑대 새끼에게 젖을 먹인 것이야말로 직통으로 천도시키는 염불이다. 그 순간 늑대 새끼는 무명을 벗고 대안 대사가 됐다. 다시 말해 젖을 먹인 것은 방편이므로 내가 만약 그 죽은 늑대 새끼의 의식의 물방울을 내 마음의 바닷물에 넣었다고 본다면, 그래서 둘이 아니게 되었다면 그 늑대 새끼는 무명만 벗었지 바로 내가 된 것이라는 말이다.

그렇게 마음은 틀이 없어서 넣어도 두드러지지

않고 꺼내도 줄지 않는다고 하는 것이다."

27. 임금의 암행

어떤 임금이 평복을 입고 고을을 암행하는데 어느 마을 담 밑을 돌아서려는 순간 이런 소리가 들려왔다.

"아이구, 추워. 대대로 내려오면서 이게 무슨 꼴이람. 위로는 묵은 빚 갚으랴, 아래로는 햇볕을 주랴. 정말 추워 못 견디겠구나."

알고 보니 그 소리는 대장장이가 풀무질을 하며 중얼거리는 소리였다.

그런데 임금이 궁에 돌아와서 아무리 생각해도 그 말의 의미를 알 수가 없었다. 그래서 어느 날 임금은 신하를 시켜 그 대장장이를 불러오게 하고 그 뜻을 물어보았다. 그러자 대장장이가 대답했다.

"아침에 불씨가 꺼지면 불 살리기가 상당히 어렵

습니다. 그래서 혼자 나와 풀무질을 하는데 위로는 노부모가 계시고 아래로는 자식들이 7남매나 되니 '위로는 묵은 빚 갚으랴, 아래로는 햇볕을 주랴.' 그랬던 것입니다."

대장장이의 이야기에서 전체가 모두 하나로 계합이 된다는 소중한 진리를 깨닫게 된 임금은 그 이후로 선정을 베풀어 백성들을 편안히 보살폈다고 한다.

스님께서 말씀하셨다.

"아무리 좋은 일을 많이 하고 물질적으로 보시를 많이 한다 해도 그건 공덕이 될 수 없다. 유무를 한데 합쳐 또 계합이 되어 가지고 들어야 손가락 하나를 들어도 우주 전체가 들리니 그것이 공덕이다. 그렇게 될 때 우리는 밥 한 그릇을 놓고도 전체 위로 공양을 하고 그 밥 한 그릇이 되남아서 수백 중생을 다 먹일 수 있는 것이다.

그런 이치가 있듯이 묵은 빚을 조금이라도 갚으

려는 그 마음을 갖고 위로는 부모를 섬기고 햇볕을 주는 그 마음으로 아래로는 자식을 돌보아야 그 가정이 화목할 수 있다."

28. 농부의 뱀 살생

옛날 어느 농촌에 한 농부가 살았는데 어느 날 논에 물꼬를 트러 가다가 길가에서 큰 뱀을 만났다. 순간 농부는 삽으로 그 뱀을 찍어 죽였는데 뱀의 머리가 토막 나면서 펄쩍 뛰어오르더니 그 농부의 앞가슴을 치고 떨어져 꿈틀거리며 죽어 갔다.

그런데 그로부터 삼 일이 지난 후 그 농부에게 정신 이상 증세가 나타나기 시작했고 날이 갈수록 그 증상은 심해졌다. 집안 어른들이 보다 못해 하루는 어느 절의 큰스님을 찾아가 자초지종을 얘기했다. 그러자 그 스님이 말했다.

"뱀 속에 든 천차만별의 생명 의식이 그 사람의

의식 자체를 집어먹었으니 그 뱀은 사람이 되고 사람은 뱀이 됐네. 내일 모레면 뱀의 소굴로 들어가게 될 걸세.”

이어서 스님은 “한 번의 잘못이지만 살생의 업보가 그렇게 크니 생활하는 중에 모든 것을 주인공에 맡겨 놓고 걸어야 그 업보를 녹일 수 있다.” 하고 방편을 일러 주었으나 그들은 그 어마어마한 도리를 알 수가 없었다.

스님께서 말씀하셨다.

“일단 뱀의 소굴로 떨어지면 인도환생 하기란 극히 어렵다. 몸속에 든 생명체의 수효대로 새끼들을 낳을 것이고 그 낳은 것 속에 또 인과가 들어 있으니 그 업보를 다 어찌할 것인가.

그러나 묘한 것은 몸속에 든 그 천차만별의 생명의식이 마음 한생각에 따르고 있다는 사실이다. 그러므로 모든 것을 한마음 주인공에 맡겨 놓을 때 비로소 과거의 모든 업보를 녹일 수 있다.”

29. 토막 난 뱀과 불구자

옛날에 어떤 농부가 논일을 보러 나가다가 보니 논두렁 가 숲 속에 큰 구렁이 한 마리가 막 새끼를 깐 모양인지 조그만 뱀들이 많이 있었다. 그 농부는 본래는 아주 착한 사람이었지만 그땐 무슨 기분이 들었던지 가지고 있던 삽으로 그 구렁이를 둥겅둥겅 끊어 버렸다.

뒤에 그 농부는 손자를 다섯 낳았는데 모두가 다 불구자였다. 큰아들이 손자를 낳아도 그랬고, 작은 아들이 손자를 낳아도 그랬다.

스님께서 말씀하셨다.

"전설의 고향에서나 나올 법한 이런 이야기가 사실이라면 어찌하겠는가. 실제로 세상에는 참으로 기구한 인연이 많다. 어떤 경우는 수 대째 내려오는 깊고 깊은 업이 있기도 하고 어떤 경우는 무심중에 저지른 업 때문에 고생을 겪기도 한다.

중생은 그저 모르니까 모르고 받지만 이 세상 그 어떤 일도 전에 내가 지은 생각이나 행동과 연결됨이 없이 독단적인 경우는 없다. 그런 것을 세세하게 들여다보고 살필 수 있다면 그것을 알 것이다.

그러나 그런 내용, 그런 법칙, 그런 인과를 다 알고 나서 해결하려고 해서는 안 된다. 그럴 수도 없고 그럴 필요도 없다. 알든 모르든 그것이 나의 모든 업을 기록해 놓은 거기서 나오는 것이니만큼 거기에다 몰락 놓아 버리면 그만인 것이다.

그러므로 나는 내 앞에 닥쳐오는 모든 일, 모든 경계, 모든 괴로움을 주인공 한마음에 다 되돌려 놓으라고 말한다. 그렇게만 한다면 모든 업은 다 공(空)이 될 것이다. 설사 지난 생 어느 때에 억장 같은 죄업을 지었다 할지라도 한번 돌려놓기만 하면 그대로 무마가 되는 것이니 그것이야말로 참회 중의 참회이다. 공덕 중의 공덕이다."

30. 마조의 좌선과 기왓장

예전에 마조 스님이 남악 선사가 주지로 있는 반야사에 들어가 열심히 좌선을 하고 있었다. 그러나 스승인 남악 선사가 보기에는 도무지 깨칠 기미가 보이지 않았다.

어느 날 남악 선사는 그 수좌 앞에 나가 기왓장을 갈기 시작했다. 스승의 이상한 행동이 몇 날 며칠 동안 계속해서 이어지자 궁금증을 참지 못한 마조는 결국 스승에게 여쭙지 않을 수 없었다.

"도대체 기왓장은 갈아서 무엇하시렵니까?"

"거울을 만들려고 그래."

"기왓장을 간다고 거울이 되겠습니까?"

"이놈아, 몸을 틀고 앉는다고 성불하느냐?"

그러자 문득 느껴져 오는 바가 있었던 마조가 남악 선사에게 다시 여쭈었다.

"그렇다면 어떻게 해야 하겠습니까?"

"내가 한 가지 묻겠다. 만약 달구지가 가지 않는다면 소를 쳐야 하느냐, 달구지를 쳐야 하느냐?"

"당연히 소를 쳐야지요."

"소는 마음이요, 달구지는 몸이다."

그 순간 수좌는 크게 깨침을 얻었다.

스님께서 말씀하셨다.

"어떤 수행자들은 마음이 주인이라니까 또 거기에 집착해서 몸이 하는 행동은 아무렇게 해도 상관없다고 생각하기도 한다. 그러나 마음이 바르면 몸도 바르게 되지 않을 수 없고, 몸이 바르면 마음이 바르게 될 힘을 얻게 되는 것이니 서로 상관 관계를 이루고 있다 할 것이다.

그렇더라도 역시 주인은 마음인 것만은 분명한 일이다. 마음이 근본이며 뿌리이니 그 근본 뿌리가 제대로 서지 않고서 가지나 잎을 아무리 정돈해 보아야 효과는 미미할 수밖에 없다. 그러므로 좌선을 해도 마음이 주요, 생활 속에서도 마음이 주가 되지 않으면 안 되는 것이다.

그런데 사람에게는 누구나 다 마음이 깃들어 있으니 얼마나 다행한 일인가. 누구에게나 다 갖추어져 있는 마음, 바로 이 마음이야말로 우리가 탐구해야 하고 극복해야 하고, 동시에 드러내야 하고 살려써야 할 시작이요 끝인 것이다.

마음을 가지고 있다는 것, 이것처럼 위대한 희망이 없다. 이것처럼 위대한 가능성도 없다. 일체 중생에 불성이 있다고 하는데 불성이야말로 마음이 아니고 무엇이겠는가."

31. 새옹지마

옛날 중국 어느 변방에 한 노인이 살고 있었다. 그 노인이 어느 날 집에서 키우던 말 한 필을 잃어버리자 그 소식을 듣고 이웃 사람들이 찾아와 노인을 위로했다. 그러자 노인은 아무렇지도 않은 듯 태연하게 말했다.

“한 번 소유한 것은 한 번 잃게 마련이 아니겠습니까.”

며칠 뒤 도망쳤던 말이 수말 한 필과 함께 집으로 돌아왔다. 이웃 사람들이 기뻐하며 그 일을 치하하자 노인이 다시 말했다.

“이익이 있으면 손해가 있을 수가 있겠지요.”

얼마 뒤 노인의 아들이 새로 들어온 말을 타다가 떨어져서 다리가 부러지게 되었다. 이웃 사람들이 또 위로하러 오자 노인은 “이 일이 반드시 불행만은 아닐지도 모른다.” 하며 역시 태연했다.

몇 해 뒤 전쟁이 일어나 마을의 젊은이들이 징집당하여 전쟁 중에 다치거나 죽었지만 노인의 아들은 다리가 불편했기 때문에 징집을 면하게 되었다.

스님께서 말씀하셨다.

“이익과 손해는 동전의 앞뒷면과 같은 것이어서 짝으로 다니지 결코 혼자서 다니지 않는다. 그 이치를 알게 되면 자기 마음의 근본 자리를 지키면서 이익과 손해 때문에 울고 웃는 사람들 속에서 침착한 중도 행을 할 수 있게 되는 것이다.

중국 변방의 이 노인도 이익이 오든 손해가 오든 그 뒷면을 볼 줄 알았던 것이다. 그래서 늘 침착했고 이익과 손해 때문에 얼굴색을 바꾸면서 희희낙락해하지도 않았으며 침울, 비통해하지도 않았던 것이다. 이야말로 참으로 지혜로운 사람의 모습이 아니겠는가. 이익 때문에 기뻐하고 슬퍼하는 것은 탐심이 원인이지만 그 탐심은 그 이익과 손해의 앞뒷면을 꿰뚫어 보지 못하는 어리석음에서 나오는 것이기 때문이다."

32. 행자의 인내심

옛날에 어떤 고명한 스님이 행자 한 명을 받아들였다. 그런데 그 스님은 행자에게 온갖 궂은 일을 다 시키면서도 불법에 대해서는 일언반구 가르쳐 주지를 않았다. 어쩌다 시간이 나서 불법에 대해 여쭐라치면 스님은 딴전만 피웠다.

그렇게 한두 달이 지나자 스님은 그것도 부족했던지 이상스러운 행동으로 제자를 괴롭히기 시작했다. 예를 들어 때 아닌 때에 세숫물을 떠 오라고 일러서 정성껏 떠다 올리면 그것은 쳐다보지도 않고 엉뚱한 다른 일을 시켰다.

그런 일이 매일같이 반복되자 행자는 아예 중노릇을 그만두어 버리리라 결심을 하고 스님을 찾아가 문을 두드렸다. 그런데 일단 스님의 모습을 보게 되면 이상하게도 조금 전의 결심은 까마득히 잊어버리고 아무 일도 아니라고 얼버무리며 돌아오곤 했다.

그렇게 하기를 몇 차례 반복하며 겨우겨우 참던 행자 생활이 해를 넘기면서 행자의 손과 발은 얼고 부르터 차마 눈 뜨고 볼 수 없는 지경이 되었다. 그러나 스승의 변덕은 더욱 심해졌고 그때까지 이렇다 할 아무런 가르침도 없었다.

어느 날 이제는 더 이상 참을 수 없다는 생각에 이르게 된 행자는 마침내 스승이 모르는 새에 짐을 챙겨 눈물을 머금고 절을 떠나 버리고 말았다. 그런데 절을 나서서 한 오 리 길쯤 가다가 행자는 문득 스승의 저녁 공양을 준비해 놓지 않고 떠나온 것을 생각했다. 이왕 떠나려고 마음먹었으니 이제는 스승이 아니라고도 하겠으나 어쩐지 죄송한 마음이 든 행자는 생각을 고쳐먹고 다시 절로 돌아왔다.

절 문 앞에 이르자 뜻밖에도 스승이 자기를 기다리고 있는 것을 행자는 발견했다. 뜻하지 않은 스승의 자비에 행자는 끊임없이 눈물을 흘렸고 스님은 아무 말 하지 않고 당신이 거처하는 방으로 행자를 데리고 갔다. 그러고는 책상 속에서 달력 하나를 꺼내어 행자에게 보여 주었다. 그 달력에는 무수한 동그라미표가 그려져 있었으며 그 사이사이에 삼각표와 곱표도 그려져 있었다. 그것은 다름 아닌 마지막 하루를 남겨 놓은, 그 행자의 인내에 대한 기록표였다.

아니나 다를까, 하루가 지나자 스승은 그날부터 행자에게 부처님 법의 진수를 가르치기 시작했고, 마침내 그 행자는 크게 도를 이루어서 대선지식이 되었다고 한다.

스님께서 말씀하셨다.

"구태여 힘들고 고된 길로 가지는 않더라도 우리는 부처님 법을 따르는 제자들로서 멀리 생각하며 느긋하게 행동할 수는 있어야 한다. 위에서 이야기한 행자만 하더라도 그에겐 진심이 있었기에 고생에 진저리를 치다 못해 작별을 하려고 하다가도 스승을 뵙는 순간 알 수 없는 뉘우침이 샘솟았던 것이다. 그것은 행자의 겉마음이 한 짓이 아니다. 행자의 속마음이 진실의 힘이 되어 바른 길로 행자를 이끌어 준 것이다.

마지막에 절을 떠나가면서도 스승의 저녁 공양이 걱정이 돼서 돌아온 마음도 그렇다. 비록 겉마음은 스승에게 등을 돌리고 있었지만 속마음은 스승에게 돌아가는 그것이 곧 크나큰 보리과를 성취하는 길임을 알고 있었기에 행자는 다시 돌아오게 된 것이다.

그렇듯이 우리가 이 광대하고 무한한 부처님 법을 진심에서 계속하여 추구하게 되면 자신도 모르는 그런 속마음에서 자신을 이끄는 묘리가 나오게 된다. 우리가 애써서 도를 추구하고 닦는다고는 하지만, 사실 도는 추구하거나 닦아서 될 일이 아니라 자기 자신 안에 있는 참 진리의 힘이 눈을 떠야만 되는 것이다. 그리고 그렇게 자기 자신 안에 있는 힘이 눈 뜨게 하기 위해서는 모든 경계를 다 조복받고 마침내 자기 자신까지 항복받지 않으면 안 된다.

그 길은 사실 끝없는 길이다. 그러므로 조급한 마음은 금물이다. 오직 묵묵한 코끼리의 걸음으로 오늘 오늘을, 순간순간을 깨어 있는 정신으로 주시하면서 가야 한다. 그리고 그런 정신으로 주시하는 '지금의 여기'가 바로 초월된 시공(時空)이다. 그런

이에게는 바로 이 자리가 삼천대천세계의 근본 자리이며 바로 이 순간이 부처님께서 오신 날이자 영겁을 머금고 있는 무한대의 시간인 것이다."

33. 서산 대사

서산 대사가 공부하기 위해 쌀을 한 짐 마차에 싣고 가는데 가는 도중 그만 소가 고꾸라지고 말았다. 그러자 서산 대사는 '내가 공양을 올리려고 했던 쌀인데 소에게 그 일을 미뤘구나.' 하는 생각을 하고 그 즉시 오던 길 20리를 되돌아가 다시 짊어지고 부처님 전에 당도했다.

그렇게 해서 천 일 동안 부처님께 공양을 올리고 있는 중인데 어느 날 갑자기 일곱 사람이 나타나더니 등 뒤에서 서산 대사를 겨냥해 총을 쏘아 대는 것이었다. 그 모습을 보고 서산 대사가 얼마나 크게 웃었던지 중국 대륙에까지 그 웃음소리가 들릴 정도였다.

서산 대사가 이와 같이 깨치고 다시 뒤를 돌아다보니 총을 쏘던 사람들은 흔적도 없이 사라져 있었다.

스님께서 말씀하셨다.

"서산 대사는 그 한생각을 어떻게 하였기에 깨쳤고 또 어떻게 하였기에 일곱 사람이 총을 겨누었으며, 총을 쏘고 나서는 없어졌는가? 그리고 그 일곱 사람은 누구인가?

저 칠성 별을 각각 본다면 그것도 각각 보일 것이다. 그러나 하늘의 태양도 우리 마음속에서 나왔다는 것을 알아야 한다.

이와 같이 공부를 한 서산 대사는 그 후부터 어떠한 일이 닥쳐와도 눈 하나 깜짝하지 않았다고 한다. 그것은 바로 나를 버렸기 때문이다. 진실로 나를 버렸다면 아무것도 두려울 것이 없다. 내가 살려고 하고 내가 있다고 생각하기 때문에 두려움이 생기고, 두려움이 생기니까 문제가 따르는 법이다.

설사 내가 죽는다 해도 그렇다. 내가 이 세상에 와서 꼭 무엇을 해야 한다 하는 그런 것이 없는 것이기 때문에 하나도 아까울 것이 없고 두려울 게 없다. 그래서 내 한생각 '나'라는 것을 다 버린다면 이 속에 든 악업·선업도 송두리째 녹아 버리게 되어 있다. 그 무엇에도 착을 두지 않으니 '고'가 멸하고 '도'가 이루어지는 것이다."

34. 서산 대사와 사명 대사

스님께서 어느 때 다음과 같은 이야기를 들려주셨다.

한때 스승인 서산 대사의 도력을 의심했던 사명 대사가 어느 날 새 한 마리를 잡아 가지고 들어와 스승에게 물었다.

"제가 이 새를 날려 보내겠습니까, 죽이겠습니까?"

그러자 서산 대사는 아무 말 없이 자리에서 일어나 문지방에 걸터 서서 이르기를 "내가 나가겠느냐, 들어오겠느냐?" 하고 되물었다. 스승의 그 말 한마디에 사명 대사는 자신의 부족함을 깨닫고 큰 절을 올렸지만 그래도 마음 한구석에선 여전히 의심이 남아 있었다.

어느 날 사명 대사는 계란을 지붕까지 쌓아 올리고는 또 스승의 눈치를 살폈다. 그러자 제자의 장난기를 눈치챈 서산 대사가 계란을 지붕에서부터 아래로 내려 꽂아 가며 쌓아 내리기 시작했다. 그 일로 해서 사명 대사는 다시는 스승을 의심치 않겠다고 다짐했지만 그 또한 오래 가지는 못했다. 어느 날 스승의 뒤를 따르던 사명 대사가 볼품없는 스승의 뒷모습을 보며 '저런 분이 과연 대도를 이루었을까?' 하고 또 의심하기 시작했던 것이다. 그러자 순간 서산 대사가 홱 돌아서며 "그렇게 못 믿겠거든 당장 돌아가거라!" 하고 불호령을 내렸다. 마음속까지 들킨 사명 대사는 팥으로 메주를 쑨다 해도 스승을 의심치 않겠다고 또 다짐했다.

그러던 어느 날이었다. 천야만야한 절벽 위를 두 분이 걷게 되었는데 큰 구렁이가 앞에 나타나자 재빨리 서산 대사가 사명 대사를 절벽 아래로 밀어 던졌다. 절벽 아래 나뭇짐 위에 떨어져 어리둥절해 있는 제자에게 스승이 물었다.

"떨어진 것이 옳은 일이냐?"

"아닙니다."

"그러면 떠다밀지 않는 것이 옳은 일이냐?"

"아닙니다."

'그만하면 됐구나.' 하고 고개를 끄덕이던 서산 대사는 그 이튿날부터 솔잎을 찧은 물에다 날콩가루를 타서 한 그릇씩 사명 대사에게 주었다. 물론 그것을 먹은 서산 대사는 아무렇지도 않았지만 사명 대사는 설사가 나서 견딜 수가 없었다. 그런데 서산 대사가 작대기로 사명 대사를 얼마나 호되게 내려쳤던지 설사가 쏙 들어가고 그날부터 된똥을 누기 시작했다는 것이다.

35. 부설 거사

스님으로 출가하여 정진을 계속하던 부설 거사가 어느 날 두 도반 스님과 함께 오대산에 들어가 더 크게 공부를 성취하기로 하고 길을 떠났다.

하루는 날이 저물어 그 일행이 어느 민가에서 하룻밤을 묵게 되었는데 그 집에는 19세가 된 과년한 딸이 하나 있었다. 그런데 어려서부터 말을 하지 않아 주변에선 모두들 벙어리로만 알고 있었던 그녀가 부설 거사를 보는 순간 신기하게도 입을 떼기 시작하는 것이었다. 그러고는 스님을 뵈는 순간부터 말을 하게 되었으니 지아비로 모시겠다고 청을 함과 동시에 만일 허락하지 않는다면 죽어 버리고 말겠다며 결사적으로 청혼을 해 왔다.

부설 거사는 난감해졌다. 대도를 성취하기 위해 얼른 길을 떠나자고 재촉하는 두 도반 스님과 죽기로써 같이 살겠다는 그 집 딸 사이에서 그야말로 진퇴양난이었다. 결국 부설 거사는 '내 앞에 닥친 일도 치우지 못하면서 먼 데 일을 치우려고 한다는 것은 온당치 못한 일이다.' 라고 생각하고 그녀의 청을 받아들였다. 그러나 결혼을 한 부설 거사는 아내와 함께 살면서도 조금도 공부를 게을리하지 않았다.

몇 해가 지난 어느 날 오대산으로 떠난 옛 도반 스님들이 마침내 대도를 성취하고 돌아오는 길에 그 집에 들러 측은한 듯 부설 거사를 바라보았다. 그러나 태연하게 미소만 짓던 부설 거사가 그날 저녁 물을 가득 담은 병을 천장에 매달아 놓고 두 도반 스님에게 그 병을 깨뜨려 보라고 문제를 냈다.

두 도반 스님이 차례로 병을 치자 병이 깨지면서 물이 쏟아졌다. 이번에는 부설 거사가 병을 쳤다. 그러나 병은 깨져 떨어졌지만 병 속의 물은 응고된 채 천장에 대롱대롱 매달려 있는 것이었다. 깜짝 놀라 이를 바라보는 두 도반 스님에게 부설 거사가 한마디 일렀다.

"우리의 이 몸뚱이는 저 깨진 병의 껍데기와 같

고, 응고되어 매달린 채 움직이지 않는 물은 우리의 성품과 같습니다. 이 성품은 변함이 없어 흔들림이 없고 항시 여여한 것입니다."

두 도반 스님은 마침내 부설 거사 앞에 머리를 숙이고 제자가 되었다.

스님께서 말씀하셨다.

"이와 같이 우리는 어느 누구든 무엇이든 깔보아서는 안 된다. 사람은 물론 짐승, 미물, 나무나 돌에 이르기까지 웃으면서 대해 줄 수 있는 그런 아량과 지혜가 있어야 한다. 모두가 다 못 배웠을 때의 나의 모습이요, 내가 수억겁 광년을 거쳐 오면서 지녔던 모습임을 알아야 한다. 그래서 모두가 다 나 아닌 것이 없다고 하는 것이다.

사랑과 자비의 마음을 가졌을 때 바로 그 모든 것에서 벗어날 수 있는 것이며 동시에 모든 것을 놓고 간다고 할 수 있는 것이다."

36. 벽암 스님

옛날에 벽암 스님이 어느 선지식 밑에서 행자 생활을 시작했는데 무슨 까닭인지 스님께선 글공부는 가르치지 않고 이따금씩 무술만을 연마시키는 것이었다. 그렇게 하기를 10년이 지난 어느 날 스님은 사흘 동안 주야로 온갖 경을 익히게 하더니 그만 열반에 들고 말았다.

갑작스런 스승의 죽음으로 벽암은 슬픔에 잠겨 있었다. 그러던 어느 날 한 노스님이 그를 찾아와 '장차 오랑캐의 침입으로 나라가 위태로울 것이니 그동안 연마한 무술을 나라를 구하는 데 쓰도록 하라.'는 당부를 했다.

벽암은 노스님의 지시에 따라 한양으로 들어갔고 때마침 열린 전국 무술 대회에 참여하게 되었다. 그 무술 대회에서 장원으로 뽑히게 된 벽암은 임금 앞에 나아가 장차 다가올 오랑캐의 침범에 대비해

성을 쌓고 군사들에게 무술 훈련을 시킬 수 있도록 허락해 달라고 요청했다. 그러나 미래를 내다보지 못한 광해군의 거절로 뜻이 좌절되자 벽암은 다시 산속으로 들어가 은둔 생활을 시작했다.

그러던 어느 날 벽암은 산중에서 다시 어느 노스님을 만나게 되었다. 그런데 그 스님은 마치 벽암의 마음을 꿰뚫어 보듯 진중하게 꾸짖는 것이었다.

"불심을 무심종(無心宗)으로 삼지 못했으니 무심법행(無心法行)에 이르지 못했다. 그것은 아직도 분별심을 놓지 못하고 너 자신을 버리지 못했기 때문이다. 이 말을 명심하고 다시 내려가 나라를 구하라."

벽암이 다시 한양으로 들어가니, 시대는 바뀌어 인조 임금이 새로 등극해 있었다. 광해군과 달리 그의 뜻을 높이 산 인조 임금의 허락으로 벽암은 성(지금의 남한산성)을 쌓기 시작했다. 그런데 불행하게도 그 성이 마무리되기 전에 오랑캐가 쳐들어 오고 말았다. 벽암은 단신으로 적진을 향해 나아가 적을 퇴각시켰지만 이미 임금의 가족과 많은 백성들이 붙들려 가고 난 뒤였다.

이때 비로소 벽암에게 한생각이 떠올랐다. 분별심을 놓지 못한 까닭에 보이는 성이나 쌓을 줄 알고 보이는 적이나 물리칠 줄 알았지, 무심 법행으로 보이지 않는 성을 미리 쌓아 사전에 오랑캐의 침범을 막지 못한 자신에 대해 후회가 들었던 것이다. 이후 벽암 스님은 어디론가 종적을 감추고 다시는 나타나지 않았다.

스님께서 말씀하셨다.

"한암 스님께서 어느 때 이 이야기를 마치고 말씀하시기를 '불심을 무심종으로 삼을 때 전 우주가 들리고 무심 법행을 할 때 일체 만물만생이 하나로 돌아간다. 더 나아가 무심 행을 함이 없이 하게 될 때 그대로 법이 되어 그 씀에 따라 그대로 이루어진다.' 하셨다. 또 말씀하시기를 '문이 많아 문 찾기 어렵고 문이 없어 문 찾기 어렵다.'라고 하셨다.

문이 많아 문 찾기 어렵고 문이 없어 문 찾기 어

려운 까닭은 무엇인가? 내 안이 확고히 섰다면 당당하고 떳떳하게 깊은 주먹을 내밀 수 있을 것이다."

37. 아난 존자와 열쇠 구멍

부처님께서 열반하신 후 가섭 존자가 대표가 되어 부처님의 가르침을 결집할 때의 일이다. 이때 아난 존자는 부처님의 10대 제자 중 다문제일(多聞第一)임에도 불구하고 아직 깨치지 못했다는 이유로 결집하는 자리에 참석하는 것이 거절되었다.

아난 존자는 그 이후로 두문불출, 침식마저 전폐하고 오로지 정진에 정진을 거듭하였다. 바깥으로 끄달림이 없이 안으로만 자력을 돌리던 아난 존자는 마침내 어느 날 문득 밝아진 자신을 발견하고 결집 장소로 달려가 문을 두드렸다. 그러자 가섭 존자가 크게 기뻐하며 아난 존자에게 말했다.

"어서 들어오게. 그러나 이미 밤이 깊어 문을 열

수 없으니 열쇠 구멍으로 들어와야 하네."

아난 존자가 즉시 열쇠 구멍으로 들어가 가섭 존자에게 예를 올리니, 두 사람은 서로 껴안고 기쁨의 눈물을 흘렸다.

스님께서 말씀하셨다.

"자기의 습을 떼지 않은 채 여여한 법 도리를 따지는 것은 아무 의미가 없다. 진정으로 자기의 참 성품을 볼 줄 알아야 일체가 본래부터 한마음으로 통해 있음을 알게 되고, 가고 옴이 또한 따로 없음을 알게 된다. 아난 존자가 열쇠 구멍으로 들어간 것도 본래 가고 옴이 없기 때문이다.

그런데 왜 열쇠 구멍이라 했을까. 문이 많아 문 찾기 어렵고 문이 없어 문 찾기 어렵다고 했는데, 전체가 문이라면 열쇠 구멍은 무슨 필요가 있으며 또 어디에도 문이 없다면 열쇠 구멍은 어디에 해당되는 것일까. 이것도 관문이요 화두요 공안이다.

여기서 한번 자신을 돌아보라. 지금 문을 찾는다

고 하면서 어디로 가고 있는가. 불법을 공부하면서 문을 찾아 들고 나려는 이는 보살 될 자격도, 불자 될 자격도 없다.

'문이 없으니 열쇠 구멍 있을 리 없고, 일체가 문이어서 열쇠 구멍 또한 아랑곳없으니, 가섭도 없고 아난도 없고 열쇠 구멍 또한 없더라.'

분별심을 모두 놓는다면 비로소 이 부처님 도리를 알게 될 것이다."

38. 메밀 장떡국 공양

옛날 어느 사찰의 대중 스님들이 벽을 보고 돌아앉아서 좌선을 하고 있었다. 그런데 어떤 스님이 찾아와 그 모습을 보더니 "잘생긴 얼굴들이 벽에 딱딱 박혀 있구먼. 사진은 자기에게 있는데 또 어디서 사진을 찾는단 말인가?" 하며 빙그레 웃는 것이었다. 대중 스님들이 가만히 듣고 보니 한마디 한마디가 정곡을 찌르는 말들이라 마침내 그 스님을 주지 스님으로 모시고 가르침을 받기로 했다.

그런데 하루는 그 주지 스님께서 대중 스님들에게 메밀씨를 갖다 주면서 심으라고 하였다. 어느 날 메밀이 자라 열매를 맺자 그 가루로 반죽해서 장떡국을 만들어 먹게 되었는데 일제히 첫 숟가락을 떠서 입에 넣자마자 주지 스님께서 크게 호령을 하는 것이었다.

"삼키지도 말고 뱉지도 말라!"

주지 스님의 엄명이라 대중 스님들은 삼키지도 뱉지도 못하고 있는데 주지 스님께서 다시 "떡이 그대로 있는가?" 하고 물었다. 그러자 그들 중 한 스님이 '자신도 모르게 넘어가 버렸다.'고 대답했다.

그러자 주지 스님께서 다시 일갈했다.

"이제 먹어도 먹지 않은 도리를 알겠는가?"

이때 대중 스님들이 크게 깨쳤다.

스님께서 말씀하셨다.

"넘길 수도 없고 뱉을 수도 없는 것이 바로 우리가 하는 이 공부이다."

39. 밥 아닌 밥

옛날 어느 사찰의 노스님께서 제자들을 앉혀 놓고 차례로 물었다.

"쌀 아닌 쌀을 아느냐?"

"……."

"밥을 하지 않고 밥을 할 줄 아느냐?"

"밥 아닌 밥은 아직 모릅니다만 그저 잡수시면 되지 않겠습니까?"

그러자 노스님은 "너는 뼈다귀라도 얻은 듯하구나." 하시면서 또 다른 제자에게 물었다.

"너는 먹은 사이 없이 먹을 줄 아느냐?"

그 제자는 아무 소리 없이 나가더니 수박 한 통을 쪼개 가지고 와서 노스님 앞에 놓고는 삼 배를 올리고 가만히 앉아 있었다. 그러자 그 모습을 지켜본 노스님께서 껄껄 웃으며 이르기를 "너는 골수를 얻었구나." 하였다.

스님께서 말씀하셨다.

"이것이 서로 얼마만큼 차이가 나는지 생각해 보라."

40. 원효 대사

원효 대사가 의상 대사와 함께 중국으로 유학을 가던 중이었다. 날이 저물어 두 스님이 어느 움막에 들어가 잠을 자게 되었는데 원효 대사가 별안간 목이 타 깨어 보니 마침 옆에 웬 바가지에 물이 고여 있어 아무 생각 없이 그것을 달게 마셨다. 그러고는 또 잠에 곯아떨어졌다.

그런데 날이 밝아 원효 대사가 깨어 보니 그 움

막은 전염병으로 죽은 시체를 버리던 곳이었고 간밤에 달게 마신 물은 장구벌레가 득실거리는 해골바가지에 고인 물이었다. 이를 본 순간 원효 대사는 구역질을 참을 수가 없었다. 그러나 이때 원효 대사에게 한생각이 떠올랐다.

'물은 같은 물이건만 생각이 탈이로구나.'

이렇게 깨달은 원효 대사는 마침내 의상 대사만을 중국으로 보내고 자신은 가지를 않았다. 굳이 멀리서 법을 구할 것이 없었기 때문이었다.

스님께서 말씀하셨다.

"배우기도 전에 일부러 화두를 받아 가지고 공부를 하려고 하지 말고 바로 이처럼 자기 몸뚱이를 화두로 알아야 한다."

41. 두 팔 잘린 정승

옛날 어느 부자가 있었는데 하루는 어떤 탁발승이 찾아오자 그 스님을 극진히 대접하고 음식을 바리때에 가득 담아 드렸다. 그런 인연으로 그 집 아들이 그 스님 밑에서 공부를 하게 되었는데 어느 날 수행 중에 낭떠러지로 굴러떨어져서 두 팔을 잃고 말았다. 그 후로 그 수좌는 팔로 해야 할 일을 발로 해야 하니 이만저만 불편한 것이 아니었다.

하루는 그 모습을 지켜보던 스승이 제자에게 전생의 내력을 일깨워 주었다. 스승의 말에 의하면 그 제자는 전생에 어느 나라의 정승이었다. 어느 날 이 정승이 사냥 도중 길을 잃어 산속을 헤매다가 팔이 없는 어느 수행자를 만나게 되었는데 다리를 들어 길을 가르켜 주자 '쓸 수도 없는 팔을 가져 무엇하겠느냐.' 하면서 남아 있는 부분마저 칼로 베어 버렸다는 것이다.

스승의 말을 들은 제자는 비로소 두 팔이 그냥 잘려진 게 아니라 인과응보임을 깨닫게 되었다.

스님께서 말씀하셨다.

"이와 같이 우연이란 없다. 인연에 따라 모든 것이 벌어지는 것이니 인연을 맺더라도 좋은 인연을 맺어야 한다.

길을 가다 말 한마디 나누어도 인연이다. 잘 아는 사람의 집에 가서 무엇을 부탁하게 되지, 생면부지의 사람의 집에 가서 부탁하지 않는 것처럼 우리들은 알기 때문에 인연이 되는 것이다. 다만 상대방을 이롭게 하는 인연이냐, 해롭게 하는 인연이냐의 차이가 있다."

42. 즉심시불 비심비불

옛날에 어느 스승이 제자에게 이르기를 "즉심시불(卽心是佛)이니라."라고 했는데 그 말을 화두로 받아 든 제자가 공부를 하러 떠나 삼사 년이 지나도록 소식이 없었다. 그래서 제자의 소식이 궁금한 스승이 하루는 다른 제자를 시켜서 그 진의를 알아보고자 했다. 즉, 요새는 화두가 바뀌어 스님께서 '비심비불(非心非佛)'이라 한다는 말을 전해 주고 오게 했다.

그런데 그 말을 전해 들은 제자가 벌컥 화를 내며 "즉심시불이나 비심비불이나 둘이 아니니 돌아가서 스승에게 그렇게 말씀드려라." 하는 것이었다.

심부름을 갔던 그 제자가 돌아가 스승에게 그대로 전하니 스승이 무릎을 치며 "익었구나. 익었어!" 하며 기뻐했다.

스님께서 말씀하셨다.

"이처럼 무의 세계의 맛을 본 사람이라면 어떠한 말에도 걸리지 않는다. 마찬가지로 우리가 '주인공'이라고 한다고 해서 거기에 어떤 고정관념이 붙는 것이 아니다. 그 고정관념을 깨트려 버리기 위해서 주인공이라고 한 것이다.

그러므로 주인공 하나는 병도 될 수 있고 컵도 될 수 있고 사람도 될 수 있고 짐승도 될 수 있다. 원소 자체는 그대로 흐르고 있으면서 흘러감도 흘러옴도 없는 이런 허공과 같은 나툼이다. 즉, 고정관념 자체를 모조리 부숴 버려야 그 허공과 같이 내 마음이 여여하게 돌아갈 수 있다는 얘기다."

43. 거지의 누더기 시주

옛날 어느 두 도반 스님이 길을 가다가 아주 허름한 움집이 있어 그곳을 들여다보게 되었다. 그 움집 안에는 다 낡아 빠진 포대 자루로 몸을 두른 두 내외가 살고 있었다. 두 도반 스님은 몹시 안됐다는 생각을 하며 절로 돌아와 은사 스님에게 그 일을 말씀드렸다. 그런데 그 말을 들은 은사 스님께서 무슨 까닭인지 다 떨어진 그 노인의 바지 저고리 한 벌을 시주받아 오라고 하였다.

이튿날 두 도반 스님은 움막을 찾아가 스님이 시킨 대로 바지 저고리 한 벌을 시주받아 가지고 왔다. 그러자 은사 스님은 그 옷을 깨끗이 빨아 다 닳아 없어질 때까지 법당과 요사채를 깨끗이 닦으라고 명했다. 두 도반 스님은 아무런 영문도 모른 채 그 누더기 옷을 양잿물에 깨끗이 빨아 법당과 요사채를 닦기 시작했다. 그렇게 보름이 지나서야 은사 스님은 마침내 두 도반 스님을 부르고 그들 전생의 내력을 일깨워 주었다. 은사 스님의 이야기는 이러했다.

옛날 어느 부부가 외아들을 두어 아주 애지중지하며 기르다가 장가를 들였다. 그런데 아들 부부는 얼마 안 가 몰래 땅을 팔아 가지고 멀리 도망쳐 버렸다. 그 부부는 자식이 돌아오길 간절히 기도하며 기다렸지만 자식은 끝내 돌아오지 않았다. 그러던 어느 날 그 부부는 절로 들어가 아내는 채공 노릇을 하고 남편은 부목을 맡아 일하며 그럭저럭 살다가 죽고 말았다. 그리하여 그 부부는 다음 생에 그 이웃에 다시 태어나 그 절의 스님이 되게 되었는데 두 도반 스님이 바로 그들이었고 아들 부부는 그 거지 노부부가 된 것이었다.

이야기를 마친 은사 스님께서는 다시 이르기를 "그 노부부의 손이나 너희 손이 둘이 아니니 너희가 닦는 것이 곧 그들이 닦는 것이다. 그래야 그들이 고에서 빠져나올 수 있다." 하였다.

그 후 두 도반 스님은 '비록 손이 부어올랐지만 전생의 자식들인 그 노부부의 고생에 비하면 아무것도 아니다.'라고 생각하며 법당을 열심히 닦고 있었는데 그 순간 "그렇게 각각으로 본다면 어떻게 그 사람의 업이 소멸될 수 있겠느냐. 둘로 보지 마라." 하는 은사 스님의 불호령이 떨어졌다. 이때 두도반 스님이 홀연히 깨치게 되었다.

한편 그 노부부는 옷을 시주한 이후로 동네 사람들의 보살핌을 받아 거지 신세를 면하게 되었고 그 아들이 대성해서 큰 부자가 되어 그 마을의 가난한 사람들을 다 구제해 주었다고 한다.

스님께서 말씀하셨다.

"우리가 다른 사람의 마음이 되어 볼 수 있는 그러한 마음을 가지고 산다면 싸울 일도 없고 배반할 일도 없고 증오할 일도 없다.

더 나아가 온 누리의 모든 생명체가 나 아닌 것이 없다고 생각한다면, 하다못해 개 한 마리가 부상을 입고 절룩거리며 피를 흘리는 모습을 보아도 그것이 곧 내 아픔처럼 느껴지게 될 것이다. 그 개의 다리에서 흐르는 피도 내 아픔의 피라고 생각하고 지극한 마음에서 참다운 눈물을 흘리는 것, 그것이 바로 자비이다."

44. 자장 율사

신라 시대의 고승 자장 율사가 당나라로 건너가 공부할 때였다. 어느 날 길을 가다가 피곤해진 자장 율사는 땅바닥에 주저앉아 쉬면서 경전을 꺼내 보고 있었다. 그런데 그곳을 지나가던 어느 스님이 이르기를 "백지를 볼 줄 알아야 붓대를 굴리지. 입으로만 외다가 몸 떨어지면 말도 떨어지고 말 것을……." 하는 것이었다.

이 말에 충격을 받은 자장 율사는 그 후 청량산 기슭 문수보살상 앞에 앉아 관하기를 천 일 동안 계속했다. 그러다 문득 자장 율사는 '문수보살이 나이고 내가 문수보살이지.' 하는 생각이 들었다. 그런데 그 순간 한 노승이 나타나 "네가 나이고 내가 너라면 내가 너에게 내 주장자를 전하노라." 하는 것이었다. 그러면서 짚고 왔던 지팡이로 머리를 탕 치는데 그 소리가 하도 요란해서 노승을 쳐다보니 그 노승의 머리에서 사리가 나오는 것이었다. 그러고는 사리를 받아 든 노승이 이르기를 "이 사리는 부처님의 사리이며 가사 한 벌은 부처님께서 입으시던 것이니라. 그대에게 전하노니 그대 나라에 돌아가 절을 짓고 탑을 세워 잘 봉안하라." 했다.

자장 율사는 너무나 기쁜 나머지 지성으로 삼 배를 드리고 고개를 들어 보니 노승은 온데간데없고 머리에 구멍 난 문수보살상만 제자리에 서 있었다. 그로부터 자장 율사는 종남산에서 수행 정진 한 후 신라로 돌아와 월정사, 마곡사, 통도사 등 많은 절을 짓고 탑을 세웠으며 통도사에 사리와 가사를 봉안하고 사부 대중을 교화하였다.

그러나 조선조에 이르러 불교가 탄압을 받으면서 스님들은 끌려가고 절은 부서져 자연히 도둑의 소굴로 변해 갔다. 그즈음 마곡사도 형편은 마찬가지였는데 어느 날 어떤 고승이 왕명을 받고 그 절로 가게 되었다. 그 고승은 왕벌 속으로 들어가 수십만 마리의 벌 군사를 동원하여 도적들을 물리쳤다.

그 후 그 스님은 조정에서 내린 상으로 망가진 절을 보수하고 도제 양성을 위해 애쓰고 있었는데 어느 날 어느 수좌가 와서 묻기를 "부처님 사리가 문수보살상 머리에 들어가 있다가 나온 까닭은 무엇이며 스님께서 왕벌 속으로 들어가 싸우다가 다시 스님에게로 돌아간 까닭은 무엇이냐." 했다. 그러자 그 고승은 질문한 수좌를 막대기로 호되게 내리쳤다.

이때 '모든 것이 다 무(無)이며 무인 까닭에 바로 있다.'는 것을 홀연히 깨달은 수좌가 스님께 큰절을 하고 일어나서 껄껄 웃으며 걸어 나갔다. 그러자 그 모습을 본 스님께서 빙그레 웃으며 한마디 던졌다.

"한 놈이 열 놈이 되고 열 놈이 한 놈이 되니 만사형통이로군."

스님께서 말씀하셨다.

"선 도리는 요모조모 생각해서 대답하려 하면 벌써 천리만리 벗어나 버리고 만다. 들이대는 즉시 맞아떨어져야 선 도리라 할 수 있다. 이리저리 맞추고 생각으로 지어 내서 답하는 것은 일상생활의 유위법에서나 통하는 것이지 무위법에선 통하지 않는다. 허공에 뼈다귀를 세워 놓으면 세워 놓은 대로 빼면 뺀 대로, 했다 하면 하는 것이고 그렸다 하면 그린 것이지 이 생각 저 생각 할 것이 없다. 그래서 참 자기를 발견해야 당당해지고 무엇이든 들이댈 수 있고 대답할 수 있다.

부처님의 유물은 누가 모시고 있는가. 바로 우리들이 두른 가사와 우리들의 몸이 그것이다. 그러니 '내가 너고 네가 나라면 내 주장자를 너에게 전하노라.' 하고선 자기 머리를 때려서 사리를 내줄 수 있었던 것이다. 그러면서도 '부처님의 사리인데 내가 간직하고 있다가 너에게 주노라.' 했으니 그 가르침이란 말로 표현할 수가 없는 것이다. 부처란 만 가지 법, 만 가지 행을 다 하므로 어느 것 할 때의 나를 나라고 할 수 없으니 부처라 하는 것이다."

45. 은혜 갚은 꿩

신라 고승 무착 대사가 어느 날 산길을 가는데 큰 구렁이가 새끼를 품고 있는 꿩을 감고 삼키려고 노리고 있는 것을 보게 되었다. 순간 스님이 활을 쏘아 그 구렁이를 죽이자 꿩은 몇 번이나 스님을 향해 울더니 어디론가 날아가 버렸다.

그러던 중 날이 저물기 시작해 한 치 앞도 분간할 수 없게 되었는데 때마침 멀리서 희미한 불빛이 보였다. 스님이 그곳을 찾아가서 주인을 부르니 하얗게 소복한 아리따운 아가씨가 그를 맞이했다. 스님이 하룻밤 묵기를 청하자 여인은 방 안으로 들게 하고 잠시 후에 밥상을 차려 가지고 들어왔다. 그런데 여인이 내려놓은 밥상에는 이상하게도 젓가락 한 짝만이 놓여 있는 것이었다. 그러나 스님이 아무 소리 없이 손으로 공양을 시작하자 보고 있던 여인은 '정히 그렇다면' 하면서 순식간에 구렁이로 화했다. 그려고는 스님의 몸을 칭칭 감고 사연을 털어놓았다.

"내가 바로 오늘 당신이 죽인 구렁이의 아내입니다. 만일 자정 안에 저 산꼭대기에 있는 종을 세 번 울릴 수 있다면 죽은 남편이 승천할 것이므로 스님을 풀어 주고 나도 따라가겠으니 나마저 거두어 주십시오. 그러나 만약 종소리가 울리지 않으면 남편의 원수를 갚고 말 것입니다."

그런데 그 순간 "땡 땡 땡" 하고 세 번의 종소리가 연하게 울려 퍼지자 구렁이는 기뻐하며 스님을 풀어 주고 어디론가 사라졌다.

다음 날 아침 먼동이 트자 스님은 종루에 올라가 살펴보았는데 그 밑에 꿩이 피투성이가 된 채 죽어 있었다.

스님이 구렁이와 꿩을 구덩이에 파묻으려 하자 지나가던 웬 스님이 "새끼를 살리기 위해 생명 셋을 다 죽이는 것이 자비일 수 있겠습니까?" 하고 물었다. 이때 스님이 대답하기를 "서천의 돌이 동쪽에 꽃을 피웠네!"라고 하자 길 가던 스님이 "아하! 탕 맛이 이렇게 좋은 줄은 난 미처 몰랐네!" 하고 껄껄 웃으며 돌아갔다.

스님께서 말씀하셨다.

"젓가락 한 짝 놓았는데도 아무 소리 없이 손으로 먹었고, '생명을 죽인 것도 자비가 될 수 있느냐?' 하는 말에 '서천의 돌이 동쪽에 꽃을 피웠네!' 하니까 '탕 맛이 이렇게 좋을 줄이야 누가 알았겠느냐!' 하면서 껄껄 웃으며 돌아가더라니 얼마나 멋진 광경인가. 한 토막의 이치지만 아주 성성하고 그렇게 광대무변할 수가 없다. 이와 같이 깊은 도리는 나를 발견하지 못하고는 알 수 없는 것이다.

그러나 아무리 팔만대장경을 바로 꿰고 외로 꿴다 할지라도 글자만 알면 소용이 없다. 몸 떨어지면 입 떨어지고, 입 떨어지면 말도 떨어지니 공덕이 안 되는 것이다."

46. 집터의 뱀 살생

어떤 사람이 어느 한곳에 집터를 정하여 터를 닦는데 파는 구덩이마다 뱀들이 우굴거렸다. 어찌할 수 없는 다급한 마음에 그는 구덩이마다 기름을 끼얹고 불을 질러 버렸다. 그러자 뱀들은 밖으로 나와 뿔뿔이 흩어지면서 숱하게 죽어 갔다.

그 후 그 사람의 아들이 장성해서 장가를 들어 아이를 낳았는데 얼마 안 가 병이 들어 시름시름 앓기 시작했다. 그러다가 결국 목숨을 잃고 말았는데 죽은 그 아이의 몸에서 뱀 새끼들이 꾸역꾸역 나오는 것이었다. 그것을 또 불에 태워 죽였는데 이번에는 얼마 안 가 아들 내외가 세상을 뜨고 말았다.

그럭저럭 3년이 지난 어느 날이었다. 그 사람이 자식의 산소를 찾아가 보니 산소에 구멍이 송송 뚫려 있었다. 그뿐만 아니라 집 마당 울타리에 구렁이가 척 걸쳐 있기도 했다.

결국 이 사람은 도인 스님을 찾아 도움을 청해야겠다는 생각에 이르게 되었고 그런 스님을 만나게 해 달라고 그해 일 년 동안을 향을 사르고 정성을 들였다.

그러던 어느 날 마침내 삿갓을 쓰고 허름한 옷을 입은 스님이 그곳을 지나갔다. 그는 그 스님을 붙들고 지난 일을 사실대로 얘기했다. 그러자 그 스님은 산소와 집 군데군데 망을 쳐서 그 안에 겻불을 놓게 하고 죽을 쑤어 큰 함지박에 담아 산소와 집에 각각 세 그릇씩 갖다 놓게 했다. 그런데 스님이 시키는 대로 하자 산소 구멍과 집 기둥 밑에서 수도 없이 뱀들이 기어 나오더니 함지박의 죽을 잔뜩 먹고는 그 자리에서 죽는 것이었다. 그러고 나서 얼마 후 그 도인 스님은 "아버지의 영혼을 건졌다."라는 말을 남기고 열반에 들었다.

그 후로 다시는 뱀들이 나타나지 않았고 불력에 의지했던 그는 그 후 식구들과 함께 입산, 수도에 정진하게 되었다고 한다.

스님께서 말씀하셨다.

"모든 계율의 첫 대목에 살생을 하지 말라 하였는데 거기에는 묘한 도리가 숨겨져 있다. 즉, 일부러 생명을 죽이지 말라는 말이다.

만약에 부모의 병 치료를 위해 토끼 한 마리를 죽여야 한다면, 그런 경우엔 토끼의 몸도 내 몸이요 토끼의 마음도 내 마음이니 살생이 아니다. 토끼가 나에게로 와 인도환생이 되었으니 오히려 자비가 되는 것이다. 이와 같이 한마음은 들여놔도 들여놔도 두드러지지 않고 몽땅 꺼내어 천도를 시켜도 꺼낸 사이가 없으니 줄지 않는다."

47. 돈오와 점수

어느 날 어느 수좌가 한암 스님을 찾아와서 "돈오와 점수가 둘이지요?" 하고 물었다. 그러자 한암 스님은 "그렇지, 둘이지." 하고 대답했다.

1451

며칠 후 또 어느 수좌가 찾아와서 스님께 물었다.

"돈오와 점수는 둘이 아니지요?"

"둘이 아니지. 그런데 둘이 아닌 줄 어떻게 알았나?"

"만 가지가 물에 젖는 까닭입니다."

"젖는 것도 없는 까닭은 무엇인가?"

"……."

스님의 마지막 질문에 아무런 대답도 못한 그 수좌는 삼 배만 올리고 그 자리를 떠나갔다.

스님께서 말씀하셨다.

"한암 스님이 '젖는 것마저도 없는 까닭은 무엇인가.' 하고 물은 것은 돈오와 점수를 놓고 왈가왈부할 게 전혀 없다는 뜻이다. 크고 작은 게 둘이라면 어떻게 이 시대가 진리로써 무한하게 영원히 돌아가고 있겠는가."

48. 나뭇짐 보시

예전에 스님네들이 바리때를 들고 다니면서 공양을 받던 때였다. 어떤 사람이 어찌나 가난했던지, 스님이 찾아오자 남의 집의 보리쌀을 씻어 주고 얻은 뜨물로 미음 한 그릇을 쑤어다 공양을 올렸다.

그것을 받은 스님이 너무나 고맙고 안됐기에 산에 가서 나무를 한 짐 해 가지고 내려오다가 은사 스님을 만나게 되었다. 그런데 그 광경을 본 은사 스님께서는 제자가 사정 말씀을 드리기가 무섭게 지겟작대기를 빼앗아 그의 아랫도리를 가차 없이 내리쳤다. 느닷없이 종아리를 얻어맞은 그 스님은 나뭇짐을 진 채 그 자리에서 나뒹굴었고 그러는 가운데 다시 은사 스님의 불호령이 떨어졌다.

"이놈아, 한생각의 무주상 보시가 있거늘 그것도 보시라고 하는 것이냐!"

이때 문득 마음의 소중함을 깨달은 그 스님이 한

생각을 내게 되었는데 그 후로 쌀뜨물로 공양을 올렸던 그 집은 날로 번창해지기 시작했다고 한다.

스님께서 말씀하셨다.

"이와 같이 마음으로 도움을 줄 수 있다면 물질의 도움보다 끝 간 데 없는 보시를 할 수 있다. 무심으로 한생각에 그렇게 할 수 있으니 보이지 않는 무주상 보시가 그것이다. 쌀 한 가마를 주고 집을 지어 준다 해도 그 도리를 모르고 한다면 공덕이 될 수 없다.

그러므로 중생이기에 모르고 병고에 시달리니까 못한다고 생각하면서 아무 말이나 하고 아무렇게나 생각해서는 안 된다. 깨쳤든 못 깨쳤든 생각을 잘하고 마음을 잘 다스리면서 나갈 수 있는 믿음과 자기를 돌이켜보는 마음이 진실하다면 숙명통 컴퓨터에 입력이 되어서 다시금 좋게 나올 것이다."

49. 곳간에 갇힌 두 남녀

옛날에 어느 스님이 고행을 하다가 쓰러져 어느 집에 가게 되었다. 그 집 노인의 죽 공양으로 그 스님이 밤중쯤 정신을 차려 일어나 보니 어디서 울부짖는 소리가 들려왔다.

이튿날 새벽 노인이 찾아와서 "업보가 이렇게 무서운 줄 몰랐다." 하며 스님을 곳간으로 안내했다. 곳간에 가 보니 두 남녀가 묶여 있었다. 노인은 스님에게 "끌러 주면 모두 죽인다고 온통 날뛰어서 묶어 놓았는데, 묶어서 무얼 먹이려 하면 먹는 대로 다 토해 내 어찌할 바를 모르겠다." 하며 전생에 무슨 죄를 지었는지 모르지만 어떻게 하면 그 업보를 다 녹일 수 있겠느냐고 묻는 것이었다. 그러자 스님이 말했다.

"저들은 과거 당신의 아들 내외였는데 부모를 못 살게 하고 그것도 부족해 양식이 아깝다며 내쫓아

버렸습니다. 그래서 그 부모가 내쫓기면서 하는 말이 '너희들이 그 업보를 어떻게 받으려고 그러느냐. 그 업보를 받을 때까지 내 꼭 지켜보리라.' 했습니다. 그렇게 했으니 당신이 끝끝내 지켜봐야 하지 않겠소."

스님께서 말씀하셨다.

"지켜보는 그 업보나 당하는 그 업보나 다를 게 뭐가 있겠는가. 그러니 말 한마디를 하더라도 조심해서 해야 한다. 가르치는 방편으로 그냥 나오는 말과 속에서 응어리가 되어 나오는 말 한마디가 천지 차이이니, 후자는 당장에 업보가 되고 만다. 가족 간에 누가 속을 썩인다고 해서 분노가 일어나는 대로 말을 내뱉는다면 십중팔구 그렇게 되고 말 것이다. 그래서 법이란 조금도 틀림이 없고 에누리가 없이 철저하다고 하는 것이다.

그러므로 가족 중의 누구가 어떠한 잘못을 저질렀다 해도 잘못했을 때의 내 모습이요, 과거로부터 내가 지은 인연대로 나오는 것이니 모두가 내 탓이라고 돌려야 한다. 잘잘못에 대한 판단 이전에 그렇게 안으로 놓고 굴려서 주인공에 다 맡겨 놓을 때 만사를 형통케 하는 자비가 일게 될 것이다.”

50. 과거 모습·미래 모습

옛날에 어떤 사람이 부처님께 찾아와서 “저는 나쁜 일도 안 하고 착하게 사는데 왜 이렇게 고(苦)가 많습니까?” 하고 여쭈었다. 그러자 부처님께서 이렇게 말씀하셨다.

“과거를 못 보거든 현실을 보라. 현실에 다가오는 것을 보면 네가 과거에 어떻게 했다는 것을 알 수 있다. 그리고 네가 현실에 어떻게 하고 있는가를 지켜본다면 미래에 어떻게 온다는 것을 알 수 있느니라.”

스님께서 말씀하셨다.

"이와 같이 고(苦)라는 것은 누가 갖다 주는 것이 아니라 자기가 짓고 자기가 받는 것이다. 그러므로 그 속에서 해결할 수 있다는 믿음을 가지고 거기에 맡겨 놓아야 한다. 내 주인공만이 나를 이끌어 주고 업보를 녹이며 병고액난을 소멸케 하고 가정을 화목하게 할 수 있다는 믿음을 진실하게 가지고, 용도에 따라 닥치는 대로 맡겨 놓고 돌아가야 한다는 것이다. 그러지 않고 남을 원망하고 조상을 원망하며 밖으로만 끄달린다면 그 업보는 세세생생 무너지지 않을 것이다."

51. 시자의 세숫물 심부름

옛날 어떤 선지식께서 다리에 부스럼이 잔뜩 나 있었는데 "아무개야!" 하고 시자를 불러서 시자가 무슨 심부름을 시키는 줄 알고 "예!" 하고 대답을 하고 가 보면 아무것도 시키지 않고 또 이렇다 저렇다 말도 없었다.

시자는 할 수 없이 그냥 돌아왔는데 또 불러서 "예!" 하고 가 보면 역시 또 아무런 시킴도, 말도 없었다. 그 일이 여러 번 반복되자 나중에는 시자가 은근히 화가 나서 스님이 "아무개야!" 하고 불러도 대답은 하지 않고 짐짓 자기가 생각해서 세숫물도 떠다 드리고 수건도 빨아다 드렸다. 그러나 막상 스님께 갖다 드리면 스님은 그것은 모른 체하고 아픈 다리를 절룩 거리며 몸소 나가 물을 떠다 씻고 닦았다.

시자가 생각할 때는 참으로 기가 막힐 노릇이었다. 그러나 시자는 그 일은 그 일대로 지속하면서 '네 놈이 도대체 무엇인가?' 하고 관하기 시작했고 어느 날 문득 자기를 발견하기에 이르렀다. 스승이 불러서 대답을 해도 들은 체 만 체이고, 떠다 준 세숫물을 쓰지도 않은 이런 모든 것에 대한 물리가 다 터졌던 것이다.

스님께서 말씀하셨다.

"이 시자와 같이, 뭐가 잘못되어 돌아가도 잘못되어 돌아가는 대로 내버려 두어야 한다. 잘못됐다 잘됐다 하지 않고 그렇게 내버려 두는 까닭에 발전을 한다.

마찬가지로 가족 간에 누군가가 자신의 생각과 다른 길을 걷는다고 해서 '이건 틀렸어.' 하고 판단하는 것은 옳은 행이 아니다. 만사를 안으로 굴려서 주인공에 모든 것을 놓고 갈 때 그 에너지가 그와 함께 돌아가니 스스로 달라지는 것을 보게 될 것이다."

52. 찌그러진 반지

옛날에 한 부부가 살았는데 그들이 처음 만나던 날 남편은 너무나 가난했기에 길가에서 파는 싸구려 반지를 부인에게 선물해야만 했다. 그러나 부인은 그 반지를 매우 고맙게 생각하여 한시도 놓치지 않고 어디든 끼고 다녔다.

세월이 흘러 그 부부가 부자가 되었을 때도 부인은 그 반지를 애지중지했다.

어느 날 부인을 측은하게 생각한 남편은 진짜 보석으로 된 반지 두 개를 사다 주었다. 그러나 부인은 여전히 처음의 반지를 끼고 다니기를 주저하지 않았다.

그러자니 사람들은 자연 그 반지가 무슨 보석이나 된 것처럼 여기게 됐고, 그토록 오래 끼어 찌그러지기까지 하였으나 마침내 그 반지는 며느리 대까지 대물리는 소중한 유물로 자리잡게 되었다.

스님께서 말씀하셨다.

"아주 원만하고 사랑할 수 있는 지혜가 그 반지 속에 듬뿍 담겨 있었으니 그건 반지가 아니라 마음이다.

무엇이 부처님 법이겠는가. 우리 생활이 곧 부처

님 법이요, 우리 마음을 쓰는 데에 부처님 법이 있다. 마음으로가 아니라면, 진수성찬을 차려 놓고 나 좀 잘되게 해 달라고 해마다 빌고 그래도 소용없는 짓이다. 우주 삼천대천세계를 두루 하고 있는 이 마음을 어찌 그 조그마한 물질에 비기겠는가. 아침 공양을 들면서 눈 깜짝할 사이에 한번 쓰윽 돌려놓고 감사하는 그 마음만으로도 부처님과 역대 조사들을 다 먹이고도 남음이 있는 것이다. 이 마음을 깨닫지 못하고는 어떠한 것도 자기 앞에 들이고 낼 수 없다."

53. 부처님 눈

어떤 사람이 부처님께 이렇게 간청했다.

"부처님이시여, 병중에 있는 어머니가 살려면 눈을 빼서 먹어야 한다고 하니 그 눈을 주시오."

그러자 부처님께서 손가락으로 한쪽 눈을 빼서

주었는데 그 사람은 부처님께서 주신 눈을 땅에다가 던지고 그냥 비벼 버리고 말았다.

아난 존자가 후에 이 이야기를 듣고 "부처님이 주신 눈을 어찌 그렇게 밟아 버릴 수 있는가." 하고 몹시 의아해했다.

스님께서 말씀하셨다.

"천 냥짜리 몸이라면 오백 냥짜리 한쪽 눈을 얻었으니 그 눈이 무슨 소용이 있었겠는가. 그러나 그 눈을 발로 비벼 버려 천 냥짜리를 얻었으니 어머니 몸을 살리고도 남았다. 다시 말해 빼 줌이 없이 빼 줬고 받음이 없이 받았으니 눈을 빼 준 부처님과 눈을 받은 사람이 둘이 아니게 되었다는 뜻이다.

아난 존자는 뜻으로 한 이야기를 색으로 받아들였으니 그 의미를 알 수가 없었던 것이다. 그러나 눈을 먹어야 낫는다고 한 어머니는 자기가 나오기 이전을 말한 것이고, 생사윤회에 말린 그 어머니 즉, 참 나를 살리려고 부처님의 눈을 먹어야겠다고 한 것이니 얼마나 명백한가."

54. 부처님과 호랑이

호랑이가 새끼들을 기르고 있었는데 그 새끼들이 어미의 젖을 다 빨아 먹고 나자 어미가 죽고 말았다.

그러자 지나가던 스님이 피를 넣어 주어 그 호랑이를 살렸는데 살아난 그 호랑이가 스님의 몸뚱이를 잡아먹고 발과 머리만 남겼다.

스님께서 말씀하셨다.

"육신의 피를 주어 육을 살린 것이 아니라 에너지를 주어 마음을 살린 것이니, 스님도 죽지 않았고 호랑이도 죽지 않았다.

죽어 가는 사람이 있을 때, 내 상을 내세움이 없이 무주상으로서 한생각을 내라고 이른 것도 같은 맥락이다. 잔잔한 마음으로 한생각을 내게 될 때 그것이 곧 법이 되고 약이 돼서 에너지를 함께하니, 그 사람을 살릴 수 있는 것이다. 유위법으로 보자면 불가능하게 생각될지 모르나 마음을 깨달았다면 그 일이 물 한 그릇 떠다 주듯이 쉬운 일이다."

55. 미리 안 화산 폭발

로마에 사는 어떤 사람이 꽃 한 송이를 가져다가 집 뜰에 심었다.

그 후 주인의 보살핌으로 아름드리 나무로 자란 그 꽃이 어느 날 주인의 꿈에 나타났다. 그러고는 앞으로 얼마 안 있어 큰 재난이 닥칠 것이니 자기와 함께 다른 곳으로 피난을 가야 한다고 말하는 것이었다. 그러나 주인은 "별 이상한 꿈도 다 있다."라고 중얼거리며 꽃님의 말을 무시해 버렸다.

그런데 그로부터 사흘째 되던 날 기르던 가축들

이 울타리를 뛰어넘어 모두들 어디론가 사라지는 것이었다. 그래도 여전히 사태를 짐작하지 못한 주인은 '집안에 망조가 들어 파산하게 생겼다.'라고만 생각하며 울고불고 난리법석을 떨었다.

그날 저녁 울고불고하던 주인이 제풀에 꺾여 곤히 잠에 들었는데 또다시 꽃님이 꿈에 나타났다. 그러고는 "지금 곧 화산 폭발이 있을 것이니 한시가 급하게 피난을 해야 한다." 하고 거듭 충고했다.

꿈에서 깨어난 주인은 그때야 비로소 사태가 심상치 않음을 파악했다. 그는 서둘러 짐을 꾸리고 곧바로 이웃 산골짜기로 피신했는데 신기하게도 잃어버렸다고 생각한 가축들이 그곳에 다 모여 있었다. 그리고 곧이어 요란한 폭음이 천지를 진동했다.

며칠 후 다시 사방이 잠잠해지자 주인은 가축을 이끌고 살던 동네를 찾아갔다. 그곳은 이미 형체를 알아볼 수 없을 만큼 처참한 모습이었다. 거대한 화산재가 그곳을 온통 뒤덮고 있었던 것이다.

스님께서 말씀하셨다.

"아무것도 모를 것 같은 식물도 태풍이 몰아칠 듯싶으면 한 해 전부터 뿌리를 대지 깊숙이 박는다.

그런데 오관을 이미 갖추어 가지고 있으며, 수억 겁 광년을 거쳐 오면서 어디 한군데 거치지 않은 곳이 없는 우리 인간이 어찌 그보다 못한가. 그것은 우리가 낳기 이전의 근본, 즉 속을 보지 못하고 거죽만 보기 때문이다. 그러니 나부터 알고 나부터 믿어야 한다. 그래서 나를 발견해야 한다."

56. 명당 자리

옛날에 두 모자가 병든 영감을 모시고 남의 행랑방에서 살고 있었다.

그런데 그들은 아주 가난했으므로, 어느 날 영감이 돌아갔지만 그 노인을 묻을 만한 땅떼기조차 마련해 놓지 못한 실정이었다. 결국 두 모자는 남의 가족 묘지 한 귀퉁이에 몰래 영감을 묻어 놓았다.

한편, 그로부터 얼마 안 있어 그 묘지 주인 집에 우환이 생겨 그 주인이 어디 가서 점을 보게 되었는데 묘지를 찾아가 보라는 얘기를 듣게 되었다. 묘지 주인이 가족 묘지를 둘러보니 아닌 게 아니라 새로운 묘가 하나 더 생겨 있었다. 묘지 주인은 그 길로 그 모자를 수소문해서 찾아내고는 서둘러 이장하라고 야단을 쳤다.

난감해진 그 모자는 어찌할 바를 몰라 했으나 때마침 그 마을의 우환을 없애 준 적이 있던 큰스님이 그곳에 와 있음을 알게 되었다.

그들은 스님을 붙들고 울면서 사정 이야기를 전했다. 그러자 스님께선 묘지 주인 집 어른들을 모셔오게 했다. 그러고는 그들에게 말하기를 "자손들의 병이 나으려면 그 묘를 파내게 해선 안 된다."라고 이르고 그 자리에서 죽은 영감을 산지기로 명하는 임명장을 수여하도록 했다.

묘지 주인이 스님의 말씀대로 일을 처리하고 나

자 얼마 후 감쪽같이 가환이 사라졌다. 그 후로 묘지 주인은 성묘 때마다 산지기에게도 음식을 차려 놓는 것을 잊지 않았다.

스님께서 말씀하셨다.

"죽어서 몸뚱이가 없어져도 그 착이 남아 있으면 자손을 잘못 이끌어 가난을 줄 때도 있고 가환을 줄 때도 있다.

그러므로 모두가 내 부모 아닌 이가 없고 내 자식 아닌 이가 없는 이 도리를 깊이 새겨, 모든 것에 착을 두지 않고 주인공에 맡겨 놓고 사는 그런 습관을 길러 나가야 한다. 그래서 항상 먹어도 줄지 않는 그런 생수 맛을 본다면 이 우주 천하가 한생각에 들릴 수가 있고 한생각에 한자리로 같이 돌아갈 수도 있다."

57. 무덤 속의 대화

옛날에 어떤 소금 장수가 노모를 모시고 살았다. 그 소금 장수는 너무 가난하여 장가도 못 들었지만 소금을 팔아 남은 돈으로 정성껏 노모를 봉양했다.

그러던 어느 날 이리저리 떠돌던 그 소금 장수는 해가 기울자 어느 산소 옆에서 쉬다가 그만 곤히 잠이 들고 말았다. 그런데 자다가 무슨 소리가 들려 귀를 기울이니 어디서 사람 말소리가 들려오는 것이었다. 가만히 들어 보니 그 소리는 그 산소의 고인이 다른 산소의 고인들과 나누는 대화였다.

소금 장수는 죽은 척하고 그 이야기를 모두 엿듣게 되었는데 그 내용은 대충 이러했다.

오늘이 자기의 제삿날인데 세 며느리가 오늘 저녁에 차린 음식들을 내일 아침에 들고 올 거라는 것, 마음 착한 큰며느리에게 자식이 없으니 술잔을 올릴 때 그 속에 구슬을 넣어 두었다가 뭔가 하고 살펴 보는 순간에 입 속에 들어가게 하여 어린애를 낳게 해 달라고 동료에게 부탁하는 내용, 그리고 둘째와 셋째는 몹시 불효막심하여 둘째 아들은 팔을 부러트려 놓고 막내 손녀는 국 끓이는 아궁이에 넣어서 혼내 주었다는 등의 이야기들이었다.

그러고는 모두들 제사에 함께 다녀오는 모양인지 발소리가 요란하게 울리면서 사라졌다가 잠시 후 다시 발소리가 들리더니 “자네 말 그대로군.” 하는 이야기와 함께 서로들 작별 인사를 주고받는 것이었다.

소금 장수는 그날 밤 마을로 내려가 그 산소의 고인이 말한 이름의 큰아들을 찾아갔다. 그러고는 자기가 들은 내용을 그대로 전해 주었는데 실제로 둘째 아들은 팔을 다쳐 고생하고 있었고 막내 손녀는 아궁이에서 놀다가 불에 데어 온몸에 화상을 입고 있었다. 소금 장수는 또 둘째와 막내아들로 하여금 고인의 앞에서 백배사죄하도록 하면 나을 수 있지 않겠느냐고 충고하기도 했다.

다음 날 소금 장수의 말대로 큰며느리는 술잔을 올리다가 무언가를 삼키고는 아이를 갖게 됐고 용서를 빈 둘째와 막내 손녀도 얼마 후 씻은 듯이 낫게 되자 큰아들은 소금 장수에게 자기 소유의 논의 반을 떼어 주어 감사의 뜻을 표했다. 그 일로 해서 세 아들은 의좋은 삼 형제가 되었고 소금 장수 또한 가난을 면하게 되었던 것이다.

스님께서 말씀하셨다.

"수만 냥을 내서 조상을 위한 인등을 켜도 그것이 기복이라면 하나도 공덕이 될 수 없다. 마찬가지로 형제들이 돈을 거둬 가지고 내가 더 많이 냈느니 네가 더 많이 냈으니 하고 싸움들을 해 가면서 아무리 진수성찬을 차려 놓아도 소용이 없다. 자기가 그렇게 한 것을 자기가 알기 때문에 조상도 알고 부처도 알고 이 우주 법계가 다 아는 것이니 그것을 잘했다고 보겠는가.

'어머니! 저희들을 기르시느라 수없이 고생하시

고 애를 쓰신 그 따뜻한 마음을 진작 몰랐습니다.' 하고 진실된 마음으로 돌려놓는다면 촛불 하나 켜 놓고 물 한 그릇을 떠다 놓는다 할지라도 그것이 공덕이 된다."

58. 쥐의 다비식

옛날 어느 절에 큰스님이 한 분 계셨는데 그 절에는 유난히 쥐가 많았다.

하루는 스님이 뒷짐을 지고 왔다 갔다 하다가 쥐 한 마리가 죽어 있는 것을 발견했다. 스님께서 죽은 쥐의 꼬리를 들고 가만히 보시더니 마루에 걸쳐 놓고는 수좌들을 불러 모았다. 그러고는 "지금 중이 하나 죽어서 장사를 지내 화장을 해야겠으니 준비를 하도록 하라." 하시는 것이었다.

비록 쥐 한 마리에 불과했으나 수좌들은 큰스님의 명이라 거역하지 못하고 장작을 쌓아 다비(茶毘)

준비를 하였다. 그러자 스님께서 불을 지르라 하시고 "만약에 뼈가 나오면 잘 주워서 사리가 있나 없나를 살펴보아라." 하였다. 쥐 한 마리 속에 뼈가 있으면 얼마나 있고 더구나 사리가 웬말인가 하고 의아해하면서도 대중 스님들은 불을 지르고 다비를 마쳤다. 그러니 다비식이 끝난 후 스님께서 대중을 향해 "너희들은 사리를 못 보았는가?" 하고 물었지만 대중 스님들은 잠자코 있을 수밖에 없었다.

몇 달 후 큰스님께서 열반에 드시며 다시 묻기를 "너희들은 그 사리를 보지 못했는가?" 하였으나 대중들은 끝내 대답하지 못했다.

스님께서 말씀하셨다.

"누가 그 사리를 볼 수 있을까? 그리고 그 스님은 무엇을 가르치시려고 그렇게 애쓰시며 그와 같은 행을 했는가?

이 도리를 깨치지 못했다면 그 식만 남아서 분별을 하지 못하니 토끼 굴로 들어가 토끼가 되기도 하고 개집으로 들어가 개가 되기도 하고 뱀 굴로 들어가 뱀이 되기도 하는 것이다. 어쩌다 인연이 돼서 사람을 만나야 사람이 되니 그 사람 되기가 또 얼마나 어려운가. 사람의 몸을 받아 가지고도 또 분간을 못하게 되면 또 좌천이 되고, 좌천이 안 된다 할지라도 그렇게 부딪치고 울고 하는 윤회를 수백 수천 년 동안 끊임없이 되풀이하는 것이다. 그러니 쥐 한 마리든 큰 몸집을 한 사람이든 그 생명이 다르지 않고 그 죽음 또한 다르지 않다.

사생자부이신 부처님께서도 수좌들을 가르치기 위해 누가 누군지 구분 못하는 그 뼈다귀들이 모인 곳에 절을 하기도 했다. 일체 만물만생이 남이 아니라는 그 뜻을 알게 하려고 보이신 자비였던 것이다."

59. 눈 가린 개

옛날 어느 절에 큰스님이 한 분 계셨는데 어느 날 제자에게 이렇게 말했다.

"마을에 내려가 보니 아이들이 잘 익힌 고깃덩어리를 줄에 매달고 눈 가린 개의 코 앞에 갖다 대는 장난질을 하고 있었는데, 눈가리개를 뗄 생각은 하지 않고 냄새만을 쫓아 이리 뒹굴고 저리 뒹굴고 하는 그 개의 모습이 어찌나 우습던지……. 지금 이 자리에서도 그걸 생각하면 웃음이 나오는데 너는 그렇지 않느냐?"

제자가 대답했다.

"큰스님께선 지금 절더러 들으라고 하시는 말씀 같습니다."

"그게 무슨 소리냐. 나는 지금 우스워 죽겠는데……."

"내 눈부터 뜨고 나서야 똑바로 보고 행할 수 있

는데 그러지 못하면 눈 가린 개의 그 격이다 하는 것을 저한테 가르쳐 주는 것 같습니다."

"같은 게 아니라 그러하느니라. 누구든지 저부터 알아야 제 눈을 뜰 수 있고, 제 귀가 밝아지고, 모든 것을 실천궁행하는데 역점을 둘 수 있느니라. 실천궁행이 아니면 부처님 법이 아니다."

스님께서 말씀하셨다.

"석가세존이나 역대 조사들은 생각하면서 자기가 자기를 못 믿으면 눈 가린 그 개와 다를 바가 없다. 내 나무에 열린 것을 잘 가꾸어서 무르익게 만들고 만 가지 맛이 나게 한다면 나도 먹고 남도 줄 수 있는데, 남의 나무에 열매가 잘 열렸다고 해서 그걸 먹으려고 애를 써서야 되겠는가."

60. 한 스님의 천도

몹시 추운 겨울 어느 날 한 스님이 길을 떠나 어느 산 중턱을 넘어서는데 어떤 여인이 죽은 어린 자식을 부둥켜안고 울면서 한탄하고 있었다.

“네 아버지도 없고 너 하나 바라보고 살았건만 너마저 이렇게 죽었으니 내가 앞으로 어떻게 살겠느냐. 너하고 나하고 같이 그냥 아버지한테로 가자꾸나.”

그 선사는 가던 길을 멈추고 그 여인에게 다가갔다. 그러고는 “혼백이 찾아와야 그 아이를 살릴 수 있으니 마음의 촛불을 켜고 따뜻하게 아이를 감싸주라.” 이르고는 그 자리에 앉아 계셨다. 선사의 몸은 그 자리에 있었으나 이미 영은 곧바로 저승으로 날아올랐던 것이다.

선사께서 환상천을 지나려는데 많은 중생들의 영혼이, 독사와 머리를 풀어 산발한 괴기한 모습들이 깔려 있는 그곳을 넘지 못해 옹기종기 모여 있었다. 그 모든 것은 마치 꿈속에서 불에 타 죽고 물에 빠져 죽는 그런 환상에 불과했으나, 육신을 가졌을 때의 그 의식이 그것을 실존처럼 여기게 하기 때문이었다.

스님께서 환상을 일깨워 그 영혼들을 건지고 나서 우선 급하니까 무명천에 들어서기 이전에 불사천부터 들어섰다. 그러나 그 여인의 죽은 아이의 혼백은 찾아볼 수 없었다. 스님께서 다시 무명천에 들어서니 거기에는 정말로 억울하게 죽은 혼백들이 전부 모여 있었다.

마침내 스님께서 그 아이의 혼백을 빼내 이승으로 내려오니 그 순간 죽었다던 아이가 의식을 회복했다.

스님께서 아이를 살리신 후 이렇게 말씀하셨다.

"몸뚱이는 모습 없는 모습으로 수천억이 돼도 손색이 없고 하나가 돼도 손색이 없다. 또한 고정됨이 없으니 그 하나도 없느니라."

스님께서 말씀하셨다.

"한암 스님의 말씀은 나로부터 이 세상이 벌어졌으니 내가 태초요 나로 인해 상대가 있으니 바로 그것이 화두임을 깨달아야 한다는 뜻이다.

그래서 모든 것을 주인공에 놓고 돌리라고 하는 것이다. 돌려지기만 하면 몸속에 든 온갖 중생이 다 보살로 화해 털구멍을 통해 들이고 낼 수 있으니 모습이 있고 없고 천차만별로 되어 있는 그 마음들을 다 건져 줄 수 있다."

61. 네 명의 부인

옛날에 어떤 부자가 부인 넷을 얻어 살았는데 어느 날 죽음이 임박하자 그 부인들을 차례로 불러들였다.

그는 우선 첫째 부인을 불러들여 "사계절 해 달라는 옷 다 해 주고 먹고 싶은 것 다 먹여 주며 이렇게 살아왔으니 내가 죽는 대로 같이 따라올 수 없겠소?" 하고 물었다. 대답은 거절이었다.

둘째 부인을 불러 다시 물었다.

"내가 당신을 얻기 위해 울기도 많이 울었고 고생도 많이 했으니 그 정을 생각해서 나를 따라갈 수 없겠소?"

역시 대답은 '따라갈 수 없다'는 것이었다.

이번에는 셋째 부인을 불러 "당신은 내가 누구보다 극진히 위하고 사랑했는데 나를 좇아가지 않으려오?" 하고 물었으나 그 또한 "묘지 앞에까지는 따라가지요." 할 뿐이었다.

마지막으로 그는 넷째 부인을 불러들였다. 그러고는 "평생토록 당신을 등한시하고 살아오긴 했지만 그래도 인연을 맺은 것은 사실이니 나를 따라가주지 않겠소?" 하고 물었다. 그러자 넷째 부인이 대답했다.

"당신이 잘났든 못났든, 같이 오래 살았든 잠시 살았든 당신을 좇아가지 않고 누구를 좇아가겠습니까?"

스님께서 말씀하셨다.

"첫째 부인은 이 몸을 말한 것이다. 더우면 더운 대로 부채질을 해서 시원하게 해 주고, 추우면 추운 대로 옷을 입혀 따뜻하게 하고, 배고프면 먹여 주면서, 우리들이 이 몸을 위해 얼마나 애를 써 왔는가. 그렇다고 죽어서도 몸이 우리를 따라가 주는 것은 아니다.

둘째 부인은 재물이나 권력을 뜻한다. 그 재물과 권력을 얻기 위해 우리는 또 얼마나 고생하며 노력하고 있는가. 자기 몸이 병드는 줄도 모르고 그렇게 애써서 얻은 것들이지만 죽어서는 단 한 푼의 재물도 가져갈 수 없으며, 그 어떤 권력도 효력을 잃고 만다.

셋째 부인은 권속이다. 먹을 것 안 먹어 가면서 애지중지 위하고 기른 자식들이지만 그들 또한 기껏해야 묘지 앞까지 따라오는 게 고작이다.

넷째 부인은 바로 업식이다. 몸을 벗어도 업식은 남는다. 살아생전에 아귀 축생의 마음을 자주 냈으면 죽어서도 아귀 축생계를 면치 못할 것이고, 살아생전에 천상에 오래 있었던 이는 죽어서도 극락에 갈 것이다. 그러기에 육신 있을 때에 도리를 알지 못하면 몸 떨어지고 나서 그 도리를 알 수 없다고 하는 것이다."

62. 구렁이의 저주

예전 포천의 어느 마을 뒷산에 큰 구렁이가 도를 닦고 있었는데, 그즈음 어느 군부대가 그 마을에 진입해 천막을 치느라고 닥치는 대로 산을 파헤치고 있었다.

그런데 하루는 그 동네 어느 노인의 꿈에 그 도 닦던 짐승이 나타나서 "내가 지금 도를 닦고 있는데 사흘만 있으면 회향하게 되니, 그 후에 내 몸을 다른 곳으로 옮겨 갈 수 있도록 사흘만 말미를 달라고 군인들에게 사정 이야기를 전해 주십시오.” 하고 애원했다. 그 구렁이는 옛날 그 고을 원님이었었는데 너무 욕심이 많아 부지기수로 남의 것을 갈취했기 때문에 죽어서 구렁이의 몸을 받아 가지고 있다가 뒤에 개심을 하고 이슬과 나뭇잎만 먹으면서 도를 닦고 있던 중 사흘을 남겨 놓고 그 지경이 되었던 것이었다.

꿈을 깬 노인은 예사 꿈이 아닌 듯하여 군부대로 찾아가 사실대로 말을 전했으나 그 누구도 그 말을 곧이듣지 않았다. 그런데 그 노인은 그 이튿날도 똑같은 꿈을 꾸게 되어 다시 군부대를 찾아가 애원해 보았지만 헛일이었다. 사흘째 되던 날 그 노인은 부대 상관을 만나 아주 간곡히 사정 이야기를 전해 주었으나 역시 미신 같은 이야기라며 조금도 동요하는 빛을 보이지 않았다.

마침내 군인들이 그 마을 뒷산을 파헤치고 돌을 쪼개어 냈는데 거기서 토막난 구렁이가 함께 쏟아져 나왔다. 그리고 그날부터 천둥 번개가 치기 시작했다.

그날 저녁 군인들은 여전히 아무런 생각을 하지 못하고 천막 속에 들어가 곤히 잠들어 있었다. 그런데 그들이 곤히 잠든 사이에 오는 줄도 모르게 쏟아진 폭우가 산사태를 동반해 그 일대를 온통 휩쓸고 지나갔다. 그로 인해 군인들은 물론 수많은 인명 피해가 났으나 다만 그 노인네 집은 무사했다고 한다.

스님께서 말씀하셨다.

"이와 같이 마음 한번 잘못 먹으면 무수히 남을 해치게 되니 욕심·어리석음·성냄·아집 등의 삿된 견해를 가지고 있으면 놓아서 녹여야 한다.

인간은 만물의 영장이라 하면서도 나뭇가지보다 못할 적이 많다. 가을이 되면 나뭇잎은 떨어지고 가지는 추위에 몸을 떨며 봄이 오기를 기다리면서도 조금도 다른 것을 원망하지 않는다.

돌들도 삶의 보람을 느끼고 산다면 아마 황당무

계한 소리로 들릴 것이다. 그러나 체는 자기 마음대로이니 거기에도 생명이 있다. 물도 생명이 있고 불도 생명이 있으며 그 생명과 생명들이 둘이 아닌 까닭에 한마음으로 돌아가는 능력을 감지할 수 있는 것이다. 그러기 때문에 우리는 몰라도 그 돌들은 어느 때 어떻게 된다는 것을 다 알고 있다. 흙도 알고 있고 산도 알고 있다. 그러니 어떻게 우리만 산다고 하겠는가."

63. 노름꾼 아들

옛날 어떤 사람이 아들 하나를 두었는데 그 아들이 무척 속을 썩이는 데다 노름에만 미쳐 있어 여간 속상해하는 것이 아니었다.

그는 아들이 어찌나 미웠던지 "나가서 급살이나 맞아라. 염병이나 걸려서 죽어라." 하고 욕을 퍼부어 댔다. 그런데 정말로 그 아들이 염병에 걸려 죽고 만 것이다.

아들이 죽고 나서 그가 하도 슬프게 울자 지나가던 스님이 그 모습을 보고 아들의 극락왕생을 빌어주면서 이렇게 일깨워 주었다.

"당신이 바로 전생에 노름으로 가산을 탕진하고 계집까지 팔아 먹고, 하여튼 온갖 일로 부모 속을 썩였습니다. 그 아들이 바로 당신 부모인데 누구 탓을 하십니까? 당신의 업보가 다해 조금만 지나면 아들이 마음을 잡을 때가 됐는데 당신이 죽으라고 욕을 퍼부어 댔으니 그렇게 되고 만 것입니다."

스님께서 말씀하셨다.

"식구 중의 누구가 아무리 잘못했다 하더라도 그저 한마음 주인공에 맡겨 놓아야 한다. 아들도 남편도 어머니도 다 한마음에 가설이 되어 있으니 '주인공 당신만이 할 수 있어.' 하고 맡겨 놓으라는 것이다.

자식이 잘못했다 하더라도 "너 나가서 뭐나 좀

먹었니?" 하고 그 보금자리를 부드럽게 펴 준다면 처음에는 냉랭하다가도 따뜻해지고 사랑이 깃드니 이탈되지 않는다. 그대로 모두가 한마음으로 뭉쳐지니 화목이 오고, 화목이 오니 복이 오고, 복이 오니 공덕이 온다."

64. 사람으로 환생한 두꺼비

옛날에 어떤 사람이 죽어서 두꺼비로 태어났는데 아무래도 사람으로 살던 의식이 있어서인지 여느 두꺼비와는 좀 다른 데가 있었다.

두꺼비는 구렁이를 자꾸 성가시게 해서 덥썩 잡아먹혀야만 구렁이 마디마디에서 두꺼비 새끼들을 잉태시킬 수 있는데 그 두꺼비는 내 한 몸 두꺼비 몸으로 사는 것으로 족해야 한다고 생각했던 것이다.

그래서 그 두꺼비는 어느 날 돌 틈으로 기어 들어

가 오직 풀잎과 이슬로만 연명하면서 죽을 때까지 도를 닦아 결국 다시 사람으로 환생할 수 있게 되었다고 한다.

스님께서 말씀하셨다.

"스스로 모자라 두꺼비의 모습을 가졌으면 두꺼비 노릇을 해야 하고 독사의 모습을 가졌으면 독사의 노릇을 해야 하니 어쩌겠는가. 마음을 닦아 공부하는 것만이 끝 간 데 없는 그 고에서 벗어날 수 있다."

65. 당나귀와 마부

옛날에 한 부부가 살았는데 그 남편은 술만 마셨다 하면 아무런 이유 없이 아내에게 매질을 가하는 버릇이 있었다. 사흘이 멀다 하고 가해 오는 남편의 매질에 아내는 도저히 견딜 수가 없었다.

어느 날 그 부인은 때마침 그곳을 지나가는 어느 스님을 붙들고 울면서 사정 이야기를 했다. 그러자 스님께서 그들 부부의 전생에 대한 이야기를 들려주었다.

스님의 이야기에 의하면 그들 부부는 전생에 당나귀와 마부 사이였는데 그 마부는 늘 당나귀에게 소름이 끼칠 정도로 심하게 채찍질을 가하곤 했다. 그런데 그것이 업보가 되어 사후에 그 마부가 당나귀의 아내가 되는 부부의 인연을 맺게 되었다는 것이었다.

전생 이야기를 통해 모든 것이 다 자신의 잘못에서 비롯되었음을 알게 된 그 부인은 그 업보를 면할 방법을 가르쳐 달라고 스님께 애원했다. 그러자 스님께서는 "당신이 때린 수효만큼 매를 맞아야 하니 깔고 자는 돗자리를 말아 두었다가 남편이 술을 먹고 들어올 때마다 손에 쥐게끔 놓아 두라." 하고 일러 주었다.

며칠 후 술을 먹고 들어온 남편은 가까이에 놓아

둔 돗자리로 또 아내를 때리기 시작했다. 돗자리로 때렸으니 한 번 때릴 때마다 무수한 몽둥이로 매질을 가하는 거와 마찬가지였으나 전생에 얼마나 많은 매를 맞았는지 몇 날 며칠 동안 매질이 이어졌다. 그러던 어느 날 마침내 남편은 술을 먹고 들어와도 그냥 잠자리에 드는 것이었다. 그 후로 남편의 매질 버릇이 사라졌다고 한다.

스님께서 말씀하셨다.

"이 부부의 이야기와 같이 우리에게 어떠한 문제가 닥쳐오더라도 자기가 지은 대로 받는 것이니 남의 탓을 해서는 안 된다. 오직 관하면서 주인공에 일체를 맡길 일이다.

아이들을 가르치는 것도 그렇다. 어떠한 문제도 안으로 돌리면서 부드럽게 안아 줄 수 있는 그 사랑으로 아이들을 기른다면 절대로 이탈되는 법이 없다. 정의 굶주림도 없고 고독하지도 않을 테니 죄를 지을 까닭이 없는 것이다. 또 그렇게 사랑할 수만 있다면 비록 천리만리 떨어져 있다 해도 그 마음의 빛이 한순간에 가는 줄 모르게 그곳으로 가서 한마음이 되니, 이 마음이라는 것이 얼마나 중요한가. 이 세상에서 제일가는 보배라 해도 과언이 아닐 것이다."

66. 아내의 승천

옛날에 한 도반 부부가 살았는데 어느 날 아내가 먼저 세상을 뜨고 말았다. 그러자 마을 사람들이 찾아와서 "홀아비가 되었으니 어떡하면 좋으냐." 하며 그 노인을 위로했다.

그런데 그 노인의 얼굴에는 조금도 슬픈 기색이 보이지 않았다. 오히려 잔치라도 벌이듯 기생들을 불러 모으고는 그 마을의 노인들을 모두 초청해 놓고 덩실덩실 춤까지 추는 것이었다. 마침내 그 일을 의아해하던 마을 사람 중의 한 사람이 노인에게 물었다.

“영감님, 이렇게 잔치를 벌일 게 아니라 스님을 모셔다가 염불이라도 해 주어야 될 게 아닙니까?”

그러자 노인은 허공을 가리키며 이렇게 대답했다.

“저기 저렇게 구름을 타고 올라 극락으로 승천하는데 그럴 까닭이 뭐 있겠소.”

스님께서 말씀하셨다.

“우리가 사람이 죽는다고 해서 ‘불쌍해서 어떡하나.’ 하고 눈물을 흘리게 되지만, 불쌍한 것은 그 죽은 사람이 아니라 죽어서 어디로 가는지도 모르는 자기 자신이다. 승천할 수만 있다면 하루라도 이 몸을 덜 쓰고 그만큼 덜 고생하는 것이니 오히려 기쁜 일 아닌가.”

67. 시어머니와 며느리 화투

원주에 콩나물 장사로 자식을 대학까지 보낸 한 어머니가 있었는데 그 아들이 장가들고 나서 육 개월 만에 외국 파견 근무를 떠나게 되었다.

그 후로 어머니는 여전히 콩나물을 머리에 이고 다니며 장사를 했고 며느리는 며느리대로 집안 살림을 맡아 꾸려 나가고 있었다.

한편 늘 집에 혼자 남아 있던 며느리는 친구들과 함께 장난 삼아 화투를 치기도 했는데 시간이 흐르면서 점점 더 그 판이 커지기 시작했고 급기야는 아들이 외국에서 보내오는 돈을 노름으로 날리는 지경에까지 이르게 되었다.

이 사실을 안 시어머니가 여러 번 야단치며 며느리를 말렸으나 화투에 눈이 뒤집힌 며느리로 보면 그 소리가 귀에 들어올 리 만무였다. 마침내 시어머니는 '차라리 그 꼴을 보지 않겠다'며 집을 나가고 말았다.

1년 후 아들이 돌아오자 며느리는 안절부절이었다. 돈은 노름으로 다 날리고 시어머니까지 집을 나가고 말았으니 그 일을 어찌해야 좋을지 몰랐던 것이다. 다급해진 며느리는 우선 "어머니는 말도 없이 나가셔서 돌아오지 않으셨다." 하고 둘러댔다. 그러나 결국 아들이 수소문 끝에 어머니를 찾아내자 그 앞에 무릎 꿇어 용서를 빌지 않을 수 없었다.

그런데 뜻밖에도 시어머니는 모든 게 자신의 탓이며 며느리에겐 조금도 잘못이 없다며 잡아떼는 것이었다. 그뿐만이 아니라 아들 몰래 며느리에게 돈을 건네기까지 했다. 자식 돈을 축낸 며느리를 감싸 줄 요량으로 남의 집을 얻어 살면서 날품팔이로 한푼 두푼 모아 두었던 것이었다.

결국 며느리는 어머니를 껴안고 눈물을 흘리며 마음속 깊이 자신의 죄를 뉘우쳤고 그 이후로 부처님 섬기듯 시어머니를 지극히 모셨다고 한다.

스님께서 말씀하셨다.

"그래서 사람은 악으로 다스리지 말고 선으로 다스리라고 하는 것이다. 시어머니는 며느리 마음으로 돌아가서 한번 생각해 보고, 며느리는 시어머니의 마음이 돼서 생각해 볼 수 있는 그런 지혜로운 마음으로 세상을 살아간다면 어느 가정이든 화목해지지 않을 수 없다. 이처럼 조그마한 데서 큰 것이 이루어지니 아무리 조그마한 것도 불법 아닌 게 없다."

68. 강아지로 환생한 어머니

옛날에 어머니를 여윈 어느 남매가 어디를 갔다가 집에 돌아오는데 강아지 한 마리가 따라 들어왔다. 그런데 그 강아지는 어디서 왔는지는 몰라도 도대체 나갈 생각을 하지 않았다. 내쫓으면 또 들어오고 내쫓으면 또 들어왔다.

그날 저녁 남매는 이상한 꿈을 꾸게 되었다. 꿈에 나타난 그 강아지가 갑자기 어머니 모습으로 변신해서 말을 하기를 "내가 너의 어미다." 하는 것이었다. 그다음부터 그 남매는 그 강아지를 내쫓지 않고 어머니로 모시면서 자식의 도리를 다했다고 한다.

스님께서 말씀하셨다.

"이와 같이 우리들의 형제 부모가 유명을 달리해서 바로 우리들 옆으로 옮겨올 수도 있지만 그 모습을 달리했기 때문에 알아보지 못하는 것뿐이다.

그러므로 하나도 남이 없고, 하나도 죽일 게 없고, 하나도 살리지 않을 게 없으며, 모든 것이 그대로 자연이라고 하는 것이다. 일체가 전부 나 아닌 것이 없고 내 아픔 아닌 것 없이 간절하게 솟구치는 이 뜨거운 피가 바로 그대들의 피이자 나의 피인 것이다. 이것을 누가 알겠는가. 이 간절한 마음을 누가 알겠는가."

69. 제주도 뱀 소굴

옛날에 제주도에는 뱀이 무척 많아 뱀들이 떼를 지어 사는 소굴만도 세 개나 되었다고 한다. 그런데 그 뱀 소굴이 있는 동네에는 그 영향을 받아서인지 그 동네 처녀 총각이 제대로 기를 펴지 못하고 살았다고 한다.

그래서 한번은 그 마을의 어느 두 남녀가 이런 생각을 하게 되었다. '너희들과 나의 생명이 둘이 아니니 모두 내게로 와서 내가 되면 인간으로 태어나게 될 것이다.' 하고 언제나 불빛 아래서 간절히 염원을 했던 것이다.

그러던 어느 날, 그날도 불빛 아래 고요히 앉아 염원을 하고 있는데 마치 스크린에 비치듯 수만 마리의 뱀이 날아와 그들 남녀의 심장을 파고들었다. 그러나 그들 남녀는 "이 여래의 집에 들어왔으니 바로 인간으로 태어나서 이 도리를 같이 공부하자.” 하며 조금도 겁내지 않고 흐뭇한 마음으로 받아들였다. 그 후로 그 동네에선 감쪽같이 뱀들이 사라졌다고 한다.

스님께서 말씀하셨다.

“이와 같이 뱀의 영이든 식물의 영이든 내 주인공에 모두 일임하여 놓게 되면 그 모든 업이 녹아 없어지게 된다. 타의의 그 지옥도 무너지고 인연 따라 업식으로 뭉쳐 온 나의 인과 업보도 다 무너질 것이다. 그러므로 병고가 없어지고 마음이 편안해지며 가난이 줄어들고 가환이 사라진다. 그러면서 위로는 은혜를 갚을 수 있으니 묵은 빚을 갚는 것이요 아래로는 자식을 낳아 길러 햇빛을 주게 되니 그 뿌리에 에너지가 충만해질 것이다.”

70. 선지식과 개고기

옛날에 어느 선사가 수좌들을 데리고 공부를 하기 위해 어느 산중에 들어갔는데 그 소식을 듣고 수백 명의 대중이 그 밑에서 공부를 배우겠다고 뒤쫓아 올라왔다.

어느 날 대중이 전부 모인 자리에서 그 선사가 수좌를 불러 이르기를 "모두들 기운이 쇠약해졌으니 큰 개 한 마리를 잡아 한 그릇씩 나눠 먹도록 하자." 했다. 그러자 그 선사를 뒤쫓아 공부를 하러 올라왔던 대중들은 "중이 개를 잡아먹다니 그게 웬 말이냐?" 하고 수근대면서 모두들 그 자리를 떠나고 말았다.

마침내 원래대로 수좌 대여섯 명만 남자 그들을 쳐다보던 선사가 껄껄 웃으며 한마디 했다.

"추풍에 낙엽 떨어지듯 했구나."

스님께서 말씀하셨다.

“나로 인해 이 세상이 벌어지고 나로 인해 부처도 있다는 그 화두를 바로 지켜볼 수만 있었다면 무엇을 먹든 편안하고 누구로 인해서 공부를 못했다 하는 원망도 나오지 않았을 것이다.

큰 나무는 이파리 하나 떨어져도 떨어진 사이가 없고 가지가 하나 부러졌다고 해서 뿌리가 들썩거리지 않는다. 우리가 모두 멸망한다 하더라도 우주 전체를 둘러싼 그 뿌리는 멸망하지 않을 것이다. 불법이 쇠퇴해지고 망가지고 있다고 말들을 하지만 무생이라도 있다고 하면 유생이 있다고 할 것이고 유생이 있다면 부처님이 나툰다고 말할 것이다.

그러므로 본래부터 부처님이 생긴 게 아니라 우리가 이 세상에 생기고부터 부처님이 생겼다는 그 자체가 바로 진리인 것이다. 그래서 나는 부처님의 자리와 우리의 자리가 따로 있는 것이 아니며 저 언덕과 우리가 살아 있는 이 언덕이 따로 있다고 생각하지 않는다. 체가 없는 마음의 길이 너무나 차이가 있으므로 그 차이점을 비교해서 언덕을 만들어 놓은 것뿐이다.

그러니 어느 큰스님이 계시다, 부처님이 계시다 하는 것도 여러분에겐 하등 상관이 없다. 여러분이 이 세상에 태어난 그 자체가 바로 부처님인 것이다. 여러분만이 아니다. 새끼를 살리고자 하는 어미 새의 그 마음도 바로 부처이다."

71. 새알 공양

옛날 어느 절에 사형 사제 하는 두 도반 스님이 살고 있었는데 당시는 먹을 게 없어 늘 굶주림에 허덕일 때였다. 그래서 사형 스님은 닥치는 대로 새알을 주워다가 아우 스님과 함께 구워 먹으며 허기진 배를 채우곤 했다. 그런데 그 일은 결국 그 사형 스님의 죽음으로까지 이어지고 말았다. 장마가 진 어느 날 그 스님은 또 알을 주워 먹고 옷을 빨다가 그만 물에 휩쓸려 내려가 목숨을 잃고 말았던 것이다.

한편 아우 스님은 그 후로 오직 불도에 정진하여 깨달음을 얻게 되었는데, 어느 날 산길을 지나다가 포수 여러 명이 멧돼지들을 쓰러트리는 장면을 목격하게 되었다. 그런데 그들 중 어미 멧돼지가 포수의 활에 맞아 쓰러지면서 "언제고 너를 복수하리라." 하는 소리가 스님의 귀에 들려왔다. 그 소리에 깜짝 놀란 스님이 자세히 살펴보니 그 멧돼지는 바로 자기의 사형 스님이었다.

스님은 그 사형 스님의 혼백을 이끌고 어느 착한 집으로 인도를 했다. 그렇게 해서 몇 달 후 그 집 손자며느리의 배가 불러 오기 시작하자 스님은 그 집 주인을 찾아가 사실 이야기를 전하고 "이번에 낳는 아이를 자기에게 줄 수 없겠느냐." 하고 간청했다. 마침내 그 아이는 일곱 살 되던 해에 스님을 따라나서서 그 스님 밑에서 불도를 익히게 되었다.

그 후 그 아이는 서른 살이 되면서 각을 이루게 되었고 비로소 자신이 그 스님의 사형이었다는 전자의 사실을 알게 되었다. 그 후로 스님은 전자의 사형이었던 그 어린 스님을 은사로 모시며 살았다고 한다.

스님께서 말씀하셨다.

"알을 갖다 준 형님의 자비를 먹었으니 같은 공모자가 됐고 같은 공모자가 된 까닭에 또 인연을 맺게 되었으니 이 얼마나 묘한 법인가.

이 도리를 알면 육의 형제 부모가 둘이 아니며 법의 형제 부모 또한 둘이 아닌 것을 알 것이다. 또 우리가 그것을 잘 알아서 자기의 아만과 독선을 빼 버리고 일체와 조화롭게 나간다면 풀 한 포기를 봐도, 꽃이 피는 걸 봐도, 새가 날아 가는 걸 봐도 모두가 이 공부의 재료가 됨을 알 것이다."

72. 덕산의 말구(末句)

예전에 덕산 스님이 어느 절의 조실로 계셨고 설봉 스님이 공양주를 했고 암두 스님이 대중을 이끌던 때의 일이다.

하루는 덕산 스님이 바리때를 들고 식당에 어슬렁어슬렁 나왔다. 그러자 이를 본 설봉이 "노스님, 아직 종도 울리지 않고 북소리도 나지 않았는데 어디로 가십니까?" 하고 물었다. 그러자 덕산 스님은 아무 말 없이 고개를 숙인 채 자기 자리로 돌아갔다. 설봉이 그 이야기를 암두 스님에게 전하자 암두가 이르기를 "우리 스님이 아직 말후(末後)의 구(句)를 몰랐네." 하였다.

잠시 후 덕산 스님이 이 말을 듣고 시자를 시켜 암두를 불러들이고는 "그대가 나를 어떻게 아는 것인가." 하고 목소리를 높였다. 그런데 암두가 스님의 귀에 대고 가만히 그의 뜻을 말하니 스님은 고개를 끄덕이며 아무 말이 없었다.

그 이튿날 법상에 올라선 덕산 스님은 예전보다 더 쩡쩡하게 설법을 하였고 그 태도가 다른 때와 달리 매우 준엄해 보였다. 그러자 암두가 법당 앞에 나아가 손뼉 치고 크게 웃으면서 "우리 스님이 말후(末後)의 구(句)를 알아냈구나. 이제는 천하의 그 누가 온다 해도 스님을 건드리지는 못하리라." 하고 크게 소리를 쳤다.

스님께서 말씀하셨다.

"오고 가는 그 그림자만 보고 함부로 얘기한 설봉 스님은 눈이 뜨이지 못했고, 말후의 구를 얘기한 암두 스님은 귀가 뜨이지 못했다. 그런데도 덕산 스님은 그들에 의해 함정에 빠지고 건져지는 농락을 당하였다.

여러분이 덕산 스님이라면 설봉이 그렇게 물었을 때 뭐라고 대답하겠는가. 암두가 뭐라고 얘기를 했기에 화를 내던 덕산이 고개를 끄덕였으며 그 이

튼날 예전보다 더 쩡쩡하게 설법을 하였는가. 말 없이 대답할 수도 있어야 하고 말을 하면서도 대답 아닌 대답을 할 수 있어야 한다. 그렇다고 이 천칠백 공안 중에 한두 가지 알아서 대답하는 것은 아무 소용이 없다.

한생각이 무르익어야 그 열매가 만 가지 맛을 내니, 뿌리 없는 기둥을 자루 없는 도끼로 다듬어서 하늘을 받칠 수도 있는 것이다."

73. 푹 삶은 자갈

예전에 어느 스님이 산등성이 바위에 앉아 있는데 어느 노승이 지나가다가 이렇게 물었다.

"여보게, 자네는 앉을 때가 옳은가, 앉았다 일어날 때가 옳은가?"

스님이 대답했다.

"앉고 서고 그게 따로 있겠습니까."

1507

그러자 노승이 다시 한마디 했다.

"그러면 솥에 넣어서 푹 삶은 자갈은 익었겠지?"

"……."

그 스님은 도대체 무슨 뜻으로 노승이 그런 말을 했는지 알 수가 없었다. 그 이튿날부터 경이란 경은 다 찾아보았는데 그런 문구는 나와 있지도 않았다. 결국 그 스님은 노승을 찾아 길을 떠났다.

그럭저럭 계절이 바뀌고 동짓날이 되었는데 어느 마을을 들어서자 동네 마당에 큰 솥을 걸어 놓고 팥죽을 쑤고 있었다. 그런데 그때 팥죽이 벌렁벌렁 끓는 모습을 보고 비로소 스님이 무릎을 탁 치며 "아이구, 스님! 찾았습니다."라고 하였다.

스님께서 말씀하셨다.

"팥죽 끓는 것을 보고 노승이 이른 말의 뜻을 깨쳤듯이 삼천대천세계 어느 것이 화두 아닌 게 없고 법 아닌 게 없으며, 우리 생활 자체가 그대로 공안 아닌 게 없고 참선 아닌 게 없다. 단전이다, 명상이다 해서 다른 길을 찾아가는 사람도 있지만 우리가 "으앙" 하고 이 세상에 태어난 그 자체가 화두인 것이다.

내가 난 게 화두이고 움직이고 생활하는 것이 그대로 참선이다. 우리가 숨을 들이쉬고 내쉬는 그것 속에도 '한 구멍으로 들고 나며 두드러지지도 않고 줄지도 않는' 그 도리가 담겨 있으니 일분일초 끊이지 않는 참선을 하고 있는 것이다."

74. 시골 선비와 대원군

어느 시골 선비가 대원군을 찾아갔는데 며칠을 기다린 끝에 차례가 되어 그 앞에 나가 절을 올리게 되었다.

그런데 그 선비가 절을 해도 대원군이 본체만체 하자 그는 또 한 번 절을 올렸다. 그러자 죽은 사람에게 하듯 절을 두 번 올렸다고 해서 당장에 잡아 족치라는 불호령이 떨어졌다.

순간 시골 선비는 난감해지지 않을 수 없었다. 그러나 그는 조금도 위축되지 않고 빙그레 웃으며 자신을 변명했다.

"하도 바쁘신 것 같아서 처음 한 절은 들어올 때 한 절이고 두 번째 한 절은 나가면서 한 절입니다. 그럼 안녕히 계십시오."

한방 얻어맞은 대원군은 비록 두 번 올린 게 분명하나 침착하고 담대한 그 선비의 성품을 높이 사서 그에게 훈련대장의 벼슬을 내렸다고 한다.

스님께서 말씀하셨다.

"이 시골 선비와 같이 물리가 터지고 지혜가 있으면 일을 할 때마다 자기란 놈이 착착 나와서 둘이 아니게 되니 그 행도 느긋하고 원만해진다."

75. 덕산과 삼세심 불가득

육조 혜능 이후 중국의 남쪽에선 선풍이 크게 일었으나 북쪽은 여전히 교상학이 우위를 점유하고 있었을 때의 일이다.

금강경에 아주 능통한 북쪽의 주덕산 스님이 하루는 '남쪽에선 직지인심 견성성불이요 불립문자라 한다'는 얘기를 듣게 됐다. 경에 매달려 온 주덕산 스님은 "마음이 곧 불이며 문자를 세우지 않고 성불한다." 하는 이 이야기가 도무지 이해되지 않았다. 어느 날 덕산은 '남쪽의 교외별전을 멸하리라.' 다짐하고 손수 쓴 "금강경소초"를 바랑에 짊어지고 남쪽을 향하여 장도에 올랐다.

마침내 예주 땅에 당도한 덕산은 우선 어느 떡집에 들어가서 시장기를 면할 떡을 주문했다. 그런데 이 떡집 노파는 무슨 까닭인지 떡을 줄 생각은 하지 않고 "스님 바랑 속에 무엇이 들어 있습니까?" 하고 물었다. 덕산이 "금강경소초입니다." 하고 대답하자 노파가 다시 물었다.

"금강경에 과거심불가득 현재심불가득 미래심불가득이라는 말이 있는데 스님은 지금 어느 심에 떡을 자시려오?"

뜻밖의 이 물음에 덕산 스님의 입은 꽉 막혀 버리고 말았다. 노파에게 참패를 당한 덕산은 그러나 '일개 떡집 할머니가 이 정도라면 근처에 훌륭한 선지식이 있음이 틀림없다'고 생각했다. 덕산이 노파에게 물었다.

"이 근처에 어떤 선지식이 계십니까?"

"오 리 밖에 용담 스님이 계십니다."

덕산은 곧바로 용담 스님을 찾아 나섰다. 마침내 용담 스님을 만나게 된 덕산은 교학자이니만큼 온갖 이론을 늘어놓기에 여념이 없었다. 이윽고 밤이 깊자 시종일관 침묵을 지키던 용담 스님이 "밤이 깊었으니 이제 그만 객사에 가서 주무시지요."라고 한마디 했다.

그런데 인사를 하고 나가 객사를 찾던 덕산이 다시 돌아와 "사방이 캄캄하여 어디가 어딘지 분간할 수 없습니다."라고 했다. 그러자 용담 스님은 지촉에 불을 붙여 주고 덕산이 받으려고 할 찰나에 이를 불어 꺼 버렸다. 이때 덕산 스님이 대오했다.

이튿날 덕산은 "세상의 온갖 이론을 다 안다 해도 허공에 털끝 하나 놓은 것만 같지 못하고 바다에 물 한 방울 던진 것만 같지 못하다."라고 외치며 금강경소초를 불사르고 용담 스님을 하직했다.

스님께서 말씀하셨다.

"덕산이 금강경에 능통하여 세상의 이치를 꿰뚫어 본다고 장담하였으나 떡 하나 먹지 못하고 문지방 하나도 넘지 못했다. 남이 불을 켜 주어 환한 것만 알았지 자기 마음의 불은 켜지 못했기 때문이다."

76. 말 없는 설법

옛날 어느 절에 설법을 잘하기로 이름난 어느 선지식이 살고 있었다. 어느 날 예전과 다름없이 많은 사람들이 스님의 설법에 기대를 가지고 몰려들었다. 그런데 그날은 설법 시간이 다 됐는데도 스님은 나타나지 않고 앉아서 기다리는 시자의 모습만 보였다.

한참 시간이 지난 후에 비로소 스님이 모습을 나타냈다. 스님이 법좌에 좌정하자 청중들은 무슨 말씀을 하실까 하고 귀를 기울였다. 그런데 좌중을 둘러보던 스님께서는 아무 말 없이 자리에서 일어나 어디론가 자취를 감추고 말았다.

청중들은 '다시 오시겠지.' 하고 기다렸는데 한참을 기다려도 스님이 나타나지 않자 모두들 영문을 몰라 웅성거리기 시작했다.

이때 시자가 자리에서 일어나며 청중들에게 이

렇게 이야기했다.

"설법은 다 끝났습니다."

스님께서 말씀하셨다.

"나와서 앉았다가 서서 다시 돌아갔으니 벌써 삼라만상을 돌아서 간 것이다. 색이 아닌 그 마음자리에서 수없이 돌고 수없이 걸어다니는 그 이치를 알 수 있다면 사실 그 말이 무슨 필요가 있겠는가. 피안의 길로 인도하기 위해 할 말, 하지 못할 말 다 동원해서 비교할 것, 안 할 것 다 비교해 가면서 이끌어 가는 것이지만 이 이치를 알았다면 말을 했어도 함이 없다."

77. 암주들의 주먹

조주 스님이 한때 암자의 유명한 주지들을 만나러 다녔는데 어느 날 한 암자의 주지를 찾아가서

"계십니까?" 하고 물으니 그 암주가 아무 말 없이 주먹을 불끈 들었다. 그러자 조주 스님은 "물이 얕아서 배를 띄울 수 없다." 하며 되돌아섰다.

그 길로 조주 스님은 또 다른 암주를 찾아가서 "계십니까?" 하고 물었는데 그 암주 역시 아무 말 없이 주먹을 불끈 들었다. 똑같이 주먹을 들었으나 조주 스님은 능지 능란 하여 살활 자재롭다고 하며 큰절을 했다.

후에 그 일을 두고 무문 스님이 말씀하시기를 "두 암주의 우열이 있다고 보았다면 아직 공부를 제대로 못한 것이고 우열이 없다고 보았다 해도 공부를 제대로 못한 것이다."라고 했다.

스님께서 말씀하셨다.

"유생 무생이 다 차원에 따라 높고 낮으나, 낮은 건 낮은 대로 쓸모가 있고 높은 건 높은 대로 쓸모가 있으니 높고 낮음이 없다. 이 도리를 알면 높고 낮음이 없이 다양하게 용을 할 수 있는 지혜를 얻게 될 것이다."

78. 물 한 그릇과 불교

목사님 한 분이 어느 선지식을 찾아가 "도대체 불교가 무엇입니까?" 하고 가르침을 청했다.

그러자 그를 한참 동안 뚫어지게 쳐다보던 스님이 목사에게 이르기를 "그럼, 물 좀 한 그릇 떠다 주시오."라고 했다.

목사님이 스님에게 물을 떠다 주자 스님이 말했다.

"이것이 불교입니다."

스님께서 말씀하셨다.

"우리가 지금 살고 있는 이 생활이 곧 부처님 법이다. 한생각을 내지 않았을 때는 부처요, 한생각을 냈을 때는 법이니 그게 어찌 둘이겠는가."

79. "아야!"의 도리

옛날에 어느 선지식이 수좌에 이르기를 "유생 무생이 다 한데 합쳐서 공양할 수 있는 말 한마디를 던져 보라." 했다. 그러자 듣고 있던 수좌가 스님이 설법하시는 단상을 뒤집어 엎었다.

그러자 스님이 "아야! 저놈이 나를 죽이네." 하고 단상 뒤로 넘어지면서 또 이르기를 "이놈! 아야의 도리를 일러 봐라." 라고 했다.

그 질문에 수좌는 한마디 대답도 할 수 없었다.

스님께서 말씀하셨다.

"어리석은 사람이 어리석은 줄 알고, 못난 사람이 못난 줄 안다면 정말로 담백한 맛이 나온다.

이 수좌와 같이 물을 거슬러 올라가면 와락와락 소리만 날 뿐 올라가지지 않지만, 물 흐르는 대로 스르르 내려가면 아무 소리 나지 않고 잘 내려갈 수 있으니 담백한 맛이 나오는 것이다. 우리가 세상을 사는 것도 이와 같다."

80. 운문과 동산

어느 날 운문 스님이 산승인 동산 스님에게 물었다.

"어디서 왔는고?"

이에 동산 스님이 대답했다.

"사도에서 왔습니다."

운문 스님이 다시 물었다.

"그래 여름철은 어디서 지냈는고?"

"호남의 보자사에서 지냈습니다."

"어느 때 그곳을 떠났는고?"

"8월 25일 떠났습니다."

그러자 운문 스님이 말하기를 "그대에게 육십 방을 허하노라."라고 했다.

이튿날 동산 스님이 운문 스님에게 찾아가 "어저

께 스님께서 육십 방을 허하신다고 하셨는데 그 허물이 어디 있습니까?" 하고 물었다. 그러자 운문 스님이 "이 밥통아, 강서 호남하고 어디로 돌아다닌단 말이냐!" 하고 크게 꾸짖었다. 이때 동산 스님이 대오했다.

스님께서 말씀하셨다.

"우리 모두는 지금 한 배 안에 타고 있다. 한 배 안에 타고 있으면서 어떤 사람이 '어디서 왔소?' 하고 묻는다면 무어라고 대답할 것인가. 동서가 둘이 아니고 사방이 둘이 아니니 여기서 왔다고도 할 수 없고 저기서 왔다고도 할 수 없다.

그러나 그것을 바로만 알고 있다면 아무 데서 왔다고 해도 옳은 대답이다."

81. 지네의 걸음걸이

지네가 열심히 길을 가는데 한 여우가 그 앞을 가로막고 물었다.

"지네여, 당신은 수많은 발을 가지고 있으면서도 걸림 없이 걸으니 내가 볼 때는 신기하게 여겨지오. 수십 개의 발을 앞으로 가져오고 뒤로 가져가면서도 엇갈리지 않고 자유자재로 걸으니 말이오."

이 말을 듣는 순간 지네는 한 발자국도 더 이상 걷지를 못했다.

스님께서 말씀하셨다.

"그냥 믿고 놓아 가면 잘 가게 되는 것을 공연히 생각을 일으켜 걱정을 하니 오히려 갈 수 없게 되는 것이다.

우리가 공부하는 것도 이와 같다. '망상과 번뇌가 이리 많나.' 하는 생각도 놓고 '공부가 왜 이렇게 안되나.' 하는 생각도 놓고 편안히 자연스럽게 해야 한다."

82. 스님을 구한 뱀

스님께서 어느 때 한 이야기를 들려주셨다.

옛날 어느 선지식이 탁발을 하며 산길을 가는데 발길을 내딛는 데마다 온갖 짐승들이 살려 달라고 아우성이었다. 그래서 스님은 깊은 웅덩이에 빠진 호랑이와 사자도 건지고 뱀도 건져서 전부 자기 부하로 삼게 되었다.

그러던 어느 날은 또 깊은 구덩이에 빠진 사람이 스님에게 살려 달라고 아우성을 쳤다. 그 모습을 보고 뱀이 "사람이란 짐승은 남의 은공을 모르고 오히려 해하려 들 테니 살려 주어선 안 된다."라고 충고했지만 스님은 해할까 무서워서 구하지 못한다는 것은 안 될 말이라고 이르고 구덩이에서 구해 내 또 자기 부하로 삼게 되었다.

그렇게 해서 많은 부하를 거느리게 된 스님은 그 많은 식구들을 거두어 먹이기가 벅차 어느 날 불제자인 어느 대감 집을 찾아가 사정 이야기를 했다. 대감은 선뜻 가지고 있던 패물을 시주했고 스님은 그 패물을 팔기 위해 어느 금은세공 집을 찾아가게 되었다.

스님이 찾아간 그 금은세공 집은 마침 스님이 구덩이에서 구해 준 그 사람의 아들이 경영하는 집이었다. 그런데 스님이 아버지에 대해서 자초지종을 이야기했으나 금은세공은 듣는 체도 하지 않았다. 그는 오히려 궁전에 쓰이는 패물을 지니고 있다 하여 스님을 관가에 고발하고 말았다.

결국 스님은 도둑 누명을 쓰고 꼼짝없이 감옥에 갇혀 참할 날만 기다리고 있는데 어디서 뱀 한 마리가 슬며시 스님에게 다가왔다. 그 뱀은 일전에 스님이 깊은 구덩이에서 구해 준 바로 그 뱀이었다. 스님이 기뻐하며 뱀에게 사실을 털어놓았다. 그러자 뱀이 스님에게 말했다.

"몰래 대비전에 숨어 들어가 대비를 물어 병이 들게 할 것이나 그 누구도 그 병을 낫게 할 수는 없을 것입니다. 그러나 스님께서 그 대비의 이마에 손만 대시면 낫게 하도록 할 터이니 아무 걱정 마십시오."

며칠 후 뱀의 이야기대로 대비는 원인을 알 수 없는 병이 들어 나라 안이 발칵 뒤집혔고, 방방곡곡에서 의사란 의사는 다 다녀갔지만 대비의 병은 조금도 차도를 보이지 않았다. 마침내 스님이 대비의 병을 고쳐 보겠노라고 나섰다. 그러자 궁중에선 지푸라기라도 잡아 본다는 심정으로 스님을 궁 안으로 불러들였는데, 스님이 대비의 이마에 손을 대자 시퍼렇게 부어올랐던 대비의 몸이 씻은 듯이 가라앉기 시작했다.

비로소 스님이 예사 분이 아니라는 걸 알아차린 임금은 스님의 이야기를 사실대로 믿게 되었고 그 이후로 나라의 대소사가 생길 때마다 스님과 의논

해 가며 국정을 살폈다고 한다.

83. 부처님과 동자의 문답

옛날이라 해도 좋고 오늘이라 해도 좋고 내일이라 해도 좋다. 부처님께서 길을 가시다가 동자와 이렇게 문답하셨다.

"내 발과 네 발의 차이가 어떠냐?"

"차이가 나지 않습니다."

"까닭은 무엇인고?"

"제가 부처님한테 가면 부처님과 하나 되고 부처님이 제게로 오시면 저와 하나가 되니 어찌 차이가 난다고 하오리까."

"이리 가도 하나고 저리 가도 하나라니, 그 하나는 어디로 돌아가는고?"

"박 넝쿨이 담을 넘어 박이 열린 까닭입니다."

"그래, 박은 여여한가?"

"박은 제 나무에 익어서 맛이 좋습니다."

그러자 부처님께서는 "아! 만공에 꽃이 두루 피고 향기가 두루 나고 만 가지 맛이 나는구나. 그대로 그냥 익었도다." 하셨다고 한다.

스님께서 말씀하셨다.

"어떤 것도 마음 밖에서 찾을 수 없다."

84. 4월 추수 7월 추수

어느 스님이 대중에게 물었다.

"4월의 추수가 많으냐?, 7월의 추수가 많으냐?"

이에 한 대중이 대답하기를 "4월도 밝고 7월도 밝아서 둘이 아닌 까닭에, 스님께서 둘이 아닌 말씀을 하셨으니 둘이 아닌 말씀 둘이 아니게 들었습니다." 하였다.

그러자 스님께서 다시 한마디 일렀다.

"우리가 깨달아서 부처님과 같이 한자리라고 하지만 너희들은 아직까지 다 같이 밝았더라도 다 같이 공한 이치밖에는 모르느니라. 수많은 겁을 통하여 수많은 모습으로 바꿔 오면서 살아오던 습을 한꺼번에 뗄 수가 없으니 점차적으로 떼어 나가야 몰락 한자리라고 할 수 있느니라."

스님께서 말씀하셨다.

"모든 습이 전부 떨어졌다면, 모든 습을 다 안으로 녹였다면 바깥으로 나갈 때는, 즉 숨 한 번 내쉬는 것이 해와 달을 석장에 걸고 다니는 것이요, 숨을 한 번 내쉬어 뱉는 것은 일체 중생에게 빛을 비추어 주는 것이다."

85. 선지식의 담뱃대

옛날에 한 선지식이 담뱃대를 물고 법상에 올라 설법을 하셨다.

한 제자가 묻기를 "스님께선 왜 법상에 앉아서 담배를 피우십니까?" 하니 "가까이 오너라, 내 그 소식을 알려 주마." 하시곤 담뱃대로 머리를 내리쳤다. 그때 그 사람이 홀연히 깨달았다.

스님께서 말씀하셨다.

"옛 선지식들이 얼마나 가르치고자 애를 썼기에 담배를 다 물고 법상에 앉았겠는가? 얼마나 자비하기에……. 대안 대사가 원효 대사를 데리고 삼악도로 나간 것과 다르지 않으니 이 소식을 아는가?"

대중이 조용하자 스님께서 또 말씀하셨다.

"이산 저산 흰 눈 덮인 산, 언제나 봄이 와 푸른 잎 소생하나?"

86. 통 선사와 호랑이

어느 때에 통 선사라는 분이 비구·비구니 오만 명을 제자로 거느리고 계셨는데 항상 이르시길 "사람이 호랑이한테 물려가도 정신만 똑바로 차리면 사는 길이 있느니라! 호랑이에게 잡아먹히더라도 거슬리지 말고 순순히 잡아먹혀라! 거기서 살고 죽는 것은 다 네 마음에 달려 있느니라!" 하셨다.

어느 날 대중 중에 한 스님이 산길을 가다가 천길 만길의 막다른 산턱에서 대호를 만났다. 기절초풍을 하여 모든 생각이 사라지고 아득할 뿐인데 문득 통 선사께서 늘 하시던 말씀이 생각났다. 그래서 순리적으로 그냥 잡아먹히기로 생각했다. 그런데 이 호랑이가 얼마나 큰지 스님을 씹지도 않은 채 통째로 꿀떡 삼켜 버렸다.

스님이 대호의 배 속에서 고개를 들어 보니 천장에 뭐가 달려 있기에 품속의 칼을 꺼내어 썩 도려

먹었다. 호랑이는 그만 펄펄 날뛰며 자기의 모든 가족을 물어 죽이고는 그만 자신도 쓰러져 죽어 버렸다. 잠시 후 조용해지자 스님은 칼로 꽁지 부분을 둥그렇게 뚫고서 나왔다. 나와서 보니 대호의 머리가 홀떡 벗겨져 있었다.

그러자 그 스님은 "참으로 싱그럽구나! 모두가 번뇌 망상을 먹고 산다 했더니, 모두가 싱그러운 법력을 먹고 살았구나. 그러니 망상이라 떼어 버릴 것이 뭐 있으며 망상이 아니라 가질 것이 뭐 있던가?" 하고선 절로 내려갔다. 절에 내려가니 통 선사와 함께 비구·비구니 오만 명이 죽 앉아 있었다.

그 스님이 통 선사께 삼 배 드리고 대중들에게 하는 말이 "독 안에 들어서는 독을 굴릴 수 없노라. 독 밖에 나오니 굴리고 굴려도 굴리는 자취는 없더라!" 하시며 "한 손 한 발 딛고 한 손 들고 천지를 쥐고 한 손 들어 해와 달을 거머쥐며, 일체 푸른 산 푸른 초목들은 한데 거두어 모아 상투를 틀고 내 석장을 빼어 동곳을 삼으니 이 세상천지 어찌 싱그럽지 않으랴? 그 동곳 한 점이 여기 비구·비구니 오만 명이 될 수 있고, 오만 명이 오천이 될 수 있고, 오천이 다시 한 점이 될 수 있으니, 그 한 점은 바로 여기 부처님 한 분이노라! 모두 일어나서 같이 한 손 들고 한 발 딛고 절하라!" 하였다. 그러고는 합장을 곱게 하고 은사 스님인 통 선사에게 절을 하였다.

그러자 통 선사께서 기뻐하며 이르시기를 "저 산이 항상 푸르다고만 했더니 붉게 익었구나! 붉게 익었으니 흰 구름도 검은 구름도 모두 다 걷혔구나. 얼씨구 절씨구 좋을씨고!" 하셨다.

스님께서 말씀하셨다.

"이 말을 허투루 듣지 말라! 이 도리를 모른다면 세세생생 치욕스럽게 창살 없는 감옥에서 헤매일 테니 이 노릇을 어찌할 것인가?"

87. 백지 답장

한 사람이 선문답을 하는데 백지를 보냈더니 백지로 답장이 왔다.

그러자 그는 "쯧쯧" 하고 혀를 차며 백지에 점을 턱 찍어 놓고는"아니, 거둘 것이 없다니! 봄이 와 사월이면 보리 이삭이 무르익는구먼. 거둘 것이 없다니! 허허." 하고 탄식하였다고 한다.

스님께서 말씀하셨다.

"이론으로만 알지 말라. 오늘부터라도 밑 빠진 독에 물 붓듯 모두 집어넣으라. 어떤 이는 '저녁 늦게 잠을 자고 아침 일찍 일어나서 임의 소식 기다려도 임의 소식 돈절하여 식기를 전혀 비울 수가 없구나.' 하였다지만 서로 상봉만 하면 식기는 저절로 비워지는 것이다."

88. 돌 계집의 해산

옛날에 어떤 선지식께서 말씀하시길 "얘야! 내가 지금 급하게 오던 길에 아주 무겁고 요지부동한 돌 계집이 애를 낳았어. 그런데 지금 해산 구완을 해 줄 수도 없고 안 해 줄 수도 없으니 어떻게 하면 좋겠느냐?" 하시면서 "한 구를 일러 보아라." 하였다.

스님께서 말씀하셨다.

"어찌하겠는가? 가볍게 이야기해서는 아니 된다. 흔히 '그냥 이대로가 법이니 방편에 걸려서는 안 된다.' 하는가 하면, '돌 계집이 따로 있고 애 낳는 게 따로 있느냐.' 하는데 말씀하신 뜻과는 천지 차이다. 한 구를 일러 보아라."

89. 부처와 중생

어느 학인이 선지식에게 이렇게 여쭈었다.

"부처님은 자비로우셔서 사람을 죽이지도 않고 해하지도 않으시며 모든 일을 착하게만 하시고, 우리 범부들은 항상 죽이고 먹고 살생을 하니 우리는 지옥밖에는 못 갈 처지인데 어째서 부처님께서는 중생과 부처가 둘이 아니라고 하십니까?"

그러자 그 선지식께서 말씀하시길 "해가 만물을 비추어 주는 것도 중생을 위해서이고 저 산에 지는 것도 중생을 위해서니라." 하셨다.

학인이 다시 물었다.

"해가 뜨는 것도 중생을 위해서이고 지는 것도 중생을 위해서라면 어떤 것이 그곳의 부처입니까?"

그러자 선지식께서 들고 있던 주장자로 "탕! 탕!" 발목을 쳤다.

스님께서 말씀하셨다.

"법상을 쳤는데 어째서 발목이 쳐지는 것일까? 이 한 대목이 관문이다."

90. 신수와 육조

어느 때 스님께서 제자들과 담선하시던 중에 제자들을 향해 이렇게 물으셨다.

"신수 대사는 색즉색이 되었고 육조 스님은 공즉공이 되었는데 어느 것이 맞겠는가?"

제자들은 아무 말도 아뢰지 못했다.

스님께서 말씀하셨다.

"그 두 가지를 모두 다 놓았을 때 비로소 우리는 예전의 신수와 육조, 또 수많은 선지식들께서 거론하셨던 그것을 알 수 있다. 우리가 지금 여기에 앉아서 이렇게 이야기할 수 있는 바로 이것이 모두가 둘이 아닌 까닭에 듣는 사람이나 말을 하는 사람이나 바로 생생한 것이 아니겠는가?"

91. 인사 예법

어느 스님이 제자들에게 이르기를 "오늘 큰 달스님이 오시니 인사를 각별히 하되 하지 말고, 하지 말되 해라." 하였다고 한다.

스님께서 말씀하셨다.

"이것을 잘 생각해 보라. 이 일을 잘 생각해 보면 우리가 지금 여기 앉아서 이렇게 이야기하는 것이 과거도 되고 미래도 되며, 또 이것들이 한데 합쳐서 지금 현실 위에 꽃이 피고 향기가 나는 것이다. 그러면 그 향기를 맡는 것은 도리어 누구인가?"

제자들이 아무 말이 없자 스님께서 게송으로 말씀하셨다.

"삼월 보릿고개 넘으려니 넘을 길이 아득하다/ 칡뿌리 캐어다 절구통에 퐁퐁 찧어/ 떡 하나를 먹었더니 모두 다 죽었네/ 칠월에 오곡이 무르익어 다시 먹고 다시 살아/ 구월에 추수하여 곡식이 풍족하니/ 가만히 앉아서 밥 지어 먹는구나!"

92. 춘보 선사의 지혜

옛날 어느 고을에 위세 당당하던 한 정승이 살고 있었다. 그런데 그는 정승 자리에서 물러난 지 3년 만에 알거지가 돼서 사랑방에 호피를 깔고 앉아 새끼를 꼬며 하루하루 연명하고 있었다. 어느 날 그의 친구인 서춘보 스님이 그를 찾아왔다. 친구의 딱한 처지를 접하게 된 춘보 선사는 친구와의 담소 중에 문득 이런 말을 꺼냈다.

"여보게, 그 방석 좀 내놓게. 내 이거 한 5백 냥은 받아다 줌세."

말이 호피지 깔고 앉아 새끼를 꼬느라고 털이 다 빠지고 꼬질꼬질해진 그 방석을 5백 냥이라는 거금으로 바꿔 준다니, 자연 그 친구는 어리둥절할 수밖에 없었다. 그러나 춘보 선사는 친구에게서 빼다시피 한 그 호피를 보자기에 싸서 들고는 당시 정일품 대신을 찾아갔다. 그러고는 이렇게 이야기했다.

"앞으로 9년만 있으면 이것이 큰 값어치를 해낼 테니 잘 간수하되, 백지로 열 겹을 싸고 다시 공단으로 열 겹을 싼 후에 다시 비단으로 열 겹을 싸서 여러 겹의 좋은 상자에 잘 보관하시게. 대신 나는 5백 냥이면 족하네."

당대 선승으로 이름 높은 춘보 선사의 말이라 그 정승은 선뜻 5백 냥을 내놓았고, 춘보 선사는 그 길로 친구를 찾아가 그 돈을 건네주었다.

그 후 그럭저럭 3년이 지날 즈음에 춘보 선사가 다시 친구 집을 찾아왔다. 그런데 그 친구는 춘보 선사가 건네준 돈으로 빚을 갚고 남은 돈으로 생활하다 다시 알거지가 되어 여전히 새끼 꼬는 일을 하고 있었다.

집 안을 이리저리 둘러보던 춘보 선사는 마당 뒤 곁에서, 새똥이 앉고 다 삭아서 사글사글해진 삿갓을 발견하자 대충 털어서 싸서 들고 이번에는 정이품 대신을 찾아갔다. 그러고는 "6년만 있으면 이것이 귀한 보물로 쓰일 터이니 잘 간수하라." 하고 먼젓번처럼 이르고는 다시 5백 냥을 받아 내 친구에게 보냈다.

3년 후 춘보 선사가 산에서 내려와 다시 친구 집을 찾았을 때 유감스럽게도 그는 여전히 새끼 꼬는 일에서 벗어나 있질 못했다. '또 뭐가 없나.' 하고 집안을 배회하던 춘보 선사는 밭두렁에서 누렇게 때가 앉은 질요강을 발견했다. 춘보 선사는 그것을 깨끗이 씻어서 싸서 들고는 마지막으로 정삼품 대신을 찾아갔다. 그러고는 "3년만 있으면 보물로 쓰이게 될 테니 잘 간수하라." 하고 또 먼젓번처럼 이르고는 다시 5백 냥을 받아 내 친구에게 보냈다.

그로부터 3년 후, 중국에서 사신을 보내 조선의

훌륭한 유물을 내놓지 않으면 가만두지 않겠다고 위협을 가해 왔다. 조정은 발칵 뒤집혔고 삼정승이 모여 의논 끝에 춘보 선사를 찾느라 야단법석을 떨었다.

한편 춘보 선사는 이미 앞일을 예견하고 있었던 터라 산에서 내려와 조정으로 향하는 중이었다. 조정에 당도한 춘보 선사는 예전에 맡겨 둔 물건들을 꺼내게 하고 병사들로 하여금 철통같은 수비를 하게 하고는 중국으로 향했다. 선사 일행이 중국에 당도하자 그곳에서는 "얼마나 귀한 물건이기에 저렇듯 경비가 삼엄할까." 하고 모두들 궁금해했다.

마침내 중국의 천자가 보는 앞에서 물건들이 끌러지기 시작했다. 풀고 또 풀고 또 풀고 또 풀고……. 그 위에서 내려다보던 천자는 고개가 떨어질 지경이었고 긴장감이 사방을 엄습했다. 그런데 그렇듯 오래고 오랜 시간에 걸쳐 천자의 눈앞에 나타난 첫 번째 유물은 털 하나 남아 있지 않을 만큼 낡디낡은 하나의 호피였다. 그러나 이때 의아해하는 천자 앞에서 춘보 선사는 당당하게 말을 꺼냈다.

"이것은 이 나라 공자님께서 삼천 제자를 가르치실 때 깔고 앉았던 호피입니다."

그 순간 가만히 생각에 잠겨 있던 천자는 자기 나라 유물도 제대로 간직하지 못한 자신에 대해 부끄러움을 느낀 나머지 무릎을 치며 고마움을 표시하고는 슬그머니 고개를 내려뜨렸다.

앞서와 똑같은 과정을 거쳐 두 번째 유물, 다 삭아서 금방이라도 부서질 듯한 낡은 삿갓이 모습을 드러냈다. 그리고 그 순간 춘보 선사가 다시 당당하게 한마디를 던졌다.

"이것은 강태공이 낚시질할 때 쓰던 바로 그 삿갓입니다."

강태공 역시 중국인이 아니던가. 천자는 감탄과 함께 더욱 부끄러움을 느껴 어찌할 바를 몰라 했다.

이윽고 다시 오랜 기다림 끝에 세 번째 유물인 질요강이 초라한 모습을 나타내자, 다시 춘보 선사의 당당한 말 한마디가 천자의 귓전으로 날아들었다.

"비록 찌그러지기는 하였으나 이것은 조선에서 처음으로 만들어낸 그릇입니다. 그만큼 값진 것이지요."

마침내 천자는 크게 기뻐하며 "그 유물들을 이전보다 더 소중히 간직하라." 하고 명했다.

결국 춘보 선사는 그 일로 해서 오히려 나라의 기강을 세웠을 뿐만 아니라, 그때 상으로 받은 값진 물건들을 친구와 가난한 동네에 골고루 나누어 주는 좋은 미덕을 보여 주었다고 한다.

스님께서 말씀하셨다.

"이와 같이 마음공부를 해서 그 도리를 터득한다면 이쪽 것을 저쪽에 붙여 놓을 수도 있고 저쪽 것을 이쪽에 붙여 놓을수도 있다. 어디에고 안 붙어 돌아가는 게 없으니, 그쪽에선 그때에 가서 그렇게 하게끔 만들어 놓고 이쪽에선 그걸 대비해 또 일을 만들어 가면 되는 것이다.

그렇다고 해서 그것은 그 누구의 조작도 아니다.

이 우주 전체를 파악하고 깨달아서 공용할 수 있어야 그 도리를 그대로 가져다가 법을 만들 수 있기 때문이다.

93. 달마 대사의 신 한 짝

달마 대사가 이 세상에 왔을 때 그 처음의 몸은 미끈하게 잘생긴 미남이었다고 한다.

그런데 어느 날 달마 대사가 길을 가다가, 들 수도 없을 만큼 무척 큰 구렁이 한 마리가 길을 막고 앉아서 원을 세우느라 꼼짝도 하지 않는 광경을 목격하게 되었다. 하는 수 없이 달마 대사는 구렁이 속으로 들어가 그 구렁이를 끌고서 사람을 해치지 못할 먼 곳에 데려다 놓았다.

순간 그 구렁이는 몸을 벗게 되었지만 달마 대사가 벗어 놓은 몸은 어느 누가 쓰고 갔는지 보이지 않고 대신 엉뚱하게도 배가 불룩하고 도둑놈같이 생긴 모습이 그 자리를 차지하고 있었다.

그러나 체가 없이는 중생 구제가 불가능하니 그 노릇을 어찌할 것인가. 결국 달마 대사는 다른 모습 일망정 그 몸이라도 하고 나올 수밖에 없었던 것이다. 말하자면 오늘날 달마 대사가 배가 불룩하게 나온 희화적인 모습으로 표현된 데는 그와 같은 사정이 있었기 때문이다.

이와 같이 득도한 달마 대사였기에 당시 임금인 양 무제에게도 '공덕이 없다'고 서슴없이 일침을 가할 수 있었는지 모른다. 결국 그 일로 해서 달마 대사는 양 무제에게 미움을 사 사약을 받고 죽음에 이르게 된다.

그 후 어느 날 임금의 신하 중의 한 사람이 인도에 사신으로 갔다가 돌아오는 길에 한 고갯마루에서 신발 한 짝을 꿴 작대기를 어깨에 메고 걸어오는 달마 대사와 마주치게 되었다. 그 신하는 반갑게 달마 대사에게 인사를 여쭈었다.

"대사께선 지금 어디를 가십니까?"

"나는 서쪽으로 가오. 왔던 곳으로 도로 가오."

마침내 그 신하는 양 무제에게 그 사실을 전했고 그 뒷날로 달마 대사의 무덤이 파헤쳐지게 되었는데 실제로 그 무덤 속에는 신발 한 짝만이 남아 있었다고 한다.

스님께서 말씀하셨다.

"달마 대사가 내가 나라고 하는 아집이 있었다면 결코 구렁이 속에 들어가지 못했을 것이다. 도둑놈도 자기요 미남도 자기요 구렁이도 자기이니 이 모든 것은 둘이 아닌 도리에서 나온 것이다. 또한 가만히 있으면 부처요 생각을 냈다 하면 문수요 움직였다 하면 보현이니 그 집이 어떻든 무슨 상관이 있겠는가.

또 묘지 속에 신 한 짝만이 놓여 있었다는 것은 무슨 까닭인가. 그것은 이 우주 속에 전부를 하나에 뭉쳐 가지고 있는 자기의 자기가 또 있고, 현재 그 화신으로서 화해 가지고 있는 자기가 있다는 것을 방편으로 보여 준 것이다. 즉, 나는 사는 것이 없기 때문에 죽을 것도 없다는 그 사실을 보여 주기 위함이다.

그러니 우리가 살아가는 모습이 그대로 신 한 짝을 작대기에 꿰고 다니고 있는 형상이다. 정치라는 것도 그렇다. 신 한 짝을 하늘에 놓고 신 한 짝을 땅바닥에 내려놓아야만이 올바로 되는 것이지, 만약에 무의 세계에는 내가 없고 유의 세계에만 내가 있다고 한다면 정치인들 제대로 되겠는가."

부록

수혜편

법연편

심 인 편

원리편

수행편

활 용 편

게송·선시

선 법 가

뜻으로 푼 경전

예 화 편

큰글씨

한마음요전 2

대행스님 행장 · 법어집

펴낸이/ (재)한마음선원
펴낸곳/ (재)한마음선원

초　판 발행 2023년 6월 20일
개정판 발행 2024년 5월 20일

출판 등록 2000.12.15. 제 2000-16호
13908 경기도 안양시 만안구 경수대로 1282
한마음선원(석수동)
전화(031)470-3100 팩스(031)470-3116
http://www.hanmaum.org

값 25,000원

ISBN 978-89-91532-49-6 03220